张翼健
语文教育论集

原著◎张翼健

主编◎张玉新

世界图书出版公司

图书在版编目（CIP）数据

张翼健语文教育论集／张玉新主编. --北京：
世界图书出版公司，2019.8
ISBN 978-7-5192-6610-3

Ⅰ.①张… Ⅱ.①张… Ⅲ.①中学语文课－
教学研究－文集 Ⅳ.①G633.302-53

中国版本图书馆 CIP 数据核字（2019）第 173581 号

书　　　名	张翼健语文教育论集	
（汉语拼音）	ZHANG YIJIAN YUWEN JIAOYU LUN JI	
原　　　著	张翼健	
主　　　编	张玉新	
总　策　划	吴　迪	
责　任　编　辑	冯晓红	
装　帧　设　计	杨丽杰	
出　版　发　行	世界图书出版公司长春有限公司	
地　　　址	吉林省长春市春城大街 789 号	
邮　　　编	130062	
电　　　话	0431-86805551（发行）　　0431-86805562（编辑）	
网　　　址	http：//www. wpcdb. com. cn	
邮　　　箱	DBSJ@163. com	
经　　　销	各地新华书店	
印　　　刷	长春市农安胜达印刷厂	
开　　　本	787 mm×1092 mm　1/16	
印　　　张	21	
字　　　数	387 千字	
印　　　数	1－3 000	
版　　　次	2019 年 8 月第 1 版　　2019 年 8 月第 1 次印刷	
国　际　书　号	ISBN 978-7-5192-6610-3	
定　　　价	58.00 元	

编委会

原　著：张翼健

主　编：张玉新

编　委（按姓氏笔画）：

王鹏伟　石　馨　田　泉　李元昌

赵谦翔　柳玉峰　窦桂梅

张翼健语文教育的足迹（代序）

张翼健语文教育轨迹十分清晰：从名校的语文教员到知名的语文教研员、主管教研的副院长。做教员的20多年，最被称道的是1978—1981年搞的"初中语文读写能力基本过关试验"；做教研员及副院长的近20年，培养了一批优秀教师，主编了一套九年义务教育国标语文教科书，凝练出以语文教育要走民族化道路为核心的语文教育思想。

探寻其人生发展轨迹，有一条隐蔽的线索：他的性格原本开朗，示人的却是沉默寡言。在"出身论""成分论"甚嚣尘上之时，他选择谨言慎行，但心里总憋着一股劲儿。

探寻其语文教育发展轨迹，有一条明晰的线索：不管当时主流的语文教学主张是什么，他都独立思考、审视、辨析，不盲从、不逐流，常有惊人之论、骇俗之举，而这些言行的内核，都是憋着的那股劲儿驱动着的对教育规律的体认。

一

作为学生，他早慧。他爱好广泛，热爱文学，喜欢书法、音乐，乒乓球打得很不错。

1946—1949年在平江县城读小学，赶上新中国成立，受新风气影响，他学会了扭秧歌，1950年暂回到家乡读小学，为来长春做准备，还教会了大家扭秧歌。那时他活泼、开朗，是阳光少年。

1951—1959年先后就读于吉林师范大学（后改名东北师范大学，以下同）附小、附中。小学时方言因素造成了交流的障碍，加之入少先队受阻，变得沉默寡言，由开朗转向内向；读初中时要求入团又受阻，也让他一度消沉，甚至成为淘气的学生。高一入团对他影响巨大；高三时文理分科又令他困惑，因为文理都喜欢，难以决定。那时学文科的人少，学校动员大家学文，一方面出于对文学的偏爱，一方面响应学校号召，就学了文。名师辈出的师大附中给他的中学学习打下坚实基础。

1959年考入吉林师范大学中文系，1963年毕业回到母校师大附中教书。

二

作为教师，他的教学是高起点的，并在辉煌中主动选择落幕。

据 1964 年入学的初一学生李布音、陈倩 2010 年回忆，他少小老成，沉默寡言，胸怀大志，自强不息。他热爱学生，还特别关心家庭不幸的学生。他热爱教学，语文课生动、精彩、扣人心弦。他爱朗读，经常通过范读、领读引导学生在抑扬顿挫中领会课文的内涵，就是大家觉得吃力的文言文，也是通过熟读成诵来学习。他还十分注重在文本中挖掘做人的道理，引导学生树立正确的人生观。他喜书法，强调打基础，在练字过程中磨炼意志。他不空谈，不主张追求华丽的辞藻和写作技巧，强调作文不能虚假，要表达真情实感。他主张轻松学习，独立思考，反对死记硬背、照搬照抄。他不留家庭作业，不做课外辅导，课堂上允许窃窃私语，提倡讨论，还时常有意让学生来讲课。他带头读书，反对死读书。

1965 年 12 月在学校阅览室为大家做的学术讲座，合情入理地分析评说陈登科的长篇小说《风雷》，学生从中体会到，对一部文学作品要仔细阅读，结合现实深入思考，面对争议要摆事实、讲道理，敢于阐明和坚持自己正确的主张。他还鼓励学生走出小课堂，跳出书本，参加社会实践。

这样的高起点教学，源自他的早慧，源自他读书期间的积累与感悟，当然也源自名校求学的经历。这样的高起点教学，也是他后来搞教学改革取得成功的重要基础。

1978—1981 年搞"初中语文读写能力基本过关试验"，与"文革"后教学秩序恢复时期"抓双基"一致。"试验"是在十一届三中全会以后，针对当时语文教学质量不高，为响应吕叔湘先生号召解决"语文教学费时多，收效少"的问题而进行的，其意图在于经过努力使学生在初中即能掌握基本管用的本国语文读写听说能力，有详细方案，经三次大型验收，在教学思想、教材、教法等方面都做了大胆而有见地的改革。他是国内第一个搞这类试验的，在国内引起强烈反响。

1979 年，他加入中国共产党，长期受压抑的内心世界打开了一扇明亮的窗户，憋着的那股子劲儿不必再憋着，就转化为教学改革的动力。

1984 年 12 月他离开附中，结束了他激情澎湃、魅力四射的教学生涯，来到吉林省教育学院做语文教研员，开启了语文教育专家之路。

三

作为教研员、主管教研的领导，除了进一步拓展语文的领域，他乐于为人作嫁衣裳。

在吉林省教育学院中学教研部语文教研室工作期间，先后任中学教研部副主任、综合教研部主任兼中学教研部语文教研室主任。

1985年起主编吉林省中学作文课本，1987年起主编中学语文补充教材在全省使用，在全国均是第一家。他主编的课本都有比较科学、独到的体系，教学效果较好，受到师生欢迎，也得到有关专家如张志公、刘国正、朱绍禹等的好评。

1988年受人民教育出版社委托，主编修订后的统编教材高中第三、四册语文教学参考书，在全国使用。高中教学参考书的编写方案，由他执笔拟就。由他主编、吉林省编写的第三、四册教学参考书受到人教社负责同志、责任编辑及北京等地中学教师的好评。

他组织、主持了各项活动，推动吉林省中学语文教学发展，如调查研究，发现和总结典型；主持全省初中生听说读写竞赛、中学生讲演比赛、教师基本功竞赛、青年教师讲演比赛等等，效果较好；主持了多次不同规模、不同专题的语文教改、教学研讨会等。

在所分管的学科教研工作中，从1985年起，参加中学思想政治课实验教材、语文补充教材和语文教学参考书的编写工作得到领导、专家、审订委员及全体与会代表的好评。

当短暂的"一纲多本"时代降临，他担当起主编九年义务教育语文教科书的使命。

小学教材他特别强调识字，作为语文学习的基础，识字量在4000多字；二年级才学习拼音。初中教材他反对主题单元或文体单元的结构，认为单元是束缚学生与教师的枷锁，坚持传统的文选式结构。在选篇上以"取法乎上"为标准，大量选入古代诗文精品，也曾认为偏难。

坚持"取法乎上"选文标准的理由有三：一是学校教育的意义在于母语能力的升华，应当在接受能力范围内给学生提供人类文化史上的精华，通过不断的涵泳熏陶，打下良好的精神底子，形成良好的文化素养和人格，并具有创造力。二是解决"浅层次"阅读通病的一条途径。把注意力吸引到人类文化精华上面，养成读好书的习惯，培养读好书的能力，以抵制"浅层次"阅读风气的影响。三是母语学习尤其是汉语学习的一个重要特征是"反刍"。好的作品需要在不断的人生历练中反复加深认识而"终身受用"；课文应该是有嚼头、耐消化、富于思想营养的作品。

"取法乎上"的选文标准，是对语文课程繁难偏旧问题的矫正。他经历过语文知识的泛滥讲授、海量练习，经受过凯洛夫教育学用五环节对阅读教学的解构与绑架，经历过轻视学科、突出思想教育的潮流。这都促使他警醒：必须按照汉语文的特点与规律教汉语文，也就是本着民族化之路去编写教材与从事教学。

四

作为语文教育专家，他无心立言而言立。

在三十多年的教学、教研实践中，在领导吉林省基础教育的过程中，他通过不断反思自己的学习、教学经历，在语文教育发展的潮流中，追问语文教育的基础，质疑语文教学的"工具性"与"科学化"，批判违背汉语特点及其教学规律的现状，逐渐形成了自己的语文教育理念：

首先，语文教育的根本是"人"的教育。一方面它绝不仅止于培养学生掌握一种工具或技能，必须同时涵养学生的情操，熏陶学生的审美，培养学生的灵性、想象力、创造力，发展学生的个性；另一方面，只有充分正确地培养并发展了学生的个性，亦即学会了做人，才能真正地读书作文。而"目中无人"表现在语文教育的各个领域。

其次，语文教育改革的根基是语文教育民族化。一百多年来，我国语文教育一直不断地学习西方和苏联，不仅在许多根本性的理念上，而且在教学方法甚至试题样式上都亦步亦趋，汉语文教学被逐渐异化，迷失了自我。语文教育民族化就是完全遵照汉语文字特点与汉语学习规律，遵照现代先进教育思想来进行和改造语文教学，以尽快祛除语文教学效率低下的痼疾，加速提升青少年乃至整个中华民族的文化素质，实现中华民族的伟大复兴。

他的语文教育思想是朴素的，他一直在学习、探索，通过教学实践验证自己的学习路径，通过教研，把自己的实践性知识推广，在更大范围内验证、矫正，通过教材作为其教学主张的载体，引领更多的人走向语文教育的正途。

2008 年去世，没赶上语文教科书重回"一统"的局面，无缘参与新一轮的课程改革，其语文教育思想定格在了"工具性与人文性统一"的延长线上，他虽然强烈意识到"文化素养"的重要性，但没看到"学科核心素养"闪亮登场。

张玉新

2019 年 5 月于长春

《不惑集》原序

　　集名"不惑"，并不是自认为已经达到了这一境界——我自知那差距实在太远；而是因为这里收集的文章绝大部分是我在1981至1990年间写的。

　　迈入不惑之年后，我带着更多的与随时出现的新的疑惑，思考着，探索着，也实践着，有一部分找到了答案，而更多的却仍然是一个个问号。这期间，我有过惶惑，有过失望，有过动摇，但老祖宗"路漫漫其修远兮，吾将上下而求索"的遗训是无刻有忘的。我知道，路很长，终我一生也不会找到尽头，但我不能止步不前，更没有回头路可走。虽然蹒跚，虽然艰难，仍然只有一个方向——向前。这本集子就是我这十年走过来的脚印。

　　中学语文教学，实在是一门深邃的学问，但也正因其如此，它又对我有着那么深的诱惑力。身陷其中而不得自拔，疑难接踵而白发丛生，我仍"九死而未悔"。虽没有卓绝的建树，总还算得到点点滴滴的收获。

　　这个集子里收的文章，除了少数几篇外，多数都是在历年报刊发表过的。结集时除个别字句作了润色，及对印刷错误进行订正外，没做任何修改。这样做，既是为了把自己的思想与观点，真实地摊在读者面前，也是希望得到专家、同行对我的知行中谬误的指正。熟悉我的人都了解，我是个愿意"抬杠"的人，虽不善谈吐，思想还算不懒。但我的学识水平不高，思想方法又常偏于一端，谬误之处在所难免，好在我还有点自知之明，也不是非得要死抱错误不放。这十年来的种种经历，我便从周围的同志们那里，从我的师长、好友乃至学生中，获益匪浅。人非神明，伟人们也会偶有一失，何况平庸如我者呢？这当然不是要为自己开脱，只是道出我体会到的一点人生真谛而已。

路正长，我还要走下去；疑惑仍多，我不会停止自己的探索。我记着托尔斯泰的话："正确的道路是这样：吸取你的前辈所做的一切，然后再往前走。"

1991 年 5 月于长春

讲话·序言篇

附录

后记 / 322

思考篇

对语文教学特点的几点认识

（1982）

所谓特点，当然应该是为这个事物所独具的，与其他事物相区别的东西。因此，探索语文教学的特点，也应在与其他学科的比较中进行。本文即由此出发谈几点粗浅的认识。

一、语文学习的易和难

学生常常对语文课学习不以为然，觉得不像学数理化那么难，但事实上要真正学好语文又很不容易。

有的学生觉得，一两个礼拜甚至一两个月不上语文课，并不感到难以跟上进度。但是我们也能发现，在准备高考的考生里，可以用较短时间突击数理化，而语文学科是不能临阵磨枪的。

为什么会出现这样的情况呢？

学生感到语文课容易学是有一定道理的。首先，只要小学毕业掌握了两千到两千五百字，对中学语文课本中任何一篇语体文都可懂个大概；而数理化和外语则不然。其次，语文课本中多是文学作品，乍一接触时容易引起学生兴趣，每学期开学初，新课本一发下来，多数学生都会在几周内把语文课本浏览一遍。

那么为什么又感到难呢？

首先，语文学习不是一口吃个胖子的事，无论是词汇的积累、写法的熟练、语感的培养、思维的发展等等，都要靠日积月累，而这个积累过程又常常是潜移默化不易察觉的。比如数学，今天学会一个定理，明天掌握一个公理，这样一点一点学下去，一学期或一年把平面几何就学会了。然而语文呢？尽管你做到了今天会写十个字，明天又认十个字，后天再掌握十个字，但是认识了六七百字并不一定就能写六七百字的文章。

其次，与上面有关的是，一般来说数理化学好课本就基本可以了，而语文课单单学好课本是绝对不行的，必须有相当的课外阅读跟上来。

再次，对数理化知识掌握其内容即可运用。比如："三角形三内角和等于180°"这个欧几米德几何学里的定理，学生并不需要知道它是怎么来的、怎样证明它、为什么是这样等等，而只要记住了这个定理，就可以在证题中运用。语文学习则不然，光会背词语解释、中心思想、写法特点等等几乎是没有多大意义的。篇篇课文都离不开这些东西，然而篇篇课文却又面目迥异、各具特点。学生应该通过分析比较，深入理解为什么这样，再通过练习变为自己的技能。可以说，这是学生最挠头的地方。

从上面的大致分析，我们可以看出，在掌握新知识这一过程上，语文和其他课有很大不同。

数理化外语等学科，学生对新知识先是不会，上课学了以后明白了，概括说来，是由难到易的过程。

语文则正好相反，对课文先是粗通，而学习新知识则要求精通，于是这个过程在学生的感受是由易到难。

这样一比较就可以看出，语文课新知识的学习过程是最为不利的了。因为，学生对课文大概明白，思想上先有个"我会了"的主见而不愿学；老师没讲出新东西来，堂堂都是老生常谈，他不爱学；学完一篇课文后他觉得没什么收获与进步而不想学。

可是当前的语文教学恰恰是严重地脱离学生实际，忽视了语文课学习新知识过程的特点。

首先，知识没有系统，阶段要求不明确，以致课堂上总是重复旧东西，对比呀，排比呀，诸如此类的知识，哪里碰到都讲，中小学十年中不知要讲多少遍，学生还怎会有新鲜的感觉？怎么会有学习的兴趣？

其次，严重地忽视学生的心理。十三四到十七八岁的青少年，求知欲极强，对新鲜的东西最感兴趣；独立性增强，希望摆脱大人的束缚，希望别人把他当大人看；好胜心强，愿意当英雄，充满幻想，希望出好成绩。可是，我们的语文课呢，却总是那一套死板的内容、方法、程序，学生一上语文课，拿到一篇新课文，立刻就知道老师要从哪里开始讲起，课程怎么进行，如何结尾了，久而久之，自然越学越腻烦无味。

再次，我们常常是低估了学生的能力，总以为一篇课文，字词句章所有东西都得讲透，都要掰得碎碎的喂给学生才放心，结果反而打击了学生的学习积极性。

由此可见，语文教学应该先想办法让学生对每堂课都感到有难度，又都会有新收获，有所得。要使学生对每一新知识学习开始时的感觉由易变难，又要善于在教学中把学生不易掌握的知识与能力化难为易。

怎样做到由易变难呢？首先可以从这样几个方面入手做起：课程要精讲、教学要活泼，要适当增加难度。

一是课程要精讲，就是尽量让每堂课目的明确单纯。一篇课文内容包罗万象：字词句章、语修逻文、思想内容、写作方法等，可谓麻雀虽小，五脏俱全。如果根据训练安排体系、课文特点和学生情况，一篇课文集中讲一两点就可以使学生感到有抓头、有收获，这样一点一点地明确地积累下去。

要做到这一点，就要破除求全责备的思想束缚。对于一篇课文，应该允许老师有不讲的地方，也应允许学生有不学或不懂的地方。这样，才能使教师更彻底地解放思想。

比如，讲授《飞行在红太阳身边》和《一次难忘的航行》，这两篇课文文字都不难懂，学生经过预习，内容基本能掌握了，可以把这两课放到一起，只讲一点：在记叙的基础上结合描写和抒情。先用半节课以这两篇课文为例讲清新知识，再用半节课要求学生做口头练习，对一段话在适当的地方加上描写和抒情。

课后要求学生写成书面作文。这样教学，能使学生进一步理解描写和抒情的作用，明白既要把事情写清楚，又要在这个基础上作必要的描写和抒情，从而把文章写得更细腻，给人感受更深刻、更亲切。

再比如，老舍先生的《在烈日和暴雨下》，可讲的东西非常多。如果人物描写已经讲过，则可以把讲授和训练重点放在环境（主要是景物）描写。讲授时要求学生预习，对全文有个基本了解之后，先着重讲暴雨一段的写景顺序和方法，再引导学生和《暴风雨之夜》一课进行比较，体会其在景物描写上的相同与不同。然后让学生自己去分析烈日一段写景的顺序和方法。最后指导学生考虑按一定顺序，抓住景物特点写一篇文章：《秋》（根据讲课时季节特点可定其他题目）。这样，用两节课，讲两篇文章，目的明确，重点突出，调动学生的积极性，并可以做到讲练结合。

这样上一堂有一得，学生就不会感到语文课烦琐而乏味了。

二是教学要活泼。语文课教学的老模式窒息学生也窒息老师。要使学生对语文课有兴趣，感到有学头，应该在教学方法及步骤上进行改革，使其尽量生动活泼。

比如讲《第比利斯地下印刷所》，一般都是讲课过程中或讲完课文后拿出地下印刷所的挂图，这样有直观性，便于理解课文。但也可以改变一下教法，在讲到印刷所的构造和修建经过时，要求每个学生自己认真阅读课文，画一幅印刷所示意图，然后找一个学生把自己的图画到黑板上，大家来纠正错误，弥补不足，最后再拿出教师精心绘制的示意图（使学生受到美育教育）。这样，不仅能培养学生的自学能力，使学生认真阅读和理解课文，也能提高学生的学习兴趣，课堂上读书精心，气氛活跃，教学效果会更好。

三是要适当增加难度。以前的语文教学过低地估计了学生的能力，有些知识反复绕圈子，有的课文过于浅显，学生学得没有劲。

可以把课文分为精讲、略讲和阅读三种。比较容易好懂的作为略讲和阅读课文，把有一定难度的、学生不太容易理解的文章作为精讲课文，教给学生。

为了适当增加难度，在初中一年级训练记叙文能力为主的同时，也应当适当地加大议论文教学的分量。应该从初一开始便同时由浅入深地开始记叙文和议论文的教学，原因有二。

首先，初一学生写议论文是可以做到的。初一学生写议论文要比写记叙文难，这是事实，但并不是难得不能写。过去初一、初二学生对写议论文望而生畏，为什么呢？教学不得法是一个重要原因。教师对议论文教学有点神秘化。一个"论"字，就好像非得把文章写得滴水不漏，极其深刻似的。于是，学生习作时，或是感到论文深奥得难以下笔，或是端起一副架子、板起面孔来：我要写议论文了。这当然是不会有好效果的。我们还总是觉得初中一年级的学生无论在阅历、学识、语言能力、思维能力等各方面都远远不够写议论文用的。其实，论文不就是对某一件事情、某一种现象或某一个问题发表自己的意见和看法吗？刚刚开始思维的儿童就已经有了简单的概念、判断和推理，学生上了初中，思想十分活跃，他们对所见所闻都有自己的见解，尽管这些见解大都是幼稚的、不成熟的，甚至常常是片面的、偏激的。如果我们不是要求他们去写一本正经的"论文"，而只要求他们写出自己的心里话，并不是一件非常困难的事。

其次，初一学生写议论文是需要的。因为这不仅对提高学生的思想水平、认识能力、鉴别是非的能力有好处，也有助于提高学生的观察能力，有助于学生做生活的有心人。特别是学生在记叙文写作中碰到的诸如主题不明确、不正确、不集中，段落不清楚，前后衔接不紧密，时间、地点、事件交代不清，语句混乱及不通顺等等，都与逻辑思维能力较弱有关系。

而训练学生写议论文可以在这些方面有所裨益。抽象思维与形象思维的能力是相辅相成的。这正如一朵花，如果没有鲜艳的颜色、美丽的形状、芳香的气味，这朵花是不招人看的。反过来说，只有色、形、味，却不能很好地组织起来，那也只能是一堆乱七八糟的花瓣和花蕊。所以，训练学生写议论文，可以提高学生抽象思维能力，也有助于形象思维能力进一步发展。

许多新鲜的教学实践证明，初一学生写议论文是有一定的难度，但只要教授得法，学生是会有兴趣并且可以掌握的。

在使学生对学习语文新知识开始感觉由易变难后，教师就要注意在教学中化难为易。

这就要求教师要学点心理学，善于掌握学生的心理状态，要扩大自己的知识面，改革教学方法，把课上得生动活泼。

比如，语法、逻辑知识，都是有一定难度，而且容易讲得干巴。如果能够从具体、生动的事例出发，引导学生寻找出原则与规律，就能够激发学生兴趣，难学的可以变成易于接受与掌握的。

学生在开始学习语文新知识时有容易的感觉，但当要他运用新知识去提高自己的读写能力时，他又会产生畏难情绪。这里有一个重要原因是：课本中的文章虽然写得好，但毕竟大多从内容到语言上都离学生实际比较远，而且学生又认为这都是大作家写的，我学不了。

这里化难为易的最好办法是有意识地花力气培养尖子学生，并且发挥他们的作用，提高全体同学的学习积极性。这是因为：

第一，样子就在身边，是自己熟悉的人，便于学习。

第二，样子就是同学，和自己条件相差不多，可以增强学好语文的信心，激发好胜心。

第三，尖子学生的作文写的是别的同学也都熟悉的自己的生活，语言也是自己的，使他感到亲切，乐于学习。

比如有这样一个事例。某校一名学生上初中后，由于教师的帮助，对语文产生强烈兴趣，立志学文。他的父母和哥哥姐姐都是工人，家里没有辅导条件，但在教师指导下，他背诵了不少古诗，阅读了《古文观止》中相当多的文章，并开始学习王力的《古代汉语》，通过自学，现已初步具有阅读浅近文言文的能力。他家里经济条件不算富裕，但不讲究吃穿，用节省下来的钱买了大量书籍，仅初中一年的时间里买的与语文有关的书籍约一百四十本左右，他不仅语文学得好，其他各科成绩也都突出，一年级几次考试，几乎总是全班总分第一名。对音乐、美术也有爱好和一定的欣赏能力。

任课教师抓住这个典型，不断宣传这个学生语文学习的进步和成绩，介绍他的学习方法和经验，因此，他身边吸引了不少学生，常常要求他讲古诗，和他一起写幻想小说或剧本，一起即景联句等等。这样，一个人带动了一批，一批带动了全班，促进了全体同学语文成绩的提高。

培养语文学习的尖子是很重要的事，这不仅是为将来培养人才，而且对推动其他同学的学习积极性，使语文学习化难为易也很有好处。

二、语文学科的知识和能力

在中学学习期间，掌握知识是获得能力的基础，具有了能力才能更好地向知识的深度和广度进军，因此，应该是既重知识又重能力。

第一，只有具有能力才能向知识的深度和广度进军。这一点，语文和其他学科有相同的地方，但又有其特殊的地方，即语文能力的培养是学好其他各门科学知识的基础。

语文课要培养学生读、写、听、说的能力，但更要注意培养指挥读写听说能力的能力。这里主要是观察能力、想象能力和分析能力。

为什么主要是这三个能力呢？

学生小学毕业进入中学，在语文学习方面有三个障碍，需要教师自觉地有意识地加以扫除。

首先，经过小学五年的学习，学生已经能写一般的简单的记叙文，能把事情写清楚。然而有一个要害问题是写得不细，也就是说，缺少细节描写的知识与能力，而要培养这个能力，必须先培养他们细致观察的习惯和能力。

其次，刚上初中的学生常常觉得作文没什么东西可写，或者写出来文章内容干巴不充实，这是因为小学所学知识的局限，缺少由此及彼的思维能力，不知道从一些看来风马牛不相及的事物中，找出共同的特征和内在的联系，也就是说，不会联想开去，缺少想象能力。

再次，学生在小学学习时习惯于背，背词语解释，背课文，背老师讲的，习惯于老师写什么他抄什么，老师要求什么他干什么，而很少自己动脑深入考虑字词句的含义，也就是说，需要培养学生的分析能力。

培养学生这几个能力时应做到：逼、领、考。即逼着他观察、想象、分析，领着他观察、想象、分析，并把这三者作为考查学生语文学习的一个重要内容。

比如观察能力。这是学好语文所需要的，也是将来从事各门工作所需要的。由于历史的原因和语文教学中的形式主义，学生目前这方面能力较弱，不愿意观察也不会观察。

可以用下面的方法逼学生提高观察能力。学生刚入中学时即对他们提出要求，要在三年学习生活中，必须能写出班级里每一个同学的肖像、动作、语言、性格特点，并在日记中开始积累。要求学生坚持写日记，而且记人记事一定要真实。

还要注意利用机会领着学生观察，教给学生怎样观察，观察的角度、顺序，观察事物的颜色、形状、声音、静态、动态、变化等等。可以经常读学生日记中观察细致、记叙具体的片段，学生受到启发。在讲读教学中，也要有意识地引导，如《筑路》的环境描写，就应该结合讲课时的季节、气候特点，组织学生根据从课文学到的知识练习怎样观察，怎样描写。

再如想象能力。在教学中应注意引导学生展开联想，并且把这作为考试时考查学生能力的一个方面。如下面这个期中考试的小作文题目："有一次在电车上，一个青年把一口痰吐在车座上，售票员批评他，他反而骂售票员，乘客们都起来教育他。你把当时的情况具体地写出来。"这个题既是对学生进行思想教育，也是对语文能力的考查，既需要平时注意观察，又需要想象能力。不少学生在试卷中把当时的场面，事件发生的经过，车上的人们，特别是那个青年的肖像、动作、语言写得很具体细致。

再如下面一道小作文题："在一次比赛中出现了难解难分的局面，你把当时的情况具体写出来。"教学实践中，学生们写了各种比赛的场面，如拔河、打乒乓球、踢足球、接力、下象棋等等，把平时的观察与这时的想象结合起来，场面写得很生动。

想象能力的提高，一定会促进读写能力的提高。有的学生文章之所以能构思新颖，正是得力于想象力。

又如分析能力。这是当前学生较弱的一环。有的学生习惯于死背，而不善于自己动脑；老师讲过的一二三四能背下来，没讲的就不会了；他们分析不进去，只会肤浅地谈几句一般化的体会。

为提高学生的分析能力，教学中应该注意以下几点。

首先是解放学生的思想。对于学生来说，课本是权威，老师则是更直接的权威。要告诉学生不要迷信课本，要善于发现问题，特别是老师讲课中的错误与缺点，要敢于提出自己的意见或看法。解放了思想，便开动了机器，这才能分析进去。

其次是堵死后路。即堵死死记硬背的路。在严格要求学生上课注意集中精力的同时，告诉他们不要死背老师分析某篇课文的几条，而是要注意掌握方法，学会运用。在试卷中考分析题时，一般从课外选，效果会更好些。这样，学生逐渐体会到死背条条此路不通，就能注意上课时跟教师一起分析，掌握方法和思路。

再次是注意引导。在教学中应由小到大，由浅入深，由局部到整体地教给学生分析的方法。比如，先可以着重引导学生通过词语分析内容，再学习怎样分析一段话的含义，分清这段话里几个要点及其之间的关系，注意每句话重点词语的意义和作用，进而再到篇章的分析。

最后是加强练习。分析能力的提高，必须要反复训练，使学生在实践中切身体味，光靠教师讲是掌握不了的。应该注意适当放手，更多地让学生自己认真读课文，自己去分析理解。比如下面这个散文单元教学实例。先讲授《香山红叶》《风筝》等篇，之后以瞿秋白的《一种云》为例，做怎样阅读这一类文章的指导，然后就《松树的风格》《泰山极顶》等篇各出一套练习题，让学生自己一边阅读一边分析一边回答，最后教师予以总结。

第二，只有具备相对来说宽厚扎实的知识，才能获得较高的语文能力。也就是说，为培养能力，要尽量把知识底子打得厚一点。

语文能力的形成，要求具有丰富的修养。陈景润可以不懂音乐、美术、史地等，而对于作家、文学家来说，却是知识面越宽越好，懂得的东西越多越好。我们能够发现不少自然科学家后来转而从事文学，或者兼搞文学的例子，却很难发现一个文学家、作家后来转而去搞自然科学的现象。那就是因为，理科首先要求的是，对这一学科知识要搞得精深，而学好语文首先要求的是，对各门知识要尽可能掌握得广博。

再和史地等课相比较。史、地课本主要是给学生以知识，把每章每节的内容读懂、记住就可以了，检查学生的学习成绩一般不能跑出课本以外。而语文课本中的课文则只是例子，学生要把每课内容读懂，但更重要的是通过学课文掌握一般规律和能力；学生要练习写作文，但不能只会写已经写过的文题；学生要读课文，但不能只能读懂课本上学过的文章；学生背一些篇章段落是有益的、必要的，但只会背课文的几条内容分析、写法特点、中心思想则是没用的。因此，检查学生语文学习的成绩与能力必须跑出课本以外。

这里还有一个现在还注意得很不够的问题，就是语文学科里知识转化为技能与能力的复杂性。我们都能体会到，在语文学习过程中，有些知识是能够立即转化为能力的，有些则不能，还有些看来与语文毫无关系的知识却对形成能力有帮助。训练是知识转化为技能与能力的桥梁，但在这里也有许多复杂的情况，比如书法，教师讲清笔画的写法，逆锋、藏锋、回锋等知识，学生也记住了这些知识，然而练起字来则情况各不相同。传说中的唐代张旭看到担夫和公主争道、看到公孙大娘舞剑器受到启发，而使书法造诣更深，便是一个很有说服力的例子。

因此，学生要学好语文，让知识面尽量宽一些是非常必要的。而中学生当前知识面窄而贫乏，以至于他们中不少人看不懂《巴黎圣母院》这样的影片。

当然，我们培养的学生将来绝大多数不当作家，但是不管他们将来搞哪一门，中学时期在语文方面尽量把底子打得好一点，是完全应该的。

基于上述认识，应该通过各种途径开阔学生眼界，增长学生知识，特别是把课内与课外结合起来，让课内指导课外，课外辅助及巩固课内的学习。

组织学生参观，引导观察社会、规定课外阅读书目、随时介绍优秀作品，加强课外阅读指导，组织活泼有效的课外活动，都是开阔学生眼界的好的作法。

比如这样的课外活动就很有特点，先由语文老师讲《史记》中"垓下之围"一段；然后欣赏琵琶名曲《十面埋伏》，使学生领会怎样用音乐语言表现文学作品中的形象；之后再给学生讲白居易的《琵琶行》，使学生体会诗中用哪些语言生动地表现出乐曲的丰富含义。这样几个步骤，能使学生增长历史知识、音乐知识、语言知识、文学知识，而且得到美的享受。

应该重视课外阅读，并且把课外阅读指导纳入到课堂教学中来。这里一是可以由浅入深地指导学生写课外阅读笔记，如初一要求学生摘抄片段，初二要求进行评点，初三要求写读后和随笔。二是可以利用教学时间进行寓言、童话、民间故事、剧本、曲艺等课内不常见的文学形式的阅读指导。三是利用教学时间讲授一点文学知识，如中国古典文学史、现代文学史、外国文学和文艺理论的常识等等。

语文的课内与课外学习是相得益彰的。比如一位教师在初一下学期，利用课外阅读指导时间向学生介绍了爱国主义诗人屈原的抱负、才能、遭遇、成就，学生很感兴趣，主动找来有关屈原生平的书和他的著作阅读。之后不久，到了端午节，不少学生在日记里写到屈原，写自己怎样模仿江南风俗过端午纪念屈原，很有生活气息。有一位同学则写了这样一篇日记：

吊屈原平文

5 月 29 日

时已至阴历五月初四，为赋屈原之逝云——

呜呼屈平！生若太阳，死若太阴。刺乌云，耀繁星，赫然空中。浩气千古流存，英魂万代称颂。似江河，如山岭，巍然豪情！

呜呼屈平！《离骚》曲，犹汝形，亦犹汝心。身入坟冢，神冲苍穹。望汨罗，滚滚奔腾；思汝志，代代长存。千山咏，万岭吟，一章《天问》启人心。噫嘻！七国争雄，而汝为英，战暴雨，顶狂风，任黑云压城，自岿然不动。刚强果敢，可比尧舜——犹存义胆忠心！惜宏图若云，大业如梦，茫茫楚天，无人扭转乾坤。见汝身，乘风破浪驱巨龙，离大地，游长空。彭咸宿处今尚在，身虽灭兮名何损！君不见，万里悲秋花落去，高台大风齐招魂。

呜呼屈平！汝随落花去，落花系汝身。一年一度随风逝，一年一度复再生。忠贞品德，刚强秉性，虽风卷残云，高山岿立不惊。志如玉，体化冰，举世混浊而汝独清，众人皆醉而汝独醒。叶飘飘，不知落花今复返；水荡荡，不知英灵何处存？万里鸟鸣，大地回春，花红千枝，波碧万顷。神州汗青，永载汝名——屈平！尚飨！

三、语文教学中的规律性和创造性

语文教学规律的探索是改变少、慢、差、费状况的一个重要途径。语文教学是有规律可循的，只是我们的摸索与研究不够，有待进一步努力。

但是，这里要谈谈另一方面的问题，即语文教学的创造性。这同样是一个不可忽视而现在并未得到足够重视的问题。

由于自然科学的日新月异，理科教学内容也越来越新。举例说，祖冲之是伟大的数学家，但他推算圆周率（π）的方法学生不必再去学习，而且他算的 π 值也远远不够用了。数学课里不必讲祖冲之，学生学数学可以不知道有个祖冲之，相反，正是语文、历史课本里有祖冲之，介绍他的生平、事迹与贡献。但是，两千年前的孔子、孟子、荀子、庄子、屈原等等写的文章，今天看也仍然是优秀的散文、论文或诗歌，我们还要学习他们的写法及其思想内容，运用他们的语言。

理科研究继续下去，不断有越来越多的新的发现与发明。而文学呢，则是创作，创作总是离不开现有的语言、文字。当一个民族一旦有了语言文字之后，它可以日趋完善丰富，但绝不会有自然科学那些惊人的大量的发现与发明。

中学生学习期间，可以把理科课程学得很好，但要有新的发现与发明是极困难的。然而他们却可以写小说、剧本、诗歌等等。

理科学习主要是靠抽象思维，靠准确地判断，严密地推理，一步步推导出结论。语文学习则更需要形象思维，而形象思维的特点之一就是跳跃性大，常常看来是不合逻辑的事却合乎情理。

语文学得好有一个经历、阅历和知识面的问题，而数理化外语等学科的学习则不然。从另一方面说，学生学习语文的机会比任何一科都早、都多，也就是说，学生学习语文的环境最好，即使不是在语文课堂，只要他在读、写、听、说，就会对他的语文学习有所帮助。当然，这里也有一定的坏处：即在受到语文教育的同时，也受到不规范的语言的影响。

数理化各科的每一章每一节都是有联系的，先讲哪个，后讲什么，是由其知识之间循序渐进、步步深入决定的。而语文课的各种知识，不管怎么说，有许多是没有那样严格的步骤区分的，先讲什么，后讲什么，其决定因素往往并不在于知识之间的内在联系，而是由课本编者和教师的教学安排决定的。

由上面几点分析可以看出探求语文教学的规律性固然重要，但同时也要注意语文教学的创造性。

语文教学有很大的灵活性。总的教学方法、教学原则应该是一致的，即符合认识规律、掌握知识的规律，但在具体方法上又绝不可拘于一格。

从小的方面说，一篇文章可以从这个角度入手去教，也可从那个角度入手，可以着重讲这一点，也可以着重讲另一点，可以做这一种训练，也可以做那种训练，只要教授得法，学生都能有所收获。

从大的方面说，小学识字教学可以集中，也可以分散，还可以二者相结合，中学可以以读为主，也可以以写为主，还可以读写结合。

总之，"条条道路通罗马"，你选择哪一条大道小路能使学生语文学习提高更快，学得更好？实践告诉我们，你越是能够根据学生学习中不断出现的新情况而富有创造性地教学，学生学习的主动性越强，兴趣越浓，效果越好。

比如下面这样一个教例。

一位初中一年级的教师在学校组织看电影《革命家庭》时，布置学生写两篇文章：一篇记叙文，记电影中的一个片段或场面；一篇议论文，针对电影中一个具体问题写一篇观后感。

文章收上来后发现，记叙文写得合乎要求，而议论文则不够理想，主要毛病有三：一是不会集中一点谈感想，而是泛泛地就整部影片说空话；二是搞不清议论文中的记叙与记叙文的区别，大段地记叙完事件之后简单地下几句结论就算完事；三是不会由此及彼展开联想，从许多不同事物中找出相同点，提炼出规律性的东西。

怎么解决这些问题呢？教者认为，议论文的一般写作知识已经讲过，再作简要重复不会有更大好处，而如果能把两种文体放在一起对比教学，就可能使学生印象更鲜明更深刻。教者于是选了一篇记叙文《苹果树》，根据这篇文章的中心自己写了一篇议论文《好看的东西不一定有用》。刻印这两篇教材时，有意删掉第一篇文章里点明中心的结尾和第二篇文章的题目。

讲授时，先引导学生读《苹果树》，启发他们弄清楚"好看的东西不一定有用"是作者写这个故事要表达的中心思想，再让学生读第二篇议论文，给这篇文章加上点明中心论点的标题。这样学生就明白了两篇体裁完全不同的文章，中心却是相同的。

在这个基础上，教者引导学生对两篇课文进行比较，并结合以前他们作文中的优点和问题，讲了议论文和记叙文的三点不同：第一，记叙文是通过对形象的描绘、对事件发生、发展、结束过程的具体记叙，间接地讲道理的；而议论文则是直接给读者讲道理，这就要集中讲一点，才能讲得深，让人信服。第二，记叙文中的议论要简明；议论文中的记叙要概括。第三，记叙文可以具体地只写一件事，而议论文则必须尽量充分地举些例子，才能把道理说得更确凿有力。

之后要求学生考虑：就班级里某一种现象或某一件事写同一中心的记叙文和议论文各一篇。学生积极性很高，课堂上就想出了不少题目，而且就一个问题展开了热烈的争论。一个同学说，她看到有的同学平时能说会道，而一到考试就不及格，可是班里有一个同学总是沉默寡言，期中考试总成绩却全班第二，因此，她得出结论说："能说会道的人不一定有真知识。"另一个同学反对，认为班里另一个同学平时很能说，而期中考试全班总分第一，因此，他的观点是："能说会道的人大多有真学问。"不少学生发表意见，形成了两派。这两种看法虽然都不全面，但教者感到，学生这样思想活跃敢于争论是好的，应该鼓励，因此，要求他们都把自己的看法写成文章，要说得有理有据，使自己的论点站得住，能说服人。

课下学生写作积极性很高，他们搜集了许多例子，涉及古今中外许多人物，以及文学作品中的不少形象，如古希腊传说中的众神，莫里哀笔下的守财奴阿巴公,《儒林外史》中的胡屠户,《故乡》里的杨二嫂,等等。

这次课似乎很难定义成一种什么课型,既讲了记叙文,也讲了议论文;既有立论,也有驳论;既是讲读课,又是写作课;既有作文讲评,也有指导。但是学生学习兴趣很浓,效果也较好,特别是议论文能力有提高。

当然,堂堂课都这么做是不可能也是不必要的,但是语文教师头脑里应该有一个强烈的意识:那就是绝不能放过因势利导、有所创造、有所改进的机会。

语文教学的创造性还有一个很重要的问题,即发现和发展学生在语文学习上的个性。

应该说,学生在语文学习水平、能力上的千差万别,是比任何别的学科都更明显的。想用一种万能的划一式的教学来提高所有学生的水平,在语文科是最困难的。

拿写来说,写文章要表达每个人自己的感情,会表现出每个人的性格、思想特点,这样从文章中就显露出各个不同的个性,语文教师应该发展这些个性中好的东西,而绝不能把许多学生都套到一个模子里去。

一个教者注意到,初一学生由于家庭、小学教育、个人经历、性格、爱好的不同,每人文章语言的风格也不尽相同,便在教学中尽量发扬这彼此不同的风格,使其逐渐形成自己的特色。经过近两年的培养与学生自己的努力,就初见成效。

如这个班的班长是个女孩子,家庭教育好,对自己要求严,但性格多情而有些软弱。她写文章语句凝练,日记带有一点警句味。她曾给教师写过这样一首诗:

赠我爱吸烟的老师

天下君子谁无一失,
从那时起您就开始了吸烟……
多少年来,烟丝替您暂驱苦闷,
但终不能使您喜上眉间。
烟头上的火固然红,
但它表达不了您赤诚的肝胆;
烟头上的火固然亮,
但它代表不了您晶明的眼光。
在那时,它也许会给您些暂时的安慰,

因为大家都是有苦难言；

但今朝，伟大的党率领我们奔向四化

怎还要烟雾与您相伴？

如今人人心花怒放，

您怎能还把苦闷藏在心间？

快甩开烟魔的纠缠吧，

想想周围一张张期待的笑脸……

语文课代表岁数小，家里只有她一个孩子，父亲在文化局工作，母亲在大学任教，她从小无忧无虑，文化生活丰富，因此文章语言总还带有孩子式的天真和稚气，又表现出较高的文学修养。

数学课代表是个男孩子，心胸开阔，性格活泼，平时在班里经常充当一个不错的相声演员的角色，他的数学学得不坏，因此，他的文章语言简洁而诙谐。在《旧楼换新春》一文里，这样写他家所住大楼前几年的情况：

到我们楼的陌生人，一般非摔一两个跟头不可，这乃是吾楼的规定。

一进门黑乎一片，啥也看不见，人要想上楼就得摸索前进，不小心便来一个"馒头"，这还不算稀奇。那时学生不上学，在楼里胡闹，人人都得壮着点胆子，稍不注意就会从黑暗里窜出几个人影，猛然一声怪叫，真叫人毛骨悚然。

大家曾凑钱买了几个灯泡，可没点两天就无影无踪了，有的人逗笑话说："我看那是不愿在咱这儿呆，大概是飞了吧！"是的，是飞了。有的飞到那家厨房里，有的飞到那美丽的金鱼缸里，有的则当"手榴弹"炸"敌人"用了。那"手榴弹"的效果也的确不错，我亲眼看过好几回呢。

后来，没办法，用通电的铁丝把灯围上。这倒好，灯一亮便照见墙壁上那美丽的"画卷"。看，那大概是一只老虎吧，而那旁边是一个小脑袋，还写着几个字："×××是小狗。"我估计那画画的一定和这个人有什么仇吧，要不画这干啥呢？还有的更丑得露骨。

可别小看我们这只有四十八家的大楼，闹纠纷的倒不少，不是邻居，就是隔壁。要是楼上楼下打起来你就听吧：楼上的为了泄气便咚咚敲地板，楼下的为了报复就咣咣砸暖气，真是"热闹"了。

一个语文学习尖子，因为读的书多，所以写起文章来联想丰富，洋洋洒洒，旁征博引，语言也显得更成熟，常比较恰当地运用一些文言词语和典故。如他写的一篇散文《从剪刀想到的》，是这样开头的：

能工巧匠们，可以用一把普通的剪刀，剪出五彩缤纷、美不暇接的艺术品。当你浏览着这巧夺天工的珍品时，会感到心旷神怡，真是最崇高的享受。

贺知章独具匠心地把春风比作剪刀。春神操着剪刀，灵巧地裁着一片片柳叶。于是柳叶乘着滔滔白絮，飞到树上。万物复苏，大地重春，这优美的画卷更美了。

之后，他在文章里联想到希腊传说、《蒙娜·丽莎》这幅名画、舒伯特的《小夜曲》等等，充分地说明了"美是巧夺天工的艺术，欣赏美是崇高的享受"。

一个女学生，性格沉默温柔，将来也想学文，立志要考研究生，写起文章来感情缠绵，语言深沉。比如她写的《寄言金秋》和《祭小生灵》。

一个男孩子是决心要搞自然科学的，虽也爱文，但绝不想学文，他性格高傲，似乎在班里有前途者非他莫属，他写文章总是要把语文与科学联系起来，语言也带有他自己的性格特征，比如他写的下面这则日记：

所见与立志

5月23日

下午放学，我一个人走出校门。

晚春的天气，虽然看不清太阳公公的圆脸，却异常闷热——就连春风也好像是夹着热蒸气似的，这还是东北呢！

"吭呛！吭、吭、吭！"突然，听到了一种古怪的发动机声音，我怀着异样的心情走了过去。

原来是一辆大而笨的压道机被一条不到一尺深的、斜坡的沟给卡住了。

这台老家伙，真有点气壮如牛的意思，但看得出，它能耐不大——竟被这小小的沟给难住了。又是喘气，又是休息呀，这个娇气劲，就甭提了！它的"骨头架子"可真不算小，"头"顶着一块大木板，还要两个工人来侍候——一看就是个三十年代的外国造，没出息，还漏油呢！

三个工人费了九牛二虎之力把这块"掉到灰堆里的豆腐""推"上土坎。呜呼！现在即将跨入八十年代了，难道还能把它带到二〇〇〇年？岂有此理！

看到三位工人好像还颇为自豪的神态，我的心都有点发凉了！

马路边上站着一个中年男子，中等身材，上身着蓝外罩，架着一副黑边眼镜。他双手倒背，凝视着压道机，眼里流露出焦灼不安，又像有些内疚。

我随着压道机，又想到了学文学理的问题。

学文固然能唤醒人民，但目前祖国更需要自然科学。我立志向自然科学进军。

有同学曾问过我："学文还是学理？"当时我没回答。

现在我要坦率地回答他：打好语文基础，向自然科学进军！

怪哉！又出现了那张似曾见过的脸：凝视着压道机，眼里流露出焦灼和不安。啊，是那位中年男子，他，还是倒背着手。

是出于好奇吗？不会的，因为只有儿童的好奇心才会那样强，而他，却已中年了。另外，眼神也不像。

我忽然想，也许现在，我这个少年和那位中年男人心跳的是一个节拍吧！

这使我加强了向自然科学进军的决心。

再如另一个男孩子，思维灵活，反应敏捷，最愿意动脑思考问题，理科在班里是个尖子，而语文则由于小学底子打得不好，所以基本功差。但他常常能写出些构思新颖、语言清新的文章。

另一个女学生，家庭遭遇不幸，童年生活坎坷，这也养成了她桀骜不驯的性格，她的文章常常是立意奇突，没有框子，语言活泼生动。她写了一篇《乌云的联想》的散文，一反人们把乌云比作黑暗象征的做法，而赞美乌云，因为乌云给人们带来了不可缺少的雨水。她写道："你带给人们的东西越多，你的形象就越丑陋。"后来她又写了一篇《锁头的联想》，文章中这样写道：

我爱锁头，它像一位铁面无私的将军。对骗子的花言巧语，它冷若冰霜；对主人的命令，它坚决执行。它似乎不懂得什么叫笑，总是那样严肃、认真。唯一能打开它心扉的工具只有钥匙。对这唯一的朋友，它也一丝不苟，有一点差错，也不放过。它结构简单，材料单纯，然而，在它那隐藏着的内心世界里，有着多么丰富的内涵。每当主人用钥匙和它交谈，它心里就产生一种最幸福的快感，因为它完成了主人赋予的神圣使命。但它却丝毫不懂得报功请赏。一旦主人需要，它立刻就坚守在自己的岗位上，仍旧那样，默默无闻，忠于职守。

如果我们能把学生个性中各自好的方面加以发展，就能使学生的语文学习及全面成长得到更大的进步。

以上就三个方面的关系谈谈对语文特点的认识，谬误之处，恳望指正。

谈中学语文课中的思想教育

（1990）

思想教育，应该是中学语文课的任务，这些年来意见大体是统一的；但对于思想教育在语文课中的地位、特点以及怎样去实施，则又见仁见智，而且研究得不很深入。从近几年的社会实践与青少年思想状况看，在中学加强人文科学已成为必需，因而对语文课中的思想教育也就必须进一步认真地探索。

思想教育，在语文课中的地位与分量比起中学其他学科来，应该重要得多，这原因主要有以下几点。

首先是社会主义精神文明建设的需要。

我们所建设的社会主义现代化包括物质文明与精神文明两个方面，我们要探讨的正是怎样既在经济建设方面赶上并超过资本主义的速度，同时又在精神文明、道德文化方面，避免资本主义发展商品经济所出现的严重弊端。

资本主义的发展是以"人的解放"为口号的，虽然较之封建主义有其历史的进步性，但是阶级与历史的局限，必然使这种"人的解放"表现出两个不可避免的痼疾：一是这种"解放"只是个人的解放，因而实际上不可能得到真正的解放；二是这种"解放"本质上只是资产阶级的解放，其他阶级尤其是被压迫的劳动阶级是没有份的。

社会主义与共产主义的根本目标也是人的解放，但与资本主义有了本质的不同。马克思所说的"人的全面发展"是指全社会所有的人说的，而绝不是指某一部分人；而与此相联系，个人的发展绝对离不开其他人的发展，亦即既有赖于又有助于其他人的发展。

可见，建设社会主义现代化这样一个史无前例的课题，必然突出了普及教育全面发展的培养目标。也正是基于此，在教育中忽视智育与提倡"智育至上"同样都不符合马克思主义。在中小学里，大部分时间是应该用来进行智育的，但是又绝不能离开德育的统帅；而在语文课中，就更需要自觉地、有意识地在知识传授与能力培养中，进行思想教育。

这是因为，在某种意义上，我们可以说，语文教学是"人"学。不管是写一篇文章，读一篇文章，说自己的话，听别人的话，都有主体本身的立场、思想、感情，而所读所听的材料又必然带有作者与说话者的立场、思想、感情。一般说来，尤其在社会生活中，如果没有了这些，实际上也就等于没有了文章与语言，这与解一道数学题，做一个理化实验，其间区别何止以道理计！

语文课本身这种与其他课程迥然不同的特点，使它在社会主义精神文明建设中、在推动"人的全面发展"的过程中有着显著的、独特的意义：它所传授的知识与能力是掌握文化的基础与工具，同时也是人的全面发展即智育以外其他方面的基础与工具；在传授知识、培养能力的过程中既可以有效地进行思想教育，而且又完全离不开思想教育。因而，今天看语文课中的思想教育的地位，是必须从社会主义现代化建设高度来着眼的。

其次，是当今青少年思想、心理发展的要求。

可塑性强，是青少年一般的心理特征。但是当代青少年的这种可塑性又明显带有八十年代所赋予的特点与含义。他们生活、成长于"文革"到改革开放这样一个社会急剧变革的时代，这既使他们获得成长的得天独厚的条件，也使他们的"自主意识"格外增强，甚而发展到不可驾驭的地步。

"文革"的结束，改革开放的深入，使当代青少年一方面在认识与思想上站到了比以前同龄人更高的高度，有着对旧事物更强烈的疾恶如仇心理与批判意识，有更强烈的改革愿望与开拓勇气；但另一方面也滋长了过分相信自己一代人的优越感，而出现完全否定老一代人的倾向，片面地完全否定民族传统，而出现盲目崇拜西方的倾向，漠视养育自己土地的国情，而出现用主观愿望代替现实的倾向。于是他们中有些人既脱离实际地"超前"——如对待民主化的进程，又想当然地欲图倒退——如所谓"补资本主义课"。

当代青少年的这种心理状态在某种程度上可以说是自然的、正常的，如果引导得法、教育得当，完全能扬长避短，使他们在探索中找到正确的道路。遗憾的是，由于前几年一手硬、一手软的大背景，对中学生的思想教育也相应地放松了。

一个相当突出的表现是对青少年崇拜西方哲学、社会科学的态度。一部分教师、思想工作者囿于旧的观念意识，一开始对西方思想的进入采取的是"堵"的态度，不加分析地一概否定与排斥，结果适得其反，倒激起一些青少年的"逆反心理"，西方热越来越高。而对这种情况，一些教师表现得束手无策，一方面大发感慨"一代不如一代""八十年代青年不成器"等等；一方面又放任自流，不做正确的引导与教育。其实，青年必须有导师，他们这种西方热不过是一种盲目的、不理性的"寻求导师欲"，正因此，尼采、萨特、弗洛伊德等等，在青年中一个热了一阵再换一个，哪一个也不持久，这有如街头的流行服装。

语文课在解决这个问题上是必须而且完全可以承担一部分的。因为，语文教学就是要培养中学生能够运用正确的立场、观点、方法，带着健康的思想感情去读、去听、去写、去说，亦即所说的读写听说能力。在分辨正确与错误的基础上，捍卫真理，批判谬误，这本来就是语文课本身的神圣任务与内容，离开了它，也就谈不到语文能力。即使形成了能力。也绝不是社会主义学校的培养目标。因此，语文课对培养当代学生正确、健康的思想、心理是有着重要的责任的。

再次是中学语文课本身教学任务的要求。

要很好地完成语文课本身的任务，是绝对离不开思想教育的。因为一则我们不是孤立地教一个一个的字或者词，而一旦成了句子，就大多带有了观点与感情，如果组成为篇，那就更需要中心思想作为红线来贯穿始终。语文教学的一条重要经验是"字不离词，词不离句，句不离篇"，只要成篇，就必然"载道"，要读懂篇，就要理解其表达的道，并加以分析、辨别，这怎么能离开思想水平与认识水平的提高呢？二则我们是教中学生，不是办成人识字班或扫盲班，在语文课中进行思想教育既是中学教育根本任务所使然，而且也只有进行思想教育，才能使语文教学任务得以圆满完成。

近几年来，中学生作文能力较低已引起了充分的重视，不少教师为改变这种状况做了不少努力，但还常常是收效不大。这里一个相当重要的原因是学生思想认识水平不高。应该说，做到文通字顺还相对容易一些，而要写出有见地、感情健康饱满、论述深刻的文章，如果没有相应的思想水平、认识能力，是不可能做到的。中外文学史都证明，只有具备所生活的那个时代的先进思想、敏锐的洞察力、炽热的感情的人，才能写出好的作品，中学生的习作又何尝不是这样！

写作能力如此，阅读能力亦然。不少学生之所以读不懂文章，首先是因为理解不了作品的中心思想、作者的观点以及表达思想、观点的思路。

由上可见，在中学智育诸学科中，思想教育在语文课中的地位与作用是最重要的，当前这一点表现得尤为明显。进一步认识和加强语文课中的思想教育，已是一个迫切需要解决的问题。

那么，语文课中进行思想教育与别的渠道、其他学科有什么不同的特点呢？

首先，语文课进行思想教育的方式是"随风潜入夜，润物细无声"。

语文课当然不是要承担对学生进行系统思想教育的任务。但是学生读文章，就必然会接受作品思想的教育，受到作者感情的影响，而且要对这些做出自己的评价与抉择；学生写文章，必然带有主观的立场与感情；此外，教师在教学过程中，也必然要发表自己的见解，抒发自己的感受，并以之影响学生，要学生接受。因而，语文课的思想教育，是寓于字词句篇之中，寓于听说读写之中，寓于教学过程之中，寓于掌握知识与能力的过程之中。

也正因此，语文课的思想教育，与语文能力的培养有一个共同点，那就是潜移默化。那种简单地贴标签的做法，脱离文章内容、语言架空分析的做法，都不能更好收到思想教育的效果，这已为过去的实践所证明；但是，以"潜移默化"为理由，而不去有意识地、自觉地对学生进行思想教育，将是放弃了语文教学应该承担的任务，是有害的，这同样为近年来的实践所证明。

语文课中的思想教育，主要是通过文学作品的形象、作者的观点与感情、语言文字的艺术以及教师对作品的分析、对学生习作的引导与讲评等进行的。因而，这种思想教育常常是悄悄地、不着痕迹地进行的。这种"悄悄进行"，反而影响巨大，这种"不着痕迹"，反而更见效用，可见，对语文教师的要求是更高的。

其次，语文课进行思想教育的内容极为广博丰富，既存在于教学全过程，又囊括了思想教育的方方面面。

从纵向看，整个语文教学过程中思想教育内容处处可寻，俯拾皆是。

一篇课文的讲授，从时代背景、作者的介绍开始，就有着丰富的思想教育内容；讲解字词时，其意义、感情色彩等等也都有教育因素；至于分析作品中的修辞、结构、情节、人物等等都需要从中心思想与作者感情出发，就更是思想教育的必然过程；直到最后概括文章中心，实际上是对全课思想教育的总结与升华。作文课、课外阅读指导课以至于习字课等等，也都如此。还不止此，语文课思想教育的内容与过程还从课本内延伸到课本外，从课堂内延伸到课堂外。

从横向看，语文课中的思想教育，方方面面，均有作用。

在政治思想方面，无论是爱国主义思想、为人民服务思想、革命乐观主义精神、对历代剥削制度的揭露与批判等等，在语文课、语文教学过程中，其丰富广博的程度为其他任何学科所不及，共产主义理想的追求与向往、中国共产党的光辉业绩、祖国的壮丽河山与社会主义建设的巨大成就等等，全都在课本中有着生动的艺术的体现，在教学过程中得到真切的感受。可以说，语文课本身就是极好、极深刻的政治思想教育的教材。

在道德修养方面，老一辈无产阶级革命家及先烈们舍身报国的高尚情操、中华民族杰出人物的崇高民族精神、雷锋等优秀典型全心全意为人民服务的光辉行为、世界各国杰出人物的优良道德、人际交往应遵循的行为规范等，语文课中都能为学生提供学习的典范。

在美育方面，语文课也得天独厚。在语文课里，学生不仅可以尽情地领受到自然美、社会美，而且这些自然与社会的美又都是上升到更高的艺术美的境界中。在语文教学过程中，学生不仅可以得到美的享受，而且要学会鉴赏美，更要学习怎样去创造美。因而读一篇好文章和学会一个数理化定理、公式，虽然同样都会感到有所得，然而前者更有其独特的地方，那就是常常会进入到一个美的境界而被陶醉，而且随着阅历的增加，知识的丰富，感受会越加深刻；写一篇好文章和解出一道数学难题虽然同样都能领略到成功的欢乐，然而前者更有其不同之处，那就是常常会因为自己创造出一个美的境界（包括全文或某一点甚至某一句话）而激动不已。汉语文的美育内容还不止此，由于汉字的特点，文字的形体美、读声的音韵美以及结构的章法美等等，都是其他语言文字无法比拟的，只是由于师资水平不高、重视不够，再加上盲目崇洋而自卑自贱，这些美育因素还都远远没有开发出来。

在健康的心理品质培养方面，语文课也有着广阔的天地。读写听说及其能力的形成都绝对离不开观察力、想象力、分析能力这些智力因素，只说《学弈》一课就是教育学生培养注意力的好教材。再从非智力因素看，语文课对学生的兴趣、性格、勇敢、毅力、习惯等都能产生重要的影响。比如说，练毛笔字——遗憾的是，当前中学已经几乎把它完全丢光了——对培养学生审美能力、宁静心境、专心不骛、坚持不懈、良好习惯等都是极为有益的。

由上可见，语文课中思想教育内容确实极为丰富。但是近几年来，反而出现了语文课中忽视思想教育的倾向，这是值得很好总结的。

再次，语文课进行思想教育的心理效能是：形象感染，易于入脑；感情熏陶，易于动心。

语文课的思想教育手段，主要不是直接灌输，它是利用文字的形象，将自然与社会中的美丑善恶生动地再现出来。而且比现实生活更高，以此感染读者。对于处在中学年龄阶段的学生来说，这种方式的教学效果可以说是最佳的。学生深印于脑中的，是这些活生生的、长时间难以忘怀甚而铭记一辈子的形象，连同这些形象的思想品质及作者所寄予的态度及感情。而且，在今后的生活道路上，常常会自觉不自觉地以这些形象为榜样，指导、支配自己的行为。

这些形象，特别是世界文学大师笔下的典型形象，必然是极为感人的，再加上作品所表达的作者的强烈感情——这种感情还表现在艺术手法及语言的运用上，往往一个词语甚至一个标点的使用，都蕴藏着极丰富的内涵，都表达着十分丰富的感情。中学生理智尚未达到成熟阶段，感情却极其丰富，特别容易"热血沸腾"，因而，这种感情上的熏陶，最容易打动他们的心灵。

这种心理效能，要求语文教师必须自觉地、主动地帮助学生在头脑中树立正确的榜样，引导学生培养健康的思想感情。因为文学作品中的形象与感情，必然受到时代、阶级的局限，必然带有与当今时代不符、为现代学生成长所不利的东西。因此，绝不能自然主义地、不加分析地让学生学习形象、接受感情。而且每个学生的情况各不相同，读作品时的感受也互有差异，有的可能恰恰接受了消极的成分，也有的则可能把作者正确的思想感情做出了相反的理解，这就需要教师深入了解学生心理状况，有针对性地予以引导。

学生写文章也是要表达感情的。我们要求学生说真话，说心里话，写真情实感，这当然是作文教学应追求的目标。但又绝不能停留在这一步，因为学生的感情与想法毕竟各种各样，有的是错误的，即使是优秀学生也常会在某个方面产生不健康的思想情感，因而，语文教师还必须引领学生培养正确的、积极的、健康的思想感情。

语文教师要善于运用语文课思想教育的这一心理效能，就必须使教学得法，直至达到艺术的境界，这样才能够提高语文教学效率，又会收到思想教育的效果。当前教学中常常见到这样的现象，一篇好文章，学生自己读它时竟情不自禁地掉下眼泪，可是经老师一讲，反倒索然无味，毫无感情，欲求眼泪而不得了。在某种程度上，这甚至可以说是糟蹋了语文课。

在对语文课进行思想教育的重要性及其特点做了粗浅的分析之后，想再说说怎样在语文教学中进行和加强思想教育的问题。课本毕竟只是材料，教学过程必须由教师设计和进行，因此，这里想着重就语文教师的角度说几点看法。

首先，教师只有自己认真钻研、真正读懂教材，才能更好地进行思想教育。

读懂并熟练地掌握教材是提高语文教学效率的前提，这里就包含着思想教育的效率。教学实例表明，有的教师讲授了《我的叔叔于勒》《变色龙》《项链》等批判现实主义的作品后，学生感受最深的只是主人公的可笑或可鄙，这当然也不完全错，但仅停留在这里就远远不够了，这些作品的思想教育因素也就远远没有挖掘出来。鲁迅的作品应该说是思想性最强的，但教师吃不透也就讲不出来；有的学生学了《狂人日记》，把"狂人"只看成一个真的疯子；学了《阿 Q 正传》，只学会用"精神胜利法"互相取笑，这距离作者深邃的思想是那样遥远，对学生进行思想教育也就无从谈起。

现实情况是，有相当一部分教师特别是青年教师，不重视下功夫独立钻研教材，而是过分依赖各式各样的教学参考资料，主题思想之类的词句倒是背诵下来了，但何以有这样的主题思想，它是怎样表达出来的，它的积极意义与局限是什么则全然未懂，既讲不明白课文，也不可能进行有效的思想教育。

这里附带要谈及的是，教师要真正掌握教材，有效地进行思想教育，必须有丰富的文化修养。语文课的内容无所不包，尤其是历史的、政治的、经济的等等，并不只是明白了语修逻的知识就能挖掘出作品的思想内核的。

其次，把语文教学由封闭式变为开放式的过程，才能更好地进行思想教育。

语文课本特别是文学作品中的形象，是作家通过艺术手法塑造出来的，它与现实生活中的人必定会有距离。如果离开现实生活与社会，只在课堂里孤立地讲授，学生就容易变成书呆子或空想家，容易脱离实际，用幻想代替现实，感情极为脆弱，这种人经不起现实生活中挫折与坎坷的砥砺，不会成为社会主义现代化建设的脊梁。

在改革开放形势下，语文教学过程的开放尤有必要。课本内容当然要尽可能更新，要离社会实际、学生思想实际尽可能接近一些。但是选入语文课本的文章毕竟要求文质兼美，古今中外的名著仍是最好的语文教材，而且也不可能要求课本内容与社会发展完全同步。

更重要的还是教师的教学思想及其指导下的教学过程必须适应时代的要求，必须是开放式的。

比如阅读教学，教师必须引导学生用当代正确的思想去分析作品、分析形象，并且要紧密结合当前社会生活与学生的思想、心理实际，才有可能在思想教育方面取得好的效果。如讲授《包身工》时，就应该引导学生认识到，不管西方资本主义国家现在物质文明怎样发达，说到底是建立在对本国劳动者、对殖民地半殖民地人民残酷剥削的基础上的；不管当代资产阶级人物怎样高唱人权、民主、平等，实质上他们是从来也不尊重被剥削者的人权的，更不必谈民主与平等。

至于作文教学就更需要与时代及生活合拍。你再让学生写那些或者千人一面、刻板八股，或者吟花弄月、哀婉缠绵，或者假话充斥、堆砌辞藻的文章，与社会太不协调，而且绝不会受学生的欢迎。只有引导学生深入生活，观察实践，跟上社会前进的步伐，用正确的思想观点进行分析与表达，作文教学才能有所前进，学生才能写出有思想、有感情的文章，而在这同时，也就学习了怎样做人，怎样成为社会主义现代化事业的建设者与捍卫者。

再次，教师只有自己首先做一个思想先进、道德高尚、感情健康的人，才能更好地在语文课中进行思想教育。

教师必须先正己，否则安能正人？如果一个语文教师热衷于走学生家长的门子，办各种不正当的私事，再让学生写文章批判不正之风，或者讲授某篇颂扬一身正气、廉洁奉公的文章，那会是怎样的效果将不言而喻。学生如果把书上的正面形象、教师对不正之风的批判与教师的实际行为加以对比，这种言行不一的思想教育岂不起了负作用！感情上的东西尤其如此，比如讲柳永的《雨霖铃》这首词，教师在感情上就必须既进得去更出得来，进不去就不能更好理解作者的思想感情，也就讲不清作品，如果感情上完全陷进去，甚而与作者完全共鸣，那必然会自觉不自觉地把学生也带进不健康的情调中去。

教师还必须使自己处于与学生互相平等、互相关心、互相尊重的境界，应该是学生的知心人与引路者，这对于语文教学来说尤为重要。比如写作文，当然是以写真情实感为好，但是如果学生不认为教师是真正关心他、爱护他的，他怎么敢全讲真话？如果教师对学生心理毫不了解，你又怎么知道他说的不是真话？真假话弄不清楚，教师怎么可能发现学生思想感情中不健康的东西去进行教育？再如写日记，这本来是提高学生语文能力、思想觉悟、认识水平的一种极好的做法，可是竟然出现了这样的现象：有的学生同时写两本日记，一本是交给老师看的，另一本才是说自己心里话的。这不是一种心口不一、表里不一的行为么？而这种现象的出现，主要原因就在于语文教师没有能使自己成为学生可以信赖的、亲近的人。

　　最后，教师必须认真掌握和运用辩证唯物主义的立场、观点、方法，才能更好地在语文课中进行思想教育。

　　前面说过，无论是给学生讲课文，或者是指导学生写作文，都必须运用当代正确的思想，这只能是马克思主义的辩证唯物主义与历史唯物主义，而绝不可能是任何一种别的思想或理论，自然科学的成果哪怕再新，西方资产阶级哲学哪怕影响再大，也代替不了辩证唯物主义。教师必须正确地掌握，在教学过程中运用，并且培养学生掌握辩证唯物主义，学生的语文能力才能真正形成，学生的思想水平与认识能力也才能适应需要。

　　比如说，对愚公精神究竟怎么看？对"君子喻于义，小人喻于利"究竟怎么看？对范仲淹的"先天下之忧而忧，后天下之乐而乐"究竟怎么看？对《水浒》中梁山好汉的义气究竟怎么看？如果不用辩证唯物主义与历史唯物主义作武器，认识就会产生偏颇，正如前几年报刊上某些文章所写的那样，这当然既不利于学生正确理解教材，也不利于提高学生识别是非的能力。

　　再比如，学生写作中经常遇到主流与支流、现象与本质、局部与整体等等诸多关系，不用唯物辩证法作为指导，是不可能正确认识这些关系的，那就势必出现"一叶障目，不见泰山""管中窥豹，只见一斑""瞎子摸象"等等之类的情形，作文水平当然也就不可能更快提高。中学阶段是掌握正确的思想方法的关键时期，语文能力的形成离不开正确的思想方法，语文教学过程中充满正确思想方法训练的契机，因此语文教师必须以此作为责无旁贷的义务，而这就要求教师自己首先掌握并且善于运用辩证唯物主义的立场、观点与方法。

　　中学语文课中的思想教育是一个大题目，这里只略陈陋见，以求教于专家与同仁。

　　　　　　　　　　（本文主要部分原载《课程·教材·教法》1990年2期）

中学语文教学的非语文思考
（1988）

　　自从党的十一届三中全会以来，中学语文教学的改革已经十年了。

不容置疑，这十年的进展，超过了新中国成立以来的任何一个时期，其重要表现之一即是教改之火燃遍全国，无论城乡都出现了众所瞩目的佼佼者。当然，总体说仍有不尽人意之处，且现在又似有难以为继的表象。

这里要探讨的一个问题是，为什么会出现近两年来进展迟滞的现象？根源究竟在什么地方？

我以为，最关键的是我们没有建立起自己的科学的语文教学理论。十年来，教改的实践是有的，虽然也还显得不足，而理论的建立则被严重地忽视了。

但这种理论的建设，仅仅在语文教学自身的圈子里是转不出来的，此之谓"不识庐山真面目，只缘身在此山中"。必须跳出来从各个角度、各个方面对语文教学做一番考察与研究，这就是我要讲这个题目的缘由。由于水平所限，不能就此做全面而深刻的阐述，只是从平时的见闻与感受中，拈取点点滴滴，供同仁卓识者批判，倘有片言只字确能中的，则愿足矣。

一、教育规律的思考

语文教学规律难道不是在教育规律的内涵之中吗？或者按当前时髦的说法，难道不是属于"子系统""子子系统"之类的吗？是的。

但也正因此，我们有必要再认真地探索一下教育规律，认识一下当前有哪些非教育规律被当作教育规律来应用了。这自然对语文教学理论的建设是大有裨益的。

我国封建社会长期"轻商""抑商"的观念是保守落后的，是不适应当前改革开放的形势的，是需要下力气转变的，我们的学校应该培养出多层次的经济、商业方面的人才，这是不言自明的。

然而，这是不是说，商业发展、企业管理中一些行之有效的东西，都可以拿到教育、拿到学校、拿到语文教学中来呢？我想，不会有人对此做出肯定的答案的。这一点同样不言自明。因为教育有自己的规律，而教育规律与经济规律实在有太多的不同。

可不幸的是，目前这样的现象却出现了，而且似有越燃越旺的趋势。比如说吧，最近几年来，教育、教学中"最佳""最优"的提法屡见不鲜；各种名目的比赛、竞赛也用之于课堂教学里了。我们不能不进行思索，这些现象符合教育规律吗？

我以为，像"最佳""最优"一类的提法，还是让它们停留在商业广告或其他行业中，而不要进入教育、教学领域为好。就说"最优教学法"

吧，我实在想不清楚教学法何以能分出优劣乃至最优、次优？任何一种教学方法都不会一无是处，同样，任何一种教学方法也不可能包治百病。每一个优秀教师都会在教学方法上有自己丰富的经验，以至形成自己独特的风格。但是，不管多么优秀的教师，如果非要把自己的教学方法说成是"最优"，舍此而无他的话，那势必会有兜售狗皮膏药之嫌的！方法终究只是一种手段，是为目的服务的，它不仅在不断改进，而且总是多种多样。如果拜倒在某一种教学法之下，将其奉为至尊而贬抑、排斥其他，这无疑只会给自己的手脚捆上绳索。要取得好的教学成果，关键在于科学地、灵活地、审时度势地选择恰当的教学方法。

也许会有人问：启发式难道不是最优的教学法吗？不是的。因为"启发"，是一种教育思想，教育原则，而不是某种具体的教学方法。如果把"启发"说成是一种教学方法，那是很难给予科学的界说的。因为，任何一种教学方法，都应该遵循"启发"这一原则，如果把某种方法说成是启发式的教学方法，那么其他方法呢？难道都不是或不能启发而要一概摒弃吗？这显然是行不通的。而且，在实际教学中已经可以看到，正是由于追求"启发式的教学方法"，而出现了许多形式主义的东西，实际效果与主观愿望南辕北辙。

出现"最优教学法"的提法，势必导致贬低其他一些教学方法。比如说，教师的讲授在中小学里不能不说还是一种主要的方法，我们说使用这种方法要注意的问题在于：不要把它当成唯一的方法，要看到学生能力的形成是需要经过训练的，更主要的是，教师讲授时不要只把学生当作"容器"与仓库，而应该把学生看成是有思想、有感情、有创造精神的活生生的人，讲授时必须注意贯彻启发的原则。但决不能说，讲授就是满堂灌，就是注入式，决不能说教师的讲授与启发式水火不相容。如果教师的讲授鞭辟入里、妙趣横生、新鲜活泼，学生听了眼界大开、思维活跃、受益无穷，而且课后还不能不再三地回味、探讨，这样的课堂即使是教师连着讲上 45 分钟，又有什么不好呢？

孔子有一次问子路："你知道有六种好的品德，就会有六种流蔽吗？"子路说："不知道。"孔子让子路坐下并对他说："好仁不好学，其蔽也愚；好知不好学，其蔽也荡；好信不好学，其蔽也贼；好直不好学，其蔽也绞；好勇不好学，其蔽也乱；好刚不好学，其蔽也狂。"（《论语·阳货篇》）按现在有些观点看来，这不是地地道道的注入吗？不是的，这是启发。孔子的这一段话使子路以及后人得到许多有益的、深刻的认识。启发式的祖师爷孔子，是经常通过自己的讲授来贯彻他的"不愤不启，不悱不发"的原则的。如果说我们今天课堂中的讲授与孔子当年的讲授最大的不同是什么，那就是，孔子讲授的东西成为后人的"经典"，其中许多思想、观点到现在仍不失光华；而我们课堂里的讲授大量的则是照搬参考资料而自己又并未真正弄懂的东西，或者是学生早已听过多次、早就明白了的知识，甚至是连教师自己对自己的讲授也不知所云。由此可见，要做到启发，仅在教学方法上大做文章、大花力气，即使花样百出，也是舍本逐末，不会有好效果的。当然也不必去找寻"最优教学法"。最重要的是，教师提高自己的理论水平、认识水平、语文修养，用一个已经用烂的比方，那就是尽快把自己那桶水装满。

我的意思，当然不是反对教学方法经验交流，也不是反对那些被称之为"最优教学法"的方法本身，而只是主张，将那个副词"最"拿掉。不知别的人如何，每当我看到广告上"最优产品""誉满全球"的字样时，总会有一个念头油然而生：做广告而已。教育、教学当然可以引进一些商业、企业管理的经验与做法，但做广告似乎是不必要的吧！

近几年来，还有一种做法也在流行，那就是教学竞赛，竞赛而且还设各种名目的奖，以至要评出"最佳课"。这也是我百思不得其解的做法之一。

众所周知，要竞赛，就要有科学的客观的评价标准与竞赛规则，但至少到目前为止，课堂教学是拿不出这样的东西来的，我甚至怀疑，可能永远也拿不出来。目前在进行课堂教学竞赛、评最佳课的一些标准、规则中，不科学的地方、违反教育规律的地方比比皆是，带来的弊病也是相当严重的。比如：过去在进行公开课时，就有教师事前演习、弄虚作假的现象，而现在所进行的这类竞赛，不仅不利于杜绝这种现象反而有助于滋长。这是一个相当严重的问题，但并没有引起这类教学竞赛、最佳课评选活动的组织者与主办者应有的注意。教师应为人师表，如果在课堂教学中带领学生弄虚作假，这是用什么思想来教育学生呢？这是给学生做出什么表率呢？这将对学生有什么样的潜移默化的影响呢？

为什么教育、教学不能搞竞赛，我也不能讲出更深刻的道理，但又觉得无须讲更多道理，因为只需看如下事实即足够了。竞赛所起的作用早为人类所认识，因而越来越被广泛地运用。然而，从中外教育鼻祖孔子、苏格拉底开始，直到现在蜚声世界的教育家、教育改革家布鲁纳、赞可夫、苏霍姆林斯基为止，却没有一个人搞出关于教育、教学竞赛的理论，或者进行这方面的改革与实验。这个事实本身难道还不足以说明问题吗？恕我直言，热衷于搞这种课堂教学竞赛的人，实在是缺少起码的教育理论常识，或者是不愿意按照教育规律去办事。

随着农村、城市经济体制改革的深入，由于这一改革所取得的显著成效，有的人把"承包"这一办法也拿到教育、教学领域中来了，却没有认真研究，这个符合经济规律的做法，是否也符合教育规律？

既然"承包"，当然是要有指标的，要实际目标管理。那么教育、教学搞承包的指标怎么定？首先，学校的总目标是培养人，造就全面发展的四有人才，拿这个总目标作为承包的指标看来是不行的，然而如果具体下来，又会有困难。比如说，拿升学率与分数作指标，容易导致片面追求升学率与单纯追求分数的弊病，而这正是当前要着力解决的问题。拿三好学生或入团人数作指标，也不科学，拿做好事的人次作指标，又容易产生形式主义的东西。总之，在教育、教学领域里拿不出来经济战线搞承包所应有的那种"硬指标"。其次，学校的指标能不能一年比一年高？从人类文明发展史总体来说是这样的，人的各方面素质都在越来越得到提高与进步。然而，如果搞承包，要每年都有指标上的增长，这在教育领域里又不大行得通。比如说政治思想觉悟，怎样衡量第二年比第一年提高或者提高了多少呢？比如说升学率，到 100% 也就到顶了，还怎么提高？再比如说分数，到 100 分就满点了，还怎么提高？而且事实上，升学率的 90% 与 80%，分数的 99 与 87，经常缺乏可比性，有的时候后者所反映的效果与成绩反而比前者要好。再次，学校"承包"提出的目标究竟怎么衡量达没达到，怎么衡量才能准确？现在，"量化管理"已成为普遍适用的办法，有人也尝试在教育领域内试行。我并不反对这种尝试，但私下里凭经验感觉，教育是做不到量化管理的。就拿现在已经实用多年的量化领域——各学科学习成绩用分数来表示（这大概是教育领域里几乎唯一可以量化的方面了）的办法吧，也早就显露出其弊病，并早已有人提出用评语来取代分数——这似乎是从量化管理倒退为模糊管理了，然而，这里是模糊管理更准确科学，还是量化管理更准确科学，也还是一个未知数，是一个有待进一步探讨的课题。我大胆预测，随着研究的深入，科学与教育的发展，模糊管理的前景要比量化管理更光明。

既然"承包"，当然要有责任制、立军令状之类。但我怀疑，如果确要叫起真来，有哪一个教师真敢立这一类的军令状？你敢保证自己的学生经过半年一定提高几分？你敢保证自己的学生绝对不犯错误，或者不出现行为不端及思想不良者？为什么，因为教育这种劳动太复杂了。教师是教育者，是教育劳动力，然而，从古以来的教育理论、教育实践都证明，任何一个有头脑的教师都知道，要让受教育者更快更好地成长，必须让他们接触社会，到社会中学习。更不用说，家长是孩子的第一个老师。这里面，大自然的陶冶，艺术作品的熏陶，社会里形形色色现象的耳濡目染，各种不同人物的言传身教，乃至每个学生不同的经历、性格、心理，等等，都对教育效果起着作用，而这些作用大都是潜移默化的，很难分得出，学生的成长里，属于谁与哪个方面的占多大比例与分量。而教师的责任与作用是引导，虽然，这引导的好坏可因教师的水平高低、责任心强弱而有所区别，但是一则这种区别也无法量化，二则不管怎样，引导就不是强制，就不可能像工厂生产产品一样，非得让学生成为这个样子或那个模式的东西，因为学生是人。教育劳动的复杂性，还在于教育要管的绝不是学生在校的这几年，而是要从他的一生出发。这是教育劳动从来受到重视、尊重的原因，也正是无法进行承包、搞责任制的原因。一个教师，他所引以为自豪的，是学生的成长，是学生对社会的贡献，绝不只是在学校里所取得的好成绩。教师的劳动就是为这种成长与对社会做贡献打好基础，但是，这劳动的效果又主要在以后才能充分显示出来，于是，承包、责任制就失去了根基。

有些行之有效的做法，如一个学校里的教师分初中段、高中段搞小循环，这对于防止频繁更换教师而导致学生德、智、体各方面下降，对于提高教师的责任心与业务水平都是有好处的，是解决当前学校工作中一些弊病的良药。但是，不能把这种做法用承包的形式搞成绝对化。因为一则行不通，并不是所有学科都是整个初中段或高中段都开设的，并不是所有学校教师队伍现状能够做到的，而且会造成教师间的彼此不信任、不团结。二则这种做法也不是说绝对的好而没有一点毛病。起码从语文这个学科来说，整个中学阶段（或初、高中段）只由一个教师来教的效果并不见得最好，即使是比较优秀的教师。

如果不管学生其他方面，只承包学生的语文成绩行不行？这其实也是不符合教育规律的想法。语文成绩与学生的其他方面（其他学科的知识、思想认识水平等）是分不开的；而语文成绩的提高，又绝非语文老师一个人所能包办得了的。教育的效果（也包括语文能力的培养与提高）从来都是综合的，这并不是否定办教育、办学校的意义与作用，而是说应该如何办教育，如何切实地提高学校的教育、教学质量。

搞承包，当然还要有各种措施与纪律。但是在生产岗位上的某些纪律，拿到学校里又并不完全适用。比如说，教师的工作量到底怎么计算？谁能算得清？有的学校领导把教师的八小时工作时间看得很死，早晨在校门口看着哪个老师迟到多少分钟，下午看哪个老师早退多长时间，中间不许老师出校门。他们以为这样就是加强了教师的劳动纪律，教学质量就一定会提高了，学校工作就算搞好了。然而，教师的工作里有多少是"良心活"。如果他头脑里想的是别的事，或者干脆什么也不想，你让他整天坐在那里又有什么用？反过来说，教师真正的工作量岂止是八小时所能计算得了的？他们家访要用休息时间，他们备课、批改作业都经常要用晚上、星期日，而那些优秀的教师们，可以说不管做什么都是心无旁骛，思考的全与学生、教育、教学工作有关，这些无形的工作量到底怎么计算？人们把教师比作"蜡烛"，比作"园丁"，比作"人类灵魂的工程师"，就是因为，教师从来不去计算工作量，从来不是干一分活要一分钱，而且只有具有这种境界的教师，才能真正有所成就。那么，给教师计工作量的办法就不仅不可行，而且有损教师的形象，玷污教师的灵魂。这方面现在已经出现了令人忧惧的现象。当然，从另一方面来说，教师待遇的低下又是必须引起重视。各级政府应设法给予解决。如果能做到这样的程度：教师的各方面待遇得到应有的提高，可以不必再为生活操心，他们的精力全部或大部分放在工作上，这比实行计工作量之类的办法要有效得多！

我这里只是对一些自认为当前违反教育规律的做法，提出极其肤浅的看法，但愿能有些用处。

二、哲学的思考

中学语文教学应以什么样的哲学思想为指导？毫无疑义，只能是辩证唯物主义，而别无其他。当我们对中学语文教学的种种问题寻根追源、探究规律时，都只能从辩证唯物主义出发，别的任何东西都代替不了，包括资产阶级的东西，哪怕是最新的，包括自然科学的成果，哪怕是最先进的。

这里仅就几个问题略书管见。

首先是关于观念的思考。

观念这个东西，在主体具体的认识和行为过程中，总是表现为立足点和出发点，表现为所谓"不言自明""不假思索"等情形。因为它与大众化的日常生活和工作分不开，把理论与经验时常搅和在一起，因而可以广泛地掌握和控制群众，而人们一般说来并不需要专门的系统训练和培养，就可以获得并持久地维持这种观念，而且观念又具有顽固的惰性力。因此，我们必须重视对中学语文教学观念的思考，必须对现有的一些观念予以分析。

有一些旧观念是需要彻底抛弃与更新的。比如说，自唐宋以后，在中国封建社会里，语文的学习完全是为了应付考试，而考试只是为了当官。读的书可以完全不与社会相结合，而当官后亦可把学过的东西统统搁置一边，那真是地地道道的敲门砖。当前的片面追求升学率、片面追求分数的做法，其根源不能不说有一部分正在于此。在一些人的观念中，学校是干什么的？重点学校是干什么的？教语文干什么用？就是培养大学生。学生考大学取得好成绩似乎成了最高与唯一目的。那么，教师不管采取什么手段与方法，只要让学生有个好分数就行了。但是，在这里，运用"不管白猫黑猫，抓住耗子就是好猫"这一思想则是要具体分析一下的。一则"猫抓耗子"的比喻是一个用在经济、生产领域的提法，形而上学地用在教育教学领域，用在师生关系上是不行的，老师不是猫，学生当然也不能比之为耗子，师生关系更不是猫与耗子的关系。二则如果把这里的耗子比喻为教育与教学效果，那么绝不是一个分数或成绩所完全能表达得了的，这里的"效果"必须也只能是"全面发展的人"。三则既然效果如此言，那就不应有"不管白猫黑猫"之说，只能是具有正确教育、教学思想的老师，认真贯彻党的教育方针，从社会主义现代化建设需要出发进行工作。

从哲学上说，狭义的观念指的是以前事物的形象在人们头脑中的再现。而这种再现，常常又是不加分析地作为衡量现时事物的标准。那么，像这样的观念是不能不抛弃的。当然，并不能笼统地一概地反对升学率与分数，升学率高，并不完全是坏事，分数高（只要不是抄袭所得），也确需学生经过一番艰苦的努力，升学率与分数毕竟还是衡量学校与教师教学效果好坏的一个标准，甚至是一个重要的标准。但是，这里也有一个观念更新的问题，那就是，好的成绩与升学率是否只有我们以前或当前流行的这种做法才能实现？比如，牺牲或轻视学生的德育、体育而只顾智育；比如，大量的加班加点，增加课时，增加辅导时间；比如，沉重的大作业量，五花八门的题海战术；比如，毕业班提前半年到一年结束课程，平时教学草率收兵而花大气力来搞总复习等等。这些做法是会取得一定效果的，但是否理想呢？显然不是的，我们为什么不能找一条更好的道路来达到培养全面发展的人（当然也包括有一个好成绩）这一目标呢？实际上，学生成绩的提高并不一定非得采取上面所说的那些方法，这是已经为许多优秀教师的事例所生动证明了的，只不过是许多人没有注意学习这些先进的经验，而仍然按老习惯办事，这正是旧观念在作祟。

有一些是对传统中精华的歪曲与错误理解。有一些观念，确是前人经验的精粹，到现在也还适用的，然而我们现在运用时，实际上早已背离了先人的原意，而把我们自己错误、片面的理解强加给古人，却又振振有词地作为理论根据。如果说，前面所说那种必须抛弃的旧观念还比较容易为人们所认识的话，那么这种情况的危害更严重，纠正更不易。比如说，"学而时习之"这句孔夫子著名的话，千百年来作为经典，就是"文革"期间，这句话似乎也未作为靶子。然而认真地想一想，我们现在是否准确地理解了孔夫子的原意呢？我们今天许多看来从这句话出发，以之为理论根据的做法，是否真的符合这句话的思想呢？让我们来推敲一下试试看。我们现在说"学而时习之"时，常常把"习"字理解为"复习"，既然，学了后要常常复习它，那么，大作业量、题海战术、死背硬记、会了还要背等等做法就似乎是正确的了。但是，只要稍加分析就可发现，这种理解是不对的。其一，"习"字在这里不应作"复习"解，或者说主要不是复习的意思。《说文》注"习"字为"数飞也"，那么，应该是练习的意思。必须注意，"练习"与"复习"是有着重要区别的。其二，练习的目的是什么呢，从"习"字原意看，练习是为了会飞，用今天的话来说，就是通过练习把知识转化为能力，这是最关键的。那么我们现在所做的许多练习实际上是无效或效果不大的劳动。其三，从整部《论语》看，孔子在教学中几乎从不搞我们今天所常做的那种"复习"与"练习"。由此，我以为，对这个"习"字的理解必须作如下明确：是练习而不是复习；练习的目的必须明确，并不是练习越多越好，特别是那种不讲效率的练习，多更有弊。举一个语文教学的具体例子来说明，我们现在教课文总要给学生讲中心思想，篇篇要归纳，要学生记笔记、记住、复习，考试时要考。学生在中学背了几百篇文章的中心思想，可是相当多学生却还是不会归纳中心思想。难道没"学而时习之"吗？按我们不正确的理解，是做到了的。但是按孔子的原意，我们是没有做到的。小鸟学飞，是要掌握飞行的能力。我们讲中心思想，让学生理解文章的内容是第二目的，而让学生会自己去归纳中心思想才是第一目的。至于要学生自己不动脑而是按教师规定死背中心思想字句，那就完全不是语文教学应有的目的。因此，如果用一组文章讲讲什么是中心思想，怎样归纳中心思想，之后，让学生自己去"数飞"，去练习，以达到掌握归纳中心思想的能力，这大概才是"学而时习之"的本意吧！是否如此，姑妄言之。我的意思主要在于说明，在我们的观念中，有些东西是对传统的精华部分做了错误的理解，有必要重新认识。

有一些是对外来东西的盲目照搬。古代的东西固然不全对，外国的东西当然也不可全部拿来。凡是外来的就是好的，这种观念显然是完全要不得的。特别是语文学科，每个民族各自的特征较其他学科为显著，中国的方块字与其他拼音文字迥然不同，这其中必然影响到中国语文的学习方法有其独特的地方。比如说，学语言当然都要朗读，然而汉字的四声就使优美的语言不仅可以有内容、节奏等美，而且还有与众不同的音韵美，这不仅使朗读能更顺口，而且悦耳，给人以美的享受。这种语文学习方法的特点，当然就会影响到教学方法。这也是传统语文教学所以特别重视诵读的原因之一。既然汉民族语言有这样的特点，外国语文教学的目的方法与经验就不能不加分析地一概拿过来。比如说语法教学，中学生是应该学一点语法的，然而学是为了用。绝不是为学语法而学语法，尤其不应该搞得过于烦琐，让学生背一大堆名词术语、语法规则，但是到他动起笔来，仍然是文理不通。母语教学应该和学外语有很大的不同，像现在那种烦琐地教语法而严重地忽视语感的做法是必须改变的。有些外国的东西是有好的成分的，我们完全可以应用，但是必须结合我们民族语文的自身特点。比如，三大文体这一分类方法，以及由此出发建立的语文教学体系就是如此。实际上，在我国古代语文中，是不做这样分类的，因而不管是文言文还是现代文，有好多文章也实在难于归到这三类文体的哪一类中去。从当前教学现状看，这种按三大文体建立的教学体系是不利于提高语文教学效率的。

有些东西则是"不假思索"地以之为对，实则大谬不然，或者从惰性出发，不做任何深入的思考。比如，语文教学本来是一门极富创造性的学科，然而，我们却常常爱按一个模式去教学，有的旧模式迫不得已被打破，又迫不及待地去换一个新模式。比如，前些年，语文教学中"老六段"的模式曾经受到极大的冲击，但是在这种模式仍未根本改变的情况下，又出现了一些新的模式，如"×步教学法"等，见诸报端的这些教学法从三步至十二步全有，我们不能不产生疑问，即创造这些"×步教学法"者，自己能不能做到或者需不需要做到每篇课文、每个语文教学单元都按着那几步一成不变地教？我们的旧观念里有一种东西，总是想要把本来新鲜活泼的东西用一个框架箍死，再"放之四海而皆准"，须知，放之四海皆准的只能是普遍性原理，绝不会是某种具体方法。这种观念的表现，是常常把一些内涵远为深刻广远的东西用"法""式"等等字样局限起来。比如，近年来介绍国外当代教育思想时，好多文章都在谈布鲁纳的"发现法"。然而据我的陋见，布鲁纳本人并未自称之为"发现法"。他说："只要可能，教学法的目标应该是引导学生自己去发现。"（着重号为引者所加）可见，他是把引导学生"发现"作为教学法的"目标"，也可看作为教学法的指导思想或原则。如果把布鲁纳这一思想归纳为"发现法"，那只是成了一种教学方法，显然与布鲁纳的原意大相径庭。为什么会出现这种情况呢？就是因为我们头脑中有一种旧观念，即想找一条捷径把千变万化的东西模式化。这种观念是长期、缓慢的历史过程的结果，当它们在现代生活中继续发挥作用时，就很自然地表现为先验的形式，成为主体观察问题、考虑问题、支配自己行为的直接前提。当我们思考语文教学规律时，不能不对这样的旧观念予以警惕。

还有些东西，表面看来是新的，然而实质是旧观念的新形式，并不符合语文教学规律。比如，近年来有些地方与学校在搞"创优秀课"的活动。这种活动难道不新么？首先，它把当前其他一些行业中行之有效的做法移入了教学里；其次，一个"创"字，似乎是很有当代社会特点、反映当代社会气氛的。然而，如前所述，其他行业的好做法并不一定都适用于教育领域，而且，恰恰是这个"创"字需要思考。我们说要培养学生的创造能力，我们说教学是一种创造性的劳动，我们说教师要发挥更大的创造性，这无疑都是对的，都是目前语文教学中至关重要的问题。然而，一堂优秀的课是不是"创"出来的呢？能不能"创"出来呢？这种想要一下子使某一堂课卓然超群、把自己的教学水平提高一大块、出现新突破的做法完全是违反教学规律的。说到这里，附带想说明一个问题，即对"观摩课"的理解，这其实也是一个观念问题。前些年，所谓"观摩课"，有许多（或者说大多如此）是有名无实的，上课者其实是表演者，其本意未在于与听课者切磋，或欲切磋而不得；听课者则是"观"而不"摩"的，这堂课上得好，自己以为取了真经，回去原样照搬；这堂课如果上得不好，则或嗤之以鼻，或私下大加贬抑，但面对讲课者则或是不置一词，或是言不由衷地说："课上得好！"这种现象实在不该称之为"观摩课"的。然而像这种"创优课"的做法，则又是走到另一个偏向。我想，应该下力气搞那种实实在在而且确实以研究为目的的观摩课，这也是当前语文教学中一个亟待引起重视的问题。

以上说的是教学观念中的几个问题，我没有谈到具体的语文教学中观念改变的问题，诸如关于语文教学"基础观"等，因为那些问题需另文探讨。我只从大的（也许是空的）方面着眼来谈，主要意图是说我们必须重视对观念的思考。当我们研究和试图创立语文教学理论时，应该梳理一下我们目前流行的观念哪些是对的，哪些是似是而非的，哪些是完全错误应该彻底摒弃的。这实在是一个至关紧要的大问题，因为观念是与大众化的日常生活和工作分不开的，它把理论与经验时常搅和在一起，它具有非自觉的特点，因而它常常比理论的指导作用还要大，还要普遍，它可以广泛地掌握和控制群众。要用科学的语文教学理论武装广大教师，要使我们的语文教学尽快改变目前这种不尽人意的局面，必须在观念上做一番文章，花一番气力。

其次是关于语文教学整体性的思考。

辩证唯物主义认为，我们生活的世界是一个整体，社会是一个整体，组成这个世界与社会的万事万物、各种现象都是有机地联系着的，任何某个事物或某种现象都不可能孤立地存在与发展。同时，相对来说，每个事物本身又是一个复杂的由各部分有机组成的整体。我以为，我们的语文教学，特别是语文教学理论，比较严重地背离事物整体性这一辩证唯物主义的原理。

这里所说语文教学的整体性，既是指语文教学本身这个整体、它的各个部分之间的联系，又是指语文教学作为社会的一部分与其他部分之间的联系。我们只有从这两个方面同时着手研究，得出科学的结论，才能建立真正的语文教学理论。

先来说说语文教学与其外部的联系。

从学生发展横的方面看，语文学习只是德、智、体、美、劳诸育中智育里面的一个部分。当然，这个部分是重要的，对于一个人的成长来说，是基础。在现代社会里，这种基础尤为重要。对于其他学科来说，语文是工具，只有具有必要的听、说、读、写能力，才能学好其他学科。但反过来说，一个人在成长中要打好语文基础，又绝不能只局限于语文学科或课本之内，正如陆游对自己子女所说："汝果欲学诗，工夫在诗外。"其实，何止是学诗，任何一种语文能力的提高都须得力于课外。因而，其他各科课程的学习，都有助于语文水平的提高。

现在的情况是，对这个问题的前一方面，即语文学习的重要性，从语文教师本身来说，认识还是比较深刻的，起码是重视的。而对于问题的后一方面即语文学习得力于其他学科知识、得力于课外的知识，就相对来说差得多了。

比如说，把学生注意力死死局限在语文课本之内，而不注意让学生的思维得到驰骋的天地。再比如说，从初中一年级开始，数学已经把培养学生抽象思维能力作为一个重要目的了，而我们语文呢，整个教学体系仍然把议论文的重点放在初三，即使小学已经写了成百篇记叙文，已经把记事、写人、状物都写了个遍，但初一还得是从"记一件小事"写起；语文教师在实际教学中，更是把议论文视为难途，大纲与教材中本就不多的初一、初二的议论文训练，到有些教师手里，又给抹去了大部分。虽然，大纲对初中、高中读写能力的规定都包括记叙、说明、议论三个方面，只不过是简单与比较复杂之分。但实际上比较普遍的状况是，初中搞记叙，高中搞议论。这当然有考试指挥棒因素在起作用，因为这些年来，高考一般考议论文，而各地中考大多是考记叙文的。去掉考试指挥棒的因素以外，我们的认识是否还是囿于抽象思维能力、议论能力只有到了高中才能培养呢？我们是否还是认为初中特别是初一、初二学生仍是形象思维的能力高于抽象思维呢？如果是这样，数学所定的目的是否就不科学了？再退一步说，如果初一、初二学生形象思维能力强，那不是更应该提高他们的抽象思维能力吗？我们应该思考，为什么数学可以提出培养抽象思维能力的任务，而语文则必须起码重复一年小学已经做过的事情，这到底是什么原因？如果语文与数学紧密联系，协调发展，从初一开始即从不同角度重视学生抽象思维能力的提高，难道不是更有利于学生的成长吗？不是也更有利于学生语文能力的提高，有利于语文教学效率的提高吗？如果说，初一的学生连记一件事这样的文章还不能写，那就是小学的语文学习欠了账，或者是小学的语文学习任务应加以调整，这则是另外的问题了。

其他课程亦如此。比如美术、音乐，形象思维方面的东西、美的熏陶等与语文科相通之处就更多了。语文课的许多课文里都用到"通感"这一手法，作者的这种手法表现在语言文字能力之外，还需要音乐、美术等方面的造诣。那么，当学生学习时，老师教学时，也需要有一定的造诣，才能理解得深、开掘得深，才能真正领悟到作者神笔之妙处。

由上所述，其他课程的学习对语文能力的提高是必不可少的。也就是说，把学生在中学的成长看成为一个整体，语文只是其中的一个方面，应该与其他方面存有着密切的联系。

不仅仅是语文与各学科之间如此。当前语文教学颇感头疼的一个问题，就是学生的认识能力不能满足需要，因而影响了语文能力的提高。这就尤其需要语文教学重视思维训练的任务，重视语文课中的思想教育，重视在读写听说训练中密切联系当前社会实际、学生思想实际，也就是说，语文教学必须是开放式的。由此可见，语文与德育，与政治课之间亦是有机联系的。

实践证明，有的语文教师善于利用各种机会、各种渠道，把语文学习的天地开展得极为广阔，而不只是死死局限在语文课堂内、语文课本内，其效率就高得多。这根源就在于事物的整体性，亦即语文学科与其他方面存在着的有机联系。

再从学生发展纵的方面看，中学教育（特别是初中教育）在学生一生成长中处于一个什么地位呢？把学生的一生看成是一个整体，中学只是其中一小部分,而从九年制义务教育的实施看,从我国社会发展现状及趋势看,从四个现代化对公民的要求看,这一小部分(或称之为一段)却极为重要,它是为学生德、智、体诸方面打基础的时期。而语文学科,则应该接续小学教学,给学生打下适应现代社会需要、为从事各行各业基本够用的语文能力,特别是现代汉语的读、写、听、说能力的培养任务,是必须在初中解决的。

这原因很简单,从我国目前情况看,相当长一段时间内初中升入高中的学生还只能是一小部分。下表为1980—1985年间初中毕业生人数与普通高中招生人数的比较:

年份	初中毕业生数	普通高中招生数	高中招生为初中毕业生数的%
1980	964.8 万	383.4 万	39.7
1981	1 154.2 万	327.8 万	28.4
1982	1 032.2 万	279.3 万	27.06
1983	960.3 万	259.8 万	27.05
1984	950.4 万	262.3 万	27.59
1985	998.3 万	257.5 万	25.79

从1981至1985年,全国初中毕业生升入高中的只是四分之一略强一些。这种现象看来还须维持相当长的一个时期。未能升入高中的学生只能有如下几条出路:升入中专、职业学校,就业或等待就业,复习或重读以再考,也就是说,初中毕业学生即分流了。如果把现代汉语听、说、读、写能力基本完成的任务放到高中去完成,待业、就业的且不说,上中专、职业学校的也不会有更多时间学语文,那就等于有四分之三的公民在他们打基础的阶段,并没有打好语文听、说、读、写的底子,随着社会迅速发展,信息量日趋增加,他们中大多数人就会成为文盲、半文盲。据报道,我国现有文盲2亿多人,这是一个多么令人忧惧的数字。更可怕的是,如果不采取措施从根本解决,文盲人数只会逐年增加。现代化毕竟不是少数人的事情,它必须依赖于全民族文化素质的提高。因而,虽然这种危机并不只是语文学科,也不只是中学教育的事,它需要社会的综合治理,但它仍然必须作为中学语文教学考虑问题的一个重要出发点。有的人可能会说,许多学生学习那么差,怎么能提高语文学习成绩呢?其实,这个问题还应该倒过来想,即正因为语文没有打好底子,才给学生其他科目的学习造成困难。

当然,要让学生在初中掌握基本管用的语文能力,亦即我们所说的"读写能力基本过关",不是一件轻而易举的事,需要对语文教学各个方面——目的要求、教学思想、结构体系、教学方法等等，做一番认真的思考，而且需要把初中与小学捆起来做通盘考虑。总之，从事物的总体性出发来看中学语文教学，这是我们切切不可忘记的。

再来说说语文教学本身的总体性问题，亦即语文教学结构究竟应该包括哪些部分，它们之间有着什么内在联系，各有怎样的地位等等，再与当前教学现状相比较，从而以之正确地指导语文教学实践。

前些时候，有人曾将关于语文教学特点的各种提法搜集起来，结果有二十余种"性"。这一现象固然反映出我们对语文教学的本质还缺乏统一的明确的认识，也从另一面说明了语文教学的综合性。这个问题我们暂不在这里讨论。

这里要说的是，语文教学体系虽然目前仍未臻完善、科学，但还是有一个大致的轮廓的，何况有教学大纲与教材，对中学阶段总的要求乃至各年级、各册课本、各单元亦都有明确要求，也就是说，这个教学的整体性是存在着的。但目前教学却存在无视这种整体性的现象，孤立地把课文一篇篇讲完就算完事，零敲碎打地把作文一篇篇写完就算完成任务。

语文知识虽然不像数理化那样有严密的体系，但也仍然是一个有机的整体。只有这个整体中每一部分都能协调地发展，语文能力才能得到应有的提高。

比如听说能力，各级升学考试中都无法做到有效考核，因而教学中更为薄弱。但实际上，听说能力不仅由于社会的发展而日趋重要，而且它对读写能力的提高有促进作用，因而对学生整个语文学习的提高是必要的、不可缺少的。听说训练对于培养学生思维能力，在许多方面是读写训练取代不了的。比如说思维敏捷性的培养，听说训练就要比读写训练更有效得多。听就是吸收，在科技迅速发展，信息交流日益重要的今天，会听不仅是必须具有的能力，而且必然会更好地促进语文学习的提高，因为，出口成章与下笔成文之间毕竟有着密切的关系。因而，从本质上说，语文能力总体应包括听、说、读、写四种能力，目前教学中重读写、轻听说的现象，正是违背语文教学整体性规律的，也不符合社会发展要求。

再如，讲读课的篇章教学：如果从事物整体性原则出发来看，每一篇讲读课文都包括两个方面，教学即应从这两方面入手去把握。

一方面，每一篇课文在讲读教学这个整体中，只是一个点。每册课本由 30 左右个点组成，整个中学阶段，有 300 个以上这样的点。但是，语文教学中的这些"点"有其特殊性，它不同于其他学科中的知识点，它只是例文、范文。因而它们之间，并没有内在的必然的联系，而是由课本编者根据一定的体系意图把它们编在一起的。这就是说，这些篇章本身是各自独立的，只是在一定的教学体系中才发生了联系，才不是互相孤立的。因而，教师如果不从语文教学体系的总体出发去进行教学，而只是就篇章教篇章，就必然把讲读教学搞成一堆散沙。从这个意义上说，教师必须立足于篇章之外，站得更高。

另一方面，语文课文这样的"点"，又有其复杂性、综合性，因为每篇课文都是麻雀虽小五脏俱全。字、词、句、篇，语文教学的全部范畴都无一遗漏；语、修、逻、文，语文学习的全部知识都囊括其内；听、说、读、写，语文能力的全部训练都能够从中进行。这就必然带来一个教学的角度问题。语文教学的链条，不是一个个这样的"点"自己连起来的，而是要由教师根据教学大纲与教材体系，经过自己的处理，找到其内在联系，并由此出发进行教学和训练。如果做不到这一点，就必然造成语文教学少、慢、差、费；许多知识在教学中被毫无意义、并不循序渐进地反复重复，许多知识应该讲授并训练的，却又未得到重视与机会。从这个意义上说，教师必须认真地钻研教材，深入到篇章里面去。

我们可以看到，上述两个方面实际上归结到了一点，即教师必须从整体性出发进行篇章教学。只有把整个初中或高中语文教学体系、每学年的内容了然于胸，才能摆正每个篇章教学应有的位置，才能真正提高语文教学的效率。

语文教学本身的总体性原则，还可以从多方面论及。由于篇幅所限，本文只提出供讨论的端倪。

再次是关于语文教学中内外因的思考。

语文教学中的内因与外因，从各个不同角度来说，亦有不同的范畴。如语文教学规律本身与社会发展的关系，随着社会的进步，语文教学效率应当也必然会不断提高，语文教学内容要不断更新，语文教学手段也越来越丰富等等。

本文仅就当前广泛论及的师生关系这一角度，说一点粗浅的看法。

我以为，把语文教学中的师生关系和地位，归纳为"以学生为主体，以教师为主导"，从哲学上说，是不尽科学的。之所以这样说，有如下几点原因。

第一，"主体"与"主导"不是哲学范畴里一对相互依存的概念，众所周知，与"主体"相对的是"客体"。

第二，从主、客体之间的关系来说，当前要重视发挥教学中学生在掌握语文知识与能力时的"主体"作用，这无疑是正确的，而且是极其必要的。如前所述，学生不是容器与仓库，而是人，是认识与掌握语文知识及能力的主体。当前的教学对这一点的认识远远不够，因而使学生在很大程度上仍然是被动地学习。但是，这里有两点要注意：一是学生对语文知识这个"客体"的主要任务是认识与掌握，还谈不到改造；二是教师不是学生所要认识的"客体"的主要内容。从这个意义上说，语文教学的主体不应该是学生。

语文教学的主体应该是教师。因为教师要对语文教学的内容、对象、手段等全都予以认识及改造。这里特别要强调的是，教师只有对学生有充分的了解与认识，只有能动地掌握必要的各方面的知识，才能更好地提高语文教学质量，才能进行创造性的教学。因此，有必要强调教师的主体地位。教师既然是主体，就承担着改造客体、使学生尽快提高语文水平的任务，这当然就要想尽办法调动学生的学习积极性，培养学生的自学能力。因此，强调教师是主体，并不能导致教师包办代替的做法，这是无须顾虑的。

第三，当前，"发挥教师主导作用"的提法相当普遍，但细推敲起来，这个提法亦有值得商榷之处。

"主导"这个词，出现得比较晚，意义也不甚清楚。在《现代汉语词典》中释义为：主要的并且引导事物向某方面发展的。再看这个词的实际运用。《现代汉语词典》举例为："以农业为基础，以工业为主导"。再如下面两例："至于中国古代的小说创作，从'志怪'到'神魔'的大量作品中……其中的大部分作品，特别是优秀作品中的神仙魔怪、矛盾斗争，都是为现实写照，都是作者以创造性想象制成的物化思想情感的载体。虽然这些创造性想象的发生，不能忽视佛教的作用；但道教的神仙思想和道教创造神仙的思维方法，应当说起了主导的作用。"（黄保真：《道家、道教与中国古代文学》《文史知识》1987 年第 5 期）。"我们进一步发现，中国上古时代的宗教神话，虽未能在整个文化共同体（文化圈）这一大区域内占有主导地位，却曾在氏族、部落乃至原始民族或区域性国家等小区域内居主导地位。如在殷墟卜辞和《楚辞·九歌》中都可以见到这种主导性的若干证据。"（谢选骏：《神话与民族意识》第 195 页，山东文艺出版社）（引文中着重号均为引者所加）。从上面几例可以看到，起"主导作用"的事物与被"主导"的诸事物之间，是并列的关系，与师生关系不尽相同。实际运用中的"主导"一词，在体现"引导事物向某方面发展"的含义时，并不是主导者事物本身（如工业、道教的神仙思想和道教创造神仙的思维方法等），换句话说，主导者事物本身并不能自觉地、能动地起到主导作用，这与教师的引导作用也有本质的不同，因为教师是必须自觉地能动地去引导、启发学生学习的。因而，说"发挥教师的主导作用"，不如说"发挥教师的引导（或诱导）作用"更合适。

要准确说明语文教学中的师生关系，又能更好地推动语文教学改革，使语文教学沿着正确、健康的轨道前进，用一对什么样的概念更好呢？我以为，还是以"内因"与"外因"为好。也就是说，教师必须从充分调动学生的内因，尽力发挥自己的外因作用这一出发点来进行教学。

高尔基说过："文学是人学。"语文教学在这方面的特点显然比其他课程突出得多，这是毋庸赘述的。当教师讲解一篇文质兼美的文章时，当教师批改学生的作文、日记时，都随时在进行着师生感情的交流、课文作者与读者（师生）感情的交流，这种交流进行得越好，语文教学的效果便越佳。

语文教师面对着的劳动对象是活生生的人，这是教育劳动的一般特点。由此，教师的劳动就比其他劳动要复杂得多，既有相对容易的一面，又有更加困难的一面。说它容易，因为生产劳动的对象或是无生命的，或是无意识的，它们或者没有改造自己的主动性，或者只是无目的地生长，因而在整个生产劳动过程中，都需要劳动者不间断地予以控制、予以操纵，如果中止了控制与操纵，劳动成果就会表现为零或遭到极大削弱。学生则不然，他们成长的过程无须也不可能做到由教师完全控制，教师所给予的是适时的指导，如果要操纵学生，那不会有好效果，会引起学生反感。由此看来，教师的劳动容易了。但另一方面，正因为学生是有感情、有意识的人，他们的内心世界丰富得经常超出教师的想象，各个学生的性格、情趣、爱好、愿望、品德等等都不相同，每个学生又都有自己不同的变化过程，这些变化又常常是潜移默化地进行着。因而，虽然世界上"没有相同的两片树叶"，但生产劳动尤其是工业生产对产品的要求是一律模式化的，只有完全符合设计模式的才是合格的、好的产品，而教育却绝不能用任何一种模式去约束学生。由此看来，教师的劳动要艰难得多。这易的一面与难的一面，也都可以归结为一点，即人存在着主观能动性，是教师在教学中要重视调动学生内因的物质基础与哲学基础。

劳动对象（学生）在教学过程中更多、更深刻地、更经常不断地发现自己的感情与意识，这又是语文教学劳动独有的特点。因而，在语文教学中调动学生的内因便更加重要。

我们说调动学生的内因，不是像有的观摩课那样去刻意追求表面的热闹，那是一种浅薄的、远未探得语文教学规律和教育劳动特点的认识。说得苛刻一点，那种在教师导演下、学生必须完全按着教师准备好的思路上课而被取消了主动性的热闹，实质是在愚弄学生，不是把学生当作真正意义的人来看待，更不可能谈到为社会主义现代化培养合格的人才。

学生的内因最基本最集中的表现，就是学习的思想品质与思维品质。因而，内因是否调动起来的标志，除了是否树立起正确的学习目的、态度、习惯、方法以外，就是看思维是否被调动起来，并在读、写、听、说的训练中得到发展。比如在阅读课里，教师必须始终把学生能否提出问题来这一点作为重点考虑。首先，要让学生敢于提问题并且能够提出问题。其次，要他们提出更多的问题，在这个基础上指导他们提出有质量的问题。如果学生提出与书本、教师、名人意见不同的问题，应予充分肯定和正确引导，这是创造性的前提；如果学生提出别人提不出或没提出过的问题，尤其要精心保护，并使其得到发展，因为这或许就是创造的开端。再如在表达方面，当前要特别重视口头能力的训练。首先，要让学生敢于说话；然后，指导和鼓励他们说自己的，而不是老去重复教师的、课本里的或别人的话；最后，则要训练他们把自己的话说好。

正因为学生是人，内因的调动有其主观因素在起作用，那么教师的外因作用主要表现为启发、引导、诱导。

诱导的前提是尊重学生、了解学生。只有摸清学生的个性、思想与思维品质的特点，只有使学生感到教师与他是平等的、能够相互理解的，诱导才能真正取得好的效果。

诱导的原则是引导学生正确地循着他们各自的发展方向与路线前进。学生思维的发展，主观能动性的发挥，绝不是"自古华山一条路"，而是"条条道路通罗马"，因此，教师绝对应该防止把所有学生思维的发展纳进一条轨道的做法。

诱导的方法主要应该是激疑。要堵死学生死记硬背的后路，要善于相机引发。

诱导能力的提高，关键在教师本身素质的提高。教师只有具备坚实的语文知识底子，较高的听、说、读、写能力，以及教育学、心理学等其他有关知识，才能在教学中做到循循善诱，得心应手，达到启发的境界。那种不注意提高自己的素质，而只在方法、技巧上做文章的做法，哪怕搞得花样新，也是不足取的。

以上所说，姑称之为中学语文教学的哲学思考。

（原载《中学语文教学现代化探索讲座》，吉林文史出版社；《哲学思考》部分收入《语文教学改革新成果选粹—全国中语会第四次年会论文集》，广东教育出版社）

中学语文要不要教文言文

（1986）

中学要不要教文言文？现在的课本里文言文是多了还是少了？学生学点文言文究竟利弊如何？这些问题已经争论了好几年了，各种见仁见智的看法亦都见诸报端。

我以为，这不是一个仅限于教学内容的小问题，而是涉及语文教学思想、体系的根本性的问题。对此，本文不想多谈，只是就事论事地说一点陋见。

我对这个问题的看法是：当前中学课本中文言篇章还应增加，现有选文质量不尽理想，取材范围还应扩大；但是如果按照目前教授文言文的方法，则又不如不教。这似乎是个自相矛盾的说法，因此有必要予以申述。

为什么中学生应该多学习一些好的文言文呢？从我自己的教学实践体会，从许多人写作与工作实例证明，有比较厚的文言功底不仅对学好现代汉语、提高表达能力、丰富文化素养有着非常积极的作用，而且对学生毕业后的继续深造与从事各项工作也都是良好的基础。这一点我不想从正面多作阐述，只想谈谈对以下两种说法的意见。

有一种说法认为，文言文学多了，离现代社会就远了，对现代化建设也就不适应了。

且不谈这种说法的本身，是建立在一种并没有经过科学论证与实践证明的武断假设的基础之上的，因为我们现在文言文的教学目的、内容、方法、考试都与封建科举时代大不相同。只要看看现实社会中的教育与文化现状，就可知此说实际是一种杞人之忧。

先说国内，台湾、香港的中学语文课本、会考与升学考试中，文言文的分量与难度都超过大陆，然而这似乎并未影响到他们经济建设的速度。我们也尚未得到这样的信息，说港台因为现代化的发展将要降低中学文言文的要求。再说国外，日本的科技、经济发展的速度都是走在世界前列的，但他们在中小学教育里不仅重视日本古典文学的教学，尤其重视学习中国的古代诗文；更不必说那么多西方发达国家，所出现的对东方文化、对中国文化的崇拜热。

可我们自己，却有人生怕学习文言文有害于现代化建设，岂不怪哉？

有一种说法认为，有的中学生作文中出现文白夹杂现象，这是一种不好的、应当杜绝的现象——这当然是对的；是由于学习文言文而产生的现象——这姑且也可算言之有理；因而学习文言文有害——这就有点以偏概全的嫌疑；因而，文言文就不应该学——这就尤其失之武断了。

且不说文白夹杂是语言发展与使用过程中一种自然存在的现象——是书面语言与口头语言同时存在、互相影响的结果，是新的语言因素与正在消亡的语言因素同时存在的结果。这种现象之所以自然存在，是因为语言不能不发展，是因为书面语与口头语总是存在着差别。汉语的文白夹杂现象大概自汉字产生、有书面记载开始也就产生，并始终存在，其实其他语言又何尝不是如此？

再来分析这种说法所特指的文白夹杂现象——现代汉语使用中不恰当地运用了文言语法、词汇等出现的语病。只要认真调查一下就会发现，文白夹杂在当前中学生写作中毕竟还只是一种少量出现的现象，并未成为危害严重的普遍倾向，似乎不必对之产生恐慌。退一步说，只要学文言文，就不可避免会出现少数文白夹杂现象，但是，我们也常见到写文章语言欧化的现象，那是不是就不应该让学生去读外国的文学作品了呢？又进一步说，语言不通的现象是比较普遍的，那是不是就不要学语言了呢？因为有文白夹杂现象出现，就断言不应该学文言文，这不正是倒洗澡水连同孩子一起倒掉一类的做法吗？

以上要说的是，反对学文言文的理由是站不住脚的，因此我不赞成。

那么，为什么又说按照目前的教学方法，文言文又不如不教了呢？

因为目前文言文教学基本上不得法，费时多而收效极低，许多老师其实是在用教外语的办法来教文言文，更普遍的课堂教学类型则是逐字、逐句翻译古汉语原文。

文言文的难点本来在实词，语、句、段的连接是重意义而轻虚词的，但目前，相当多的老师热衷于虚词教学，把虚词作为重点大讲特讲，大考特考，有的甚至讲到了大学古汉语课程的深度。各种虚词归类、比较、练习名目繁多，花样翻新，耗费了大量教学时间，而又根本不符合古汉语语言特点，这种教学怎么可能取得好的效果呢？有的教师在学生上初一刚接触文言文，便开始归纳"以""为"之类虚词的多种用法了，这怎么能不事倍功半呢？

学习文言文的最好途径本来是诵读，由于汉字的特点，诵读不仅有利于对文章的理解，而且能使学生得到美的享受。但是目前教学中，却大量是教师的讲解，讲语法规律，讲字句翻译等，留给学生诵读的时间少得可怜，而且几乎没有对诵读的指导，只不过是形式主义而不讲效果的读。学生的头脑中填满了教师无尽无休地讲授的东西——这些东西有些是不必要讲的，有些是讲错了的，有些是反复重复的，而由于没有认真地、充分地诵读，学生对课文反而没有鲜明、深刻的感受。

学习文言文很重要的一条是要培养语感，语感的培养不仅是学习语言的必要因素，而且对培养智力、熏陶情感都有益处。但当前文言文教学中却严重忽视语感，而过分强调语法规律的讲授——且不说现有汉语语法体系并不符合汉语本身的特点——学生即使把语法知识背得滚瓜烂熟，如果一点语感都没有，又怎么可能学好文言文呢？不知从什么时候起，"字字落实，对号入座"成了文言文教学的一条原则和最常用的教学方法，教师把课文逐句翻译成现代汉语，学生再把这译文——且不说有的翻译是错的，绝大多数译文都已失去了原文语言的味道——背下来就算完成了教学任务，这样的教学怎么可能让学生学好文言文呢？

还可以举出一些现象与问题，总之当前中学文言文教学的现状是到了必须彻底改变的时候了，不然，这条死胡同将越走越深。

因此，我认为文言文应该学，而且还应适量增加，但教法必须改变！

关于中学语文教学的高难度原则

（1981）

要改变中学语文教学少、慢、差、费的现象，要尽快提高语文教学效率，我以为可以把高难度作为中学语文教学的一个原则。

看一下目前的教学现状，可以发现以下几个矛盾：语文学科应该是极富艺术性、感染力的，但课堂上却经常出现学生索然无味、昏昏入睡的情况；语文教学应该是以创造性为生命的，但实际却是模式化相当严重；语文教师应该是既思想活泼又政治坚定，既有扎实的语文底子又有较广博的知识面，但是相当多的教师距此颇远。

这些矛盾导致当前的教学出现了这样的问题：对学生学习语文的潜在

能力估计不足，对由于科学飞跃发展而推动青少年智力的更快发展估计不足，对青少年由于改革开放后眼界开阔而日益增强的求知欲估计不足，对学生由于关心国家前途、关心四个现代化而焕发的探索精神估计不足。

总之，形势、任务与现状都要求语文教学的效率更高一点，教学改革的步子更快一点，因而，应该考虑把高难度作为中学语文教学的一个原则。

这是因为语文教学与其他学科相比，有其不同的地方。

首先，有了小学学习的基础，学生已掌握了两千左右常用字，不仅得到了一些读写训练，而且为进一步提高读写能力打下了良好的基础。也就是说，从一定意义上看，中学语文的学习内容对学生来说，并不是全新的，并不是不经教师讲授就一点也不能懂得或者不能学习的。

其次，学生学习语文的环境最广阔，机会最多。实际上，从会说话开始，孩子就已经在学习语文；而只要有人群在，只要有社会活动，就有学语文的条件；各种阅历、知识、自然景观等等，一切能耳闻目睹甚至心灵感受到的东西，都能成为提高语文能力的素养。与任何一个学科相比，学生语文学习的条件最充分。而且，语文既是学习其他学科的基础与工具，其他学科的知识与能力又能促进语文学习的进步。

再次，语文书（请注意，不是说语文教学）是大多数学生最喜爱的课本，差不多的学生都爱在新书发下来后，首先浏览一遍语文书。因此，除了少量课文（如文言文、议论文等）以外，多数篇章在讲授前，学生已经有了第一印象。这一点是教学时绝对不应忽略，而恰恰又是当前许多教师所严重忽略了的。

从上面三个方面的原因看，中学语文教学可以把高难度作为一个原则。当然，这里所说的"高难度"，并不是脱离学生实际的、盲目的、一味地求其"高难"，而只是相对于当前语文教学现状的弊病与低效率来说的。

那么，怎样理解高难度的教学原则呢？

首先，从语文新旧知识二者关系来说，应该立足于新。

我们常常引用孔子的话："温故而知新，可以为师矣。"但对这句话却比较普遍地存在着两种略有偏颇的理解，并又用这种不全面的理解指导教学。

一种是把"温故而知新"只理解为"温习旧的知识，却能够有新的体会、新的发现"，也就是说，在"温故"中"知新"，按这种理解，"温故"是基础，是出发点，是主要的。另一种偏颇理解是孔子这句话本来是说怎样才能更好地当老师，而我们却常常忘了后半句，只摘出前半句来作为对学生的要求。

应该说，子夏的理解更接近于他的老师的原意："日知其所亡，月无忘其所能，可谓好学也已。"可见，子夏在这里更强调"知新"，他说每天都要学习新的，每月要复习旧的，这就是说，在"知新"中"温故"。而且，子夏说这就叫"好学"，这才是针对学生学习而言的。

在温故中知新，这作为对教师掌握知识、理解知识的要求是合适的。因为教师教给学生的知识应该说都已是旧的知识，但教师决不可满足于对这些知识的已有的理解，而应该不断地从"温故"中去"知新"，这才能使教学质量不断提高，使自己的教学艺术不断进步，使培养出来的学生更能适应前进着的时代的要求。

但这里有两个问题值得讨论。

一是教师教给学生这些旧知识的最终目的究竟是什么？是仅仅为掌握这些知识而学习吗？不是的！主要目的应该是让学生拿这些旧的知识作为基础，作为工具和武器，去发现新的、还没有被发现的知识，这才能真正培养出四化所需要的人才。这样，就不应该只是让学生掌握了这些知识就算完事，还应该让他们了解这些知识是怎样在前人的旧的知识的基础上创造或发现出来的，它的发现有什么意义，它本身还是否存在缺欠、局限或疑问。也就是说，要时时教育学生不要只停留、迷信于这些知识。

二是怎样使学生更好更快地掌握这些知识？如果把"在温故中知新"作为学生主要的甚至唯一的学习过程或方式，那么就会把眼光只停留在"温故"上，也就片面地、过分地强调了"巩固性原则"和"量力性原则"。

对学过的知识要不要巩固呢？当然要的。但是，是不是对所有学过的东西都要花那么多时间去巩固呢？显然不是的。这些知识是否都只有在温故中才能得到巩固呢？也不是的。

这就是说，我们的教学应该把"在知新中温故"和"在温故中知新"这二者结合起来，而且应该立足于"知新"，把功夫下在"知新"上。

拿语文教学中的字、词教学来说，要求学生对学过而没有掌握好的字、词作几次机械反复的练习是可以的，但不必都如此，不应该把这作为主要形式，更不宜采用那种惩罚性的重复写几十遍甚至上百遍的做法。这种做法是益少害多的，它无意义地浪费了学生宝贵的时间和精力，而且势必使学生产生对学习的畏惧感和厌恶心，损害了他们学习的积极性和兴趣。如果从"在知新中温故"出发，效果就会好得多。比如有的教师采用的行之有效的"字、词开花"的方法，就既温了故，又知了新；既开阔了眼界，又激发了兴趣；既巩固了学过的知识，又有助于开发智力、培养能力。再如，还可以让学生更多地接触新的课文，在新的环境里反复学习这些字、词，也能够同样得到好的效果。

尤其应该指出的，特别是在今天，我们的教学应该使学生对学习知识产生一种紧迫感，而不应该使他们消磨意志、增长惰性，养成慢慢腾腾的习惯。这在现在这个知识爆炸的时代更有现实意义。新知识在以几何级数的速度增加着，为什么不早一点、快一点把它们教给学生呢？为什么总要在旧的知识上原地踏步去"巩固"呢？为什么不引导学生立志和习惯于把眼光盯向那些还没有解决的问题，没有被发现的知识呢？让学生不断地"温故而知新"，探求"故"中之"新"是必要的，但似乎更为重要的是要引导学生去探求那"故"外之"新"。

我们在运用"量力性原则"时也常有两种弊端。一是从总体来说倾向于低估了学生的能力和水平，尤其是低估了他们的智力。二是所谓"量力"一般都是以中等程度学生为着眼点的，这就必然束缚了上等生尤其是那些尖子学生的发展。而立足于新，对这些学生的发展尤其有着重要的意义。因此，运用"量力性原则"，决不应对全班学生采用同一个衡量水平，而应该看到不同程度的学生的不同的能力，采用相应的措施，使每一个学生都能够不断地知新，这才是正确的真正起到积极作用的"量力性原则"。

所谓立足于新，应从哪几个方面做起呢？第一，知识要新。不应该再把陈旧的特别是已被证明不科学的东西塞给学生，而应该随时向他们传输新鲜的知识。第二，思想要新。要让学生用新眼光去对待旧知识，用新眼光来看待现实，用新眼光去发掘新的东西。这就要培养学生具有不因循守旧的头脑，勇于探新的精神，而首先需要教师有新鲜的教育与教学思想。第三，教法要新。教师应该从教无定法出发，根据新的形势，学生学习中随时出现的新问题，采取有针对性的、目的明确的、新颖灵活的方法，而不应总是老一套，总是乞灵于一个万能的药方。

其次，从语文学习过程的难与易二者的关系来说，应该立足于难。

只要略加比较，我们就可以发现，在新知识的学习过程上，语文与其他学科是有明显区别的。一般说来，大多数学生对数理化、外语学科每一课的新知识基本不懂，教师领着学习之后豁然开朗，概括起来说，这是个由难到易的过程。语文则不同。中学生对任何一篇课文都能够精通，因为绝大多数字都认识，文章内容与写法也大多可以粗浅领会，但学习是要求精通，尤其要把别人文章的写法立意等融会贯通，变为自己的，这是最使学生感到困难的，因此，可以说，这个过程在学生的感受是由易到难。

由此可见，语文课新知识的学习过程是最为不利的。因为，学生对课文大概明白，思想上先有个"我会了"或"这容易"的主见而不愿学；老师讲不出新东西，堂堂课都是老生常谈而不爱学；学完一篇课文后他感到没什么收获与进步而不想学；看别人写得好，自己却写不出来，觉得"看花容易绣花难"更不敢学。

据此，我们应该针对语文学习这一过程的特点和学生的心理，把学生学习开始时"易"的感觉转变为"难"，再通过得法的教学与训练，把这个"难"转变为"易"。也就是说，语文教学应该立足于难。

这里只举议论文教学为例。

多年来比较普遍的、似乎已经被当作语文教学体系定论的说法是：学生在初一、初二写不了，因而也不能教议论文，这样，就规定了讲读教学初一的重点是记叙文，初二重点为说明文，初三以上才开始注意培养读写议论文的能力。事实上，学生在小学学习期间已写了大量记叙文，初步具有一般记叙的能力，可是上了中学后还要搞两年记叙与说明，这一定是必要的科学的吗？这不是语文教学少、慢、差、费的一个表现吗？

应该从初一即开始培养学生的议论能力。确实，让初一学生议论是要比记叙难的，然而这是有必要的。

第一，建设社会主义现代化的强国的伟大任务，需要我们培养的是积极的探索者，而不仅仅是消极的观察者，更不应是冷漠的旁观者。这样，就要让学生对周围事物、社会生活不仅能够观察细致、看得清楚、记叙明白，而且要让学生对观察到的东西进行分析判断：哪些是真、善、美，哪些是假、丑、恶；哪些是合理的，应该保护和发扬的；哪些是不合理的，应该改革和消除的，以及为什么如此；尤其应该让学生认真动脑思考怎样才能够做到这一点，能够提出些什么样的方案、措施、设想，即使这些设想之类的东西常常是幼稚得可笑的、片面的甚至错误的，也应该鼓励其中某些哪怕是极其微小的正确的部分，特别是鼓励这种认真思索、大胆探求的精神。而培养学生的议论能力无疑是有助于此的。

第二，四化所需要的人才应该有较强的思维能力，不论从事哪一方面工作都既需要抽象思维能力，也需要形象思维能力，而这二者是相辅相成、互相促进的。打个粗浅的不甚科学的比方，就像一朵花，形象思维就像花瓣和花蕊，如果没有花瓣与花蕊那鲜艳的颜色、美丽的形状、芳香的气味，这朵花是不可爱的。然而，如果只有色、形、味，而彼此之间没有任何联系地组织起来，那就只能是一堆乱七八糟的花瓣与花蕊，不成其为一朵花，而抽象思维就是起着这样一种组织作用的。

第三，学生的记叙文要写好也不是单打一地训练能够奏效的。比如说，写记叙文时出现的问题，诸如主题不明确、不正确、不集中，段落不清楚，前后衔接不紧，时间、地点、事件交代不清，语句混乱不通，用词不准确，等等，都与学生的思想水平、认识能力、辨别是非能力、分析推理能力方面的弱点有关。而培养学生议论能力可以在这些方面有所裨益，因此，也就有助于提高学生记叙文的写作水平。

第四，学生升入中学，迈入了一个新的天地，求知欲增强，我们却还要花很多时间去重复小学已比较熟悉了的记叙文三要素之类的东西，是浪费时间，也不能激发学生兴趣，而如果要求他们开始议论，向他们提出问题要求思索解答，说清理由，鼓励他们去发现问题、提出见解，这样的难度会使学生感到有趣，愿意去做。

立足于难并不是难得没有限度，让学生从初一开始议论是不是完全脱离实际、高不可攀的呢？并不是的。

第一，刚刚开始思维的儿童就已经有了简单的、初级的概念、判断和推理。上初中后，随着年龄的增长、眼界的开阔、知识的丰富，以及出于他们此时心理、性格的特征，思想十分活跃，他们对所见所闻都有自己的见解，而且非常愿意发表这些见解。这样，如果我们不是要求他们去写政论文章，而是把自己的意见说出来并逐渐学会把理由说清楚、说正确、说充分，是完全可以做到的。

第二，实践已经证明，语文教学按着文体来建立体系是不尽科学的。因为任何一篇不管什么体裁的文章，一般都是记叙、议论、说明、描写等几种表达方式的综合运用，除了小学生的文章和单项训练外，几乎可以说，很难找到一篇纯粹用记叙、议论或其他表达方式的文章。也就是说，学生在记叙文中自然要运用到记叙以外其他表达方式的。

第三，学生对议论文感到难和神秘，当然有其思想水平、认识能力、阅历知识不足等诸方面原因，但主要的还是教师自己首先感到议论文难教、不愿教和教学不得法造成的。比如说，课文不理想，多是一些从思想内容到语言都脱离学生实际太远的政论，学生学习起来没有兴趣；教师自己就不会写，不爱写议论文，不像教其他文体那样活泼有感情；只是教给学生关于论点、论据、论证的死知识，而不能或不善于通过新鲜巧妙的训练把这些知识教活，并转化为学生的能力；只是干干巴巴地划分段落、层次，概括大意，而不是富有启发地引导学生通过自己的分析推理去理解文章内在的逻辑联系；只是孤立地讲知识、写议论，而不能通过各种形式的比较（对比、类比）等等给学生以鲜明的印象。如果能较好地解决这些问题，议论文的教学就会有较大的进展。

上面只举一个例子，意在说明语文教学应该立足于难。

再次，从语文学习成材的博与专这二者的关系来说，应该立足于博。

无论从中学教育培养目标对语文的要求来说，从20世纪末人们的生活、工作来说，还是从语文学习成材本身来说，都要求语文教学要注意博。

语文教学决不能只局限于把字词句在课文中的意义讲清楚，而且要引导学生学得活；决不能只局限于语言文字知识的传授，而且要联系并引导学生注意其他学科各方面的知识；决不能只局限于课堂教学，而且要抓好课外学习那一条腿；决不能只局限于书本上的知识，而且要引导学生注意实践，观察社会。

这样做有什么意义呢？

第一，可以丰富学生的知识面，不仅学到字词句章知识，而且具有一定的文学修养、艺术修养、审美能力，不仅要懂得古代的、中国的，也要懂得现代的、外国的，不仅要读最新的文学作品，也要知道最新的科学技术成就与课题，这样才能把语文学得活。

比如像这样的课外活动就很有益处：先由语文老师介绍《史记》，讲解"垓下之围"一段文字，之后欣赏琵琶曲《十面埋伏》，并请音乐老师指导怎样欣赏，最后再给学生讲白居易的《琵琶行》，重点讲描写琵琶女弹琵琶那一段。这样使学生体悟文学语言与艺术语言之间的关系，使形象思维更为发展，而且从中得到了美的享受。

再如，每学期有计划地利用一定时间讲授一些文学史知识，这可以开阔学生的眼界，激发学生学习语文和课外阅读的兴趣。介绍了屈原的生平、品格与作品之后，有不少学生很感兴趣，每到端午节，日记里就要写到屈原，有的学生还找来屈原的作品来读，写了《吊屈平文》，并对一些问题进行探讨，写出《〈离骚〉中的"民生"一辨》的文章。

第二，可以活跃学生的思想，使其开阔思路，展开联想，学会从不同的事物中寻找其内在联系、共同点及规律性的东西，做到举一反三，触类旁通。这也是提高语文能力，尤其是开发学生智力所不可缺少的。

比如，《"风起于青萍之末"解》（《吉林日报》1981年5月15日）这篇文章是号召人们纠正不正之风的，可用来作补充教材。文中引用了宋玉《风赋》中这一段话："风发于地，起于青萍之末。侵淫溪谷，盛怒于土囊之口。缘泰山之阿，舞于松柏之下。飘忽淜滂，激飏熛怒。眈眈雷声，回穴错迕。蹙石伐木，梢杀林莽。"讲授时可以先不把全文交给学生，而是只讲宋玉这一段话的意思，即风是怎样从"起于青萍之末"，而最终发展为"梢杀林莽"之势的。之后向学生提出问题：宋玉这里形象地写出了自然界的风，但人们常常用自然界的风来比喻、象征社会中某些现象，那么为什么可以把它们扯在一起呢？二者之间究竟有什么联系与共同点呢？弄清了这一点后，即可要求学生考虑从宋玉所谈风由小到大的发展过程出发，写一篇谈不正之风的危害性、号召克服不正之风的文章。让一些学生谈谈自己的构思，最后再拿出课文让学生学习，通过与自己的构思相对比，学习课文是怎样说理的。这样就把讲授语文知识与开发学生智力结合起来，使学生对其他知识与提高语文水平之间的关系认识得更深刻，写起文章来思路更宽，更活。

第三，可以促进学生学以致用，并且能感到学有所用，这有助于语文学习。

怎样评价一堂语文课
（1983）

需要说明的几个问题：

一、一堂课只是整个教学过程中的一个点，而且语文课的一篇课文常常要几个课时教完。因此，评价一堂课的好坏首先必须放在整个教学过程中看。

二、语文课有不同体裁的课文，不同的课型，不同的深浅程度等。因此，评价标准也应有所区别。

三、一篇课文读懂与不懂很难有一个非常清楚明确的界限。语文课讲读的篇章很多，每篇课文又都是麻雀虽小，五脏俱全。而且教材只是个例子，因此，可以让学生把有些课文读懂、有些课文基本懂，有些课文则不大懂也行。这是评价一堂课好坏所应注意的。

四、语文教学一般是"条条道路通罗马"，各种不同的体系、教材、方法、教学安排等都可取得较好的效果。这样，对一堂课的评价也常常不能拘于一格。

五、教师的风格与爱好各不相同，对一堂课评价的标准与着眼点也不尽相同。这就要能找到最根本的、确能衡量一堂课好坏的标准。

六、教学有教与学两个方面，评价一堂课的好坏也应从这两个方面看，然而关键还在学生学得如何。

七、作为一堂课的标准可以提若干条，但以之衡量某一堂课时，则不一定也不大可能面面俱到；再从另一方面来说，如果在某一点上或确有富有启发的创造，或取得突出的成绩，从而收到好的教学效果，那么即使在别的地方有些不影响大局的失误，则也应看作是一堂好课。

八、真正上一堂好课是很难的，因此下面提出的标准从某种意义上说应是我们在教学中，努力争取达到的目标。

初拟标准如下：

一、目的明确。目的不要定得太多，要做到整个教学环节都为实现目的服务，以使得绝大多数学生确能当堂领会掌握；目的要定得恰当，从教材与学生实际出发，从整个语文训练过程出发，是循序渐进、由浅入深的读、写、听、说能力训练的链条上一个与前后有机联系的点。

二、思想正确。要善于根据语文学科的特点，语文教材的内容，语文训练的需要，学生思想的实际，在传授知识培养能力的同时，注意利用时机恰到好处地用正确的思想观点教育学生。

三、知识准确。要深入理解教材，正确把握重点、难点，准确传授知识，不似是而非、模棱两可，不想当然。

四、方法有效。注意教学方法的使用（包括现代化教学手段的使用），原则是更好地调动学生学习积极性，有利于教学目的的实现，有利于提高教学效果。

五、打好基础。必须体现中学是高等教育的基础，语文是学好其他各门学科与从事工作的基础。学生应当掌握的基础知识必须在课堂中落实。

六、注重能力。应体现出在打好基础的同时注重发展学生的能力，不教死知识，不死教知识，教给学生规律和方法，使学生能够举一反三。

七、启发思维。不管采用什么样的教学形式与方法，要使学生学得有兴趣，要调动学生积极思维，既体现教师主导作用，又使学生生动活泼主动地学习。

八、讲练适当。要做到讲练结合，有讲有练，精讲巧练，讲要注意指导练，练是为了巩固和运用讲的知识。

九、讲究语言。教学语言要准确、精炼、生动、流畅。要克服语病，要注意与学生交流感情，使学生不感到枯燥无味。

十、效果良好。最关键的是要让学生真正得到东西，确有收获，取得良好的教学效果。能够看到学生语文能力的提高或能看到确有助于语文能力的提高。

关于教育方针的思考
（1988）

党的十三大提出"百年大计，教育为本"，可见，教育的战略地位已越来越得到本应有的重视了。然而，遗憾的是，十年来，我们还未能提出一个明确的教育方针。我以为，这种情况既反映了我们对社会主义初级阶段的教育还缺乏清楚深刻的认识，同时也是造成当前教育存在诸多问题的重要原因之一。不管怎么说，既提到"为本"的地位，却又没有一个明确的方针，这总是说不过去的。

笔者当然绝不可能有提出教育方针的水平，这里只是想就教育方针的出发点谈几点肤浅的看法，就教于专家与同行。

首先，作为方针的提出，必须高度概括，内涵极度深刻丰富，文字极度简练明确。这似乎是语言上的问题，其实恰恰相反，应该是对教育本质、任务最接近科学认识的问题。

笔者曾见到过近几年几例对教育方针表述的尝试，少者七八十字，多则一百多字。字数太多大概也是这些表述不能得以承认的一个理由吧。为什么要写这么多字？看似为了"全面"，这一点也不能遗漏，那一句也不可或缺。然而，却又未得精髓，言虽多而意未达要，当然不行。

作为国家某一领域方针的表述，似乎主要应具有以下几个特征：体现国家、阶级、社会的本质特征与根本要求；为这一领域的总的指导思想而又不失之笼统，应该管一个相当长的时期而不只是几年或几十年；应该明确、精要，便于全民"入脑"，以更有利于贯彻执行。

且试举一例作具体说明。

众所周知，封建社会几千年伦理道德的核心是"三纲五常"，当然，历代王朝从未明确提出以此为教育方针（那时似乎也还无这个词），而且其范围远远超出教育之外，或者主要不是指学校教育而言。但是，如果说封建统治者也以之作为青少年思想道德教育的指导方针，似乎还是说得通的。慈禧在被八国联军轰出京城后，不得不于1901年1月在西安发表的"变法"的"上谕"中，就有这样的话："世有千古不易之常经，无一成不变之治法……盖不易者，三纲五常，昭然如日星之照世，而可变者，令甲令乙，……"提出要"酌改文科"，"改章大旨总以讲求有用之学，永远不废经书为宗旨"。

于是，就很自然地产生这样一个问题："三纲五常"为什么得以存在几千年？为什么不管封建王朝怎样更朝换代，却从来也不扔开它，甚至一字一词都不更改？为什么直到二十世纪八十年代的今天，它仍然还有着比较深刻的影响？

"三纲五常"，只有四个字，完全展开来，也只二三十字，除了它最本质地反映了封建统治者根本利益外，其含义太过深刻，这也是封建社会一贯以之为教育接班人的方针，因而得以长期存在的原因之一。只要稍加分析，就可以看到：这"三纲五常"既是封建社会的社会统治思想（或曰理想）的表现，又是对社会中每个人伦理道德的要求；既是思想教育的原则，又是行为规则的规范；它上管到整个国家的统治机器、社会秩序，下管到社会每个家庭细胞里的关系；它是封建统治阶级对自己未来蓝图的勾画，又是从每个人幼儿起即进行教育灌输的最现实工作；它既管了整个封建社会且此后仍长期阴魂不散，又浸透在封建社会中每朝每夕、每空每隙中。与此相适应的是，它的本质极其单一明确——为维护封建统治服务，却又高度概括，内涵极为丰富，以至于它既有一代又一代无数封建文人作各种理论的阐述，又有许许多多通俗作品（文字作品不用说，那著名的二十四孝图确是做到家喻户晓、深入人心）向劳动群众作有效的宣传。也正因此，它既可以称得上"博大精深"，一般老百姓其实根本不懂其真正含义；然而却又简练明了，不管识不识字、有没有文化的人，都能记得住，都能明白大致的意思。

这真称得上是中国封建社会创造的一个奇迹，在世界上肯定概无二例！

根据上面所说，我们是否可由这反面的典型事例取得一点正确的教益：即从无产阶级的根本目标与切身利益出发，确定教育方针时应遵循些什么原则。

其次，到底以提"几育"为妥：即是三育，还是四育，抑或五育？德育、智育、体育自是不消说的了，剩下来的就是美育与劳动教育要不要与上述三育并提。

先说美育。笔者以为美育可不必单独提出来，其理由大致如下。

如果说美学，那么与伦理学、政治学等等都是并列的范畴，但要说对中小学生进行美育，则应该是属于德育范畴之内的。因为对中小学进行美育的任务，主要是提高其审美能力，使其能初步辨别美与丑，树立正确的爱美之心，并给予基础的美学方面的修养。这些东西，从总的方面看，其实仍属于德育或者说思想道德教育之中的。

我们毕竟不是要对学生进行系统的美学知识教育，这与德育、智育、体育便有着根本的不同。正因此，中小学里不必设美学课（有条件的学校设选修课或讲授专题又作别论），对学生进行美育的渠道是通过其他几育来进行的：德育予以理性的启迪，智育特别是其中的美术、音乐、语文课等予以美的熏陶，体育使锻炼为健美的体格，予以美的感受等等。也就是说，在中小学教育中，美育无法离开其他几育而单独存在，因为它没有以承担美育为主要任务的载体。美育内容最多或者说承担美育任务最重的美术、音乐课也不是以美育为首要目的，还是以智育为主的，因此它们属于智育范畴之内。这与其他三育是不一样的。智育自不必说，以承担其任务为主要目的的课程最多；思想政治课虽则也属智育，但它与班会、团队活动等思想教育渠道一样也都是德育的载体；体育也设有体育课。能不能在中小学设一门贯穿始终或者哪怕只设一两年的美学课呢？我觉得既无必要也无可能。诚然，德、智、体、美、劳几育之间是你中有我、我中有你、互相渗透、互相作用，不可截然分割开的，但也正因为如此，如果没有一个以承担某育为主要任务的载体存在，那么这一育也就不好得以单独列出来了。

那么，是不是美育不重要，或者说应当允许当前忽视美育现象的存在，而不必予以重视和改进呢？绝不是的。当前，青少年审美能力低，美学修养差，以至于美丑不分，以丑为美的现象实堪忧虑，它严重地阻碍着民族素质的提高。但是，我认为要解决这个问题，不在于要单提一个美育，而在于要充分重视、最大限度地挖掘和发挥德育、体育、智育中的美育因素与美育作用，尤其在于改进我们的德育。

我们当前德育中一个严重缺点，就是严重忽视了美育这一重要内容，就是没有认识到，中小学的德育应该包括美育。我们说，要教育学生有分清真善美与假恶丑的能力，这就已经说得非常清楚：对中小学生，德育与美育是分不开的，美育是包括在德育之内的一个部分。我们要教给学生的，是能分清这二者的初步的、感性为主的知识与修养，是给予充分的美的熏陶，当然，要从理论上真正认识，则是在将来掌握辩证唯物主义、伦理学、美学为专门知识及其相互关系以后的事情了。让学生初步分清真善美与假恶丑，这应是中小学思想教育的基础与出发点，这也就是中小学德育的主要内容。

用在德育之外再加一个美育的做法，不如认真改进当前的德育工作，更有利于解决学生的审美能力问题，同时也能使思想教育工作更有效果。当前中小学的德育工作明显地不适应社会发展形势的要求，明显地不适应青少年心理、生理发展的要求。其中一个主要表现，就是过分地依赖抽象、空洞的说教，而严重忽视了美育，忽视了美的熏陶感染对青少年身心健康发展的基础作用，忽视了具体形象的榜样教育的作用。

比如从小学开始，思想品德教育就出现成人化倾向，就干干巴巴地讲道理，这是一种亟待改变的僵化的做法。其实，应该通过各种途径、采取多种方法，尽可能充分地利用自然美、社会美、艺术美去陶冶学生的心灵与情操，使他们从生动、具体的形象中感受到什么是美、什么是丑，并产生追求美的愿望，激发创造美的冲动与喜悦，这才是小学德育的主要内容或者说核心。到中学，随着阅历与知识的丰富，通过社会发展史等思想政治课程的学习，从理性上自觉地以社会主义、爱国主义、大公无私的境界为最崇高的美，正确的世界观、人生观也就奠定了良好的基础。

单列一个美育的做法，实际上是一种头疼医头、脚疼医脚的治标办法，实际上做不到真正地重视美育。

再从另外一个方面看，如果中小学各学科、各领域的教育都能充分注意到美育是德育的一个重要内容，认识到广泛地进行美育的可能性与重要性，对现实中弊端的改变也将有力得多。

比如说青少年音乐修养问题。毋庸讳言，现在能够欣赏高雅的中外名曲的中小学生，在我国差不多可以说是凤毛麟角，多数学生只喜欢流行歌曲，更有少数学生甚至偏爱低级、黄色的音乐。青少年的音乐修养实在是低到惊人的程度。这原因在哪里？且不说其他方面的影响，单就音乐课与音乐教育本身而言，课本本身对这一点就重视不够，课本内容美育成分极少，再加上课间学校广播的、文艺会演演出的也几乎全是流行歌曲，本来社会上已为其充斥，学生从电视、广播耳闻的就大多是这些东西，学校这块地盘再由其占领，哪里还谈得上提高学生的音乐及美学修养？

再说劳动教育。笔者认为，劳动教育不在方针内单独提出是对的，为什么这样说呢？

因为我们的教育，其目的就在于培养劳动者，这是毫无疑义，丝毫不能动摇的。也就是说，"培养劳动者"是培养目标，而"劳动教育"仅只是教育内容，岂有以劳动者为培养目标却不包括劳动教育内容的呢？相反，单独提出劳动教育，看似提高了它的地位，强调了其重要性，却反而会在教育者中，在家长与社会中，尤其是在学生中淡化了培养劳动者这一最终目的，这与社会主义教育的方向是大相径庭的。

还有的提法把劳动教育称之为劳动技术教育，以之与其他诸育并列，这就尤失之偏颇。劳动教育的范畴远比劳动技术教育宽得多，最主要的是要培养学生正确的劳动观点、劳动感情、劳动态度、劳动习惯，亦即愿意做一名自食其力而又对社会有所贡献的劳动者，当然也包括对学生进行艰苦奋斗、吃苦耐劳、树立群众观点、尊重劳动人民、树立集体主义观点等方面的教育。当然，劳动技术教育课是重要的，特别是在当前学生轻视劳动、不会劳动的情况比较严重，而到初中毕业又将大量分流的情况下，必须让学生掌握一定的劳动本领与技能，以便能更快地适应参加生产劳动的需要，更好地为社会主义经济建设服务。但是，它毕竟只是一门课程，或者说只是劳动教育内容中的一个方面，而不能以之代替劳动教育。

为什么近年来学生在劳动观点等方面出现许多不尽如人意的地方，劳动教育受到大大地削弱了呢？这个问题应该联系新中国成立以来我们在这方面多次发生的左右摇摆来认识。四十年来，我们曾经有时抹杀或贬低了文化与知识，有时又完全或极度忽略劳动教育，这些教训是非常深刻的，我们至今仍未能从中自拔，其根本原因在于对"劳动者"这一培养目标缺乏全面、深刻的认识，它主要表现在如下几个方面。

一是对"劳动者"包括体力劳动者与脑力劳动者这一点认识不清。"左"的思想使我们对社会主义建设中知识分子的地位及重要作用，做了极其错误的估计；而目光短浅又使我们对即使是体力劳动者也必须不断提高文化素质，才能适应社会发展的需要这一点，远远缺乏足够的认识。这样就必然导致产生轻视知识分子、轻视知识的现象，导致"读书无用论"的错误思潮反复地沉渣泛起。

二是对劳动在人类社会发展及社会个人素质提高、个人全面发展过程中的重要作用，没有正确的、足够的认识。再加上封建社会中体脑对立、"万般皆下品，唯有读书高"的观念根深蒂固，因而每当纠正"左"的错误时，又常常导致了走向另一方面，出现轻视体力劳动者，忽视劳动教育的现象。

三是没有树立正确的人才观，对社会主义社会尤其是初级阶段需要各方面多层次的人才，缺乏全面、深入的认识。"文革"结束不久，盲目冒进的指导思想也导致教育思想出现偏差，认识到与西方国家的巨大差距后，又有一种以为只要培养出科学家便能全面赶超别人的想法，这就导致近年来教育问题的一个方面——片面追求升学率的现象愈演愈烈，屡禁不止；近几年来又由于有些人对改革开放的方针，对社会主义商品经济的建设认识不够端正，又导致出现教育问题的另一个方面——读书无用论的抬头与继续发展。两个方面的问题，根源是另一个，即对人才观、对劳动者这一培养目标认识的偏差。两个方面的问题，危害也是同一的，即影响了全民族素质的提高，这种状况如果长此下去而不得解决，后果实堪忧虑。

四是关于面向全体学生的问题。这是一个与上一个问题有密切关联的、极为现实的问题，已经被反复地、严重地提出来了。其实，这本是一个无须强调的问题。试问，教育当然就是要面向全体受教育者的，而我国的社会主义普通教育（特别是九年制义务教育）又怎么能理解为只面向部分学生呢？

那么这个问题又何以产生且如此严重了呢？根源当然还在于片面追求升学率与读书无用论。这里，教育以外的复杂的社会因素暂不去说它——这确实是一个需要全社会综合治理才能根本解决的问题，单就教育系统内部而言，教师与学校当然有责任，但关键还在领导。各级党政、教育领导部门片面地只以升学率与分数的高低来评价学校质量的好坏、教师水平的高低，对高分数、高升学率给予各种形式的物质与精神鼓励——这在某种意义上说当然也无可非议，但是，却很少听到有对由于培养了出色的普通劳动者，如优秀厨师、优秀理发师、优秀服务员等等的学校与教师给予鼓励的。这是社会主义教育中令人大惑不解的现象。不是"行行出状元"吗？培养了"高考状元"的教师可以得奖金、受奖励，培养出其他行业状元的教师，怎么就可以不予理睬呢？这当然涉及目前的热门话题——社会主义教育的评价问题。篇幅所限，本文不拟对此进行讨论。

如果不管哪所学校、哪位老师，只要培养的学生在其所从事的那一行业里做出了突出的贡献，这所学校、这位老师都能与培养出高分数学生一样受到奖励，那么，"面向全体学生"的问题就会不成其为问题，至少，可以在相当大程度上有助于解决这个问题。

顺便需要提及的是，这里还有一个模糊提法应予以澄清，即所谓"消灭两极分化现象"。这个提法看似为了解决"面向全体学生"而产生的，但是，这其实是两码事。面向全体学生不需要消灭两极分化，而分化现象到任何时候又都是消灭不了的。

事物总是有差别、总是各不相同的，事物的发展尤其呈各自不同的状态，这是辩证唯物主义的基本常识。那么，"消灭两极分化"论者要达到什么目的呢？要消灭这种事物之间及其发展的差别吗？那怎么做得到呢？也许可以用把学习差的学生提上来，把成绩好的学生拉下去的办法？但显然，这也不是"消灭两极分化"论者的本意。我们必须承认学生的发展始终存在着差别，努力提高较差的学生，使他们在原有的基础上进步大一些，甚至超过那些学得好的学生，同时也要努力发展那些基础好的学生，使他们更加出类拔萃，这是"面向全体学生"的真正含义，而这里是必须承认所有学生都得到提高以后，还必定存在着新差别或者分化。

总之，如果要提"面向全体学生"，它的根本意图应该是：对受教育者一无余漏地进行因材施教，根据他们各个方面的素质与基础予以提高，引导他们的个性得到正确的发展，使每一个人都能成为社会主义现代化事业的有用人才。

以上几点看法，肯定有错误之处，提出来供讨论与批判。笔者之意在于，我们必须有一个明确的教育方针，这已是刻不容缓的，而当还没有更好的提法可以取代之前，我以为还是可以沿用毛泽东同志当年提出的教育方针的，那就是："应当使受教育者在德育、智育、体育几方面都得到发展，成为有社会主义觉悟的有文化的劳动者"。

（原载《吉林省教育学院学报》）

虚构与说假话不能等同
（1980）

"文革"结束后，中学语文教学拨乱反正，冲破"帮八股"的框框，反对说假话、大话、空话；普遍重视引导学生说真话，写真情实感，这对于提高学生的思想觉悟与写作能力，对于培养和树立良好的学风和文风，都大有好处，必须充分肯定，进一步发扬。

但是，有些同志却由此提出中学生作文应一律禁止虚构。理由是：虚构，就是让学生说假话。

我们说：虚构与说假话决不能等同。

虚构是文学创作中的概念，是不可缺少的；而说假话是政治思想上的品德，绝不该有的。

对任何事物都应该具体分析、区别对待。

如果我们要求学生作一篇写真人真事的文章，写一篇墙报表扬稿或者通讯，那是不允许在情节上有虚构的。

但是，像《怀念》这样的文题，像丛伟写成那样好的散文，完全应该允许。因为她没有说假话，她抒发的是真情实感。这就是说，虚构正是为了表现和歌颂真、善、美。

如果不管写什么样的文章，都要求学生一毫不差地给生活照相，那岂不要把学生引向自然主义的路上去？而且，也是不可能的。鲁迅在谈到连环图画时说过："……倘必如实物之真，则人物只有二三寸，就不真了，而没有和地球一样大小的纸张，地球便无法绘画。"（《且介亭杂文·连环图画琐谈》）

有人说，虚构虽然不等同于说假话，但允许虚构势必会引导学生说假话。这种说法也不对。虚构绝不是造成学生说假话现象的根源。

"文革"中，学生作文中充斥着假话，是由于允许虚构造成的吗？那时候，古人的、外国的作品一概查禁——都不准卖，可看的书籍寥寥无几，学生的知识少得可怜，哪里谈得上虚构，哪里会有虚构的能力！

那时候学生说假话，是"文革"极"左"路线的压力和毒害造成的。在"小报抄大报，大报抄梁效"的情况下，有的是说违心的话，有的是从书报上抄来的话……总之，是因为不能也不敢说真话！

话说回来，在某些作文中允许学生虚构有没有好处呢？有的。语文课要培养学生的各种能力，既包括观察能力、分析能力，也应该包括想象能力。

有的学生为什么写起文章来干干巴巴、思路狭窄、内容空洞？一个原因是他们缺少由此及彼的思维能力，不善于从表面看来毫不相干的事物中，找出其内在的本质的有机联系，亦即缺乏联想的能力。因此，有的学生虽然也读了一些书，脑子里装了一些事物，却都是彼此孤立、互不相干的，一动笔写文章就没有词。

有的学生为什么写起文章来没有光彩，缺少感人的力量呢？一个原因是没有展开他们想象的双翅，以及缺少对所写事物及其美景的向往与激情。因此文章写起来形象不鲜明，内容不生动。

举例说，如果我们让学生把《国殇》改写成散文，要是一点不允许虚构，而且写来一点不许失实，那怎么做得到？相反，让学生在充分理解诗歌的内容意境及作者的感情理想的基础上进行虚构，不仅能培养想象能力，而且会使学生得到美的教育与享受。

因此，允许虚构，对培养学生形象思维能力是有好处的，是必要的。

有人说，四化需要的是大批科学家、技术人才，他们只要能把话写准确就行，至于虚构想象之类，是文学艺术家的事。这个命题的前一半正确无疑。如果所有青年将来都成为专业作家，那这些作家本身也会无法生存，然而命题的后一半却不免有些偏颇。一个缺少想象力的人很难成为杰出的有作为的科学家。伽利略看到吊灯的摇晃而制成钟摆，瓦特看到水壶盖被沸水汽顶起而想到创造蒸汽机，牛顿看到苹果落地而发现万有引力定律。如果想象力不丰富，他们只好把这些势必出现的发现与发明的功绩拱手交给别人。

请记住郭沫若同志的告诫吧："科学，也需要创造，需要幻想，有幻想才能打破传统的束缚，才能发展科学。科学工作者同志们，请你们不要把幻想让诗人独占了。"（《科学的春天》）

有人说，我们要为四化培养科学技术人才，而科学家与之打交道的都是实验报告、科学论文、教案教材之类。这是对四化的浅见，对四化所需人才的短视。实验报告、科学论文也需要对研究对象进行鲜明生动的观察、反映与概括，受学生欢迎的好的教材、教案尤其如此。而且，四化实现的时候，文明极大发展，物质财富丰盛了，精神生活也更加多彩了。就说今天吧，华罗庚、茅以升等的诗文不是常令人叫绝吗？苏步青教授不是每天睡前还都要吟咏玩味一下唐诗吗？四化当然需要大量科学家，但也不能没有文学家。没有了文学艺术，社会该令人感到多么枯燥，多么不可想象。

最后，让中学生在作文中有一点虚构是否要求过高，可能不可能呢？可能的。在自然科学方面要做出贡献，就要有新的发现与发明，而随着科学日益迅速的发展，在中学阶段，要想有所发现与发明，一般来说，是困难的，也可说是罕见的。因为他们既缺少必要的实践，又缺少精深的理论。

在文学艺术上的成就是创作，而中学生是完全可以创作的。他们完全可以有不少人创作出好的或比较好的诗歌、小说、戏剧、散文来。因为中学阶段的青少年，正是最富于幻想、充满激情而又争强好胜的时候。

因此，我认为虚构不应成为中学生作文的禁区，如果已成禁区，则应该打破。

（原载《人民教育》1980 年第 6 期）

启发小议
（1979）

有时候，一堂课没上好，总爱埋怨学生，启而不发。

时间长了，次数多了，琢磨又琢磨之后，感到这里有点问题。

首先，"启而不发"的说法是对"启发"一词的错误理解。

《论语》里记载孔子说："不愤不启，不悱不发，举一隅不以三隅反，则不复也。"郑玄作注说："孔子与人育，必待其人心愤愤，口悱悱，乃后启发为说之。"可见，"启发"是一个同义复合词。"启"与"发"都是从教师这个方面谈的，并不是教师启学生发的意思。又可见，课堂沉闷，学生思维不积极，一般来说，主要责任在教者。

其次，什么是启发？

常见的有两种不得要领的现象。一种是简单的回答，课堂里蛮活跃，学生不断站起坐下，但都是些不假思索就能回答的问题。第二种是刚刚灌得学生头昏脑涨，忽然想到要"启发"了，便提出一个问题，学生全无思想准备，当然回答不上来。

这两种现象都是对"启发"的形式主义的理解，似乎教师问、学生答就是启发式，这是忽视了本质而只抓住了皮毛。

应该说，所谓启发的关键在于要学生动脑思考问题。朱熹说，"愤"即"心求通而未得之意"，"悱"即"口欲言而未能之貌"，这里的要害即在"求"和"欲"这两字，就是说，首先要让学生有得到知识与技能的要求，有急切想要发表意见的欲望。

简单回答，学生无须动脑，张嘴就来，不是启发，因为这看似热闹，徒具形式，而无实质内容。先灌而后问，学生不愿动脑，也不是启发，因为这是把学生置于被动挨打的地位。

如果从上课开始，就通过各种途径引导学生展开积极思维活动，通过你的讲授使他认真地动脑去想了，他发现问题想要弄清楚了，他有要说的话却又觉得说不明白了，这时候，恰到好处地提出学生心中的问题，犹如水到渠成，或者让学生把话说出来，或者由教师替他说出来，这才是真正的启发。

再次，怎样才能启发？

关键在于千方百计调动学生学习的积极性、主动性，有了这一点，教学就有了生命力。而这正是我们应该高于孔子的地方。孔子的态度是，如果学生不想弄明白、不想说、不能举一反三，那就不去启发、开导，甚而不再教他了。而我们则是要认真地、积极地调动学生有所"求"，有所"欲"，要多方引导他去想，积极推动他去想，一句话，让学生解放思想。

怎样做到这一点呢？

一是要让学生解放思想，首先要培养他动脑去想的习惯。相当多的学生上课没有积极动脑的习惯，不善于想问题，也不会想问题。造成这种情况的原因往往在于教师：讲课的时候自己讲，要求学生记；复习的时候，划定范围，要求学生背；考试的时候，按自己规定的死标准评分，不许学生灵活运用知识，更不注意发现学生的创造性，长此以往学生便被死死地束缚在教师划定的小圈子里，为得到一个好分数而拼命死记硬背，不是为掌握真知识而积极动脑、举一反三。这样训练学生，课堂怎么会活跃呢？

二是要让学生解放思想，教师首先要解放思想。许多学生怕说错，往往有这种情况：一个学生鼓起勇气谈了自己的看法，结果说错了，便会引起哄堂大笑，甚至下课还要受到别的同学的嘲讽。于是，这个同学再也不敢发言了，别人也会引以为戒，一定要有绝对把握才可能发表意见，这就必然导致课堂虽然热闹而只是简单回答的局面。这里，关键也在教师。其实，常常是某个错误意见打开了思路，教师思想解放引导得法，学生得到充分调动，反而容易取得更好的教学效果。

三是要让学生解放思想，教师必须树立青出于蓝而胜于蓝的观点。学生将来都做出了出色的成绩，远远超过了自己，那不是最大的幸福与光荣吗？那不就需要在教学中开始这样去培养学生吗？

我想，如果这样做了，"启发"就大概不会成为一件太难做到的事。

（原载《人民教育》1979 年第 5 期）

教师要先让自己聪明起来

（1983）

语文教学要注意开发学生智力的呼吁已受到日益广泛的重视，在这方面的探索、作法与经验也日见其多了。由此，我想到一个问题：所谓智力高低，其实就是聪明与否。要教出聪明的学生，教师就要先让自己聪明起来。

智力是以知识为基础的。以一桶水教给学生一杯水的喻理早已为我们所熟知。然而，现在面临的问题是，随着人类社会的不断前进，科学文化的迅速发展，学生的那一"杯"，体积已越来越大，内容也越来越新，这势必要求教师自己的这一"桶"有相应的发展，不然有可能出现"桶"小"杯"大、"桶"旧"杯"新的矛盾。再如，我们常批评学生写作能力低，但语文教师应该先问自己，是否会写文章，起码是不是经常练笔。俗话说："师傅领进门，修行在个人"，师傅自己尚且不知道门在哪里，更不知道进门的途径，岂不会把学生领进教师本人也不知道何去何从的五里云雾中去吗？

智力的核心是思维能力，也就是分析问题、解决问题的能力。我们自己首先需要掌握分析问题的方法与规律，尤其是养成动脑思考的习惯。比如，我们常常埋怨学生"启而不发"，但从孔子"不愤不启，不悱不发"的原话中可以看出，"启"与"发"实际是同义词，都是从教师这一角度而言的。因此学生在课堂上不活跃，主要应从教师的教学找原因。再如，现在都在说"因材施教"，然而，孔子所"因"的"材"，内容极其广泛，它包括教育对象的知识、智力、品质、气度、性格、发展趋势（成材方向）等等，绝不像今天我们常常理解为只有一个学习成绩，更不只是一个并不能完全科学地表现和衡量出学习成绩的分数。又如，我们往往以"学而时习之"敦促学生去做大量的练习，但正如有人指出过的：这里的"习"字本义是鸟儿练习。雏鸟练习的目的简单而又明确：为了起飞，和我们有时搞的题海战术式的练习完全不同，如果认真推敲一下，这种练习怕正是起了与"习"的本来目的完全相反的作用了。上面的理解难免有谬误之处，举这几例只是试图说明教师认真思考的重要性。

智力的最高级表现形式是创造力。要为实现四化培养出富有创造精神与能力的人才，教学就不能死板凝滞、僵化教条。教学有法而无定法，这是因为一篇课文、一个知识，可以有若干不同的教学方法与途径，又因为所面对的学生、所处的时间与地点、每个教师的特长与欠缺也各不相同。我现在这样大胆地想：最好的教学方法绝不是现成的东西，也不是别人的经验，而是每个教师自己根据实际情况创造出来的方法（当然，我这里不是要否定向传统、向别人学习）。

（原载《语文战线》）

说"指挥棒"
（1979）

现在不少地方在大搞"语言训练"，判断啊、选词填空啊、颠倒语序重新组合啊、成语填字啊、五花八门的病句修改啊……名目繁多，不一而足，既不注意从学生实际出发，又常常扔开了课本另搞一套，大有淹没语文读写能力训练这一根本之势。

为什么会出现这种情况呢？重要原因是要对高考口径。习惯的说法是：高考是指挥棒。

语文教学当然应该有指挥棒，这就是党的教育方针、四个现代化的需要和教学大纲。高考也应服从这个指挥棒。而决不应该让高考来指挥语文教学。

我们知道，任何一次语文考试，都不可能包含语文教学的全部内容。且不说高考从来不考"说"与"听"（其实，"说"与"写"关系密切是公认的，许多老专家不是都认为只有"出口成章"才能"下笔成文"吗，而"听"的训练也能促进"读""写"能力的提高。也许，对一个学生口试十分钟，比让他笔试两个小时，更能准确地检查出语文水平），就是同一个内容的训练，也可从不同角度、用不同方式去考察。这就是说，受时间、卷面等条件的限制，一张高考卷只能部分反映语文教学大纲中对学生读写能力的要求，那怎么能把高考试题作为教学的指挥棒呢？

拿 1978 年高考的缩写题来说，只要学生读书时能敏捷而准确地抓住中心要点，写文章能条理清楚、语言简练，即使平时没搞过缩写训练，到时候也能应付自如的。再如掌握成语，现在有不少练习是选几百个成语、空出一个字让学生填。那还不如编一本成语故事选发给学生，既可以丰富知识，又学得生动有趣味，效果会好得多。

又如改病句，现在样式越来越多，越来越复杂，其实除了极少数基本类型是学生比较普遍犯的毛病外，相当多的病句类型只有部分学生文章中出现。如果不加区别地把一大堆病句推给学生，会不会起反作用呢？

最近又出现一种练习：把一段话故意打乱顺序，让学生重新排序。这不是人为地搞乱思想吗？何不结合学生写作中具体错例指导修改呢？这不是更有的放矢、学生也更有切身体会吗？

如果不从语文教学特点及其规律入手改进教学，而只是在这些枝节问题上大做文章，结果是不会好的。试看去年高考中，语文成绩好的多是六六—六八届的毕业生，那时候，他们并没有进行过这样的训练。这还不令人深思吗？

最后我想冒昧地向出题的部门和同志们提一个也许荒唐的建议：高考试题应以教学大纲为本，每年试题最好都不雷同，让它既出乎意料，又合乎情理。这样搞他几年，或许会有助于煞煞挖空心思研究高考导向的风气，有助于促进老老实实在提高学生读写能力上下功夫了吧！

（原载《语文教学通讯》1979 年第 6 期）

"三个面向"对教师的要求
（1984）

邓小平同志"三个面向"的指示，要求教师应该认识更新一点，视野更宽一点，想得更远一点。也就是说，教师必须使自己的思想观念有所改变。

首先是学生观。我们培养的学生，肩负着四化的重任，是廿一世纪初国家的栋梁。他们应有的能力，最重要的是创造性。

　　这里就有一个怎样看学生的问题。比如说，把教师讲授的内容、题目答案背得纯熟的是否就是好学生？对所学内容提不出一点疑问的是不是好学生？从来不给教师提一条意见的是不是好学生？门门考试得高分的是否一定是好学生？反过来说，有时不完成作业的是否就是坏学生？有时不愿听课的是否就是坏学生？爱和老师"顶嘴"的是否都是坏学生？

　　这些问题的正确答案从理论上说是容易得出的，而在实际教学中却不那么简单了。这给我们的教育提出了一个重要课题：怎样保持学生的童心，即怎样保持他们在孩提时期那无限的好奇心：无尽的疑问、无边的幻想。

　　我们应该认真地反省，为什么有随着年级增高、年龄增长，学生在课堂上思维越来越沉闷停滞的现象。难道学生一上高中就不爱发言是一种完全正常的现象吗？上了高中就欢迎满堂灌、注入式吗？事实并非如此。我们只要稍微深入地了解一下就会知道，高中学生的思维本来是非常活跃的，他们最欢迎的还是启发式的教学。因此，我们应该尽可能让教学新颖一些，以防止学生对听课产生厌腻之心。应该多给学生创造发表意见、活跃思维的机会，应该不断地开拓学生的视野，以防止求知欲的停滞。

　　还有一个问题是怎样正确地实行"因材施教"。所谓"材"，不应该仅仅是指学生的学习成绩，更不应只是一个不能全部地、科学地衡量出成绩的分数，而是指学生的智力、性格、品质、潜在才能、成材方向等。针对不同的"材"，提出不同的要求，讲授有所区别的内容，采用不同的方法，使每一个学生都能成为四化的合格人才，亦即能有效地培养出并在将来能最大限度地发挥出他们各自的特长、才能，这才是真正的"因材施教"。

　　我们现在却经常是不顾每个学生特点，全用教师自己的一个模式、一个标准去要求学生，用单调的方法去教育学生，这就不可能"因材施教"，也有碍于更好地培养学生的创造能力。

　　其次是教学观。时代的前进，科学的发展，越来越强烈地要求教学进行改革。但是，我们当前的教学，在许多方面却仍然比较顽固地因循老路。

　　比如说，语文教学中三大文体这一体系，是不是科学的、尽善尽美的呢？事实上，许多好的文章（包括中学语文课本里的一些篇章）很难说它就一定得是三大文体里的某一种，而且，现在广泛运用的经验总结、调查报告、某些论文、文件等也很难用记叙文、说明文、议论文的定义来限制它们。实际上，写文章常常都是"为时而作""为事而作"的，写起来该议论则议论，该叙述则叙述，该说明则说明，该描写则描写，该抒情则抒情。真情实感表达出来了，文章就容易写得好。

再如，初一以记叙文为主，初二培养说明能力，初三着重议论，这是否就一定科学呢？实践证明，不仅初一学生，小学高年级学生也都是可以写一点议论文的，而且从初一开始，就既培养发展学生形象思维能力，又培养发展抽象思维能力，这是必要的，也是可能的。其实，早一点写议论文，有助于提高学生的思想觉悟和认识事物、分析问题的能力，对进一步写好记叙文又起着促进作用。

我们的各项事业改革的核心是一个效率问题，教学也是如此。

比如说对于"温故而知新"，我们过去在教学中过分地偏于"在温故中知新"，而没看到另一面"在知新中温故"。为了纠正学生的一个错别字，通常做法是让他把正确的写上十遍二十遍甚至更多。这的确能取得一定效果，但过多使用则不仅影响教学效率，而且使学生怀着受惩罚感，又易生厌恶之心，于是，在取得的效果上就要打折扣了。如果给学生几篇没学过的文章读，教师有意识地让他们在学习新知识过程中反复接触这个字，这就会学了新东西，纠正了错误（复习了旧知识），提高了学习兴趣，这岂不是一石三鸟？最终势必达到提高教学效率的目的。

我们现在的教学偏重于教知识，教师出于好心，费了很大劲，学生也吃了很多苦，终于背会了这些知识，然而到社会上却常常不管用，这从根本上说也是一个教学效率的问题。

知识当然是要教的，但问题是：教给什么样的知识，用什么办法去教知识？教给这些知识的目的，是让学生死记背会就可以了呢，还是让他们通过这些知识去掌握新知识呢？

再次是教师的自我教育观。"教学相长"，说明自古以来教师就必须不断地提高自己；而在今天，无论是就教师队伍的现状，还是就教育事业的迅猛发展来看，这一点都显得更为重要而迫切了。

教师的事业心、思想修养是极要紧的，这里我想强调一下教师的胸怀。我们培养学生既要有敢于超过别人（前人或同时代人）的勇气，又要有乐于别人（同时代人或后人）超过自己的品质。那么，教师自己首先应该做到这一点。

教师要发展学生的智力，首先要让自己聪明起来，亦即要勤于动脑，善于动脑。教给学生一杯水，自己要有一桶水，这个比喻已为大家所熟知。现在的问题是，如果我们不是坚持不断充实、提高自己，就会出现"桶"小"杯"大、"桶"旧"杯"新的矛盾。而对接受信息量越来越大的学生，教师只囿于过去学过的东西是不可能适应要求的。

语文教学从某种意义上说，是一门科学的艺术或艺术的科学。教得好，不仅会提高学生读、写、听、说的能力，而且会使学生强烈感受到美的熏陶，会使学生思维高度地活跃，这就要求教师特别要善于把握教学中的矛盾，抓住有利的契机，采用灵活的方法。这些，一个懒于思索，不愿动脑的教师能够做到吗？

语文教师要教会学生读写，自己要首先会读写。比如说，到底怎样才能读得快，领会得深，把握得准。学生在什么时候读什么样的文章会遇到什么样的难关，教师自己心里有体会吗？如果自己也未能掌握规律，只是照搬参考书或者别的东西，这样的讲授岂不是"隔靴搔痒"？再如写，指导时不得要领地说几句，批改时只有"中心明确、层次清楚、语言通顺"这样的套话，讲评时抓不住要害问题及解决办法，作文教学的效率怎么会更快提高呢？而要解决这些问题，教师自己必须会写，而且必须勤写，自己体会了其中的甘苦，找到了钥匙，才能更好地教学生。

"师傅领进门，修行在个人"，这当然是真理。问题是教师能不能把学生领进门，如果教师自己尚且不知道门在哪里，或者只知道一条绕了许多冤枉的弯曲才找到门口的路，学生自己怎么去修行呢？

（原载《吉林教育》）

三献疑
（1986）

每当自己读、写、听、说时，多有收益，也间生疑惑，且往往久思而不得解。现不揣冒昧地提出几个问题，以求得解答与指正。

一、有没有"最优"的教学方法

广告看得多了，"最优"二字也便眼熟而不怪了。然而，当看到"最优（或曰"最佳"）语文教学法"的字样时，则感到疑惑：教学方法能分出"优""劣"或"最优""次优"么？

也许会问，启发式难道不是最优教学方法吗？

答曰：不是。因为启发式，首先不应该属于教学方法的范畴。"启发"，是教学的指导思想，或者在某种意义上可以说，是教师应为之追求的美好的教学境界。

如果启发式是教学方法，那么怎么给它一个科学的界说呢？它应该是什么样子的呢？是问答法，抑或讨论法？可是，我们不是常常对那些表面上热热闹闹的课堂摇头，称之曰形式主义么？

方法是为达到目的服务的，教学方法的归宿是提高教学质量。但是，达到目的方法往往是多种的，而语文教学方法就更是千姿百态，各呈异彩了。我们看到，凡是优秀教师上课，总是在面对不同的学生、不同的课文、教学过程的不同阶段，使用不同的方法，亦即所谓"教无定法"。

既然"教无定法"，那么"最优""最佳"之类的字样应多适用在商业广告中，或者用于体育、文艺领域里的评比，而拿来作语文教学方法的定语，似乎总不搭界。这个想法不知对否。

二、这会不会成为新的模式

语文课堂教学的"×步教学法"似乎时兴起来了。步数虽不一样，如三步、四步、六步、八步或者更多，但据云，都是各自可以用在所有的课堂教学中的。特别是，在对这些"×步教学法"的学习与介绍过程中，有时给人以得到"特效药"或"万宝囊"的感觉：不管上什么课，都按顺序走第一步，再走第二步……

我有些担心。语文教学现在的弊病之一就是教学的模式化、一刀切。当广大语文教师为解决这一问题而努力时，像这样的"×步教学法"会不会成为新的模式呢？

当然，我这里不是要否定这些做法的效果与成绩。而是想，这些老师本人全部教学是否都是按这几步去走呢？比如说"提示——讨论——答疑——练习"的四步法吧，讲《狂人日记》与讲《天上的街市》或《渔夫的故事》，都要经过同样的这四步吗？令人有点茫然。

实践证明，语文教学是极其生动活泼的，而且随着社会的发展与教改的深入，将会更加生动活泼起来，这是任何一个模式都套不进去的。

我们不能费尽力气才从旧笼子里走出来，又轻易地走进另一个新笼子里去。这该不是杞人之忧吧？

三、教学能开展竞赛吗

也许是经济生产中各项竞赛取得成效的影响吧，现在有些地方也在搞各种形式的课堂教学比赛了，诸如"最佳课""最优课""教学百花奖"等等。

课堂教学这东西，到底能不能开展竞赛呢？

众所周知，要竞赛，最重要的评比标准是成果。

当老师的也都知道，至少到目前为止，还未能拿出令人信服的评价一堂课教学成果的科学标准。这原因主要是教学的对象是有思想感情的人，教学是一种极其复杂的劳动，影响教学效果的因素是多方面的，教学的效果常常是很难一下子表现出来的。因此，这样的课堂教学竞赛常常造成一些不良的副作用。由于评价标准的不尽科学，有时反而把教学引错了方向，有时造成教师之间的不和，有时助长形式主义的做法，甚至导致出现弄虚作假的现象。这就不仅使竞赛本身遭到失败，而且损害了学生的心灵，玷污了教师的形象。

一个优秀的教师也会出现失误，而那些水平不高的教师也并非都一筹莫展。经过很长时间，花费偌大精力去上一堂竞赛课，影响了平时的教学，真是得不偿失。而仅看一堂课，毕竟不容易衡量出教师的真实水平。

因此，与其花费大量精力组织课堂教学竞赛，不如扎扎实实地认真抓好平时的课堂教学。

（原载《语文教学改革》）

中小学语文教学要衔接好
（1981）

首先，小学是打好语文基础的最关键时期，小学基础打得好，升入中学后的语文学习就会轻松省力。比如小学教材里出现的常用字，一定要切实让学生学会，识字量不够，是最使中学语文教学头疼的事。再如汉语拼音，学生在小学掌握得好，到中学学习就非常方便，否则就要影响教学效率。让学生养成良好的习惯也非常重要，现在写字姿势不正确的现象极为普遍，这种不良习惯在小学形成后，到中学就很难纠正。因此，一定要让学生扎扎实实地掌握最基础的知识与技能，养成良好的学习习惯。当然，在训练的时候不要搞得太烦琐，也不要搞惩罚性的作业，这容易加重学生负担，挫伤学生心灵。

其次，为了使学生上中学后语文学得更好，希望在小学时多让学生背一些短小、活泼的诗文，这些诗文应该是有美的意境，容易引起学生兴趣且朗朗上口的。少年儿童记忆力最强，抓住这个有利时机让学生背一些有益的东西，会使他们受益不尽。但是不要过多地背那些死东西，如每篇课文分几段、每段的段意、每课的中心思想等等。至于有关分析文章的方法，我以为主要由中学语文教学来承担，小学语文课尤其切忌空洞的分析。

再次，根据我教初一学生的体会，我觉得小学的作文教学也要注意发展学生的创造能力，特别不要用一个框子去框住所有的学生。用学生优秀作文作为范文供学生学习，是行之有效的方法，但千万不要为了应付升学考试，而指定全体学生死背或照套几篇范文。这样做不仅严重地妨碍了学生智力的发展，而且在引导学生说假话，其危害是很大的。

最后，我觉得应该从小学开始就注意开拓学生的眼界，丰富学生的生活，让孩子们感到生活得有意思、有趣味，要培养学生有广泛的爱好，让他们各方面的修养、素养更丰富一些，这样不仅会使学生在写作时感到有话可说，而且有助于开发学生智力，对今后的发展有无限好处。

（原载《福建教育》）

语文教学的问题到底出在哪儿？
（1998）

毋庸讳言，当前的中小学语文教育现状是不能令人满意的。我们尽可列出许多条说明成绩的理由，但是中小学生对语文课的强烈不满甚至厌恶，课堂教学效率与质量的低下，却使我们怎么也乐不起来。

这几年，批评大学生包括研究生语文能力差的文章屡见报端，最典型的是《人民日报》1995 年载文《大学生的汉语怎么了》，披露部分重点高校学生寻访抗战故地所写的采访心得，竟然"错字连篇、冗长啰嗦、缺乏创见与想象力，谋篇布局千篇一律，记叙人物千人一面"。显而易见，我们是无论如何也不能把母语教育的责任推给大学去承担的，中小学语文教育是绝对难辞其咎的！

面对上述忧虑痛心的现象，我以为，每一个负责任的中小学语文教育工作者、研究者、指导者，首先要有敢于否定自己的精神与气魄，从而认真地总结而且主要是研究语文教育的问题，对语文教学进行大刀阔斧的改革。

我认为，造成语文教学改革长期徘徊不前，语文教学效率长期不得提高的原因有如下四个主要问题。

一、严重忽视了语文教育是人的教育

语文教育是人的教育，这有两方面的含义。一方面语文教育绝不仅仅止于培养学生掌握一种工具或技能，而是最有条件，也必须在培养技能的同时培养学生的情操，熏陶学生的审美，培养学生的灵性与想象力、创造力，发展学生的个性；另一方面，只有充分正确地培养、发展了学生的个性（如上述几点），亦即学生学会了做人，才能更好地读书作文。这两个方面是相辅相成、二位一体的，归结起来说，语文教育，首先是语文教师"目中有人"。

但是，我们现在却太"目中无人"了。

我们的教学大纲，对听、说、读、写等方面的知识点与技能训练规定得越来越全面、细密了，但是在培养学生做人，特别是在感情与审美的熏陶方面却鲜有要求或提示。

我们的教材编者，一直在囿于"语文课"与"文学课"的划分，囿于记叙文、说明文、议论文、应用文的教材编写体系，但是一则课本中的所有记叙文、大部分说明文乃至某些议论文篇章，其实都是文学作品；二则当学生学习这些作品时，硬要他们以学会"记叙文六要素""议论文三要素"之类的东西为主，是否正好舍本逐来，反客为主了？

我们的"教学竞赛""教学评优课"的组织者们（其中包括一些学术机构）在制定各种竞赛规则、评分标准时，几乎没有把"情感"作为一项内容与要求的。当然这是一项很难设定与划分等级的内容，但是如果没有了它，语文课的"竞赛"还有多大意义？还能评出真正的"优"课么？也正因此这类活动中矫情做作者有之，虚情假意者有之，甚至把上课当作演戏而弄虚作假者也大有人在，课上得似乎很精彩，但教师做人呢？学生做人呢？

再来看课堂教学的情况。

在阅读教学中"目中无人"的情况主要表现在以下两个方面。

首先是把感情丰富生动的阅读课讲得枯燥无味。本来课本都是鲜明、生动而具体地表达了作者思想感情的，教师要讲好课是应以自己的思想感情去感受与理解好为前提的，学生的接受亦是应以思想感情的提高与升华为第一位的。但是现在的阅读教学，陷于琐碎繁复而又枯燥干瘪的篇章分析之中，陷于各种教参资料的照搬死记之中，陷于大量雷同不讲效率的语言训练之中，即使是讲授作者表达的思想感情，也不是以教师的深切感受与学生主动接受为前提，而是教师在程式化、概念化、模式化地以答案形式硬塞给学生。这种教学，形成了当前一种奇怪而又可悲的现象：当学生自己阅读课文时，常常情动于中，泪花盈眶，而被老师一讲，则顿觉索然无味；本来是内容最丰富、感情最生动的语文课，却成了学生最没有兴趣的学科。这难道不是语文教育的一大悲哀吗？

其次是把思想积极活跃的阅读课讲得教条划一。叔本华说过大意如此的话：阅读是在走别人的思想路线，写作才是走自己的思想路线。他是就一般意义的阅读与写作而言的。其实，真正的阅读（包括叔本华自己）在阅读时既在理清作者的思想路线，又在形成自己的思想路线，亦即要用自己的脑子读书。文章要"文理"，但我们偏偏不讲文理，不引导学生感悟、领会作者的写作意图与思想脉络，专门去作机械划一的分段工作。篇篇课文都要来一遍意义不大的分段与概括段意的教学过程，而且从小学一直分段到高中。本来有一千个读者，就应该有一千个哈姆雷特，而我们的教参编者与教师们却硬要所有的学生都只有一个失去鲜活生命、失去个人感受的概念化、标签式的哈姆雷特。本来阅读教学重要任务之一就是开阔学生视野，激活学生思维，更何况现行教材中许多篇章并不典范，教师却偏偏在理解分析时设置出一个个牢笼，硬是要窒息学生的思维。这样的阅读教学不是把学生作为人来教，也不是教学生做人。

作文教学弊端更甚，作文教学中不重视人性的现象更为严重。

首先，不重视真情实感的表达。古人说：言为心声。文章是感情的抒发，只有感情健康丰满，文章才能有血有肉，才能打动人，但是为了应试，这一作文最重要的宗旨被抛到了一边。当学生完全为了应试而作文时，他们只能把真情实感隐藏起来，失去了许多陶冶与丰富情感的机会与愿望，因而常常写的是假话、空话、套话。许多教师不在引导学生积累语言、生活与思想感情上下功夫，而是舍本逐末，大讲特讲各种各样的写作方法与文章套路，学生作文时不仅无话可说，而且无话要说，只是奉命作文，为练习作文而作文。鲁迅早就说过："文章怎样写，我说不出来；那些素有定评的作品中，就说明着应该怎样写。"可是我们老师们——不用说远远比不上鲁迅，且相当多的老师常年不写文章甚至不会写文章——却天天在给学生细致入微地讲应该"怎样写"，这难道不是一个讽刺？

其次，不重视个性的培养与发挥。古人说，文如其人，从文章可以看出每个人不同的思想感情与性格特点。这里有一个最基本的前提，就是每个人都是既有共性又各具个性的，这既是为宇宙万物所有的属性，又是人类推动社会及自身不断向前发展的根本特征。教育的重要任务就在于培养与发展每个学生的个性，这在语文教学中既尤为重要，又最有条件。也就是说，作文教学应该追求这样一种境界，有一千个作者，更应该有一千个哈姆雷特。但是许多老师已经习惯于用一把尺子去衡量学生的作文，尤其不去发现、鼓励学生写作中有独特见解、闪耀着个性光芒的地方，其结果，当然只能是千人一面，应该看到这种做法的直接后果是学生写不出有个性的好文章，更严重的危害则是培养不出有创造力的人，因而影响着整个民族素质的提高与国家在未来世界中的竞争能力。

再次，不重视给学生以高品位的营养。古人还有一说，"取法乎上，始得其中，取法乎中，始得其下"，这既是社会发展的自然规律，又是人类教育活动的一个重要原则，但许多语文老师似乎还未懂得这一道理。目前语文课本中相当多篇章达不到文质兼美的标准，像白开水一样没有味道，没有嚼头，而教师们在作文教学中又不注意引导学生从古今中外文化精品中吸取营养。现在在书店里、学生案头上，充斥着各种各样的作文选与作文指导之类的书籍，甚至早就被鲁迅痛斥为"专门掏青年腰包"的"作文大全"，也都堂而皇之成了畅销书。请看在长春市对小学五年级课外阅读调查时得到的如下书单：《小学生优秀作文》《作文指导》《作文大全》《百家作文指导》《作文辅导》《小学生一流作文》《小学生百篇作文提选》《作文词典》《作文技巧千百例》《小学生作文》《怎样写作文》《怎样写日记》《小学生作文精选》《作文一百篇》《作文二百篇》《小学生十五种文体》《教你写作文》等等，琳琅满目，令人咋舌，这肯定还只是当前同类书刊中的一小部分。问学生为什么只读这些书，回答是："因为老师总讲看作文书才能写好作文。"固然，学生习作可以在学生中引起共鸣，引起兴趣，激发他们的信心，但毕竟不是学习写作的主要典范。如果把作文的范本只限于此，势必降低学生的阅读品位与写作水平，因为无论是对人生的感悟，还是对世界的认识，中小学生的作文不管写得怎么好，也是无法与优秀的文学作品相比的。

语文教育如果不是从"人"这一根本点出发，怎么能获得成功呢？

二、严重忽视了汉语文字的特点与汉语文教育的规律

在中小学教育阶段还解决不好母语及教育的问题，这在世界各国，各主要民族中，大概只有中国。重要原因之一，是我们越来越漠视汉语言文字的特点，越来越丢弃汉语文教育的规律及优秀的传统，而越来越不加分析地照搬西方拼音文字教育的观念与方法。

之所以出现这种情况，是因为近百年来中国人自己的一种认识在作祟：汉字落后，汉语难学。

这种认识的产生背景是可以理解的，近代以后，中国确实与世界先进水平拉开了很大距离，而当电报、打字机、计算机这些先进技术首先在西方发明并广泛运用的一段时间里，汉字更是处在一种极其尴尬的境遇中。但是，随着科学技术及人脑研究的日益发展，特别是计算机技术的最新研究，却忽然"柳暗花明又一村"。还是西方的科学家与文学家们发现，以方块字为基础的汉语是最先进的语言，它不仅不妨碍现代传媒技术的运用，而且更方便，比如声控电脑，《文汇报》1998 年 1 月 7 日载文指出：实践验证，以"六书"规则出现的汉语方块字和计算机心有灵犀，是世界上最先进的文字，古老的汉字蕴藏着现代的尖端信息。汉语言的计算机输入，成了世界上效率最高的语言输入。这一最重要的障碍被突破后，汉语的其他优点便清晰地显露出来，比如，它是最简便、经济的文字，它是信息量最大的文字，它是文化含量最丰富因而也是对学生最具有教育功能的文字，它是有利于右脑开发因而也是有益于全面提高学生能力的文字，等等。

总而言之，我们现在终于可以从百多年来"汉字落后"的心理障碍中解脱出来了！但是，我们的语文教育观念却仍然被牢牢地束缚着，犹如一头关在铁笼中的困兽，尽力挣扎而找不着出路。

先说忽视汉语文特点的表现。

比如，汉字是方块字，以整体性、灵活性、表意的丰富性与模糊性为特点，这与拼音文字有着根本不同。目前由高考试题始作俑而统治语文教坛的标准化考试（严格说来，并不是原来与完整意义的标准化考试，而只是其中的一个过程或命题方法），就是不符合汉语特点的。再把这种作为检测手段之一的客观性选择试题大量运用到课堂教学中去，就造成了极大的危害，它使语文课越来越乏味，越来越缺少吸引力，学生的语文学习也越来越不得法。

再比如，汉语是以字为基础的，汉字中绝大多数本身就是词（而且可能是多个词，即表达多种含义），字与字的各种不同组合又产生大量的丰富的词汇。这个特点，一方面可以使汉语随时顺应时代发展，及时产生表现丰富而合理的新词，却不必再去创造新字；同时只要掌握了足够的字，又可以基本理解没见过或新出现的词汇。因此学习汉语的根本是掌握汉字。这与拼音文字中以词为语言基本单位也是根本不同的，但目前中学语文教学却存在着忽视字而又片面强调词汇的现象。现行小学语文教学大纲规定识字量为 2500 个（而且掌握 90％就算合格），是有史以来的最低要求，就是重要表现之一。

又比如，语法教学存在大量问题。现行的汉语语法体系从《马氏文通》开始，应该说基本是借用拼音文字语法体系，而不是从对汉语本身特点研究总结出来的规律，而中小学语法教学体系不仅遵循这一体系，而且有些知识搞得更加繁难，给教学带来许多不便与危害。举个例子，在某些拼音语言文字中，句子是以动词为中心组成的，一个句子中只能有一个主语，因此句中"偷换主语"便当然成了这些语言的"语病"。而我们的语法教学体系也搬过来这一知识。但是汉语句子却不是以动词为中心构成的，在某些情况下这正是汉语的一个特点，因此"偷换主语"在大量汉语古籍中随处可见。那么教师们在下力气纠正学生"偷换主语"时，究竟是教好了学生还是教坏了呢？再有，语言的掌握从来就不是以语法学习为主而是靠语感训练的，有着充分语言环境的母语文学习更是如此。但是，当前中小学语法教学却把原本烦琐的教学体系，搞得更加繁难，不少教师热衷于大讲语法知识概念，不仅把大学里的汉语课程内容纳入课堂，甚至连有些语法学家都在争论中或未搞清的东西，都讲给学生，还要搞各种各样的语法练习，这样教学，还有什么效率可言呢？

又比如，流行的中小学语文记叙文、说明文、议论文、应用文等文体分类的教材体系，既不符合语文特点，又不便于教学效率的提高。在我国浩如烟海的古籍中，从来就没有这样的文体分类，更有许多文章纳不进这几种文体。鲁迅那篇著名的《论雷峰塔的倒掉》，许多教参与教师都是当作议论文（而且说杂文也都是议论文）的，题目中那个"论"字，更是流行的文体分类观念中议论文标题的典型特征。可是细数这篇文章，议论文字寥寥几语，通篇是在叙述！还有梁衡的《晋祠》，教材编者与作者本人就对是说明文还是散文有着不同的意见。这种分类办法也没有科学的理论依据，英国学者卡尔·玻普尔研究指出，人类语言有四个功能，即自我表现、发信号、描述性陈述、论证（《通过知识获得解放》P12）。更重要的是，在写作实践中，人们要构思的，是怎样灵活而综合地运用记叙、描写、议论、抒情、说明等表达方式。在工作中，人们需要的不是什么纯粹的记叙文、议论文等等；而学生学习语文，也主要应是学习各种表达方式的掌握。按目前这种教学体系的安排，从小学低年级起就开始大讲记叙文的写法，小学阶段要练习几百篇记人、记事、记物的作文，到初中还是"以记叙文为主"，尽管如此，仍不敢说，到高中毕业学生是否真的会写这类文章了。

再说忽视汉语文教育规律的表现。

汉语文教育，经过古代长期的研究与实践，形成了从汉语言文字出发的规律、特点与方法，有着丰富的传统，其中许多内容是优秀的，至今亦行之有效的。但是由于照搬西方与苏联的语文教育模式，这些传统大多被无端地扔掉了，实在是非常可惜的。

比如识字教学。所谓汉语难学，主要是指汉字难记难写，而百年来由于盲目崇拜西方，我们在识字教学上一直没有找到有效的解决办法，因此效率不高。比较典型的是被广为宣传的拼音识字，即先学汉语拼音文字，大量阅读拼音文章读物，然后再逐渐地学汉字。且不说这种办法的弊端已经充分暴露出来，单只办法本身就是一种让人百思不得其解的怪事，哪里有学母语文之前先学一种代用符号的识字教育呢？其实，我国古代有着解决识字问题的成熟经验。以《百家姓》《千字文》等为代表的韵语读物，可以让孩子一年内即识一两千字。韵语识字，较好地体现了汉字的特点，又较好地把识字教学与对篇章的理解，与知识教育、思想教育、美育等结合起来，在提高识字教学效果的同时，起到一举多得的作用。虽然过去那些韵语读物由于内容陈旧而不宜再用，但这种识字教学的有效办法不可以借鉴吗？

再比如，正因为汉语以字为基本单位，传统语文教育十分重视"炼字"。这和当前语文教学中大搞词语训练、大讲语法、修辞知识的做法大相径庭。我们评论一篇文质兼美、言简意赅的文章，最高的褒扬大概莫过于说它"字字珠玑"了吧。这是只有汉语文章才能得到的赏评。如果硬要说文章"词词珠玑"，那是什么话！而词语训练是拼音文字语言训练中才不可或缺的。"炼字"，当然也是一种修辞方式，但与当前教学中讲的那些修辞格全然不同。我们从小学一年级起便开始讲比喻、排比、拟人等等，一直讲到高中，只要课文里出现就要讲一次，这样重复的讲授与训练，究竟效果如何，却没有人去研究总结。这些修辞格其实是各种语言所共有的，而"炼字"才是为汉语训练独具的。对它们练习是炼字的一种非常好的形式，它可以将语感训练、语法训练、思维训练、审美训练等等熔于一炉，具有多种效率，但在现在的语文课堂中已几乎销声匿迹了。

又比如，传统语文教育非常重视"读"。这里有几个特点：一是强调多读，大量阅读经典，所谓"熟读唐诗三百首，不会吟诗也会吟""读书百遍，其义自见"；二是非常重视朗读与默读，默读重在静心领会，朗读不仅重在学习表达，而且可以从汉语言优美的句子形式中，从因四声而具有的铿锵音韵中，得到美的感受与理解；三是特别强调"悟"，这种"悟"不只是理解，而且还有直觉想象与灵性等等，总之，是一种启迪心灵的全面思维活动。这些特点，都是与汉语语言特点紧密相联的。学生已没有多少时间读课外书了，甚至于读小说被某些语文老师看成是"不务正业"，"不好好学习"。除了教师范读一遍课文（这种范读还经常蹩脚，起了不好的"示范"作用）外，朗读与默读少而又少，以至于"书声琅琅"这一对学校而言的代名词，至今已名不符实了。尤其不注意学生的"悟"，只是用大量的阅读训练，把课文搞得支离破碎的选择训练，只重视语言形式而忽视感情、文脉等的词语训练等等，把学生搞得心力交瘁，而无多大效益。

以上种种违背汉语文教育规律的做法，怎么可能取得好成绩呢？就好比让我削一根铅笔，那心里在想着这根铅笔削了也不用，手里拿的又是一把锤子，能削好吗？

三、严重忽视语文学习的规律

怎样才能学好语文？每个教师几乎都能给学生讲出一大套道理的。教师们、研究者们不仅科班出身，而且从事了多年教学与研究，但是真的掌握了语文学习的规律了吗？

就来说一个最基础的，这些年来许多人都在探讨，而且提出不少见解，可究竟什么是语文基础？它应该包括些什么内容？这实在是一个至关重要的问题，如果连它都没搞清楚，中小学语文教学岂不就失去了本？

现在一说到语文无非是十二个字：字、词、句、篇、语、修、逻、文、听、说、读、写。近些年来，不仅对这十二个字包含的内容研究越来越深，提得越来越细，而且还有不少把它们串联起来，要搞"语文学科知识科学化序列"的尝试。但结果是各种序列众说纷纭，莫衷一是，而效果也未必佳，语文教学的研究并未取得突破性进展。除了上文提到的，这十二个字缺少了"做人"这一重要基础之外，还有如下几个根本性问题没有得到正确明晰的认识。

其一，这十二字包含的知识就是语文基础吗？所谓基础，当然是掌握语文能力所必备的，必须从头开始学起，而且一定要学好的。但是，母语文的学习从来就是在语言环境实践中开始学习的，语法、修辞等知识学一点儿当然可以，不学也不一定就不会读书、说话、写文章。这样看来，这十二个字的内容至少不能全部归于语文基础之内。而我们现在的语文教学体系，把许多不属于语文基础知识的东西全都囊括着这十二个字的各项内容。把不是基础的东西作为基础要求学生必须学习，这是不是语文教学少慢差费的原因之一呢？比如一说到"阅读"就必然有分段。学生中小学多少篇课文，就得分多少次段，可是不少学生自己读书写文章还是不会分段，但谁也不去想这究竟有什么问题，从小学到高中还是课复一课地分段。人们写文章常常都是动笔前首先有一个大致的思路，一般不会把写多少逻辑段、自然段都想的一清二楚的；许多课文的分段也不一定非得是一种办法的，作者自己的分段很可能就与我们的教参、教材编者不相同。退一步说，就算分段是语文学习一个应学的内容，用得着十二年教学与训练吗？说到阅读，还有一个"概括中心思想"也是课课必须有的。我们也没有认真想过，学生十二年中记住了几百篇课文中心思想的概括，相当多的人还是不会阅读，还是不会理解作者的写作目的，这里又有什么问题？阅读当然要培养理解能力、分析与综合能力的，但是目前这种概括中心的八股式教学能实现这一目的吗？学生应该对课文有认识，但非得课课去概括中心，尤其是非得按照"通过……描写了……表达了……"的模式去一律化吗？还有一个很清楚的现实，许多作品，尤其是那些经典作品，人们并不是读一次就能完全领会的了的，常常都是随着阅历的逐渐丰富而不断加深体会的，我们怎么能奢求正在成长的中小学生会一下子就得到深刻的认识呢？这样说来，像目前这种把课文中心思想用程式化语言硬塞给学生，不是语文基础的内容；让学生自己去领悟文章，至于领悟到多少、领悟的深浅、领悟的角度都可以各有不同，（当然教师要尽量引导学生领悟得多一些、深一些、领悟得正确，但最重要的是要学生有自己的悟），这才是语文基础。如果这样理解，语文课大可不必像现在这样堂堂模式化的教学。

其二，这十二个字里包含着知识与能力两个方面，而在知识与能力的关系上，语文学科与其他学科有着许多明显的区别。怎样写记叙文、议论文、说明文之类的知识，不能说它们不是规律性的知识，但是记住了它们并不见得会写文章，也就是说，学习了这些知识不等于掌握了规律，不等于获得了能力。什么是主语、谓语，什么是动词、名词，什么是单句、复句，也是规律性知识，但是不学习这些知识，也可以说好话，写好文章。即使是有了语法学之后，鲁迅也绝不会是学《马氏文通》之后才成为一代文学巨匠的，那么这些知识与形成语文能力又有多大关系？写字教学中的"永"字八法几句就可以教得明明白白，但要真正掌握这本领却人尽人殊，大不相同，有的人甚至一辈子也学不会，在这里，把知识转化为能力的过程是相当复杂的。可见，像上面所说的这些所谓"规律性"知识，并不就是语文学习的规律或者并不就是缺了它们一定形不成语文能力。陆游告诫子女："汝果欲学诗，功夫在诗外。"这才是语文学习的规律，但我们现在却偏偏把学生宝贵的精力都浪费在"诗内"了！

其三，这十二个字，除了"听"现在还未建立起一门"学"以外，其余的每一个字都几乎包含着一门以上的学问，诸如文字学、语法学、修辞学、逻辑学、阅读学、文章学、诵读学、写作学等等，最近这些年，在"说"的很小一部分内容中又冒出一个"演讲学"；而在这各立门派的专门学中，又都常常互相包容与交叉。要把这么多关系微妙复杂、内容广博艰深的学问抽筋扒骨，穿插排列，搞出一个"科学"的序列，再让小学生去学习掌握，岂不是太勉为其难了！既难为了研究者们也难为了语文教师们，尤其难为了学生！

由此可见，语文教学中对"语文基础"的理解还有认真研究的必要。我认为，从一般语文学习规律看，语文基础主要应是如下三个方面。

其一，掌握四千以上常用汉字。识字量不够是提高汉语文水平的最大障碍，在这方面，我们的观念与实践都是落后的，《文汇报》1995 年 11 月载文，报道华中理工大学一项测试表明，大学生母语水平堪忧。报道说，该校当年 3511 名入学的专科、本科、硕士和博士生参加的中国语文水平测试，总平均分为 63.9 分，刚过及格线，其中博士生和硕士生的平均分竟不及格。从随机抽样的试卷看，有一半以上考生写不出一些常用成语中的汉字，如"罄竹难书"的"罄"字，"越俎代庖"的"庖"字，"动辄得咎"的"咎"字等。对字的掌握量要够，要切实。但这里所说的切实，又不是现在小语教学中所要求的"四会"——会读、会写、会讲、会用。因为汉字的识与写不一定非得同步，写字是要从容易的、笔画少的开始，而有些笔画越多的字，反而一看就记住了，会认了；讲也不必要求得那么死，重要的是掌握了工具书的使用，更何况读书可以常常"不求甚解"，有些字义会在上下语文环境里理解；用的情况更复杂，必须有较长时间的消化与实践，刚认一个字就让学生马上会用，实际上常常做不到。现在的关键问题是语文教学中对识字量的要求远远不够，"四会"学生对这不够用的识字量，又反而并未全都掌握。

其二，篇章、生活及思想感情的积累。打好语文基础在于上述三方面的积累，而不是目前普遍盛行的训练，尤其是其中大量的语法、词语和不当的篇章分析训练。这里只谈篇章的积累（实际上包含着语言知识积累的一部分和写作样式的积累），绝不是指目前讲读教学中那种篇章分析，而是如上文所言要多读。现实中还有两个重要问题亟待澄清并解决。一是当前语文课本中文言文数量太少。学汉语而不多读汉语之作品中的精华，这是令人不可理解的。我们当然不能再把《四书》《五经》作为必读教材，但先秦诸子、《史记》、唐诗、宋词、元曲、唐宋八大家的散文、明清四大小说中的主要作品难道不可以、不应该让中小学生学习吗？前些年，曾有一种忧虑，认为文言文学多了，会与现代化离得远了，现在已经可以明确地说，这是一种没有根据也没有必要的忧虑。相反，不断有各界有识之士反复指出，我们的青少年甚至科学工作者、文艺工作者包括作家在内，国学根基太差，这种根基正应该从中小学开始打起。二是对文学素养重视远远不够。固然，基础教育不是要把学生都培养成文学家、作家，但作为下一世纪高素质公民的当代中小学生却必须具有比较丰富的、高品位的文学艺术素养，因为这种素养不是作家与文学家的专利，它对于陶冶学生情操、培养学生审美能力、想象能力、创造能力有着无法替代的作用，直接关系到人的素质的全面提高，而这种文学素养主要由语文学科来完成。不能设想，不重视文学素养的语文课，怎么还能称其为语文课。

其三，灵性的培养与发展。这是语文基础的重要内容，上文已经谈的，这里不再赘述。总之，语文教学必须敞开学生的心灵，放飞学生的思想，启迪学生的灵性，培养学生的个性。

四、严重忽视语文课堂教学规律

这个问题在前面已多有涉及，但是还有些话要说。语文课堂教学规律与其他学科相比，是有许多不同之处的，但我们的语文教师们、教学工作领导者们却没有充分地注意，这也是影响语文教学效率的重要原因之一。

语文课教学与其他学科一个最主要的区别就是感情的交流与个性的发展。

语文课堂教学中，个性的发挥与培养是至关重要又明显优于其他学科的。这不仅表现在每个学生有不同的个性，每篇课文有作者不同的个性，教师尤其应有自己的个性。能引起学生兴趣的好的语文教学，应该是不同的教师讲同一篇课文应有不同的特点，同一个教师讲不同的课文应有不同的特点，甚至同一个教师在不同的时间、场合，面对不同的学生教同一篇课文也应有不同的特点，这才能够最终达到把教学称之为艺术的境界。我们现在常见的情况却是，不管哪个老师教，不管教哪一篇课文，不管教哪些学生，都是几乎完全雷同的一个模式、一个套路，千篇一律的教学过程。前几年，五花八门的"×课型""×步式"教学法（有的还自诩为最优教学法）把这种形式主义发展到了极致。这种模式化的僵死的教学既打击了学生对语文学习的积极性，又严重影响了教师教学能力的提高。

语文课堂教学中，感情交流也是与其他学科明显不同的地方。在语文课中，教师与学生的感情有着复杂的而又非常奇妙的关系。作者没有丰富的感情，文章不会选到课本里去；教师没有感情，教不好课文；学生没有感情，领会不了文章。三者还包括学生之间的思想感情在课堂上互相交流、碰撞、感染、激发，那常常是在语言文字同时或例外的另一个美妙的世界，常常会影响到某些学生未来的人生旅途。学生健康丰富的感情培养也就是在这个过程中逐步完成的。可见，语文教学对学生的情感熏陶起着其他学科起不到的作用。这里，教师起着关键作用，他不仅要先深刻领会作者的思想感情，之后再带着饱满、健康的感情去引领学生领会作者的感情，还要注意在这过程中学生的思想感情。正因如此，情感，是语文教师万万不能忘记的。但是我们的教师与教学领导者们却又常常忘记了，这样，语文教学的质量与效用就被大大地打了折扣。当前作文教学中重要问题之一也是教师不去注意与学生的感情交流，不注意引导学生写真情实感，不注意培养学生健康、丰富的情感。

正是因为个性与感情在语文课堂教学中的特殊地位与作用，语文课的教学过程就更加带有不确定性，更会有千变万化、出乎意料的情况发生，更会有实发的难题要教师妥善解决。因此，在语文课中，教师的教学机智便显得尤为重要。一个稍有经验、有着事业心、责任感的语文教师一定会有这样的体会：自己非常满意的，上完课后仍兴犹未尽的课，常常不是先准备得非常充分、滴水不漏而教学过程又与此丝毫不差的课，反而是那些因学生活跃的思想打乱了预定教学过程，又被自己相机引导而使学生思维更加活跃的课。这样的课，可能部分甚至完全打乱了备课时的设计，可能有些预定的内容与步骤没有完成，但效果却好得多。要知道，这应该是语文课堂教学中正常的现象，由于几种感情的碰撞而使不同学生感情不同的激发，由于学生不同的个性，谁会事先把课堂上学生的表现预测得那么准。要知道，这也应该是语文课堂教学追求的最佳境界，因为只有这样，才能真正达到培养学生积极思维的目的。因此，语文教师不要去勉力追求与课前准备一模一样的十全十美（"没有最好，只有更好"，语文教学也是如此），而是要努力培养在课堂上善于应变的教学机智。

目前的语文课堂教学常常不是这样。教师上课，尤其是上"观摩课"时，一定要课前严细地安排教学中的每一细小步骤，安排每步骤所用的时间，甚至课堂上讲的每句话，讲课时原封不动地照搬（当然相反的情况也有，有的教师不认真备课，上课时随心所欲地乱讲一气，这是不负责的行为，又当别论）。领导者与听课者的批评也常常是：这一环节耽误时间啦，那几个步骤弄乱啦，某个预定的内容没讲到啦，如果压堂或者提前结束教学过程，那是不管效果如何，大多会被定为"砸锅课"的。这样，就使教师怕学生在课上发言提问。如果发言与备课设计不同怎么办？如果学生提的问题事先没准备怎么办？如果学生说多了耽误时间怎么办？于是，"观摩课"便经常是顺顺当当地进行下来，教师松了一口气，领导者与听课者也满意了。但是，这种形式主义的教风不是严重地削弱了语文教学的效果吗？

正因为语文课堂教学要求语文教师有更充分的教学机智，因此对语文教师的修养要求会更高。这里教师不仅要有开阔的胸怀和宽容的品格。要有活跃的思想、要有幽默感、要有扎实的语文功底与丰富的文化素养，面对青年教师来说，首先要培养的是独立钻研教材的能力。教师自己把课文挖掘得深，把握得透（不是要把这些都教给学生），做到烂熟于心，课堂上不用背教案就能自然而流畅地用自己的话讲出自己的钻研心得，就能够吸引学生的兴趣，言传身教地培养了学生读书治学的方法，也能够有余地并有能力妥善巧妙地处理课堂上突发的情况与问题。但教学现状却并非如此。许多青年教师过分依赖教参资料，甚至在自己没有认真读课文的情况下，把教参的话抄到教案上，再原样讲给学生，这样，学生得不到有用的知识，上课毫无兴趣，而教师也永远不会提高自己。而某些教学领导者与指导者们也没有正确认识语文课堂教学规律。有的领导对写教案有严格要求，并且检查，但只检查字迹工整与否，哪怕是一字不动照抄教参的，只要写得认真完整，就是好的，却不注意要求，不鼓励青年教师独立钻研教材。比如教师对课文哪些地方有自己的钻研心得，对教材的哪些地方有问题与质疑，哪些地方有自己合理而新鲜的处理方法，这些备课中真正有价值的东西常常不会受到领导者的肯定。这几年，指导者们编写的各种详尽划一的教案，风行语文教坛，与学生的练习册一样泛滥成灾。这种教案编写意图有好的成分，想为青年教师与素养不高的教师提供教学的方便，殊不知效果适得其反。它助长了许多教师的依赖与懒惰心理，削弱了教师钻研教材的精神与能力，扼杀了教师的个性与创造精神，窒息了语文课堂教学的鲜活气氛。这样长期下去而不解决，语文教学不会有后继乏人之虞吗？

以上所谈，谬误之处必定多有，但都是骨鲠在喉的心里话，尽情一吐，唯望得到批评指正。

（原载《吉林省教育学院学报》1998 年第 3 期）

城乡基础教育的实践与思考
（2001）

我深切地感受到，做教师的，最重要的是要把自己的学生真心地当作"人"。而我们目前的基础教育，虽然都在说"以人为本"，教师都在说"教书育人"，实际上却经常是"目中无人""心中无人"。

翻阅几年报刊，教师摧残学生的报道屡见不鲜，甚至有在学生脸上刺"贼"字的（怀疑这学生拿了一块橡皮之类小东西，而这个教师刺完字后居然被选为优秀教师，外出参观去了），有勒令学生吃粪便的，有让全班学生轮流打一个同学耳光的……其恶劣性质令人发指，为中外教育史上所罕见。

环顾今日中国，有一个怪现象，最累的是中小学生，小学生比较累，初中生相当累，高中生最累，大学生反而轻松了，而读研究生可能是学习中最轻松的了吧，不然现在大大小小的公务员们怎么多数是研究生呢？其中一个重要原因就是中小学读书累惨了，做题烦透了，没有了天真烂漫的童年，没有了活泼爱动的少年，而到了正应刻苦攻读的青春年华时，却没有了动力与精力。

杨振宁说过，人的智力包括五个因子：好奇心、求知欲、想象力、创造性、幽默感。中小学生从早到晚都是上课、补课，没完没了地做题。

这种以"为分数而教"的最高追求的教育教学造成了两个怪现象。一个是基础教育成为最不讲效率的行业，师生们累得昏天暗地，却不见素质的真正提高。报载 1978 年中美互派教育代表团到对方考察，双方考察报告的结论竟然相同：25 年后中国教育将超过美国。美国代表团的理由是："中国学生守纪律，爱学习，基础扎实。"中国代表团的理由是："美国学生散漫，不爱学习，基础不好。"现在 25 年已经过去了，美国又培养出了多个诺贝尔奖获得者，而中国的基础教育仍然深陷于追求升学率的泥淖。

另一个怪现象是，基础教育的教辅、练习册的出版利润居然占到中国出版行业利润三分之二以上。这是出版业的悲哀，也是教育界的悲哀。因为校长和教师们竟然深信着"自古华山一条路"——要想得高分，就得多做练习，越多越好。不信请来看下面报纸刊登的一份关于中学生作息时间的调查：

（表格略）

这里还不包括双休日里的大部分时间也得补课与作业。这里还不说农村学生比城市睡觉还要少得多，这样的教育难道不是在戕贼人性么？

为什么以人为终极目标的教育会这样泯灭人性了呢？除去其他社会因素不谈，是我国现行高考制度那根一卷定终身的指挥棒造成的，片面追求升学率现象经过多年的批判、限制，反对声中，却势头不减，而今已发展到了高峰。虽然，明知不管白猫、黑猫，抓住耗子就是好猫的理论在教育里是行不通的；虽然，明知舍弃学生其他各育而单纯追求智育里的那一个分数是完全违反教育的宗旨及规律的，但校长、教师们却都是人在江湖，身不由己！

因此，我们不能不说：分数是教育史上最糟糕的发明。说它是发明，因为它把量化原则引入到最难的教育评价机制中，带来了被人们普遍称道的"科学""公平"原则。然而，当校长、教师们满脑子满眼睛里都只是分数时，这些抽象的数字就完全取代了学生们那新鲜活泼的生命，充满生机的灵性，各具特点的个性。千百年来，中外教育一直在探索着寻找走向孔夫子提出的"因材施教"的境界，然而我国基础教育的现实则基本上是在因分数而教。

现实生活中，社会各界，行政领导与家长们对学校与教师的评价几乎只有一个标准：升学率与分数。我们年年看到中、高考"状元"们的喜报、领导的奖励，但从未看到哪个学校因为毕业生里出了特级厨师、特级理发师、先进清洁工、优秀技工而被评为优秀学校或受到表彰、奖励的现象。

再具体一点，说到语文教学，为了作文考得高分，老师们常常引导学生说假话、说空话、说套话，以至于高考中出现不止一个学生硬编出自己母亲去世的谎言，结果只能是学生成绩可能多得了几分的同时，人格也便降低了几分。

其实完全可以有别样的教学，或者说那才是教育的本来面目——遵照教育自身规律，实施因材施教，即使是条件最差的农村学校也会取得令人满意的成效。吉林省榆树市秀水二中是一个村级中学，小得不能再小，穷得不能再穷，1988 年学校因完成一项重大基础建设而兴奋——盖上了一个室外厕所。这个学校的语文教师李元昌是个师范专科毕业生，他家境贫寒，经历坎坷，但献身家乡教育，痴心不改。他不给学生增加任何课业负担，不让一个学生辍学，不歧视任何一个所谓的"差生"，硬是把这些农村穷学生们教得不比城市重点学校的学生差。他在教作文中教做人，在教做人中教作文，结果是学生思想道德修养得到提高，写作也绽放出绚丽的奇葩。他的学生作文选正式出版并再版了三次。翻开这本名为《田野上的小花》的学生作文选的目录，一股浓烈的生活气息就会扑面而来，那是切切实实、有血有肉、有甜有苦、有美也有丑的农村现实生活。比如《才十八，就当妈》揭露农村的早婚；《活着不孝，死了乱叫》讽刺子女的不孝；《"好心"的干部》抨击某些损害国家利益的干部。在他学生的笔下，有"啥时看病能不难"的焦虑；有"为啥不修这条致富路"的诘问；有《社主任，你别绕着走》的恳切呼吁；还有《家乡，我要为你添一笔》的豪情；也有《家乡畅想曲》的美好憧憬；也有《如果我将来去留学》的农家子女的报国心态。在这些文章的背后，我们似乎看到了那一张张生动的面孔和朴实的然而又各具特点的心灵。

应该正视的是，所谓"教育产业化"的口号这些年来实际是给教育乱上添乱，这种国家长年不保证教育经费，而把教育推向产业化的做法，一个最令人忧虑的危害，便是让许多校长、教师都姓了"钱"，当教师在拜金主义驱使下去工作时，受到毒害的将是几代学生的灵魂！

最后，我必须声明，我今天的发言绝不是在批评教师，事实上，我们大多数教师不符合教育规律的所作所为，都是在充满烦恼中的无奈，他们是有强烈的责任心、美好的追求与无穷的创造力的，除了上面提到的李元昌外，我还想再举一个例子。

我刚到省教育学院工作时，曾去吉林十二中听了曾宏燕老师给高一讲苏霍姆林斯基的《什么是爱情》，得到了我们的肯定后，她一直坚持着对学生进行爱情教育，虽然工作单位几次变动，但不辍探索，后来她把多年来的心得写成了一本书《爱，你准备好了么》，这本书，获极大反响，上教社 2000 年初版后，2001 年又再版，曾老师还应邀在中央电视台《读书时光》栏目里介绍了她写这本书的心得。

请允许我读读她在这本书后记中的一段文字：

清清楚楚地记得，那是 1985 年 4 月 22 日的一堂语文课——今日这小小溪流的源头。

早早来到学校，按捺不住心中的期待和兴奋，一节负有神圣使命的语文课，期待我开启那朦胧的帷幕——"什么是爱情"。这时，一个突如其来的消息令我落入严峻的谷底：省、市有关领导今天来听我的课。心中的期待和兴奋顿然消失殆尽。怎么办？临时改变授课计划已不可能，我似乎被逼到了一个进退两难的境地。干脆，就当他们没来，我上我的课，任人评说吧。此时，天性中的"勇敢"义无反顾地挺身而出，将杂念驱之身后，便心无旁骛走上了讲台。于是，我和学生们进入了一个美好的情境，忘记了教室后面坐着的一排不速之客，忘记了这是一个当时许多人忌讳的话题。我们在倾听心灵真实的声音，而无须回避也无须讳饰。是的，还有什么比在心灵的自由空间徜徉更诗意更愉悦的呢？当学生们在语言的世界里领略唯有人类才拥有的美好情感，那语言的魅力，那情感的圣洁不是潜移默化地渗入了他们的心间？当铃声响起时，我和我的学生仍意犹未尽，依依不舍地结束了这堂课。但我仍然不敢以良好的自我感觉去推及他人，下午的座谈会，我将自己的期望值降到零，并准备接受最残酷的彻底否定。但在这次座谈会上，我得到了意想不到的肯定和鼓励，我的心似在漂泊的海上遇到了同行者，又似在直觉的航程中看到了远处隐约而确实的灯光。时至今日，回想起那次座谈会，我仍对与会的领导和老师怀着深深的敬意和由衷的感激，正是他们前瞻性的教育思想，对我这堂现在看来尚嫌幼稚的课给予了充分的肯定，也许他们并没有意识到这对探索中的我是多么重要，但确实影响了我日后的教育思想和教育实践。

现在，当我珍视地抚弄着溪流，不禁为她有今日的诞生而感到庆幸，如果，当时她就被截流在源头，还会有我今天呈现给学生们的淙淙小溪吗？

别忘了我们教的是汉语文
（2003）

我们当然不能说汉字不需要改革，但起码"汉字落后"的悲观论调已经可以休矣，西方越来越多的语言学家与科学家在不断地发现与承认汉字的优点与长处；我们当然也不能就此说汉字是世界上最优秀的文字，但汉字确实与拼音文字有着太多的不同，而且这种不同远远大于各种拼音文字语言之间的区别。

关键的问题在于，我们语文教学、语文教师们对这种不同有没有足够的认识。这里所说的"认识"，不是只停留在汉字是"形、音、义"一体的"方块字"这个常识性的概念上，而是说我们是否自觉地真正地从汉字、汉语的自身特点出发来进行和改造语文教学。

这样说，是因为100多年以来，我们实际上一直在自我迷失或者说自我异化。

比如说识字。

前些年有一种看法认为语文教学效率不高的原因之一，是我们没有科学地提出汉语的词汇量。这其实就是用拼音文字语言来观照汉语的一种表现。汉语是以字为基础的，大多数字本身就是词，字和字可以组合成新词，而且不断创造新词。因而学习汉语的关键其实在掌握足够的识字量。

不仅如此，我们在识字教学中也在迷失自我。现在课堂上，识字教学的常用方法几乎都是用拼音。我们严重地忽视了汉字从每一个字的创造到整个体系的形成与发展，都洋溢着中华民族的大智慧。也就是说，在识字教学过程中，同时也就自然地、必然地对学生进行了德育、美育、智力开发等等；也就是说，汉语的识字教学本来就是全面提高学生素质的一个重要途径。而如果只是或者主要用拼音来进行识字教学，识字教学那本应具有的功效就都消失了，变成了只是为了识字而识字。

再比如语法、修辞、逻辑的教学。

前些年，语法知识的讲授与训练占了语文课相当大的分量。但是我们却没有认真地思考，这些语法知识是否完全符合汉语的特点。举个例子，汉语句型不像某些拼音文字语言那样以动词为中心，因而也就不一定一个句子非得是一个主语。当我们想尽办法指导学生作各种训练，以改正"偷换主语"的"语病"时，我们想没想过"偷换主语"也许正是汉语的一个特征呢？

从小学到高中我们一直在反复地讲授比喻、拟人等等修辞手段，但这些是世界上各种语言都通用的，汉语修辞有哪些独具的特色呢？比如"对偶"，这是汉语仅有的，我们现在只把它等同于别的修辞手段讲一讲而已。我们忘记了，对偶训练是可以熔语言训练、语感训练、思维训练、章法训练、审美训练等为一炉的，它才应该是汉语言训练中最常用、最有效的方式。至于汉字独有的"联绵"，在我们的教学中，则几乎已经绝迹了。

我们现在已经很少讲逻辑了。有许多人批评中国人的思维缺陷是理性思维能力弱。固然，我们民族思维以直觉、悟性、感性思维见长，我们的语言也与此相契合，但也不是说汉语一点理性思维都没有。绝大多数字为什么本身就是词？因为它表示了一个或多个概念。有的一个字表示了一个判断，比如"歪""弄"等，更有的一个字表示了一个推理，比如"兼"。我们的语文教学对这些给予了足够的重视吗？

又比如阅读与写作。

学语文就得要朗读，更何况有四声平仄之分的汉语。朗读不仅是感受、理解课文的需要，而且是一种美感与气质的熏陶。但这些年来，我们的课堂上已经很难听到琅琅的读书声了。教师的朗读被那些教条乏味的分析所代替，学生的朗读则大多被那些无休无止的填空、选择练习题所取代。

学汉语更重要的是默读。中国人讲究"悟"，这个"悟"就是要用自己的心思考，因此默读绝不只是不出声地读，而是要去贴近、融进、揣摩、感悟文本。"有一千个读者就有一千个哈姆莱特"，阅读最应该表现出每个阅读者的个性与主体意识，这在默读过程中才能得到最充分的体现。还应该指出的是，默读必须有宁静的心境，而只有在默读中才能得到怡心的静谧。这一点对当前无论是浮躁的社会生活还是浮躁的语文教学似乎都更为重要。

学语文就要多读，这一传统的语文学习经验并未过时。语文能力的提高要有多方面的积累：活的语言的积累，而不是语法知识的记忆，这种积累必须从古人、老百姓和外国的语言中取得；文章样式的积累，这绝不是当前泛滥于语文课堂中那种文章作法知识、文体知识之类的背记，而是各种优秀作品的积淀；还要有人生感悟的积累与文化的积累。语文学习过程是一个不断反刍的过程，因此积累非常重要。对中小学生来说，上述各方面的积累的主要途径是阅读。因此把人类文明史上最优秀的文化作品尽可能多地交给学生阅读，是语文教学的核心任务，也是改革当前教学效率不高状况的一剂良药。

再看看作文教学。我们一直讲"言为心声"，说真话、说心里话、说实话，这是做人的根本，也是作文的根本。但我们现在则几乎与此完全相反。当我们指导学生用编造、抄袭、假话去争得那几分时，与此同时学生的人格也便低了几分。我们还一直讲"文如其人"，那就是说文章要有自己的个性。文章的个性是它的生命，写出使人耳目一新的文字是应该追求的目标。但我们现在的教学中却常常造就出千人一面的文章。我们在作文批改中也经常忽视学生文思的闪光点，而老是用那一套"中心明确、层次清楚、语言通顺"的程式去评价学生的作文，以致磨平了他们所有的棱角。

还可以举出许多方面来证明。

这里我不想也谈不出什么高深的大道理，只想问一问我们自己，是否忘了我们教的是汉语文？

（原载《中学语文教学》2003 年第 4 期）

关键在于怎样学习语文
（2003）

　　有人说，越是科学的东西表达起来才越简单。生活中，却经常有把简单弄成复杂的事儿发生。

　　语文教学是否也是如此呢？

　　这些年来，我们一直在为解释"语文"这两个字的含义争论不休，却始终拿不出一个为大家都接受的权威说法。接踵而来的是，语文的什么什么性，什么与什么的结合等等，各种想法都提出来了，却仍然解不了语文教学的惑。

　　高中语文课程标准里，关于课程目标提出了五对词儿：积累、整合；感受、鉴赏；思考、领悟；应用、拓展；发现、创新。乍一看很新潮，但细一推敲，问题就出来了。

　　标准里说："通过对语文知识、能力、学习方法和习惯、态度、价值观等要素融会整合，切实提高语文素养。"这实在是一件麻烦事儿。一方面，这些要素在语文学习过程中的"融会整合"是很自然、简单的。当一个人说和写的时候，他的态度与价值观也就在里面了。另一方面，在语文教学过程中要把这些要素融合在一起又是很复杂、很困难的。如果教师们对上列各方面要素都列出一些点，再把这些点排列组合成各种"序列"，岂不又回到前几年的怪圈里去了？说"积累"，目前大家都接受，也好理解，好操作。说"整合"，就得费点劲儿了：什么叫整合？什么是语文教学中的整合？语文学习过程中的整合是怎么回事？怎么整合？谁能做一点哪怕最起码的说明？这里是不是有点把简单的事搞得复杂了呢？

　　再有一点，在"应用、拓展"里的这句话："注重跨领域学习，拓展语文学习的范围……"乍一看，很容易理解，稍一琢磨，问题也来了：语文学习的领域怎样界定？福楼拜说："阅读是为了活着。"加拿大的阿尔维托·曼古埃说："我们的任务就是阅读这个世界，因为这一本巨大的书是我们尘世之人惟一的知识源泉。"(《阅读史》商务印书馆 2002 年版)语文学习的领域本来就包括所有有字的书与无字的书，正如我们古人说的"读万卷书，行万里路"，这样的领域还怎么拓展？如果这里说的"领域"是指高中学生所学课程中语文学科而言，那就不如说"跨学科学习"好理解得多了。

再有，在"思考、领悟"中说："养成独立思考、质疑探究的习惯。"而在"发现、创新"中又说："学习从习以为常的事实和过程中发现问题，培养探究意识和发现问题的敏感性。"这两句话有何本质的不同呢？怎么来区分它们呢？如果说前者重在培养"探究的习惯"，后者重在培养"探究意识"，那么"习惯"与"意识"又是怎样的关系呢？有了意识还不能养成习惯吗？习惯都养成了还会没有意识吗？

课程标准对课程目标的拟定是很费了一番心思的，用了这样两两相对的五组词语。但这番心思是吃力不讨好的。因为正如上文所说，不仅对有的词语理解不好把握，对每组词语之间的关系不好把握，而且每组内的两个词语之间也容易混混沌沌。比如"应用、拓展"，是先应用后拓展，还是先拓展后应用，或者同时进行？是在拓展中应用，还是在应用中拓展？再比如"思考、领悟"，《现代汉语词典》释"领悟"为"理解"，那么"思考"是过程或能力，而"领悟"是目的或结果，这二者怎么能放到一起并列呢？它实际是一回事儿啊。又如"发现、创新"，"发现"当然不应该仅止于发现问题，而且包括发现新事物、新东西，那这是不是创新呢？反过来说，没有发现，又怎么可能创新呢？

课程目标是师生努力达到的方向，应该是明确的，明快的，才好实际操作，而现在课程标准拟定的目标是有悖于这一原则的。

从马克思到海德格尔，现代哲学的一个重要思想是："是什么"与"如何是"是一回事。不在于是什么，而在于如何是。我认为这正好点到了我们的病根，当我们在"什么是语文"这泥潭里不断地兜圈子的时候，我们恰恰忽视了"怎样学语文"这样一个关键性问题，只有意识到这一点，语文教学的问题才能豁然开朗。

我也是制定高中语文课程标准的参与者之一。我认为课程标准与大纲相比是前进了许多的，但仍有许多可商榷之处，应该通过讨论争鸣使它更加完善，这就是我写此文的目的。

（原载《中学语文教学》2003 年第 8 期）

讲出你自己来

（2004）

这次课改的核心是以人的发展为本，包括学生学习方式的转变，目的也是为了让他们生动活泼主动地学习，因此强调了自主、合作、探究的学习方式。

有的教师为什么对此感到很不适应呢？因为他自己的学习方式就需要有一个根本的转变。

相当多的教师尤其是青年教师太依赖教学参考书了，甚至于离开它就上不了课，各种教参、教案受欢迎的程度便是一个有力的佐证。

这种现象说明什么呢？说明我们对语文教学和语文学习还都未得到正确的认识。语文能力不是教出来的，是在语言实践活动的过程中不断感悟与积累而获得的。

语文课怎么上呢？没有教参的课文怎么讲呢？其实很简单，讲出教师自己认真阅读后得到的感悟与心得就行了。也许你的理解与别人是一样的，但这与不认真读课文而只照搬教学参考书结论的做法，其差距何止以道里计！第一，教师自己长了语文能力；第二，课能上得更生动、亲切，当然效果会更好；第三，最重要的是教师以自己的示范引导学生知道怎样去学语文。

有人说"一千个读者就有一千个哈姆雷特"是接受美学的说法，不足为训。当然，如果要用语言文字表达出来对哈姆雷特的理解与评价，即使有一亿个读者相信也绝不会有一千个说法的。但是，问题的关键在于：第一，那种无法表达出来的内心所得到的感受，灵魂得到的熏陶，却实实在在是每个人都不相同的，而这种不同才是我们所追求的境界或想要得到的效果；第二，阅读的过程比结果更重要，即便得到的结论与别人是一样的，但阅读过程中的人生感悟、感情陶冶、思想历练却是只属于个人所有的宝贵财富。所以，接受美学这一观点的价值在于重视了个性与过程，而这正是语文能力形成的关键所在。

不读书、不写文章，怎么能当一个好语文教师呢？不会读、不会写，怎么能培养学生提高语文能力呢？以其昏昏，使人昭昭，怎么可能呢？教学参考书是要帮助教师提高教学能力的，但如果成了教师扔不掉的拐棍，岂不反而害了教师？

语文课怎么讲？

讲出你自己来，怎么才能讲出你自己呢？

第一，扔掉拐棍，自己走路。备课时一定先熟读课文，确有必要再看教学参考书。切忌在阅读课文之前先把教参上的课文分析抄到教案上的做法。阅读是一种融合了思想活动、感情熏陶、审美享受、语言感悟、章法体会于一体的综合活动，经过这样复杂过程而获得的才是真切、生动而深刻的东西。讲给学生才有味道。经过自己用心阅读，才能知道一篇文章什么地方需要更用心去体悟，什么地方会有理解的障碍，什么地方作者有弦外之音等等，这样的课才是讲出了你自己的心得，也才能讲到学生的心里去。自己未读懂课文，而把教参现成的结论抄给学生，看似省时方便，实则浪费了自己与学生的生命。

第二，扔掉框框，独自品味。前些年盛行的"解词—分段—概括中心—写法特点"的课文分析模式，常常束缚了教学创造力，扼杀了师生的灵性。我们当然要引领学生涵泳作者写作的思路，但这绝不只是简单机械地分段，更何况，无论哪个作者写文章，都会有动笔前的构思，但几乎不会有人把这种构思详细到每一段要写几个自然段的。因此，重要的是引领学生理清作者写作的思路，非得分成几段则并不那么重要。领会文章写作的中心当然是重要的，但一篇文章中所表达出来的思想感情常常是复杂的、多方面的，远不是"通过……，表达了……，歌颂了……"这种模式所能涵盖的。作者丰富、复杂的思想感情需要独自去品味，而不是拿到一个标签式的结论就算完事了。为什么从小学到高中篇篇课文都概括中心，不少学生最后还是不会把握文章的主旨呢？因为在这种教学模式中学习，学生没有了会独自品味的本领，最重要的是，教师自己也未掌握这种本领，而且，篇篇课文都这么教，把学生教得索然无味、了无兴趣，教师自己也渐渐没了活力与灵性。

第三，扔掉枷锁，独立思考。西方一位教育家说过："分数是教育史上最糟糕的发明。"现在，考试当然还是得有的，但在平常的课堂教学中，谁能扔掉分数这个枷锁，谁就能真正地解放学生也解放自己。在汉语文的教学中，在具体语言环境里，除了字的读音与写法答案是唯一的以外，其他从解词到造句到内容与写法的分析，答案几乎都不是唯一的，都应该是开放式的。因此在教学中要鼓励学生独立思考，要鼓励他们谈出自己独有的感受及与人不同的见解，不要轻易否定他们经过思考而得出的结论。即使这个结论与参考书上可能是不同的，首先要弄清他们的思考路线，如果结论确实错了，那么是思考的方向偏离了，还是角度不对了，还是逻辑上出了问题？这样的教学才会使学生不断地聪明起来，也才能使教师的教学真正成为自己的教学。

（原载《中学语文教学》2004 年第 5 期）

语文教学三问
（2008）

一、工具性真的是我们的命根子吗

语文学科的工具性是"文革"结束后，对极"左"路线拨乱反正的一个重要成果，它使学科得到了健康发展，它是那样地深入我们的心灵，以至于似乎已成了我们的命根子，是动不得的。

鲁迅当年问过："从来如此，便对么？"我们真的不能对工具性也这样问一问么？退一步说，即使语言确有其工具作用，语言就等同于语文么？就等同于语文教育么？而且它毕竟也会具有与其他工具不同的特殊性，这种特殊性是什么呢？如果不揭示这种特殊性，会得到教学的真谛吗？遗憾的是，三十年来，我们确未在这一关键问题上下太多功夫，因而语文教育仍然在效率低的泥沼中徘徊。

语言文字是工具的看法似乎肇始于亚里士多德。他说过："口语是内心经验的符号，文字是口语的符号。"这种符号被用来交际，便具有了工具的性能。这里先不说音形义一体的汉字绝不仅仅是一种符号，就语言本身而言，工具性也不是它的本质属性。这一点早已被许多哲学大师做过至为明确的阐述。

海德格尔说过："语言是存在的寓所。""语言的本质，本质的语言。"伽达默尔说："语言并非只是生活在世界上的人类所适用的装备，相反，以语言作为基础，并在语言中得以表现的是人拥有世界。"萨特说得更为直截了当："语言就是人存在的本身，而不是一种交往工具。"他宣言："我就是语言。"并进一步解释说："这句话有两层意思：一，我作为语言而存在着，我的语言所表达之处就是我存在之所在；二，我是我所说的话语，语言的内容就是我的本质。"

可见，"工具性"不一定就是我们的安身立命之本。

因为对这个关键性问题未做深入探究，就使得语文学科的性质问题一直在歧见中争论不休，从大纲到课程标准都未能给出一个能停息这种争论的说法。

这里要插一句，现在看来，当年把学科名称由"国语"改为"语文"实在太不高明，它诱使人们从对这两个字拆分入手来理解学科性质，比如书面语言与口头语言啦，比如语言与文字、与文学、与文章、与文化啦，等等，把简单问题搞得越来越复杂，而使广大教师无所适从。

其实，语文课承担的就是母语教育的任务。母语是一个民族整体及其所属成员个体赖以生存与发展的基础。因此，语文与外语课的本质区别在于，它的首要任务不是让学生掌握一种工具或者说首先不是把语文作为一种工具教给学生，教学生学语文最根本最重要的是要使他们获得生存与发展的基础。

语文课不是工具课，而是基础课。这里所说的基础是做人的基础、生存的基础、人生的基础，远远不只是学习文化与其他学科知识及将来从事国家建设的基础，因此它与其他的基础课有根本的不同。作为一个普通意义的人，任何其他基础课都可以不学，唯独不能不学语文，不学语文是无法生存发展的。

我们是否已经在语文学科工具性的道路上走得太远了？

二、我们守住了自己吗

全球化已经是当代世界一个时髦的词儿了。我们当然需要认真地向国外学习，但就中小学语文教学来说，我更想问一句：我们守住了自己吗？

抱残守缺、固守陋习当然是不对的，但也不能像泼洗澡水把自己的孩子一起泼掉一样。不能丢失了我们传统中的精华，尤其不能不顾自己的特点去照搬别人的东西，那只能是削足适履、缘木求鱼，绝不会有好结果。

同样是母语教育，却可能会走完全不同的道路，采用不同的方法。我们的母语是以形音义一体的方块字为基础的，与拼音文字语言有着许多根本的区别，而且这种区别远远大于那些拼音文字语言之间的区别。一百年来，我们向国外语文教育学到了许多有益的东西，但与此同时，也丢掉了自己不少宝贵的东西。尤其对汉语言文字的特点与汉语文教育规律的漠视，是语文教育的效率长期得不到提高的重要原因之一。

尤其令人啼笑皆非的是，这种对自己的漠视已成为我们的思维方式，以致产生一种怪现象：每当有一些试图遵照汉语规律的提法出现，反而会遭到众多语文教师（包括专家）理直气壮振振有词地反对。

比如"淡化语法"。前些年，语法训练与语法知识讲授成了课堂一道靓丽的风景线，许多教师乐此不疲，越搞越烦琐。"淡化"以后各种反对声不绝于耳，甚至出现如下怪论："不学语法不利于外语学习"（多么严重的本末倒置）；"不学语法与高中衔接不上，影响高考分数"（学科知识有倒过来衔接的么？而且高考也早就不考语法概念了）；等等。

且不说所有母语学习都必然是"淡化语法"的，母语的掌握主要是在语言实践中实现的，就汉语而言，语法尤其是被淡化的。

当年傅斯年就在《战国百家叙论》里说过："汉语在逻辑的意义上，是世界上最进化的语言，失掉了一切语法上的繁难，而以句叙（syntax）求接近逻辑的要求。"今人王克喜说："由于汉字如此地舒展、飘逸，就很难想象有一个哲学家、语言学家或是文学家还会想到给汉字平添上无形的枷锁，让它'带着镣铐跳舞'。正如洪堡特所说，'恰恰是因为汉语从表面上看不具备任何语法，汉民族的精神才得以发展起一种能够明辨言语中的内在形式联系的敏锐意识……"（王克喜《论人类语言结构的差异及其对人类精神发展的影响》，商务印书馆1997年版）德国语言学家洪堡特还说过："在汉语的句子里，每个词排在那儿，要你斟酌，要你从各种不同的关系去考察，然后才能往下读。由于这一纯粹的默想就代替了一部分语法。"而美国语言学家范诺格萨1908年在《汉字作为诗歌的媒体》一文指出，汉字充满了动感，不像西方文字被语法、词类规则框死；汉字排除拼音文字的枯燥的、无生命的逻辑性，而是充满感性的信息，接受生活，接近自然。

请原谅我不厌其烦地引用，我只是想说明，在上述中外学者的研究成果中，语法在汉语里的地位与功能，远不像我们现在所认为的那么重要。

还应该特别指出的是，汉语当然也有语法关系，但汉语语法必定会和拼音文字语言有许多根本的不同。而我们现行的汉语语法体系及教学体系，未离《马氏文通》的窠臼，基本是照搬西方语法体系而来的，因而远不是科学的。

试举一例。汉语句型不像某些拼音文字语言那样以动词为中心，因而一个句子也就不一定非得有一个主语。这样，当我们以各种方法训练学生改正"偷换主语"的语病时，却没有想过："偷换主语"也许正是汉语的一个特征。这样的语法训练搞得越多，是否反而对学生提高语文能力越有害呢？

再比如"淡化训练"。首先必须说明，我理解的"淡化训练"的"训练"，是一个特指概念，它指的是前些年肆虐横行于语文教学中那些机械、烦琐、不讲效率的语言训练题，尤其是以高考试卷应用为发端，从外国学来的 ABCD 选择题型。我认为，这样的训练是必须坚决予以淡化的。

母语的掌握是在语言实践活动中进行的，怎么可能离得开训练？关键在于我们首先必须明白：训练什么以及怎样训练。而弄明白这个问题，也必须是以汉语特点为本。

前些年风行以至目前仍舍不得的语言训练的各种形式与习题。相当多是从国外学来的，不符合汉语文特征，因此出现师生负担俱重而效果并不见佳的局面，这便是"谈化训练"提法的发端所在。

汉语有自己使用多年、行之有效的语言训练方式，比如打灯谜、绕口令、对对子等等。尤其是对对子，它可以集语法训练、语感训练、思维训练、审美训练、章法训练于一身，尤其对训练人的机智、幽默，开启人的心智有明显的成效。它应该是汉语言训练的最佳途径与方式，但在如今的语文课堂里，它已经成了难得一见的稀罕物了，这不是语文教学现实中一件咄咄怪事吗？感谢前年的高考语文命题组，这些年来终于在高考试题中出现了对对子，说这道只占几分的小试题有挽救语文教学的作用似乎也不为过，因为它在启示我们回归自我。

母语训练离不开读、写。汉语言文字因其音韵丰富，信息量大，尤其需要重视朗读与默读。但这些年来，课堂上已经很难听到琅琅书声了，教师的朗读被那些教条无味的分析所取代，学生的朗读则被无休止的填空、选择练习所淹没。

学汉语更重要的是默读。中国人讲究"悟"，注重用自己的心去体味。因此，默读绝不只是不出声地读，而是要去贴近、融入、思索、感悟。阅读最应该表现出每个阅读者的主体意识与个性，这在默读过程中更能得到充分的体现。默读必须有宁静的心境，反过来说，也只有在默读中方能得到怡心的静谧。这一点无论对当前的浮躁生活、浮躁的大众心理，还是浮躁的语文教学无疑都尤为重要。可是在现实的语文教学中，默读已经不多见了，尤其在那些花样百出，喧嚣闹腾的教学竞赛、教学表演的课堂中。

多读多写是传统语文教学的一个宝贵经验。然而这些年来一直不断地有人质疑，说它没有量化，因而是不科学的、落后的，鞭挞得很有力度。然而，这许许多多质疑者们却至今没有提出过一个解决方法，比如说量化指标。如果"多读多写"不对，那么小学、初中、高中以至每个年级的学生究竟读多少本书、写多少篇作文是科学的呢？我由此怀疑，他们只不过是为批判而批判而已，自己并无答案。而且从这些高论的精美文字看，我甚至确信他们自己的语文能力就是在"多读多写"中练出来的。

令人惊诧莫名的是，前几年突然冒出一股"快速阅读""快速写作"

之风，影响之大，令人咋舌。我们当然不能以小人之心度君子之腹，说这就是一场向钱看的商业炒作，但是一说"快速写作"，当然就是专以考场作文为目的，一说"快速阅读"就不能不让人想到"囫囵吞枣"这个成语，这种本末倒置的做法难道说真的会帮助学生提高语文能力，打好语文基础吗？

又比如"淡化知识"，这是又一个引起争议的话题，但这也同样是一个需要理清思路的话题：即提高能力到底需要什么样的知识，以及怎样教给学生这些知识？怎样做才算打好了语文基础？

前些年，语文课堂上是充满了知识教学的。我们特别愿意讲语法知识，但母语的学习从来就是在母语的环境里进行的，无须先学语法修辞才会听说读写。我们特别愿意讲写作知识，可鲁迅早就说过："文章应该怎样写，我说不明白。那些素有定评的作品中，就说明着应该怎样写。"他还说："创作是没有什么秘诀，能够交头接耳，一句话就传授给别人一个的，倘不能，只要有这秘诀，就真可以登广告收学费，开一个三天包成文豪学校了。可是，以中国之大，成者也许会有罢，但是，这其实是骗子。"鲁迅说不明白的事儿，我们却在年年讲，月月讲，天天讲。我们尤其愿意讲古汉语语法，以至于文言文教学成了清一色的"翻译＋语法知识讲授"的模式，朗读没有了，对篇章与语言的感悟没有了，章法学习没有了，文章所表现的气脉与风骨没有了，这样的教学当然不会有好效果。

一说"语文基础"或"基础知识"，马上就出来十二个字：字词句篇、语修逻文、听说读写。这些年，有多种语文知识序列化或科学化的探讨，也都是在此中进行的。但是，这十二个字每一个都包含着一门以上的学问，它们之间的关系又错综复杂，常常是你中有我，我中有你。那么，从这么多专门学问中抽筋扒骨凑出来的东西，即使做出再花样百出的排列，又怎么可能是"科学化"的呢？这种从知识出发的"序列"，引导语文教学脱离语言实践，脱离学生的生活与个性，又怎么能有好的结果呢？

其实，提高学生语文能力重要的不在"语文知识"，而在于夯实基础。这个基础包括以下三个方面：

首先是尽早掌握足够的识字量。汉语的基础是字，比较中外基础教育阶段的语文教育，我国小学生的阅读量小，进入大阅读的速度慢，根本原因在于我们没有在小学低年级解决足够阅读的识字量问题。课程标准规定小学一、二年级识字 1600 个，其实是远远不够的，但有的意见认为这个标准也高了，加重了学生的负担，这正是我国目前的小学低年级语文教学问题症结之所在。识字应该是小学低年级最重要甚至是唯一的任务，而现在语文课堂上许多花样占去了大量时间，如果把这些无用功舍弃，小学一二年级识字两三千，是一件轻松的事儿，这已经为许多城乡教学实践所证明。而这里的根本障碍即在于，我们现在的语文教学观念与模式是脱离我们自己语言文字的特征与规律的！

我敢断言：只有在小学低年级把识字问题解决，即识2500到3000个常用字，语文教学效率才会见到曙光！

其次是要有足够的积累。语文能力的形成必须有足够的语言积累（这种积累指的是活的语言，是在语言实践活动中学得的，不是理论与规则知识的积累）、篇章式样的积累（不是写作知识的积累）、人生体验与思想感情的积累及文化的积累（对于中小学生来说，除了直接体验以外，这方面的积累主要通过阅读实现）。

再次是要使灵性受到启迪。现在的教学模式与大篇幅的机械训练扼杀师生的灵性，会把学生教笨了，而语文的形成应该是与思维的启迪发展同步的，只有充分鼓励与保护学生的好奇心、求知欲、想象力、创造性与幽默感，才是真正给学生打好了语文基础。

再比如"淡化文体"。这也是一个牵动许多人敏感神经的话题。我们现在固执坚守的议论文、叙述文、说明文的文体教学体系真的那么科学吗？它既不符合汉语文写作样式的传统与发展，也不为学生实际及社会生活实际所必需，实际生活中，有多少情况是要求写那种纯粹的记叙文、议论文、说明文呢？

一位英国语言学家的研究表明，人类语言有四种功能：一是打招呼，二是表达感情，这两者动物也能做到。三是叙述，为动物所不具备的。四是议论，这是动物的语言根本无法做到，是人类语言与动物语言最本质的区别。因此，语文教学要让学生掌握的不应该落脚在会写说明文、记叙文和议论文，而是应着眼于培养学生记叙、说明、抒情、议论等几种表达能力，以及在不同的表达环境中综合运用它们的能力。

不再更多地举例。我们语文教师应该认真地问自己：我们对自己的母语有足够的认识与清晰的了解吗？

三、语文教师怎样提高自己

语文教师的提高现在是一个得到普遍重视的事儿，各级教育行政部门、教研部门、学术团体、报纸杂志都在戮力为之。但我再放胆说句：目前这些努力都没有做到点子上，因此其效果必然大打折扣。

语文教师的提高最根本的、第一要务的事儿是提高自己的读写能力。我们自己爱读书吗？会读书吗？会写文章吗？如果我们不会读不会写，却要教学生怎么读怎么写，那不是以其昏昏，使人昭昭吗？

对于语文课来说，每一篇课文都是作者个性、才华、情感以及思想的结晶，都有着鲜明的特色，因此不同课文应该有不同的教法。而由于每一个教师的个性气质、学识修养不同，对同一篇课文的感受、领悟也各有不同，教学方法、教学风格自然也因人而异。但现实状况常常是，无论哪一位教师，无论教哪一篇课文，也无论面对哪些学生，都是千篇一律的一个模式。前几年，五花八门的"课型""步式"（有的自诩为"最佳教学法"）更是把这种形式主义发展到极致，根本上扼杀了教师的个性与创造性。

现在语文教坛最热闹的就是各种课堂教学竞赛了，动辄就会有上千人、几千人参加。从孔子、苏格拉底到陶行知、苏霍姆林斯基、杜威等等，古今中外，哪一位教育家提倡过这种竞赛呢？当把课堂教学引向表演的方式时，当依据那些没有多少科学根据的裁判规则判定每堂课的分数时，实际已经悖离了教育的宗旨与自身规律，也使课堂教学形式主义愈演愈烈。主办者们会振振有词地说，这种活动最受教师欢迎。且不说这种活动的商业动机成分有多少，是否正当，教师欢迎的就一定对吗？教师们乐意去听课，绝大多数是可以回去"照葫芦画瓢"，提高自己的教学质量。可是恰恰与此同时，他们却逐渐地在忽视提高教学质量的根本所在：自己要会读书，自己要把课文读懂，而且读出自己的感受来。长此以往，这种活动对教师提高有益还是有害呢？

现在与学生练习册同样畅销的是各种教学参考书、教学设计。编写者与出版者同样理由充分：这些东西可以使青年教师和不会教书的教师拿来就敢去上课。可是这又恰恰害了青年教师，使他们养成了依赖教参的惰性，久而久之，自己更不读书了，更不会读书了。青年教师们，请听我这个过来人一句忠告：离开教学参考书就教不了课的教师，一辈子也不会成为好教师，甚至成不了合格的教师啊！

现在的所有语文教学刊物也往往远离语文教师提高的这一根本，大量充斥着各种教学设计与练习题，给的是使教师现得利的东西，而不是从他们语文学习这一长远目的出发。最典型的莫过于当年的《中华活页文选》，曾经给多少青年人丰厚的文学修养，当年的《语文学习》杂志（这个名字多好）曾经给多少教师打下扎实的语文根底，可现在呢，也已经面目全非，全无当年的光彩照人了。

青年教师们，要提高自己吗？多读书，多动笔吧！

以上所言，肯定谬误多多，欢迎批判。因为无论从语文教学还是从我个人而言，只有批判，才有进步。

（原载《新语文学习》2008 年 3—4 期）

探索篇

若要"不惑"，莫辍探索

（1982）

我虽然迈入了"不惑"之年，从事中学语文教学也快二十个春秋了，而这些年，我都是在不断地解惑中过来的，但新的更难解的"惑"又总是接踵而至，因此，我自知离"不惑"的境界差得还很远很远。

我学文，带点偶然性。进入高三，学校准备文理分科。我那时虽然爱好文学，但对理科也有点割舍不下，便写个条子问一个非常要好的同窗："你看我是学文还是学理？"那位同窗是立志学文的，他一句话也没有说，笑了一笑，便把条子撕了。我明白了他那不言中的意思：那还用说，跟我一样！于是，在这人生道路的十字路口，我就这样一步跨了过来，被录取到东北师大中文系。

那时，对未来要做一名中学教师，我是很向往的，因为我对中学教师一向有着敬佩的感情，这同我在中学时代遇到了几位好语文老师是分不开的。

初中三年级时，教我语文的是班主任刘士俊老师，她现在已经是一位特级教师了。她讲课娓娓动听，很吸引人，对我们要求也非常严格。我那时在班上年龄最小，顽皮得很，并不很用功。只因为刘老师一次家访，我原以为她要告我的状，但结果她却向家里人说了我的许多优点。小孩子更容易动感情，从那以后，我确实连自己也说不清是怎么回事地开始变了：初中毕业时得了奖状；进入高中才三个月，连红领巾都只是演剧才戴过一次的我，加入了共青团。

到高中，教语文的是王孙贻老师。他教学极认真，讲课学识渊博，思维严密，每上完一堂课总使我们长久地回味不尽。一次，他的独生子突然得了重病，他却根本不理会在门口几次催促他去医院的教导主任，跟平常一样，一丝不苟地把课讲完。那是我们听得最专心的一堂课。记得那堂课上，我在笔记本上方写下了脑子里自然涌出的四句诗：

老师爱儿病势重，学生课业挂心中。

感动大家齐发愤，努力学习报师功。

他现在已是一名很有威望的大学老师了，我们常常因为在中学当过他的学生而感到幸福。

大学毕业，我是个幸运儿，回到读过六年中学的母校任教。毕竟，当学生是一回事，教别人另是一回事，我也有同第一次当老师的人共有的彷徨：怎样才能不误人子弟呢？

幸亏那时候，学校有着培养青年教师的健全的制度，其中之一便是以老带新。我教书第一年的师傅是当时的语文组长、现在的教导主任孙真老师。大概是因为"教不严，师之惰"吧，孙老师要求我每一堂课的教案，都须在上课前几天工工整整写好交给他检查，而他也总是看得那么仔细，连一个错字都不放过。教务处把我的课都排在孙老师的后面，使我每上一堂前都能先听到他的。我常常一边听课一边琢磨：为什么孙老师能使学生听着听着不禁点首、眼里放光呢？他为什么在这里提那样一个问题呢？他为什么在那里恰到好处地点了这样一句呢？我就是这样亦步亦趋地跟孙老师学了一年。第二年，我的师傅换成了魏大久老师，他现在也是一位特级教师了。魏老师教学严谨，写教案每个字都是一笔一画，清清楚楚。我上的第一次大型公开课，是魏老师帮着反复试讲、反复研究、折腾了好多天，才完成了任务的。经过了两位师傅的指点、传授，我得到了一次重要锻炼。现在回想起来，这两年里我确实受益匪浅，它使我在教学上少走了许多弯路。

随着教龄的增长，我对语文教学作为一门科学的艺术或者说艺术的科学的认识，有着日益深刻的体会。单从我所在的教研组看，老师们便各有所长，各有风格，各有自己的见解。这些，使我增长了许多见识，学到了许多东西。

在这里，我不能不特殊地提一提已经离开我校的特级教师颜振遥老师。他没有当过我的师傅，然而，他给了我许多极其宝贵的东西。记得"文革"结束后不久，他给我提了一个研究题目：语文教学中的美育问题。他说，这个问题肯定不久就会提出来。我开始考虑了一些，但中断了，后来，报刊上关于这方面的呼吁与研究果然接连不断地出现了。应该说，我是从颜老师那里开始学到严谨的、不辍的、创新的治学精神和方法。由此，我不禁联想到自己的大学生活，想到直至现在还有不少老师仍然只注意教给学生知识，而轻视了培养治学能力这一根本，不能不令人感叹。

还应该说，我的老师中也包括我的学生，他们给了我许多教益。

有一个学生，个性很突出，下乡插队时，她仍然执着地学习，不停地思考，每次来信总有许许多多的问题提出，每次见面总有一番长时间的讨论。后来她抽调回城在一家报社当了记者，然而她还不满足，一面拼命看书，一面准备报考大学。有人对此不解，然而我了解她，她绝不是为了镀金或者为一张文凭，而是一种强烈的学习欲望促动着她。她终于考上了北京大学，可是她仍不满足，来信中还常常提出一堆一堆的问题，自然，不少问题已是我难于回答的了。从她身上，我悟到了一点东西：我应该把自己的学生培养成什么样的人？应该是具有永不休止的探索精神的人，这样的人才是民族的希望、国家的栋梁。

"文革"结束以后，老师们精神焕发，大家议论的一个核心问题，就是中学语文教学怎样才能更快地提高效率。我在老师们共同讨论的基础上，执笔写成了在初中三年完成大纲规定五年的语文读写能力要求的设想，1978年6月，在省语文专业会议上做了发言。实践这个设想的任务落实到我和另外几位老师的身上。

心之官则思。在这艰巨的任务面前，我不能不对语文教学的一些问题有所思考。我反复琢磨：语文课堂堂都这样八股式的讲法，学生爱学吗？内容、体裁、写法迥然不同的课文都被老师用一个模式套住，符合规律吗？每篇课文都是"麻雀虽小，五脏俱全"，都得蜻蜓点水式地面面俱到，能取得好效果吗？语文教学到底在哪些地方浪费了学生的精力和时间？

经过与老师们探讨，我终于认识到当前中学语文教学的要害是：对学生掌握知识的潜在能力估计不足，对这一代青少年应得到更好开发的智力估计不足，对学生中蕴藏的创造性估计不足，对青少年为实现四化而焕发出来的探索精神估计不足。有时，不仅仅是估计不足，而且是自觉不自觉地在这些方面压抑、束缚，甚至桎梏了学生的发展。当然，也有人说，多少年来，语文教学就是这么一个样子。然而，我想起鲁迅先生说过的话："从来如此，便对么？"这句话给了我探索的勇气。

以前我思考过的那许许多多的问题，直到现在我仍拿不出哪怕是概括的答案来。但经过一番实践与不断思索，我明白了一个道理：要把学生培养成探索者，教师首先要成为探索者。

就是从这样一个信念出发，我和同志们一起做了一点改革的初步尝

试。比如观摩课，不再致力于"观"——堂上表演，而是着眼于
"摩"——切磋研究。我上这样的课，不只是拿自己最有把握的课文，不
光是用自己用得最熟的教法，不仅要发挥自己的长处，也要亮亮自己的短
处，不怕"砸锅"，不怕把课上失败了。我体会到，这样做，比之纯粹为
"观"者而讲的课，确实更有收获。

我现在才感到，什么是语文教学的最佳境界呢？那就是，课上课下师
生共同做探索者。当学生焕发出创造性的智慧的火花时，那真是教师的莫
大幸福。让我把在初二时讲授《小公务员的死》一课时，学生提出的部分
问题列在下面吧：

"从小说里看到将军并没有给小公务员什么压力，给人印象是小公务
员之死完全是他自找的，这样写有什么深刻意义呢？"

"作者为什么写小公务员四次道歉而不是三次道歉就死去，或者五次
道歉才死去呢？"

"如果把小说中的将军换成一个级别低得多的官员，不是更能揭露等
级制度的罪恶吗？"

"这么一件小事怎么就使一个人死去了呢？这能使读者相信吗？"

"这篇小说对现实的揭露好像没有《阿Q正传》那样深刻，是不是契
诃夫的成就远比不上鲁迅？"

"我不明白这样的文学作品对改造社会有什么作用，我看当一个作家
不如当社会活动家更有利于推翻旧的制度。"

"像这样的喜剧是不是比不上悲剧更深刻、更有教育意义？"

当我回答这些问题讲到文学艺术对人类社会的发展不可或缺、并举出
劳动号子为例时，又有一个学生立即起来纠正说："老师，你说的劳动号
子，不应称为艺术。《伏尔加船夫曲》是艺术作品，但伏尔加河上船夫们
拉纤时所唱的号子就不是了！"

像这样的例子在我的教学中是经常出现的。我深深感到，只有在这样
的教学过程里，学生的思维发展才更快，读、写、听、说能力才提得更
高，而教师的进步也才相应地更大。我自知做得很不够，但我却从教学实
践的感受中，树立了一个坚定的愿望：我愿终身做一个中学语文教学的探
索者。

（原载《语文教学通讯》1982 年第 3 期）

语文教学要来一个大的突破

（1978）

中央领导最近要求我们："思想再解放一点，胆子再大一点，办法再多一点，步子再快一点。"这对我们研究改革语文教学是很大的促进，在总结 29 年来语文教改经验的基础上，我们提出使初中毕业生（初中三年制）读写能力基本过关的方案。下面就谈谈我们的初步认识和做法。

过关的必要性

使初中毕业生读写能力基本过关，有什么必要性呢？

一、语文是基础，基础要先行。毛主席说："一个革命干部，必须能看能写，又有丰富的社会常识与自然常识，以为从事工作的基础与学习理论的基础，工作才有做好的希望，理论也才有学好的希望。"使学生具备读写能力的基础，对于继续学习文化和将来从事工作都非常重要。实践证明，语文学不好，学习其他各科都困难，特别是如果初中阶段语文读写能力没有过关，到了高中阶段，语文学科势必既要与其他学科争时间，分散学生精力，又不能为其他学科的学习提供有利条件，结果是两败俱伤。早一点打好语文这个基础，早一点掌握学习其他学科的工具，是有战略意义的。

二、抓紧有利时机，事半功倍。中学生学习语文的最好时期是初中，特别是一、二年级，这个阶段他们学习语文的积极性较高，时间较充分，效果也较好。这是因为：第一，在实现了小学语文教学大纲要求之后，小学毕业生已基本掌握了常用字，有一定的看书作文能力，为进一步培养读写能力准备了有利条件；第二，学生在初中阶段的年龄一般是十二三至十四五岁，这个时期记忆力强，特别是机械记忆强，而语文学习的内容又有许多是要靠机械记忆的，如要掌握一定数量的字、词和背诵一定数量的优秀篇章，都与机械记忆关系极大；第三，从中学课程的设置来看，初中阶段正是加强语文学习的良好时机，因为这时数理化的内容还不算深，课业负担也相对轻一些，利用这个时机使学生读写能力过关，进入高中，语文就既不必跟其他学科争时间，又能为学习其他学科提供有利条件。综上所述，可见初中阶段是学生学习语文的关键时期。抓紧这个时机培养读写能力，能收到事半功倍之效；相反，如果把过关任务拖到高中阶段去完成，其结果必然是事倍功半。因此，无论从语文学科和学生学习特点来看，还是从中学教学的全局来看，使学生在初中毕业时读写能力基本过关是很有必要的。

过关的可能性

学生在初中毕业时达到读写能力基本过关是有可能的。

首先，小学语文教学打下的基础为过关创造了有利条件。根据现行小学语文教学大纲，学生在小学毕业时已经掌握了汉语拼音方案，学会了查字典，识字三千左右，进行了大量写话训练，具备了一定的遣词造句能力，学习了一定数量的篇章。学生有了这样的基本训练和基础知识，在初中阶段再循序渐进就可以过关。

其次，从语文学科的特点和学生实际来看，原高中学习的内容如果有计划地安排在初中讲授，也是可以接受的。因为语文课无非是读文章、写文章，初中学生在掌握了常用字和一定数量词语，阅读了一定数量的篇章之后，接受高中语文的篇章和进行的基本训练，并不是不可能的。它与数理化不同，高中数理化的某些知识，由于本学科循序渐进的客观规律和邻近学科之间的有机联系，拿到初中来学，是有困难的。但是语文则不然。

再次，从 29 年语文教改的实践来看，总的趋势是缩短时间，丰富内容，提高质量。随着语文教学目的任务的逐步明确，教学内容和教学方法的加速改革，实现初中过关，也显示了可能性。例如明确了"双基"教学，改编了教材，创造了切合语文学科和学生年龄特点的教学方法，调动了学生的学习积极性，过去一千字左右的现代文在初中一年级要学两三个课时，现在一课时就能学完，而且能进行比较扎实的语文训练，还能结合课内学习的内容指导课外阅读，使讲练结合，课内外结合，一课时完成了过去两三课时还不能完成的任务。

最后，现代化教学手段的应用，能促进语文教学改革，提高语文教学效率，有利于缩短教学时间，提高教学质量。这方面的工作虽然刚刚开始，但鉴于国外的经验，展望我国经济、科学文化各项事业的飞跃发展，必然会取得越来越大的成效。

我们的初步措施

基本过关的标准是什么？就是在初中三年毕业时达到全日制十年制学

校中学语文教学大纲规定的五年达到的目的要求。

怎样才算基本过关？根据学生发展的不平衡性和目前各方面的条件，我们规定今年入学的初一学生到初三毕业时，有60％的学生达到上述标准即为基本过关。将来逐届增多过关人数。要想在短时期内实现百分之百学生过关，恐怕不切合实际。

初中过关之后，高中文科班还应继续学习语文，进一步提高写作水平、文学素养和阅读文言文的能力。理科班可每周开两节语文课，或开语文讲座，一方面起复习作用，另一方面满足一部分学生的特殊需要，例如想学中医的，可以着重学习文言文。

我们已经和准备采取的主要措施是：

第一，制定教学大纲。为使教学有所遵循，加强计划性、系统性与科学性，我们初步拟定了初中毕业读写能力基本过关的教学大纲和初中一年级的课文篇章。

第二，编写教材。有了大纲还需要有相应的教材做保证。由于人力、物力、时间所限，我们暂时采取如下办法：对部编教材进行调整和充实，每个单元增加一些篇章；本学期一年级学生每人购买部编语文第一、三两册课本，下学期购买第二、四两册；文言文与现代文按两条线同时进行，每周固定一节文言文课，适当补充文言文篇章；同时按由浅入深原则编选课外阅读教材《古代诗文选》（附详细注释、提示与练习题）和《现代文选》（附提示）。

第三，改革教学方法。首先，对学生进行调查研究，以便从实际出发，因材施教。入学时即调查他们的"双基"情况，以后定期调查其发展情况，做到对每个学生心中有数，教学能有的放矢。其次，改革课堂教学。在不使学生负担过重的情况下要求做好预习、复习，以培养自学能力。课堂尽量做到精讲多练，根据大纲安排、课文特点、学生实际情况，对每篇课文只着重讲清一、两点，破除教学八股，不搞面面俱到、蜻蜓点水。把讲读篇章分为精讲、略讲与阅读三种。加强自学指导，提倡质疑问难，鼓励学习上的创造性。再次，加强读写训练。本学期到期中考试为止已讲授文言文十篇，现代文二十篇，大小作文十至十二次，部编第一册课本已基本学完。每周要求学生背诵两首古诗。最后，加强课外阅读写作指导，把课内外密切结合起来。本学期已根据学生情况上了两次课外阅读指导课，开学初规定了本学期课外阅读篇目，要求每周写一篇课外阅读笔记和两篇日记。

第四，有计划地组织学生参加社会实践。语文教学必须理论联系实际，使学生在实践中提高认识，开阔眼界，丰富知识。为此，我们准备有计划地组织学生进行一些必要的讲求实效的调查访问和参观等活动，使语文课和三大革命运动紧密地结合起来。

（本文由作者执笔，署名吉林师大附中语文组发表于《文汇报》）

关于"初中语文读写能力基本过关试验"
（1981）

1978 年 6 月，在吉林省语文专业会议上，我们做了《大力改进语文教学，争取使学生初中读写能力基本过关的设想》的发言后，九月从应届择优录取的初中一年四个班开始这一试验，到今年七月已历时三年。

试验工作得到教育部、中央教育科学研究所领导部门和省内外兄弟学校的热情关怀和支持，在我校领导和语文组全体同志的帮助下，在先后参加试验工作的六名同志共同努力下，已结束初中阶段的试验工作，取得一定成效。

一、为什么进行这一试验

目前中学语文教学主要问题是：没有建立起比较明确、科学的教学与训练体系；教学思想中有不少陈旧保守的东西；教学方法有不少落后的东西，而且存在"一刀切"、模式化的倾向；所用时间与实际效果很不相称。

针对当时中学语文教学的现状，我们提出了这一改革试验的设想。我们认为，让学生在初中阶段读写能力基本过关有其必要性，也有其可能性。

必要性是：语文是基础，基础要先行，早一点打好语文这个基础，早一点掌握学习其他学科的工具，是有战略意义的；抓紧初中尤其是初一、初二学习语文的有利时机，培养读写听说能力，能收事半功倍之效，不然就会事倍功半；中学教育体制势必进行的改革也要求使学生在初中阶段能做到读写能力基本过关。

可能性是：日益前进的小学语文教学打下的基础为过关创造了有利的

条件；从语文学科的特点和学生实际来看，原高中学习的内容如有计划安排在初中教学，是可以接受的；从新中国成立以来语文教改实践看，总的趋势是缩短时间，丰富内容，提高质量，特别是潜力的开发越来越得到重视，随着语文教学目的任务逐渐明确，教学内容和方法的加速改革，实现初中过关，也显示了可能性。现代化教学手段的应用，有利于提高语文教学效率，缩短教学时间。

基本过关的标准是：在初中三年毕业时有 60％以上的学生达到当时全日制学校中学语文教学大纲规定五年达到的目标。

二、我们的基本做法

第一，明确要求，拟定大纲。我们根据校内外老师的意见，反复修改关于过关的标准，使之尽量科学、明确和具体化。为使教学有所遵循，加强计划性、系统性与科学性，在开初《设想》的基础上，拟定了比较详尽的初中毕业读写能力基本过关的教学大纲（初稿）及教学篇目，尽量使读写听说能力的训练及语修逻文的知识既有纵的顺序，又有横的联系，既有长远目标，又有阶段要求。

第二，适当增加难度，加快速度。在教学内容上，我们利用统编教材，进行适当的调整和充实。根据学生实际适当增加了难度，加快了速度。初中一年级基本讲完初中一至四册，初中二年级基本讲完初中五、六册和高中第一册，初中三年级基本讲完高中第二、三、四册。

三年中共讲授统编教材十册课文中篇章 206 课（其中文言散文 63 课、语体散文 131 课、诗歌 12 课），占统编教材课文总量的 75.2％。此外，我们又从教材外补充了 68 篇课文（其中文言文 24 篇、语体文 33 篇、诗歌 11 篇）。加在一起 274 课，恰好等于统编教材十册的总量。

三年中共写作文 124 次（不包括日记及课外作文），平均每学期 21 次，其中大作文 66 次，小作文 58 次。

第三，对语文教学体系作局部的初步的改革探索。首先是提前并加重了议论文的教学，重视对学生议论能力的培养。以记叙文和议论文为两条主线，由低到高、由浅入深地从初一一直贯串到初三。其次，以文体组元为主安排教材，根据我们拟定大纲的教学要求，打乱了统编教材册与册、单元与单元、课与课之间的顺序，重新按文体和读写训练体系组织单元，也适当地穿插了少量按思想内容、能力训练组织的单元。再次，每单元教材适当增加篇章量，一般五六篇或七八篇、将其分为精讲、略讲和阅读三种情况。其中精讲教材共 104 篇，占全部讲授篇章总量的 37.7％，略讲教材 102 篇占 37%，阅读 68 篇，占 25.3%。

第四，由抓好双基、开发智力入手，培养读写听说能力。知识与智力是培养能力的双翼，基本功是培养读写听说能力的基础，基础不牢固，能力的发展就成为无本之木；智力是发展读写听说能力的前提，智力不发展，能力的提高必然受到很大的限制。

在抓好双基这一方面，我们尽量做到要求明确落实（包括每课、每单元和阶段、每学期），既要扎实又不增加学生负担，不搞题海战术，尽量结合篇章教学进行，训练方式力求灵活多样，单项训练与综合训练结合进行。

开发智力以小学毕业升入初中后语文学习需要解决的"坎"为出发点，以培养创造能力为着眼点。根据我们实践的体会，刚升入初中的学生在尽快提高读写能力方面主要有三个难关，即看得不细、认识不深、想得不宽。因此，我们从初一开始即注意在教学中培养学生的观察能力、分析能力和想象能力。

"四化"所需人才的关键是具有创造力，因此我们着眼于培养学生的创造能力。

主要做法是：给学生准备发展创造力的条件，即引导学生获得尽可能"博"而"杂"的知识和较高发展的智力；打破阻碍创造力发挥的束缚，即创造条件使学生破除迷信、解放思想，要求学生立志超过老师，鼓励敢于发表见解的精神，每课均给以质疑问难的时间；相机引发学生的创造力，即在教学中留有余地，因势利导，使学生善于"于不疑处有疑"，保持他们富于幻想、好奇、疑问、探求、不满足现成答案的"童心"；着意保护学生焕发出来的创造火花，即注意发现他们某些不合常理、违反逻辑的想法中的智慧与创造因素，帮助他们克服片面性、走极端的倾向，鼓励他们向权威挑战，堵死由于惰性而贪图省事的后路，即在讲读教学中该背的才让学生背，不该背的坚决不背，在作文教学中指导要起引导学生走新路的作用，命题要灵活多样，激发思维，批改讲评要鼓励创造。

第五，改革教学方法。我们改革教学方法的指导思想是：学生掌握知识主要靠自己揣摩和科学的训练，智力的开发主要靠多思，能力的形成主要靠实践；教师在教学中的主导作用绝不是包办代替、全盘"占领"，而是调动学生学习的积极性，善于把学生领进门，教给学生科学的学习方法和规律；必须遵循从实际出发教无定法的原则，破除"一刀切"、模式化，反对形式主义、做样子，立足于研究与创新；教师自己要深入理解教材，多读多写，有丰富的知识与新颖活泼的思想，这是使课堂教学形式灵活多样而又富有实效的基础。

我们在教学方法改革方面的主要做法是：在不使学生感到负担过重的前提下要求做到预、复习（预习要求依靠工具书独立解决新课的生字、生词，提出自己的疑难问题），以提高学生的自学能力。

课堂尽量做到"精讲精练"，根据大纲安排、课文特点、学生实际，对每篇课文只重讲一两点，破除教学八股，不搞面面俱到、蜻蜓点水。

对同一单元的教材采用不同的教学方法，使学生有新鲜感，激发学习兴趣，提高教学效果。初三讲小说单元时，三篇教材用了三种处理方法：对《狂人日记》采用串讲为主之后解答疑问的办法，用四课时；对《党员登记表》，则由教师示范，引导要求学生对每段内容分别作提要，进行段义概括的练习，用一课时；对《项链》，先让学生写文章评价路瓦栽夫人的形象，再通过作文讲评，着重讲授从作文中反映出来对课文理解不够的地方，用三课时。

运用比较法进行教学，我们在字词教学、写法教学、篇章与体裁教学中都尽量注意通过比较使学生印象鲜明，认识深刻。讲《藤野先生》一课后，我们安排了一次题为"在文章修改上下功夫"的练习，选择鲁迅手稿中原稿与修改后的字、句若干处，要求学生考虑改得好不好，为什么。这样的比较，使学生进一步认识到掌握遣词造句能力和修改文章的重要性。

采用不同形式的一带多篇教学。一带多篇的教学可以加快教学速度，克服学生厌烦心理，增大阅读量，开阔眼界，有助于对教学目的的理解与掌握。我们采用的一带多篇的形式主要有：以开阔思想、激发兴趣为主要目的的；以集中力量打歼灭战为主要目的的；以通过大量篇章阅读培养学生自学能力为主要目的的。

尽量精心安排整个课堂教学的环节，特别注意起始课的艺术。我们努力做到每次起始课要使学生动情，有了情才有学习的欲望与动力；要使学生产生兴趣，有了兴趣才会有学习的主动性；要使学生产生疑问，有疑问才有学习的自觉性。

第六，努力促进课内外结合。课外学习是提高语文能力不可缺少的一个重要方面，我们的主要做法是：加强课外阅读。除提出课外阅读篇目，随时介绍优秀作品，图书馆、阅览室向学生开放外，我们要求学生每周记课外阅读笔记，根据循序渐进原则在不同年级提出不同要求：初一摘抄片断，初二进行评点，初三下学期写读后感或随笔。组织报告会、比赛会等多种形式的活动，组织课外活动小组，以提高学生学习兴趣，加强文学修养，培养学习尖子。在课堂教学中安排课外阅读指导课（如教材中不常见的文学体裁的阅读指导、有一定难度的文学样式或作品的阅读指导、文学史常识讲座等），使课内教学延伸到课外，有助于课内外结合。

三、试验效果

基本完成大纲规定的五年的读写教学的内容。

初二年级结束时参加语文高考全年平均成绩 58.2 分。

初三下学期在只有一个月复习时间的情况下，参加全省高中入学统一考试，全年级语文平均成绩为 80.65 分，其中 80 分以上的学生 118 人，占全年级总人数 62%，不及格的只有两人（分别为 58 分和 56 分）

高中升学考试后暑假期间，于 1981 年 7 月 8 日由省教育学院、师大中文系和我校高二教师联合模拟今年高考试题，高二教师评卷，两个班参加考试，平均成绩为 68.9 分。

经过高中升学考试，原我校学生被录取到外校者，绝大部分都是该校语文学习上等生和尖子，他们反映现在语文学习比较轻松。而外校升入我校高中的 35 名学生中，除极少数在现在班级里可列为中等外，绝大部分在基础知识、基本训练、读写能力各方面均为下等生，他们现在普遍感到语文学习吃力，跟不上。这说明"语文学不学都一样、少上一个时期语文课成绩也不受影响"的论点是站不住脚的，是可以变的。

过关试验使学生学习语文积极性有很大提高，涌现了一些语文学习的尖子。三年来，在各种报刊、杂志上发表文章或省、市一级以上竞赛得奖的学生有 60 人次左右。

按原规定 60% 以上学生基本达到大纲规定五年要求的目标基本实现。

四、下一阶段的打算

第一轮试验在高中阶段以一个班为主继续进行。

根据原设想，现高中一年每周学时数减为四课时。

教学内容为：文言文按文学史线索讲专题；开设当代文学、外国文学讲座；作文以进一步培养议论文能力为主。

高中阶段重点培养、提高分析能力与认识能力。

初中第二轮试验拟于 1984 年初中一年级进行。

五、试验的主要问题及体会

我们这次试验的主要问题有：

1. 上马仓促，准备不足，计划欠周密，欠科学。没有编写出相应的课本。

2. 基础知识教学方面存在一定问题，对较差生帮助乏力。

3. 由于人力所限，缺少必要的科学的材料积累、平时的数据分析及经常的研究、总结和改进措施。

4. 试验与社会、家长、学生有一定矛盾，未能妥善地加以协调和解决。

我们的主要体会是：

1. 语文教学要前进只有改革，只要改革就会有新成效。而科学试验是进行改革的重要措施。

2. 教改实验需要有强烈的事业心，走自己的路的恒心，坚韧不拔的毅力，不怕麻烦琐碎的勤奋和勤于思索的头脑。

3. 教改试验也是提高教师的一条极好途径。

（原载《教学研究》）

到了高中，语文应该让路
（1985）

1978 年，我和其他几位同志在东北师大附中开始进行初中语文过关试验，提出了语文应该为其他学科开路、铺路、让路的看法。现在，接受试验的学生已经于 1984 年高中毕业了。回顾这六年多走过的道路，检查学生的成绩，我们认为，可以把问题说得更清楚更肯定了：到了高中，语文应该让路。

我还想简单说说为什么应该让路

首先，用中小学十二年间那么多的课时来学本国语文，这本身就是一个浪费，是我们语文教学工作者应该引以为憾的事。孩子从开始学话起就学的是母语，入学后，语文学习也绝不只限于语文课堂，只要他是在说，在听，在读，在写，不管内容是什么，都与语文有关。我们为什么不能充分利用其他任何学科都不具有的这一优势呢？问题是，我们往往片面强调了汉字难等一些客观因素，而没有更好地从主观因素——语文教学本身存在的痼疾出发来思考。

近几年来一些中小学，特别是农村学校教学改革所取得的成效，充分说明，经过努力，语文学习完全可以压缩时间，实现现代汉语读写能力基本过关的设想。到了高中，语文课让路便是水到渠成的事了。

其次，时代的前进，科学技术的迅速发展，社会主义现代化对人才素质需求的提高，要求中学生更快地掌握本国语文这一工具，作为他们获得信息、学习外语、培养创造能力的基础。特别是到了高中，要用更多的时间去学习自然科学、社会科学知识，不允许语文学科再去争时间、抢地盘。

而且，随着教育体制改革的深入发展，初中毕业生将要分流，有越来越多的人进入职业技术学校或走上社会，他们也必须具有与四化建设相适应的文化素养，还要在职业技术学校与工作实践中不断学习，这就更需要在初中阶段解决现代汉语读写听说能力的问题。

再次，中学教育要为培养四化人才打好基础，因此，语文教师应该从多出人才、出好人才出发，争取快一点让学生掌握语文能力，着眼于学生的全面发展。到高中后，语文课再与其他学科强行争路，不受学生欢迎，也不会有好效果。因为一则学生没有更多课外时间学语文，二则实践证明，学生语文学习的底子主要是小学与初中打下的。可以说，到高中语文为其他学科让路，是现代中学教育目标与任务的需要。

这样看来，目前比较普遍存在的语文教学重高中毕业班、轻初中的做法，实在是事倍功半。现在，是到了按照语文教学规律把这种头脚倒置的做法颠倒过来的时候了。

那么我们是怎样让路的呢

首先在时间上作让步。高中一年级即将语文课时较部颁规定每周减少一课时。高二、高三语文教学基本不再占用学生课外时间。总复习时精减练习题量，而且绝大多数用课内时间做，除每天半小时的读报或听广播时间，几乎再没有什么课外作业了。经调查，学生在整个高中毕业总复习阶段，语文学习所用时间在各门学科中占最末一位的达90％以上，相当多的学生甚至在复习阶段基本上舍弃了语文。

更重要的，还是在有限的教学时间内明确指导思想，提高教学效率。我们的做法主要是开阔视野、活跃思维、培养能力。

基于这种想法，我们在高二文科班的教学计划里安排为五条线并进：

1. 文艺理论（包括文章理论）常识；2. 外国文学知识；3. 阅读与思考；4. 写作；5. 文言文阅读。通过这些课程，随时向学生介绍中外名著，特别是新的文学作品。比如，收到发表《高山下的花环》杂志的第二天，教师立即在课堂上向学生推荐，然后组织讨论、写评论文章。我们还在课外活动时间组织了由学生主讲的古希腊、罗马艺术讲座及欧洲文艺复兴时期艺术讲座。

要开阔学生的视野，教师一个人的眼界毕竟是有限的，因此，我们在教学中采取了开放式，每周用一节语文课由学生互相介绍自己学习的心得及最近学来的新知识。全班依次轮流，每人都要讲。具体要求是：1. 要确能使别人受到启发；2. 可以准备讲课提纲，但不能照稿宣读，讲授时间不能低于二十分钟；3. 讲授中要组织并尽可能引导深入地讨论。

这样的课非常受学生欢迎，因为他们不仅自己得到了经常发表见解、表露才华的机会，而且还从别人那里获取了新知识，更深刻地了解到别人在学什么、思考什么，促进自己去学习与思考。学生讲课的内容广泛，涉及各个方面，有介绍古今中外作家作品的，如"冰心及其作品""胡适的《差不多先生传》""高尔斯华绥的《楦梓树》""郑板桥在沈阳""荒诞派戏剧评介"等；有的是关于政治、哲学、历史领域的，如"施里曼关于伊里亚特城考证的启示""从王夫之的一段话看他的哲学思想""关于当前商业与经济的若干想法"等，有的则介绍亲身经历的名胜古迹、中外艺术家的生平与事迹、语文和其他方面的知识等等。

为了使学生视野更宽，我们还有意识地引导学生接触社会、观察社会、分析社会，使他们在实践中获得活泼、新鲜的知识，并且提高认识能力与语文能力。

除了配合政治课的社会调查，要求学生写出文章外，我们还在语文课中专门安排了调查报告教学单元，先从报刊上选讲两篇有关当代青年理想与阅读问题的调查报告，初步教给学生社会调查的方法和调查报告的写法，然后要求每个学生自定调查目的、题目、对象、提纲，经教师审查修改后，按调查提纲对调查结果进行分析、写出调查报告。

学生调查的对象除本校同学外，还有学生家长、大学生、小学生、工人、干部、邻居等，调查题目都是当前青年学生最关心的社会现实的问题。通过调查，学生与社会接触更密切，对社会与人们的思想了解得更深入，从而获得了更多的实践知识。

要使学生在高中阶段语文学习有更快的提高，教师必须在课堂上活跃学生的思维。

当前的教学现状是，进入高中，语文课堂常常变得沉闷起来，学生不爱发言了，教师更加不注意教学方法了。而且似乎有些人把这种现象说成是合理的，认为高中学生不爱发言符合他们的心理、年龄特征，对他们采用灌输式的讲授法是合适的。

但我们的实践体会却并非如此。当前高中学生的思想是极其活跃的，他们有发表见解和与人辩论的强烈欲望，他们热切期望课堂教学改变陈腐的教学方法。在我们先后进行的三次调查中，绝大多数学生要求教学采用启发式，让他们自己多动脑、动口、动手。

根据学生的愿望，针对当前课堂教学沉闷的问题，为达到活跃思维的目的，我们的做法是：尽量使教学方法灵活，不断给学生以新鲜感。

比如讲高中四册小说单元时，对《狂人日记》采用了串讲答疑法，因为课文的思想内容广博深邃，艺术手法又极为独特，学生理解有较大困难。教者在简介了有关时代背景、作者思想后，逐段对课文进行串讲，之后由学生进行课堂讨论。由于学生对小说主题及内容有了初步理解，兴趣盎然，积极思考，提出了许多很有质量的问题，讨论热烈得欲罢不能，本课一共用了五课时。讲《党员登记表》，则因其内容与文字都不难理解，只用一课时教完，在预习基础上以第一段为例，引领学生做内容提要（用六七句话概括，简明提要用四五句话概括）、段意（用一两句话概括）三种情况的概括练习，之后要求学生自己照此对下面几段作独立练习，这样调动了学生阅读的积极性，训练了理解及概括能力。讲《项链》则用三课时，前两课时要求学生一边阅读一边写作文，分析这篇小说主人公的形象及其意义，第三课时进行作文讲评，针对作文存在问题着重讲授学生对课文内容理解不够的地方，学生看到了自己的不足，学到了别人的长处，既深入读懂了课文，又锻炼了分析和写作能力。这样该讲则讲，该练则练，该读则读，该写则写，教师讲有的放矢，学生学有积极性，既理解了每一篇课文，又获得了单元总体设计的各项效果。

再如高中第五册散文单元的教学，讲《范爱农》是就作者对范爱农的感情、文章选材的典型性及内容的几个重点难点指点之后，要求学生整理一篇《范爱农小传》；讲《爱国学者顾炎武》，则要求学生在独立阅读中找出每一段的关键句之后列出课文提纲；讲《山地回忆》抓住这篇文章究竟是散文还是小说的问题，引领学生深入领会文章内容及孙犁作品的风格；讲《书塾与学堂》，则提出几个需要深入钻研的问题交学生讨论，在讨论中反复阅读，以便更好理解文章主题及作者的思想感情。

如果学生在语文课上不仅每课都接触到新内容，而且经常接受讲求实效而又富于变化的教学方法，就能克服对语文课的厌恶之心，就会使思维活跃起来。

到了高中，语文教学应进一步把重点放在培养学生能力特别是认识能力上面。

培养学生运用辩证唯物主义与历史唯物主义观察世界、分析社会、处理问题的能力，在语文教学中，不仅重要，而且是大有可为的。初中阶段学习结束，在高中还要继续提高学生语文能力，但语言文字表达方面的问题已经退而次之，而及时发现问题、正确认识问题、深入分析问题的能力则上升为主要的了。我们应该充分利用语文教学过程中的各个环节，注意培养及提高学生的认识能力。

比如，我们在讲完魏征的《唐太宗十思疏》后，要求学生选择"择善而从""居安思危""载舟覆舟"三个成语之一为题写一篇议论文，一个学生在《谈"择善而从"》一文中得出了这样的结论："因为'善'与'恶'都是相对的，所以'择善而从'，只能是一句骗人的假话，是不可能做到的。"在征得这个学生同意后，将此文印发给学生，学生立刻活跃起来，纷纷发表意见，课上课下展开了热烈的争论。教师在讨论中发现有的学生对真理的相对性与绝对性、道德的继承与批判等问题有一些模糊的或不正确的认识，便结合作文实际集中讲授了这方面的有关知识，并做进一步讨论。通过这样一个反复多次的作文讲评过程，活跃了学生思维，提高了他们的认识水平。

（原载《中学语文教学》）

应该从初一开始重视议论文教学

（1981）

在"过关"试验中，我们对语文教学体系改革的一点初步摸索是：从初一即开始重视培养学生读写议论文的能力。

一、问题的提起

1978 年 9 月，为了使刚开始的"初中语文读写能力基本过关"的试验进行得更好，我们对刚升入初中的学生进行了一些语文读写能力及学习情况的调查，发现他们在小学四、五年级已经写了大量的记叙文（多者达一二百篇），初步具有记事、写人的能力和关于记叙文的一般基础知识。这引起了我们思考："初一写记叙文为主、初二重点写说明文、初三着重培养写议论文的能力"这一比较普遍的说法与做法，是否完全符合当前中小学语文教学的实际情况？是否真正合乎语文教学规律的"序"？完全抛开小学训练的基础，在初中一、二年级还要用主要的精力与大量的时间去训练学生读写记叙文，而直到初三才开始注意培养学生议论能力，这是否是语文教学效率不高的一个原因？

因此，我们决定从初中一年级开始即增加议论文的读写训练。

二、从初一开始教学议论文的必要性

从初一开始即着手培养学生议论能力是必要的。其理由如下。

第一，培养四化人才的需要。建设社会主义现代化强国的伟大任务，需要我们把学生培养成积极的探索者，而不仅仅是消极的观察者，更不能是冷漠的旁观者，这就要培养他们的探索精神和创造能力。

要具备这种创造能力，又必须有善于区别是非、发现问题的能力，有提炼规律和究根溯源的能力，有探索解决途径的能力和从已知推论或想象未知的能力。所有这一切，都离不开思考。语文教学应该推动学生积极认真地思考，教会学生周到缜密地思考。

这就是说，我们不应该只限于要求学生把观察到的东西准确、生动地表达出来，还必须与此同时逐步培养学生能对观察对象多问些"怎么回事"和"为什么"，能经过分析、概括、判断、推理、比较、联想，识别出什么是真、善、美，什么是假、丑、恶，哪些是合理的，哪些是不合理的以及为什么不合理，怎样才能合理等等，而培养学生的议论能力无疑是于此有益的。

第二，有利于形象思维与抽象思维的相互促进。一个正常人从孩提开始有思维起，就是既有形象思维，也有简单的概念、判断和推理，即抽象思维。这二者始终是相伴而生又互相促进的。再从思维的运用看，学生在记叙文中碰到的一些问题，诸如主题不正确、不明确、不集中；段落不清楚，前后不衔接；时间、地点、事件交代不清以及语句不通顺等等，都与抽象思维能力较弱有关。可见，读写记叙文，既需要有形象思维能力，也需要有抽象思维能力。因此，早一点让学生读写议论文，早一点让学生掌握议论文与记叙文之间的区别与联系是有好处，也很有必要的。

第三，为激发学生语文学习兴趣及学好其他各科所需要。学生升入中学，迈入了一个新的天地，求知欲越加增强，却还要在很多时间去重复小学已教过的记叙文三要素之类的东西，是浪费时间，也易使学生生腻烦之心；如果向他们提出问题要求思索解答并说清理由，鼓励他们发现问题、提出见解，引导他们开展讨论并学会说服对方，这就会提高学生学习语文的兴趣。而且，升入中学后，数学知识加深了，物理、化学等科目增加了，这些都是需要较强的抽象思维能力的学科，因此，早一点让学生学会读写议论文，对学好其他各门功课会有所帮助，也可以更有效地发挥语文这一基础工具的作用。

第四，还应看到的是，人们在工作中、学习中、日常交往中，用得最多的还是议论而不是记叙（尤其是记叙文中的描写），因此，必须早一点培养学生的议论能力。

三、从初一开始教学议论文的可能性

初一学生写议论文当然比写记叙文要难，但也绝不是难得不能写，这是因为：

第一，十二三岁的少年，见识日渐增多，思想十分活跃，求知欲强，好胜心强，平日里，他们对所见所闻就常常好发表见解，如果我们不是要求写脱离他们生活实际的论说内容，而是要他们把有所感触的意见、看法说出来，并逐渐学会把理由说清楚、说正确、说充分，是完全可以做到的。

第二，任何一篇不管是什么体裁的文章，一般说来，常常是记叙、说明、议论、描写等几种表达方式的综合运用，几乎很难找到一篇纯粹只用某一种表达方式写的文章。也就是说，学生在记叙文中本来也要运用到议论等其他表达方式的，这就为教学议论文提供了有利的条件。

第三，初一学生对学习议论文感到困难和神秘，当然有其思想水平、认识能力、阅历知识等方面不足的原因，但主要的还是教师自己首先感到议论文难教、不愿教和教学不得法造成的。如果能较好地解决教师的这些问题，学生学习议论文就能相对地容易一些。

四、我们的主要做法

从初一开始教学议论文，要使效果更好一些，必须想尽办法破除学生怕困难的心理和对论说文的神秘感。

第一，选教材，要短小灵活。过去的教材中议论文多为政论内容，从

思想内容到语言文字都距离学生太远，学生读起来没有兴趣。因此，我们在选补充教材时主要选短小一些的、切合学生思想生活实际、议论文特点又比较明确简单的。如《学会照镜子》（《人民日报》1979年4月6日）、《假自由与真自由》（《解放日报》1979年4月16日）、《团结的纽带，进步的保证》节选（丁浩川）、《说"怕"》《"牛诗"的启示》（《中国青年报》1979年7月2日）、《从三到万》（《燕山夜话》）、《闻过则喜》《坚持再坚持》《想和做》等等。实践证明，这样的课文教学效果较好，学生学起来饶有兴味。

此外，对部编教材中比较长的议论文，我们有时采取节选教授的办法。比如原高中第三册《伟大转变和重新学习》一课，我们感到第三部分《善于建设一个新世界》层次清楚、思维严密，运用了类比推理，易于教也宜于学，便选讲了这一部分。

第二，讲课文，要改革教法。讲授议论文常出现的一般欠缺是：只教给学生关于论点、论据、论证的死知识，而不能或不善于把这些知识教活，并使之转化为学生的能力；只干干巴巴地划分段落、层次，概括大意，而不是启发学生通过分析推理去理解文章内在的逻辑关系；只是孤立地死板地教学，而不能通过各种形式的比较（对比、类比）等等给学生以鲜明的印象，激发学生学习的兴趣。

从实践中我们体会到：在议论文讲读课教学中，方法的改革尤为重要。我们的主要做法是：

通过比较，讲授知识。初一上学期我们已经讲了议论文的简单常识，但发现学生掌握仍不理想，后来我们便用了比较的办法，选一篇记叙文教材，再自己动手编写一篇同一中心的议论文，使学生从两种文体的比较中对议论文的特点有了进一步的认识。

举一反三，增加容量。有一定的量才会有相应的质，也才能给学生以举一反三的机会。比如在议论文中的类比论述时，除精讲《善于建设一个新世界》外，还补选几篇运用类比推理而又各具特点的文章作为略讲教材，使学生对讲授的知识理解更深。

学以致用，激发兴趣。要引起学生对议论文学习的兴趣，重要一条是要让他们感到学了有用，然后再采用不拘一格的教学方法。比如我们讲一篇补充教材《"风起于青萍之末"解》时，先将文中引用宋玉《风赋》中的那段话讲授给学生，使学生理解宋玉讲的风由"起于青萍之末"，最后发展到"梢杀林莽"的过程。再问学生，自然界的风是这样的，而人们常常以此来比喻和象征社会中的某些现象，这二者之间究竟有什么联系与共同点呢？学生思想活跃，很快抓住了几个主要的类比点。之后，教师要求学生考虑以类比推理写一篇谈社会上不正之风的危害性，号召克服不正之风的文章，学生积极动脑思考，这时再拿出课文让学生学习。学生有了问题，有了学习欲望，对课文的理解就更深刻了。

第三，写作文，要联系实际。让学生写议论文，必须紧密结合他们的思想、学习、生活实际。使他们不仅有话可说，而且有话要说，这样，写作的积极性才能高。

我们一是通过各条途径摸清学生思想中最感兴趣的问题，来出文题。比如，前一阶段关于青少年的衣着打扮问题、关于对待考试与分数的问题、关于中国前途问题、关于人生观讨论问题，都曾成为学生关心和讨论的对象，我们就引导学生就这些问题发表看法，讲清理由，学生很有兴趣。

二是抓住时机，利用矛盾开展辩论。如组织对"能说会道的人究竟有没有真本领"的问题展开讨论，鼓励学生大胆谈出自己的意见，并想办法说明自己的观点，驳对方的观点，然后进行作文。这样，学生写作的积极性提高了。

三是文题尽量灵活，不出板着面孔使学生感到无味的题。我们常常把对一个问题的几种不同看法交给学生，由他们来发表赞同与否定的意见，或者是给一个小故事，由学生谈自己的感想及受到的启发。

第四，抓关键，要活跃思想。要让学生学好议论文，关键是首先要使他们思想活跃。这就要使他们尽量少一点迷信，尽量开阔思路，在他们有"愤"有"悱"的时候要启发，"不愤""不悱"的时候更要启发。

比如在一次专门讲分析能力的重要性的课堂上，我们没有先讲道理，而是在课堂开始先揭出矛盾：古人说"知足者常乐"，现在又有人写文章说"不知足者才常乐"，这二者矛盾吗？哪个对？为什么？学生立刻情绪活跃，纷纷发言，争论不已，在这个基础上，教师再归纳总结。

学生思想的活跃，对学好议论文尤其重要，因为只有这样才会出现新见解，才会想得更深刻，才会使逻辑性更强。会想得更深刻，才会使论说内容的逻辑性更强。

第五，体甘苦，教师要下水。议论文教学效果不好的另一个重要原因是，有的教师本身不爱写也不会写议论文，这样，必然会讲授死板，指导无力，而批改作文则一律是中心清楚与否，层次清楚与否、语言通顺与否之类的套话。

教师自己练习写议论文，不仅由于示范作用能激起学生写作的兴趣，而且对掌握议论文的规律，有的放矢地进行作文指导，切中要害地批改，都是十分有益的。教师只有首先提高自己，才能更好地提高学生，我们在实践中对此是颇有体会的。

以上是我们从初一开始教学议论文的一些粗浅体会。我们从自己初步的很不成熟的探索中，从学生学习的效果看，他们思维活跃了，认识能力与分析能力有所提高，不仅议论文能力比过去初三毕业生要高，而且促进了记叙文能力的提升及其他各科的学习，因此，从初一开始教学议论文是必要的、可行的。

（原载福建教育出版社《语文教学研究——全国中语会第二次年会论文集》）

学写议论文非得从初三开始吗
（1981）

"初一写记叙文为主，初二重点写说明文，初三着重培养写议论文的能力"，这似乎已成定规，现行统编教材的读写要求也以此为序。但是这是否合乎语文教学客观规律的"序"，非得从初三才能开始培养学生写议论文的能力吗？我以为还值得探讨。

我主张：从初一开始即增加议论文的读写训练，把培养学生议论能力这一任务，与培养记叙、说明能力放在一起，由初一贯穿到初三，其理由如下。

首先，从为四化培养人才的要求看，这是必需的。什么样的人才是四化所真正需要的呢？标准种种，但关键的是，他们要具有创造力。要具备这种创造力，又必须有善于区别是非、发现问题的能力，有寻找规律和究根溯源的能力，探索解决途径的能力和从已知推论、想象未知的能力，而所有这一切，都离不开思考。语文教学应该推动学生积极认真地思考，教会学生周到缜密地思考。

这就是说，我们不应该只限于要求学生把观察到的东西准确生动地表达出来，还必须与此同时逐步培养学生能对观察对象多问些"怎么回事"和"为什么"，能进行分析、概括、判断、推理、比较、联想，以至能找出其中哪些是好的，哪些是坏的，哪些是合理的，哪些是不合理的，以及为什么不合理，怎样才能合理，等等。这样才能培养出具有主动创造精神的人才来。所以，培养学生议论的能力是很重要的。我们不应该让学生从小学三年级直到初中二年级都是在练习写记叙文，而不让他们对自己所记叙的东西进行一番议论，发表一些看法（哪怕是片面的、不正确的、甚至错误的看法），而应该有计划地把二者结合起来。在这人才匮乏的时期，到初三才着手培养学生写议论文的能力，为时已晚。

其次，从抽象思维与形象思维之间的关系来看，这样做也是需要的。到初三才开始训练学生写议论文之所以沿袭日久，似乎有这样一个模模糊糊的根据作为理由，即人在童年、少年时期，形象思维先得到发展，而抽象思维的发展，既晚且慢。其实，一个正常人从孩提开始有思维起，就是既有形象思维，也有简单的概念、判断和推理，即抽象思维。这二者始终是伴随而生，相辅相成的，何况已经是十二三岁的初中学生了呢？再从思维的运用看，写好记叙文也不是只需形象思维就能完成的。学生在记叙文写作中碰到的一些问题，诸如主题不正确、不明确、不集中；段落不清楚，前后不衔接；时间、地点、事件交代不明，以及语句不通等，都与抽象思维能力较弱有关。可见，读写记叙文，既需要培养学生形象思维能力，也需要培养他们抽象思维能力（当然，不同学习阶段应有不同的主次之分）。如此看来，早一点让学生读写议论文，早一点让学生掌握记叙文同议论文之间的区别与联系是有好处，也很有必要的。

最后，从语文教学的现状和取得的经验来看，这样做是可能的。据闻，在各地众多的小学实验班里，有的老师已经开始让学生练写议论文，并取得了初步成效。日本的小学语文教学内容中就有"意见文"这一项。这些先行者的实践效果早已提供了有力的证明，我们又何乐而不为呢？

总之，我以为，从初中一年级起就开始教学议论文、读写议论文的必要性与可能性是存在的。我们不要被议论文的一个"论"字吓住，其实，简而言之，"论"不就是对某一件事情、某种现象、某一个问题发表一点自己的意见和看法吗？十二三岁的少年，见识已不少，思想已十分活跃，平日里，他们对所见所闻就常常发表自己的见解，尽管有些见解不免幼稚，难于全面，未见深刻，但也正为其如此，才更应该尽量给他们以发表、修正、充实见解的机会，使他们的思想认识更快成熟，思维逻辑尽快完臻。

以上想法，难免谬误，姑且写出来，希望就正于教育界的前辈和同行们。

（原载《语文教学通讯》1981 年第 8 期）

让学生思维在高中课堂上也活跃起来

（1989）

一进入高中，语文课堂就变得沉闷起来，学生不爱发言了。

有一种说法，认为学生到这个年龄便在心理上具有了"闭锁性"，于是便有上述那种表现，而与此相适应也只能用满堂灌的教学方法。

这样说来，高中语文课堂上的沉闷局面就成了一种正常情况，而"满堂灌"则也是符合学生心理特征因而应该受到他们欢迎的了。

然而实际情况并非如此。我们先后两次调查了中学生们对语文教学的愿望与意见。

第一次调查是在初中三年级末。这个时候的学生，应该说在生理、心理方面已接近高中学生了。我们的调查目的之一也是为了使高中语文教学根据学生意见予以安排及改进。结果，38名学生对"你认为语文课怎样教才好"这一问题的回答中，有37名认为最好的方法是启发式。下面是几个同学的具体意见。

"边启发边教，多独立思考，少在'分段'或'什么什么描写'之类的框子上兜圈子。"（张欣）

"在同学们都积极动脑思考了的基础上，老师从课文中找出一段好的，风格明显的进行具体分析，其余的由同学们自己去分析，最后老师作总结。"（常欣）

"语文教学本着主要培养学生独立思考、分析、阅读能力的目的。应多让学生独立分析，教师的任务，应是帮助学生更快地找出分析问题的方法。"（张晓辉）

"学生课前预习，老师启发诱导，这样教最好。这可以督促学生自己培养自己的能力，而不是教师满堂灌，学生死背硬记，死抠书本，靠老师一口一口喂出来。现在中学生的现状就是能力太低，这一点我们自己也清楚。这样的学生等到将来离开老师独立学习和工作时，就要猴子吃核桃——砸了。因此，还是从中学时代就开始培养自学能力、工作能力、生活能力为好。"（潘信群）

第二次调查是在高二上学期的期中，在回答"你对语文教学的意见是什么"这一问题时，26名学生中有18人或者指出课堂气氛沉闷的缺点，或者正面要求使课堂活跃，或者直接要求多让学生讨论，或者进一步提出应培养学生的独立思考能力、分析问题的能力和表达能力。从学生这些愿望与意见中可以看出，他们进入高中后相对来说不如初中爱发言的表现，主要并不是由于心理上的"闭锁性"，他们并不欣赏和欢迎满堂灌造成的沉闷的课堂气氛，他们有表达自己思想、见解的强烈愿望，他们的思想是活跃的。不过这种活跃与初中相比已有了明显的变化。学生思维的质量更高了，思维的过程也更为复杂了。因此，如果把课堂沉闷的责任一股脑儿地推给学生，显然是不公道、欠妥当的。

那么，当前这个问题为什么又成为中学语文教学中一种比较普遍的现象了呢？

我认为，主要有以下几点原因。

首先，对于学生的心理状态缺少正确的认识。进入高中后，学生的心理特征仍然主要是独立性，而不是闭锁性。闭锁现象只是在培养和锻炼自立意识与行为的开始阶段中，产生的一种并非主要的本质的心理现象。当然，这种现象对学生的思想成长、智力发展是不利因素，比如说它可能促使产生并助长爱面子的虚荣心等。这就要求我们注意引导学生的独立性使之向正确方向发展，尽可能避免出现闭锁现象。如果闭锁现象一旦出现，则应该采取积极态度，正面加以引导。决不能采取消极的适应态度，采用满堂灌的教学方法。

其次，教学不得法。满堂灌的教学，呆板僵化的模式，更助长了学生不爱发言的心理。你不激起他头脑中产生的疑问，不给他以发言与思考的机会与时间，学生的思维怎么可能活跃呢？

最后，片面追求升学率给教师、学生造成了压力。从两次调查结果看到，明确欢迎启发式教学的比例明显的下降，但是，第二次调查中其余八名同学是否就欢迎满堂灌呢？他们也没有这样写。他们的意见集中为一点：教学要为高考服务。出现这种思想的原因很复杂，但背着片面追求升学率包袱的教师再去压学生是其中一个重要因素。在这种思想指导下，教师的教学，学生的学习怎么可能出现思想活跃的局面呢？

高中语文教学课堂的沉闷现象应该予以改变。因为要想使我们的教育"面向现代化，面向世界，面向未来"，就必须把学生培养成能够积极思维、富于创造精神的人才，就必须改变因片面追求升学率而造成的高分低能的现象。

在高中语文课堂里，学生思维可不可能活跃起来呢？回答应该是肯定的。我们从这样几个方面做了点滴改革的尝试，初步获得了一点成效。

一、尽量使教法灵活，不断给学生以新鲜感，不使其产生厌恶之心

从这一认识出发，我们尽量在同一单元里采用不同的教学方法，比如讲高中第四册小说单元时，对《狂人日记》采用串讲答疑法，因为课文的思想内容广博深邃，艺术手法极为独特，学生理解有一定困难，教者在介绍了有关时代背景、作者思想后，逐段对课文进行串讲，之后由学生质疑。由于学生对小说主题及内容有了初步了解，兴趣盎然，积极思索与发问，提出了许多很有质量的问题，经过师生共同探讨，对课文有了进一步的认识，这样，答疑用了两课时，加上串讲一共五课时。《党员登记表》，因内容及文字都不难理解，用一课时，教师以第一段为例，引领学生作提要（用七八句话概括）、简明提要（用四五句话概括）、段义（用一两句话概括）三种情况的概括练习，然后要求学生照此对下面几段独立练习，调动了学生认真阅读的积极性，又训练了语言概括能力。讲《项链》，则用三课时，在学生预习的基础上，先用两节课阅读并写作文：分析、评价路瓦栽夫人的形象；再在第三节课时进行作文讲评，结合作文实际问题，着重讲学生对课文内容理解不够的地方。这样该讲则讲，该练则练，该读则读，该写则写，教师的讲有的放矢，学生的练有积极性，既理解了每一篇课文，又获得了单元总体设计的多方面的效果。

为了使效果更好，中学语文教学应该是教有定法又无定法。说教有定法，一是运用任何方法都应该把出发点定在导以规律、培养能力、活跃思维这一主线上，二是作为某一种具体方法可以有大致规定的样式。说教无定法，不是要否定教学方法及其重要性，而是说方法的运用应灵活多变，对某一种具体方法又不能完全囿于绝对固定的过程与格式。

如高中第五册散文单元的教学。讲《范爱农》，主要就作者对范爱农的感情、文章选材的典型性及课文中几个重点难点部分进行讲解之后，要求学生整理一篇《范爱农小传》；讲《爱国学者顾炎武》，要求学生在阅读中找出每一段落的关键句，之后列出课文提纲；讲《书塾与学堂》，则提出几个需要深入钻研的问题交学生讨论，在讨论中反复阅读、理解课文主题与作者感情。

如果学生在语文课上不仅每课都接触到新内容，而且经常接受讲求实效而又富于变化的教学方法，就能克服对语文课的厌恶心理，也就会使他们的思维活跃起来。

二、创造条件，给学生以尽可能的发展思维、表达见解、表现才能的机会

对学生心理上已形成或要形成的闭锁性，应该想方设法启发使学生的思维动起来。

考虑到只是在课文讲授的过程中给学生以发言的机会，毕竟还不够多，尤其是高中学生，他们知识比较丰富，思想日渐成熟，应该给予他们以充分表现才能的天地。因此在高中二年级时，我们每周安排一节课，全班学生依次轮流向别人介绍自己学习中最有体会的一得，或者是自己认为某一点较新的知识。教师向学生提出高要求：要使别的同学确能受到启发，尽可能不一人讲到底，而要组织和引导展开讨论。

这种课，最受学生欢迎，他们准备得非常认真，仔细推敲讲稿而又绝大多数脱开了讲稿，课堂气氛极其活跃。其原因主要是：1. 他们对彼此的思想、心理最为了解，有共同的语言；2. 他们对这样的高要求有兴趣，愿意又有可能表现一下自己的才华，或愿意借此对自己有所锻炼；3. 他们通过实践切身体会到了此中的甘苦，因此，互相之间总是互相支持，讨论或被提问时都要搜索枯肠，尽可能"捧场"，而不使对方难堪。

这样做的好处是：1. 每个学生不仅自己得到了锻炼提高、发表见解、表露才华的机会，又从别人那里获取了许多新鲜的知识。2. 他们在这样的活动中交流了思想，融洽了感情，增进了彼此的了解与谅解，找到了彼此思想与认识中的相同点与不同点，这就有利于思想的进一步活跃与交流。3. 使他们在对比中看到了自己的不足，有利于培养他们的口头表达能力、敏捷思维的能力和组织能力。

效果也是很可喜的。全班二十六名学生讲授内容涉及各个方面：有的介绍古今中外作家及其生活与作品，各种文学流派等，如"冰心及其作品""胡适的《差不多先生传》""郑板桥在沈阳""评介荒诞派戏剧"；有的涉及政治、经济、哲学、历史等各个领域，如"从王夫之的一条语录看他的思想""关于商业与经济的若干想法"；有的介绍自己所见到的名胜风景，如桂林山水、成都古迹；有的讲述世界音乐大师的生平与作品，如"歌曲之王——舒伯特""介绍路德维希·范·贝多芬"；有的以丰富语文知识或其他方面知识为目的，如"对联中的佳作——绝对""姓名的知识""标点的来历""笑的常识"等。

方法上也很有可取之处。有近一半同学采用了讨论式。不少同学能把握讨论的局势，引导讨论向深入发展，还有的讲完后留下思考题。一名同学介绍贝多芬时播放了《欢乐颂》等名曲的录音。有几名同学因讲述内容

丰富或讨论热烈，而远远超过了给予他的时间。全部同学讲完后，大家还认真而兴致勃勃地评选了"优秀教师"和三个单项奖——思想启迪奖、内容充实奖、教法新颖奖，并且颁发了奖品。

三、抓住时机，激化矛盾，引导思维向深入发展，并使学生产生表达的强烈欲望

在教学中常常会出现一些稍纵即逝的契机，如果教师能不失时机地抓住它们，使学生思维中的矛盾由不自觉转为自觉，由平淡转为激化，就会把思维引向深入，并能使学生产生表达自己思想与见解的强烈愿望。

我们在讲完《上太宗十思疏》后，要求学生从"择善而从""居安思危""载舟覆舟"三个成语中选择一个写一篇文章。一个学生在《读"择善而从"》一文的结尾时得出结论说：因为"善"与"恶"都是相对的，所以"择善而从"只能是一句骗人的假话，是不可能做到的。我们征得这个学生同意后，将文章印发给大家，学生们立刻活跃起来，纷纷发表自己的意见，进行热烈争论。教师在肯定了大家的积极性，引领学生把讨论不断深入外，也发现学生在真理的相对性与绝对性，道德的继承与发展等问题上有一些模糊认识，便在课堂上集中讲了这方面的一些知识。通过这次作文讲评，学生活跃了思维，提高了认识水平。

四、开阔眼界，使学生思维经常处于活动状态，保持他们探索的欲望

既要使学生的独立性得到正确的发展，又应该尽可能保持敢于探求的"童心"，就应该不断地把学生的眼光引向更深更新的领域，使他们思维不停滞，而且认识到绝不能停滞。

在高中二年级，我们每两周开一次"阅读、思考、写作课"，向大家介绍一些有思考价值，能引起强烈兴趣的作品，如报告文学《审丑者》、外国作品《镇静的女主人》、幽默画《音乐大师》、散文《一隅》等，学生们都非常欢迎，感到很开眼界。

我们还在课外搞了美术史讲座，向学生介绍古希腊罗马及意大利文艺复兴时期的艺术成就；举办音乐欣赏，欣赏贝多芬等中外音乐家的不朽作品。

我们还把学生的眼光引向社会，让他们不仅要思索探讨，而且要深入实践，做社会的主人翁，政治课结合政治经济学搞社会调查时，语文课即配合进行作文教学。我们还组织学生搞了一次调查报告，学生在教师指导下自定题目，自列提纲，自己列表、制表，自己进行调查，并进行分析，

写成调查报告。学生非常认真，在调查中提高了观察、实践、概括、分析的能力，对社会有了进一步认识，彼此沟通了感情。

（原载人民教育出版社《语文教学在前进——全国中语会第三次年会论文集》）

语文教育要走民族化的道路
（1991）

语文教育民族化这个命题，是上个世纪八十年代以来，一些有识之士经过多方探索、反复实践、认真研讨后得到的共识，并发表于报刊，以求得争鸣。

对这个命题，有责难，更多的是疑问：语文课是母语教育，怎么还要提出民族化问题？它的内涵该怎样拟定？

语文教育民族化，是针对不加分析的照搬，模仿外国语文教学经验的现象提出来的。

回顾历史可以看到，一百多年来，我们一直不断地学习西方与苏联，不仅在许多根本性的理念上，而且在许多具体的教学方法甚至试题样式上都亦步亦趋。正是在这样一个过程中，汉语文教学在逐渐地被异化或者自我迷失。

在这样一个背景下，语文教学虽然百般挣扎，却始终跳不出教学效率低下这个泥沼。尽管广大教师是尽职尽责的，尽管改革开放以来许多有志者不断探索改革，也取得了不少值得称道的成果，但是外国语文教育思想已经渗透了我们血脉的时候，这些工作与改革都只能是在戴着镣铐跳舞，不可能从根本上解决语文教学的问题。

语文教育民族化这个命题的实质内涵就是：完全遵照汉语言文字特点与汉语文学习规律，遵照现代先进教育思想来进行和改造语文教学，以尽快祛除语文教学效率低下的痼疾，加速提升青少年乃至整个中华民族的文化素质，实现中华民族文化复兴的目标。

说到现实中汉语文教学的自我迷失，例子俯拾皆是，不胜枚举。

比如识字。前些年有一种看法认为语文教学效率不高的重要原因之一，是我们没有科学地规定出汉语的词汇量。这其实就是用拼音文字来观照汉语的一种表现。汉语是以字为基础的，大多数字本身就是词，字和字可以组合成新词，而且不断创造新词，但字的数量却不但不会增多，而且在不断减少，因而学习汉语的关键其实是在掌握足够的识字量。先人对文章的最高评价是"字字珠玑"，如果说"词词珠玑"，那就不是话了。

与此相联系，识字教学也在迷失自我。前些年课堂中识字教学方法几乎都是用拼音。我们严重地忽视了一个最基本的事实：汉字从每一个字的创造到整个体系的形成与发展，都洋溢着中华民族的大智慧。也就是说，在识字教学过程中，同时就自然地、必然地对学生进行了德育、智育、美育和思维开发等等。汉语的识字教学过程本来就是全面提高学生素质的一个重要途径，而且兼有着开发人的右脑的重要功能。如果只是或者主要用拼音来进行识字教学，就是浪费了我们得天独厚的教育资源，变成了单纯地为了识字而识字。

再比如语法、修辞、逻辑教学。

前些年，语法知识的讲授与训练占了语文课相当大的比重。现在也不断有人在抱怨语法知识讲授被忽视了。且不说，母语的掌握主要是在语文实践中实现的，就拿现行语法知识体系来说，我们并未认真考虑它们是否符合汉语的特点。举个例子说，汉语句型不像某些拼音文字语言那样以动词为中心，因而一个句子也就不一定非得是一个主语。这样，当我们以各种办法训练学生改正"偷换主语"的语病时，却没有想过，"偷换主语"也许正是汉语的一个特点。

从小学到高中我们一直在反复地讲授比喻、拟人为修辞手段，但这些是基本上各种语言都通用的，汉语修辞又有哪些独具的特征呢？比如"对偶"，这是汉语仅有的，我们现在只把它等同于一般的修辞手段讲一讲而已。必须指出的是：对偶训练是可以熔语法训练、语感训练、思维训练、章法训练、审美训练等为一炉的，因此，它才应该是汉语言训练中最有效的方式。而由于高考指挥棒的导引，现在充斥于课堂的那些语言训练则几乎都是照搬拼音文字语言的！再如汉字独有的双声叠韵现象，在我们的教学中也几乎绝迹了。

我们现在已很少讲逻辑了。有许多人（包括许多中国人）批评中国人的思维缺陷是理性思维弱。诚然，我们民族的思维以直觉、悟性、感性思维见长，我们的语言也与此相契合。但也不能说，汉语就一点逻辑思维都没有。绝大多数字为什么本身就是词？因为它表达了一个或多个概念。有的一个字表示了一个判断，如"歪""孬"等，更有的一个字就表示了一个推理，如"兼"。我们对这些给予了应有的重视吗？

又比如阅读和写作。

学语文就得要朗读。更何况有四声平仄之分的汉语，朗读不仅是感受理解文章的需要，而且是一种美感与气质的熏陶。但这些年来，课堂上已经很难听到琅琅的读书声了。教师的朗读被那些教条乏味的分析所取代，学生的朗读则被那些无休无止的填空、选择练习所淹没。

学习汉语更重要的是默读。中国人讲究"悟"，这个"悟"字说的就是要用自己的心。因此默读绝不只是不出声地读，而是要去贴近、融进、思索、感悟。"有一千个读者就有一千个哈姆雷特"，阅读最适应表现的每个阅读者的主体意识与个性，这在默读过程中才能得到最充分的体现。还应指出的是，默读必须有宁静的心境，反过来说，也只有默读中才能得到怡心的静谧。这一点无论对当前浮躁的社会生活，浮躁的大众心理，还是浮躁的语文教学似乎都更为重要。

学语文就要多读。这一传统的语文学习经验并未过时。语文能力的提升要有多方面的积累：活的语言的积累，这绝不是语法知识的学习，这种积累必须从古人、人民群众和外国的语言中获取；文章样式的积累，这绝不是当前泛滥于语文课堂中那些文章作法知识、文体知识之类的背诵，而是通过对多种优秀作品阅读的积淀；还要有人生感悟的积累与文化的积累。语文学习过程是一个不断反复的过程，因此积累非常重要。而对于中小学生来说，上述各方面积累的主要途径是阅读。把人类文化史上最优秀的作品尽可能多地交给学生，是语文教学的核心任务，也是改变当前教学效率不高状况的一剂良药。

再看看作文教学。我们一直讲"言为心声"，说真话，说心里话、说实话，这是做人的根本，也是作文的根本。但我们现在则几乎与此完全相反。当我们指导学生用各种绝招、抄袭，用各种假话、空话、套话去争得那几分成绩的时候，我们忽视了与此同时学生的人格也便低了几分。

我们还一直讲"文如其人"，那就是说文章要有自己的个性。文章的个性是它的生命所在，写出使人耳目一新的文字是写作应该追求的目标。学生当然不是作家，也绝不可能要求他们将来都去当作家，但只有鼓励学生写出个性，才能培养出有创造性的人才。而我们现在的教学中却常常造就出千人一面的文章。我们在作文批改中经常忽视学生文思的闪光点，老是用那一套"中心明确，层次清楚、语言通顺"的程式去评价学生作文，以至于磨平了他们所有的棱角。

还可以列出许多方面。总之，现实的语文教学方方面面都有着被异化的表现。

说到语文教育民族化，许多人会不以为然。比如对"多读多写"这一传统经验，就不断地有许多人公开地质疑，说没有量化，是不科学的，落后的。鞭挞得很有力度。

　　然而，这许许多多的质疑者们，却至今没有一个提出过解决办法，比如说量化的指标。"多读多写"不行，那么小学、初中、高中以至于每个年级的学生究竟读多少本书，写多少次作文才行呢？这些年来，我一次次思考这些质疑者们的高论，却一次也没有从他们那里得到过哪怕是设想出来的答案。我由此怀疑，他们只不过是为了批判而批判而已，他们自己并没有答案。而且从这些高论的精美文字来看，我相信他们之中有不少人是在"多读多写"中提高了自己的语文能力的。

　　"多读多写"是一个相对的概念，不是说越多越好，没有限制。每个学生的成长情况不同，读写量也必然有所不同，但是作为每一个体来说，他在可能的情况下多读一点就比少读一点好，多写一点就比少写一点好，这是毫无疑问的，而这恰恰就是科学性之所在。如果硬是规定所有学生读同样多的书，写同样多的文章，这难道是科学吗？

　　科学主义兴盛起来之后，量化就几乎成了衡量是否真理、是否科学的一把尺子。什么问题不"量化"，就不是科学了。然而，我们恰恰不能忽视，在许多范畴、场合中，"模糊"才是科学，"要求精确"反而不科学。

　　而且，"多读多写"是针对当前语文教学弊病的一剂良药。如果说质疑他们反对"多读多写"是为了减轻学生负担，那么现实状况却正是学生已经不堪重负。请看如下关于中小学生起床与就寝时间的调查：

学校名称	起床	到校	睡觉
山东省文登一中	4:30	6:00	23:00
山东省郯城一中	4:10（夏） 5:10（冬）	5:20 5:40	23:00
青海省互助一中	4:00	6:00	23:00
榆树市实验中学	5:00	5:30	23:00
河南省南乐一中	5:20	6:00	23:00
吉林省磐石一中	4:30	6:30	23:00
河南鹿邑一高	5:00	5:30	22:50
天津市四中	5:30	7:20	24:00
云南省曲清一中	5:30	6:30	24:00
内蒙古乌海一中	5:30	6:30	23:00
华东师大二附中	6:30	7:10	22:00
北京十一中	7:00	7:25	22:00

正在长身体时期的青少年学生一天只能睡六七个小时甚至更少，是读书读得太多了吗？恰恰相反，他们从早到晚在做各种各样的练习题，用来读书的时间越来越少了，读的好书太少了。

语文教师必须清楚地认识：从小多读优秀文化作品，才是提高语文能力的最重要的、最好的训练途径，舍此而无他途！

与批判"多读多写"相应的是，近年来，"语文教学科学化"成了一个时髦的口号，同样使我困惑的是，这个口号虽然铺天盖地、先进至极，但我到现在也没看到一点科学的影子。

拟定一个科学的序列，使学生循序渐进地训练以掌握听说读写能力，这是"语文教学科学化"的核心。这不能不说是一个很好的设想，但为什么研究了这么多年，也有不少"序列"的尝试，却仍然不尽人意呢？我以为，起码有如下几个问题是必须在制定序列时需要认真考虑的。

第一，既然语言是与思维紧密联系的，民族的思维方式与特征中许多东西就是先天具有的，而语文学习又是从牙牙学语起就开始了的。语文教学序列或语文知识序列的拟定如果不考虑到这些因素，其"科学性"就没有了根。

第二，长期以来，亚里士多德的语言观一直在统治着我们。他说："口语是内心体验的符号，文字是口语的符号。"由此出发，语言作为一种符号表达了某种东西，由于这种表达被用作传递，便简化为它的工具性能。语言是工具便长期成了我们不变的观念。但是，海德格尔对语言做了更深刻的阐述，他说："语言是存在的寓所。"他提出了这样的命题："语言的本质：本质的语言。"在他看来，语言远远不只是作为工具而存在。还应该指出如下三点：其一，即使拼音文字发展成为仅仅是一种符号，而音、形、义一体的汉字则远远不只是一种符号；其二，即使把语言看作为一种工具，我们也必须弄清楚这种工具的本质与掌握与其他工具有何区别，也不能据此推论语文是工具，更不能推论为语文学科是工具。

第三，近年来科学序列的拟订，多是在字、词、句、篇、语、修、逻、文、听、说、读、写（或再加一个"思"）内绕圈子，但这十几个字每方面都包含着一门以上的专门学问，它们之间的关系又错综复杂，常常是你中有我，我中有你。那么，从这么多种专门学问中抽筋扒骨剔出来的东西，即使做出多种多样、五花八门式的排列，怎么可能是"科学化"的东西呢？况且，这种从知识出发的"序列"，使语文教学远离语言实践，脱离学生的生活与个性，怎么会有好的效果呢？

从以上三点疑问出发，我们得出一个总的疑问：当这种序列越是"精确"的时候，是否反倒离所追求的"科学性"越远了？

最后我不能不重申一遍：语文教学民族化绝不是要复古，要倒退。恰恰相反，我们的目光是面向世界与未来的。我们必须认真记住这句话：民族的才是世界的！

辩证唯物论是语文教改的唯一指导思想
——李元昌给我们的启示（之一）
（1992）

秀水二中，一个小得不能再小的农村初中，全校只有六个班，除了几间由原大队机房改成的简陋教室外，全体教师挤在一间屋子里办公。图书馆、实验室、音乐教室在这里根本没有立锥之地；计算机、打字机、音像设备在这里是想都不敢想的奢侈品，最低档次的录音机也是刚刚才有了一台。1987年，学校完成一项前所未有的"基本建设"，盖上了一间厕所。任何一个参观者，一走进二中都会立即惊愕不已：为这里房舍设备之简陋，为这里实在没有一点儿可值得参观的物质条件。

李元昌，一个普通得不能再普通的语文教师，其貌不扬，刚一接触时谈吐也不惊人，而且只是一个大专毕业生，经过函授学习才取得本科文凭。

然而，就是这样一个普通教师，在这样一所小小的学校里，取得了国内外瞩目的成就，这的确能给予我们许多有益的启示，的确应该引起我们认真的思索。

我们所进行的教育、教学改革，必须以辩证唯物主义为指导，舍此而无他。任何资产阶级的哲学思想，哪怕是最先进的，任何自然科学的成果，哪怕是最新鲜的，都只能拿来借鉴与参考，而不能以之为指导。这是李元昌取得成功的一条重要经验，也是他给予我们的一点重要启示。

我们国家所进行的改革，是社会主义制度的自我完善；我们所从事的教育、教学改革，也是为着社会主义现代化事业服务的。这就应该而且只能以无产阶级的世界观与方法论为指导，而许多教师的经验虽然也是这么做的，可是他们自己并不怎么自觉，而李元昌则是比较自觉的。前几年，一股怀疑甚至否定辩证唯物主义的思潮对教育界也有影响，有的人不再坚持按辩证唯物主义办事了，而李元昌则是始终坚持的，这正是他的可贵之处。

之所以这样说，是因为李元昌的实验从改革的宗旨、整体方案，直到每一个具体步骤、每一个细微行动，都是认真而切实地遵照从实际出发的原则办事的；是因为李元昌整个实验过程中，随处可见活生生的辩证法。

在李元昌的思想意识里，牢牢地扎下了从实际出发——我们党思想路线的根本点与出发点的根子，他的改革实验从来不离开自己学生的实际、农村教育的实际以及农村社会生活的实际。

只拿从学生实际出发这一点来说，他对学生的了解，是从学生入学前就开始做起，直到学生毕业后仍然进行的；他对学生的观察，是从思想意识、品格个性、意志兴趣直到学习方法、习惯、成绩全方位的；他对学生的认识，是从学校到家庭再到社会整个生活中的；他对学生的关心与理解，是表现在学生的思想、生活、学习乃至家庭各个方面的，是表现在他所教过的每一个学生（不管是成绩好的还是差的，不管是思想表现好还是有缺点错误的）中的，是表现在所有学生在校学习整个过程中，是用他自己的全身心的热爱与诚挚去进行的。因而，他做到了对学生有透彻的了解，也就真正做到了教学与改革的有的放矢。

比如，他不仅从来不认为农村的孩子天生比城市学生笨，不仅有着非要把自己家乡子弟教育成才的倔强的劲头与执着的追求，而且，他对那些成绩较差的学生做了认真的深入的分析，研究出使学生取得更快进步的规律。

他调查了所教的 1985 届学生，入学时及格率只有 23％，小学语文学习欠账惊人，多数学生连起码的查字典能力、汉语拼音知识都没有掌握。因此，他在入学初先集中地给学生把这些知识补齐。但是，他并不把这些看成是死的知识与一般的技能，而是在正视农村教育现实，审视学生知识结构的每一个环节，立足于学生的长远发展之后，从教给学生"再获取知识的知识，再形成能力的能力"出发的，这样，学生学习就有了后劲。可见，他在学生入学后两周内不开新课，补上小学语文学习的必要知识，是从实际出发。此后，他又用两年时间教完了初中三年全部课程，也是从实际出发——因为他已经培养了学生足够的能力。

不仅如此，他把成绩好的学生与差的学生分析比较后，还认识到，学习差的学生往往把课本和教师的讲授作为知识来源的唯一渠道，常处于被动的学习状态中，而且差因不同，成绩差的表现方面也不相同，教师是不能用一个统一的模式或固定的办法专程教他们的。因此，李元昌强调增强成绩较差学生的"主动学习意识"，使他们能自我完善，自我提高。他又从差生之所以差，不只是知识少，能力低，往往是学习品格也差这一实际出发，认识到培养学生良好的学习品格，纠正他们不良的学习习惯，是促使学生转变的非常重要、不可忽视的因素，因而采取了许多针对性的"治疗措施"，取得了明显的效果。

在学习特别是总结李元昌的教改经验时，有一个常令人"困惑"之处，那就是他在阅读教学、作文教学中所用的方法特别多。这些方法有他借鉴别人的，更多的是他自己发明的"土"法，并且不断发展，不断增加，不断变化。其实，这正集中表现了他的从实际出发的教育、教学思想。"教无定法"的哲学根据就是从实际出发，而要想真正取得教学效果，就绝不能把教法搞得僵化、模式化、固定化、单一化。那种把"×步教学法""课型结构法"奉为金科玉律的做法，是头脑僵化、懒惰、忽视学生实际与发展的表现，而那种把某一教学方法捧为"最优"，拜为"最佳"的做法则无异于商品广告中的狗皮膏药。

李元昌的改革实验，还向我们生动地展示了唯物辩证法的威力与生命力，他并不拒绝学习别人的包括外国的好的教学经验，但是绝不盲目照搬。当报刊上不绝如缕地出现所谓"用'三论'（后来又用'新三论'）指导语文教学改革"的"经验""理论"的文章时，他却老老实实然而却是坚定地按照唯物辩证法行事。

比如，他从整个世界是一个有机的整体，事物之间都存在着某种联系的观点出发，指导自己的教改实践。他把社会看成是学生学习的大课本，而各门学科则是一个个小课本。但他又把初中各科课程看成是一个综合性课本，而语文则是这个综合性课本的一个单元或一个部分。因此他在教学中自觉地有意识地把语文同其他学科联系起来、综合起来，把课堂教学同社会实践结合起来。这方面的具体事例不胜枚举，只要读一读那本社会气息、乡土气息浸透了的学生作文选《江花田苗》（编者注：后改名为《田野上的小花》），就不需要再有任何别的证明了。

再如，他不是口头上或者片面地谈"学生是学习的主人""调动学生学习的积极性"，而是辩证地把学生既作为教育、教学活动中的客体，又作为学习过程的主体。其实，从哲学上说，"以教师为主导，以学生为主体"的概括并不科学。李元昌首先把学生作为自己的研究、教育对象——客体，因此，他才能潜下心来，把全部心血用来调查，分析学生各方面情况，并有效地教育学生成长；同时他又认为在学习过程中学生是主体——相对于他们所要掌握的知识这一客体而言，因此，他想尽各种方法，调动学生的内因这个学习的决定性因素。在学校里，学生既是客体又是主体。李元昌这一唯物辩证法的认识，使他最终能够取得显著的成绩。

还应指出的是，李元昌对任何事物都不是静止不动的，而是运动着、发展着的这一观点，认识得那样清晰，把握得那样透辟。这不仅表现在他从不把学生的思想、学习成绩看成是一成不变的，不仅表现在他总是在不断地更新、改造，以便摸索随时适应学生实际的教学方法，尤其表现在他敢于否定自己，他并不把自己创造的经验视为神圣不可侵犯这一点上。他在介绍经验与文章中多次谈到所使用的一种激励学生学习积极性的方法，并总是这样说：这种方法初一上学期很有效，下学期效果就下降了，到初二就不能用了。这正说明了他从不固执己见和固步自封。

（原载《吉林教育》1992 年第 1 期）

关键在于教育思想的转变
——李元昌给我们的启示（之二）
（1992）

农村中小学教育，必须为当地经济发展服务，这已经是大家的共识。但是，认识到与实际做到还有相当大的一段距离。

只要提出下面这样一个现象就足够了。我们还远远没有清醒地面对这样一个事实：21 世纪农村社会主义现代化建设的主力军、在农村实现第二步宏伟目标的建设者，正是现在农村中学毕业或辍学后返乡的学生——也就是大多数学习成绩中等或下等的学生。但当前比较普遍存在的现象是：漠视甚至歧视、放弃对学习中、差生的培养，而只把注意力集中在少数有希望升学的"尖子"身上。这怎么能说是落实了教育为社会主义现代化服务呢？中国，毕竟还是一个比较落后的农业国；吉林省，又是一个比较落后的农业省。

因此，切实地贯彻马克思主义全面发展的教育思想，全面贯彻党的教育方针，从为农村两个文明建设服务出发提高学生的素质，这是农村中学办学与改革的根本点。而要实现这一点，首先必须真正的而不是口头上的实现教育思想的转变。

李元昌正是实现这一教育思想根本转变的代表者。他从 1985 年开始搞教改实验就把目标定在为农村两个文明建设培养人才，而且认识越来越明确，措施越来越完善。他有这样的认识：我们当然不是一概反对学生离开农村，随着社会主义经济、政治的发展，必然会有逐渐增多的人到城市工作，但是这毕竟是少数，多数学生还得留下来建设农村；何况农村也不能永远落后，也要逐渐缩小与城市的差别，而且中国社会主义现代化建设的成功基础在于农业的成功。因而当前农村基础教育的发展，首先要弄清楚下面的问题：农村社会主义现代化建设者需要具备什么样的素质？农村学校培养出来的人愿不愿意为农村服务？怎样使学生既有热爱祖国、热爱家乡的思想感情，又有建设家乡、改造家乡的志向与能力？

具体地说，李元昌是从这样几个方面实现教育思想的转变的。首先，真正地坚定地面向全体学生。正因为元昌认识到，农村两个文明建设要靠现在的在校学生，所以他力争不让一个学生掉队。他有一种执着的追求，从不认为农村学生天生笨，从不认为农村学校条件差就教不出好学生。他有那么一股子劲，非得和城市学校比一比，非要把家乡的孩子培养成才不可。第一步，他抓在校巩固率——这在农村尤其是二中所在那两个村庄，是多么艰难的事。因为有些家长贪图现得利而不让学生读书，他进行了无数次家访；因为有些孩子交不起书费、学费而要辍学，他不止一次拿出了自己的钱；因为怕学生在假期（尤其是春节）沾染恶习、荒废学习而退学，他不仅要一家一家地走访，还要想尽各种办法给学生补课，使每一个学生都能跟上学习。结果他成功了，学生流失率大大低于其他班级与学校。第二步，他抓研究学生。他对学生的调查研究是从入学前就开始了的。他是从家庭、思想、性格、生活到学习习惯、方法、成绩等各个方面，一个一个地仔细地了解学生的，因而他的教育、教学刚刚开始就已经成功了一半——他能够针对每一个学生的特点有的放矢地工作。第三步，他下气力抓差生。正因为对差生的情况与产生原因心中有数，他也就有了行之有效的方法，游刃有余。他认为应该"教给学生再获取知识的知识，培养他们再形成能力的能力"。他注意"给差生自我发展的环境，促使他们变被动学习为主动学习"；他努力"帮助差生克服不良的学习习惯，形成良好的学习品格"；他还采取了一些具体措施，如改革记分办法来调动学生的学习积极性。

结果他成功了，他的两轮实验班学生入学及格率分别为 23.60％ 和 26.5％，而实验验收与中考时都是 100％；在集中表现教改成果的作文集《江花田苗》（即《田野上的小花》）中，收入了全班所有学生的作文。

其次，真正地坚持了进行素质教育。正因为元昌有明确的为家乡建设服务的教育目的，他也就清楚应该怎样引导学生发展。

学校当然要传授知识，然而从学校产生那一天起就不只是单纯为了传授知识的。如果知识的传授又只是为了应付考试，应试成了学校工作的目标，贯穿到整个教学过程中，就离学校办学目的更加远了，何况我们办的是社会主义学校。

元昌认识到，学校的根本目的是育人，育人要育本，即人的灵魂——高尚、健美的灵魂。而从当前学生实际看，从农村两个文明建设所需人才素质要求出发，树立爱农思想是关键。元昌对他第一轮实验一个自然屯 28 名学生做了调查，其中有 23 名想离开农村到城镇去。根据这一情况，元昌在教改中把爱农思想作为学生素质的一个重点，特别注意在语文学科的教学中自觉地、有意识地渗透德育，把教书与育人有机地结合在一起。

比如，他注意增选乡土教材，自然地渗透热爱家乡的思想以之影响学生。他把表现榆树市经济改革的散文《故乡行》，歌颂榆树巨大变化的《江之歌》，报上登载的当地新人新事的通讯以及优秀共产党员故事集《闪光的足迹》等作为阅读教材交给学生学习。学生不仅读来感到亲切，并且萌生了把其中人物作为自己未来学习榜样的志向。他通过课外活动，让学生了解乡，认识家乡，看到家乡发展的未来前景，从而使对家乡热爱的感情发展而为立志改造家乡。他让学生访问村里的老人，了解家乡的过去；组织学生到社会调查，了解家乡的变化；组织学生访问村干部，了解家乡的发展规划。因而学生写出了《我们村里的一条街》《船，家乡的船》《家乡，我为你添一笔》等文情并茂的好文章，既表现了对家乡的深挚的热爱，也表现出不安于家乡现状，立志改造家乡的强烈意识。他注意到在一些学生与家长心目中，认为"成才"就是脱离农村、脱离生产劳动，到城里弄个铁饭碗，因此他在教学中自觉地培养学生正确的成才意识。他采用的一个非常有效的办法就是利用搜集作文材料的机会让学生访问村中的"能人"。这些"能人"都不同程度地为当地物质文明与精神文明建设做出了贡献，是公认的成才者。学生通过这样的活动，不仅在写作中获得丰收，写出了《一辆客车的历程》《赶鬼的人》《一条半腿的五瘸子》等报告文学、通讯，尤其是思想受到良好的影响，错误观念得到改变。他们明确了"读书不是只为了升学，更主要的是为了成才"。"为建设家乡而成才"成了学生的志向。

再次，李元昌在提高每一个学生素质时，是把智力因素与非智力因素作为互相联系、互相促进的两个方面，都予以足够重视而着力培养的。

他很重视培养学生的观察能力，特别是引导学生把眼光投向社会，从身边琐事中挣脱出来，为此，他在作文教学第一步"放"的阶段中采取了用叙评日记代替命题作文的办法。他要求学生写自己的所见、所闻、所思、所感。学生的目光看得远了，看得深了，看得细了。日记一反内容空洞无物、语言枯燥无味、思想干瘪无神的毛病，思维通畅了，语言也流利自然了。

他注意培养学生的分析能力。比如他曾经提供这样三组文题训练学生的审题与认识能力：

第一组：

1. 我最喜欢的人；

2. 我最爱戴的人；

3. 我最钦佩的人；

4. 我最信任的人；

5. 我最了解的人。

第二组：

1. 一件值得深思的事；

2. 一件给我以启示的事；

3. 这也是好事；

4. 小事不小。

第三组：

1. 火柴的广告（应用文）；

2. 火柴（说明文）；

3. 火柴的启示（议论文）；

4. 火柴赞（抒情散文）。

在发展学生智力因素的同时，元昌尤其重视对非智力因素的培养。这是因为他坚信农村学生智力并不比城市学生低，而那些成绩较差的学生之所以差，除了外部条件外，本身原因最重要的是由于没有树立起正确的学习目的，没有自信心，没有良好的学习意志、态度、习惯、品质等。由于他抓准了问题，采取了积极措施，使学生非智力因素得到发展，不仅提高了学生的思想觉悟、工作能力，而且促进了智力因素的发挥与发展。

综上所述，李元昌教改实验的成功告诉我们：关键在于教育思想的转变，只有实现了这一点，教学与改革才能有正确的方向，才能取得良好的成效。

（原载《吉林教育》1992 年第 2—3 期）

提高课堂教学效率是教学改革的突破口
——李元昌给我们的启示（之三）
（1992）

李元昌取得的成绩实实在在而又令人瞩目：他用两年完成了初中语文全部教学任务，初二结束时参加中考检验，两轮平均分竟分别为 91 与 93；他到初三时不仅不必疲于奔命地应付升学考试，而且还做到了为别的学科让路，结果是语文成绩、各科总成绩、及格率、升学率得到普遍提高；他从自己一个班里选出 10 名学生，与其他学校的全校选拔队一起参加县作文竞赛，拿到了第一名；在另一次县中学生作文竞赛，全县共获奖 18 名中，他那个班竟占了 9 名；他的学生还有 7 名在全国作文竞赛中获过奖；他的学生的口头作文能力曾令参与验收的全省专家、教师们大开眼界；他的学生编写的作文集《江花田苗》（即《田野上的小花》）获得阅读者的交口称赞。还要再说一遍，这些成绩的取得是在一所条件那样差的学校里，面对的是一群学习基础那样差的学生。

问题的关键不在这些成绩与数字本身，而是它们究竟是怎样得来的，它们的价值究竟是什么。

因为，当前能够在考试中取得好成绩的学校（包括一些农村学校、条件较差的学校）并不少见，但他们的措施常常不值得效法，因为基本是采用加重师生负担的法子。固然，这些学校领导、教师的责任心非常宝贵，学生的学习积极性也殊为可嘉，然而，背负这种负担值不值得？对教育的提高与学生的发展是利多还是弊大？

当然，教师对自己与学生负担过重并非心甘情愿，但他们又形成了这样一种思维定式：为了提高学生的学习成绩与考试分数，似乎除了题海战术、大量练习、增加课时、反复灌输之外，就没有别的路可走了。

正是基于现实中这种情况，元昌取得的成功价值就尤为明显，意义尤为重大了。他清清楚楚地告诉我们，提高成绩并非"自古华山一条路"，有别的路，而且好得多的路！

元昌选择了目前中学语文教学中远未解决好，而又无论如何不能回避的难点——提高课堂教学效率作为突破口，进行了宝贵的、值得广泛学习的探索。他不仅做到课下不留作业，把所有练习都拿到课内完成，而且两年讲完三年的课，大幅度地提高了学生成绩。

那么，元昌在这方面主要做了哪些有益的探索呢？

应该特别强调的是，元昌把课堂教学与社会生活有机结合起来，确实有效地促进了语文教学效率的提高。这个问题虽然一直被提出来，近几年又为许多教师一再强调，但解决得并不好。其实，这是解决语文教学效率不高一个至关重要的问题。因为无论从语文学习本身的内容与任务看，还是从学生学习语文的特点与规律出发，像我们现在教学中比较普遍严重地存在着的、把学生死死禁锢在课本与课堂里的现象，是必然不可能有好的效果的。

元昌有一个很高明的见地，他把社会看成一个大课本，把初中各个学科看成是一个个综合的小课本，把语文看成是其中的一个单元。这样在教学的时候，他就站得高了，眼界开阔了，效率也随之提高了。

他不只充分利用课外活动，还与社会生活结合起来，尤其注意在课堂内的结合。比如，他讲《白毛女》《分马》《老杨同志》《梁生宝买稻种》这一类反映农村生活的课文时，都是充满激情地结合本乡、本县实际，讲土地改革，讲互助合作，讲农田改造，讲艰苦奋斗，使学生了解家乡的过去，懂得祖辈、父辈的历史命运与奋斗历程。这样一来，学生学习时就不是停留在文学作品的欣赏上，而是把自己当成课文事件的参与者，对课文兴趣浓厚了，感情亲近了，学习效率的提高就是理所当然的事了。

语文能力的提高与其他学科的知识是相辅相成的，不会教给学生吸收、借助、综合各种知识以提高自己读写能力的人，不是一个好的语文教师。元昌做到了这一点。他一方面在教学中主动与其他学科联系，培养学生综合各种知识解决问题的习惯与能力，另一方面借助其他各科知识，促进语文教学的提高。他上语文课，总是注意与其他学科正在学或已学过的知识相配合，因而历史、地理、物理、化学、生物等等都进入了他的课堂。于是，学生的语文学习仿佛展现了一个更广阔的天地，阅读、写作与思维训练的机会更多，其他学科的学习成绩也得以提高。

作文教学是当前中学语文教学的一个难点，尤其是命题时，教师常常闭门造车搞出一些学生没东西可写的文题，或者是陈旧的学生不感兴趣、不愿写的题目，而且由于教师引导不得法，使学生视野狭小，作文时常境界不高，立意不新，内容单薄，语言乏味。元昌很注意解决这个问题。他把社会实践与作文教学自然地糅成一体，给作文教学注入了无限活力。只要看一看他所教学生自编的作文选《江花田苗》（即《田野上的小花》），就会感受到一股强烈的社会活动气息，这里已全然没有了书卷气、书生气。学生在作文里，对当前农村、家乡现状中从经济生产到意识形态各个方面的弊端都有所触及与批判，诸如卖沙毁地、重男轻女、河水污染、缺医少药、轻视文化、吃喝陋习、早婚悲剧、礼钱成灾等等；另一方面，我们又能看到学生通过"访能人"活动满怀激情写出的关于村里"土郎中""水稻大王""养鸡状元"等报告文学。尤为可贵的是，学生们结合现实看发展，怀着强烈的责任感与参与意识，提出了许多积极的建议。村长看了王树杰写的《田、沙、钱、灾》后说："这个意见抓住了咱村的要害，儿子辈的都看到了，我们当父母的怎能不管不问呢！"他采纳了意见，制止了卖沙毁地的行为。

只要翻翻这本作文集的目录，你就会发现一个明显的现象：城市，尤其是重点中学学生笔下经常写到的猫的胡须呀、花瓶呀、陶瓷马呀之类的东西，在《江花田苗》（即《田野上的小花》）中踪迹杳无，而诸如"王二的五部曲""为啥不修这条致富路""解开化肥烧苗的秘密""用泥浆代替盐水选种""由爸爸打鱼想到的""才十八，就当妈"等题目，如果不是认真地观察社会，与生活息息相关，如果不具有主人翁精神，又怎能写得出来呢？

陆游说过："汝果欲学诗，功夫在诗外。"语文学习亦是如此，元昌的实践就是明证。

元昌之所以能攻克课堂教学效率这个难点，和他改革教学方法的努力也是分不开的，在这方面同样给我们以启迪。

要给元昌的教学方法改革取一个什么名，是无法做到的。因为他很少固定用一种方法，而且随时会"发明"新的方法。如果把他搞改革以来六七年间创造的方法累计起来，大概会有几十种之多。

其实这正说明，元昌是得到了方法改革的精髓，抓住了方法改革的"神"。有些人好搞一些小玩意儿，沾沾自喜地把自己那点东西称之为"法""式"，甚至堂而皇之似广告商一样地加上"最优""最佳"的字样，实在太缺少实事求是的科学精神。

元昌在教学方法改革时，绝不是为方法而方法，不是把方法改革作为目标与目的，不是为了寻求一个包治百病的药方。他的教学方法改革的目的是调动学生学习积极性；基础是从学生实际出发，有明确的针对性；关键是讲求实效，绝不搞形式主义；动力是不断创造、组合而绝不抱残守缺、固步自封，不搞模式化。

这方面的例子举不胜举，只要注意一下元昌为调动学生学习积极性采用的诸多方法，为提高讲读教学效果采用的诸多方法，为提高学生独立阅读能力采用的诸多方法，为提高学生写作积极性与写作能力采用的诸多方法等等，我们就会有清楚、明确的感受。

李元昌的教改实验，是带有根本性的、全方位的、整体的、综合的改革。他提供了极其丰富的理论与实践成果，值得我们认真地学习与研究。

最后不能不说一句，李元昌的成功离不开他的奉献精神，除了与其他奉献者的共同点外，元昌对家乡的热爱，对农村教育改革事业的忠诚，对家乡子女的深情，是尤其感人肺腑、催人泪下的。

愿元昌百尺竿头更进一步，愿我省出现更多的元昌式人物。

（原载《吉林教育》1992 年第 4 期）

按照汉语文的特点教汉语文
——李元昌给我们的启示（之四）
（1992）

对于语文教学来说，学习外国经验，与其他学科相比，似乎更应慎重，因为在这方面，我们的"国情"尤为特殊——我们教的是与西方拼音文字截然不同的、世界上独一无二的方块汉字。

李元昌为什么能取得这样显著的成绩？就是因为他对此有比较明确的认识。

比如说，他在学生刚入学填补基础知识的缺欠时，以掌握小学语文教学大纲规定的 2500 个常用字为最主要的内容，这是完全正确的，是抓住了根本。因为汉语的基本单位是字。刘勰说过："夫人之立言，因字而生句，积句而成章，积章而成篇。"(《文心雕龙·章句》)这里由"字"而"句"，中间没有现代汉语语法"词"这一类东西相连接，却非常自然，一点不让人感到有断续之隙，因为它是完全合乎汉语言特征的。他又说："善为文者，富于万篇，贫于一字，一字非少，相避为也。"(《文心雕龙·炼字》)可见古人对"字"以及由此而产生的"炼字"的重视。

我们从西方语法中学到了"词"这一概念，当然也可以用。但是这里起码有下述几点可以讨论。

字与词的地位在汉语与西方语言中根本不同。西方表音文字中只有几十个没有任何意义的"字"，它们只有组成词才有了意义，因而掌握词是学习语言的关键。汉语中绝大多数字本身就是词，字与字的千变万化的组合又产生而且在不断产生无数的词，只要掌握了"字"义，基本上就能理解词(包括那些随时产生的新词)的意义。因此，在汉语中，字远比词重要。当前，语文教学在这方面仍在走着弯路。当学生(从小学到中学)没有达到足够的识字量这一根本问题远未得到重视与解决时，不少人却热衷于搞"词汇量"，甚至于认为语文教学效率不高是因为学生该掌握的词汇量没弄清楚。这对于汉语学习来说，无异于舍本求末。举两个最简单而明确的例子，我们区分文盲、半文盲、非文盲的标准从来是看识字量，而非词汇量；我们有必要而且已经统计出"最常用字""常用字""次常用字"等，而没有必要去统计汉语的"常用词""次常用词"与"非常用词"。这还不是有力的证明吗？这种不按汉语文特点进行教学的另一恶劣现象，就是各种各样《中学生实用词语手册》(天知道怎么个"实用"法)、《课本词语集释手册》(鬼知道为什么要他们来"集释")之类货色的出现。如果学生掌握了《新华字典》《现代汉语词典》的使用，再加上课本里已有的词语注释，这些《手册》哪里还有一丝一毫的价值与作用呢？这些东西对语文教学、学生学习有百害而无一利。这不仅增加了学生的学习负担、经济负担，浪费师生的时间与精力，尤其助长了课堂教学这样一种极要不得的做法：教师只是机械地解释词义，学生花大量工夫去死背那些毫无必要背的词的解释。这是李元昌以字为主的教学给我们的启示之一。

单从语法"词"这一角度分析，在汉语中，单音词也远比双音词、多音词更重要。由于方块汉字形、音、义结合的整体性这一特点，再加上语言的长期发展，汉语单音词意义的丰富性、含蓄性、语法功能的灵活性、多样性较双音词尤其是多音词要大得多。这一点，在现代汉语中也表现得非常充分。如《辞海》(1979年版)中"打 dǎ"的第④个义项，"习惯上各种动作的代称"，后面只举了四个例子：打水（取水）；打鱼（捕鱼）；打伞（张伞）；打草稿（起草）。只要稍稍想一想生活中的语言实际，即可再信手拈来十种二十种不同讲法的例子。可见，"打"在现代汉语中意义多么丰富，使用多么活泼。可是只要把"打"组成任何一个双音词，其使用范围、意义领域就马上狭小得多了。古人讲究"炼字"，现代语文课堂常讲的是"锤炼词语"。其实，"炼字"的意义、内容等等也远比"锤炼词语"要宽深得多。在汉语学习中，掌握单音词，其实就是识字。由此更可见字的重要性。这是李元昌以字为主的教学给我们的启示之二。

由此进一步提出一个可能很不科学的建议：其实汉语语法体系中大可不必有"词"这一概念。"词"这个语法单位是向西方学来的，《康熙字典》对"词"的释义还没有这一义项。1947年版《辞海》中"词"的第一个义项是"摹绘物状及发声助词之文字也"，在后面的解释里提到："今文法上称一字或二字以上之字表示一观念者曰词。"在以字为基础的汉语里，应该研究"词"这一语法单位究竟有多大的积极意义，清人刘淇在他的《助字辨略·自序》中说："构文之道，不过实字虚字两端，实字其体骨，而虚字其性情也。"这里的"字"不正是现在所谓"词"吗？他谈到虚字的重要性时又说："且夫一字之失，一句为之蹉跎；一句之误，通篇为之梗塞。"这句里的"字"可以包含"词"的意义，然而如说成"一词之失"，则使人有与原义大相径庭之感。当然，我这里说得极端了一点儿，语法学家们肯定会有充分的理由证明在汉语里"词"与"字"的不同，"词"存在的必要性。我的意思主要是说，在中学语文教学里不把大量精力耗费到"词"上，而应该像李元昌那样对"字"予以充分的重视。

古人对好文章、好诗的赞誉是"字字珠玑"，由此可见字在中国古典文学，在汉语言中的极端重要性与相对独立性。这个提法在表音文字中大概是不会有的。但同样，如果说成"词词珠玑"，中国人听来怎么也不是味儿。

汉字，由于其以形、音、义为一体这一根本特点，从而具有包含意义与信息的丰富性、含蓄性，由单个字到整篇文章的整体性，主要靠义连的思维连贯性，因四声而形成的更强的音韵美等等，都要求我们不要盲目照搬外国语文教学的经验。几千年来，我国积累了丰富的语文教学传统、理论与经验，由于没有受到外来东西的影响，完全是从汉语言文字特点本身出发的，因而，其中有相当一部分在今天仍有积极意义与实用价值。比如"属对""炼字"等这些是汉语文教学所独具的训练手段，可以有效地将思维训练、语感训练、读写训练、语法训练等等熔于一炉，能对提高语文学习质量起到事半功倍的作用。遗憾的是，在现实的语文教学中，这些训练手段已近绝迹了。

在元昌撰写的多篇实验报告、论文中，在他众多的经验介绍与发言中，关于基础知识、阅读、写作等方面教学改革的内容与方法都是非常丰富的，但他唯独极少谈到语法教学，他在这方面确实花的工夫很小。

这和当前相当多教师的做法是完全不同的。许多教师热衷于讲语法知识，进行语法训练，讲授之烦琐、练习之花样翻新已经成了语文教学的一个严重弊端。他们完全忘记了这样几点：其一，任何一种语言的学习都不是主要靠讲语法、练语法，而是语言实践；其二，尤其是汉语言文字的本身特点，更应重视语感的培养；其三，更重要的是，当前的汉语语法体系是从西方语法体系搬来的，并不适合汉语言文字的特点与规律。因此，对这种语法知识讲得越细，练得越多，对学习汉语也许反而越有害处。

除了上面说到的"词"的概念引用以外，再如"语素"的概念在汉语中似乎也没有太大的必要，而近几年来兴起的"句群"，则尤其将原来的句、段、篇的概念及其之间的关系搅了个一团糟，既不好理解，更不好讲授。至于那些从西方表音文字中总结出来的词、句法规则等等，有不少好像是专门用来扼杀汉语的灵性的，有一些则怎么也套不住汉语言。

比如，有人举过这样一个例子："他有个女儿，在郊区工作，已经打电话去了，下午就能回来。"这个句子用现在的句法规则分析，是典型的"病句"，因为后三个小句全都"偷换主语"。可是它却完全符合汉语言习惯，现实交际中谁都听得明白，而不会产生歧义。如果把它当作病句，把主语都补完全，就不仅显得啰嗦、累赘，而且完全失去了汉语的灵性与韵味。

再如，有人将李商隐《锦瑟》一诗的 56 个字完全打乱，重新组合，分别又写了一首七律、一首词和一副对联。这可能近似文字游戏，新改写的三篇作品自然也无法和李商隐原诗相媲美，但是它却非常明白地表现出汉语言这样一个特点，即字的组合有相当大的弹性、灵活性，句子成分的搭配是活的、游动的、可以更容易的，并不受现行语法体系那些规则的束缚。

本文意图当然不是要否定语法学家们的功绩，也不是说中学一点语法也不要讲。只是要说明，从李元昌的成功中我们应该得到这样一个非常重要的启示：必须从我们民族语言的特点出发来改进中学语文教学。

（原载《吉林教育》1992 年第 5 期）

要重视对学生"灵性"的启迪

——李元昌给我们的启示(之五)

(1992)

　　我们现在培养的中学生,对于实现社会主义现代化的宏伟蓝图来说,无疑是关键的一代人。而随着社会、经济、科技的迅猛发展,21世纪必然会对人才素质从各个方面提出更高的要求,这就决定了现在的教育需要有战略的眼光。李元昌正是具有这种战略眼光,并由此出发来改革语文教学的。

　　元昌不只是坚信农村孩子并不"笨",而且在教学活动中千方百计要让学生更加聪明,也就是启迪学生的"灵性"。

　　有人在谈到提高学生素质时曾提出,要培养学生具有"灵巧的双手,会审美的五官,美好的心灵,有知识的头脑",这里明显地包含着启迪灵性的重要因素。但是,现在的中小学教育由于受到片面追求升学率的束缚,却常常压抑着孩子们的灵性,语文教学也是这样。正因为这个原因,我们才说元昌的探索与实践更具有重要的意义。

　　元昌的高明之处在于他不满足于让学生把知识学会、掌握牢,而是始终更注意教会学生善于想问题,并善于寻找解决问题的答案。他拨动了学生的心弦,引发了学生的强烈的创造欲望,让学生的思维机器课上、课下、校内、校外、上课时、假期中都在不停息地开动着,于是就在这穷乡僻壤里出现了一批活泼聪明的孩子,出现了由这些农村孩子写出的一篇篇充满灵性的作文。下面一段学生的话可以证明元昌启迪学生灵性的成绩:"一句催人深省的话语,也许会使我们在烦躁中冷静下来;一句深情的呼唤,也许会振奋起我们的精神;一声故乡的沉吟,也许会使我们倍增对故乡的热爱;一缕晨光,也许会增强我们对理想的追求。"(《田野上的小花·小编者告读者》)

　　那么,元昌是怎样做到这一点的呢?

　　首先,他在教学中注意创造有利于启迪学生灵性的环境与和谐的气氛,使学生感受到一种宽松的氛围。

这一点相当重要而又是当前普遍被忽视了的。每个孩子都有灵性，特别是在他们那天真幼稚的"童心"里，有着丰富奇特的想象，有着强烈的创造欲望，有着令成年人吃惊的智慧的火花。但是这种灵性，只有在良好的环境与氛围中才能表现和发挥。如果教师不能平等地、耐心地对待学生，如果学生对自己的学习与将来的前途没有信心与憧憬，如果学生之间没有融洽的、真挚的、能彼此敞开心扉的关系，如果学生不是出于对知识的热爱、渴求而生动、活泼、主动地学习，而是出于某种压力被动地学习，如果学生对新学知识没有强烈的兴趣等等，都会破坏启迪学生灵性所需要的氛围。稍稍看一看我们当前的教育与语文教学，上述种种情况难道不比比皆是吗？

元昌却较好地注意了这一点，他创造一切条件，让学生的聪明劲儿尽可能地表现、发挥出来。这样，在课堂上他注意和谐的教学气氛，他并不刻意地去追求"以学生为主体"（这种说法现在非常普遍，其实并不见得完全正确：如果某个人被"以……为"成主体时，他还是真正意义上的主体吗？当教师站在课堂上总念叨要"以学生为主体"时，他自己不是将处在一种非常尴尬的地位吗？在中小学教育里，要逐渐培养或者唤醒学生的主体意识，这无疑是对的，但这和在教学中"以学生为主体"根本不是一回事。）但是他所形成的融洽的师生关系，却首先使学生消除了思想上的压力与顾虑，而把课堂看成是自己思想可以自由驰骋，意见不吐不快的天地。比如他使用的"单项分类记分法""提高率记分法"等，都是为了让每一个学生都能体会到"进步"与"成果"的鼓舞和愉快。当所有学生都经常在这样一种心境中学习和生活的时候，他们的"灵性"当然也就得到更好的启迪。

其次，他注意灵活、生动，经常充满创造性的教学，使学生学得兴趣盎然，心情愉悦，越学越聪明。

要让学生聪明起来，教师自己首先要是一个聪明的人。语文教学中僵化的、呆板的东西太多了，影响太深了，在某些方面这一问题还在发展并日趋严重，不仅影响了教学效率，而且使学生学得索然无味，哪里还谈得上什么"灵性"？

比如说，相当多的教师不管教什么体裁、什么难度的课文，不管教哪个年级或班级的学生，一贯都是划一的教学模式与程序，这种教学的效果只能是越来越差。课堂死气沉沉的，学生教"死"了，教师自己也教"死"了。而元昌的教学不是如此，阅读教学中他把课文组成单元（请注意不单是课本规定好的单元，而是由他自己不断调整、补充与修正），每个单元里分不同类型的课文，每类课文采用不同的教法，所用时间也不相等，而且每个单元的教法又不相同。这样，元昌的教学就总是给学生以新鲜感，而十三四岁的孩子恰恰正需要这种新鲜感！我们切切不可忘记，人在童年、少年时代，"新鲜感"正是他们变得更聪明、更有灵性的动力。

再比如说，在作文教学中，相当多的教师常常随便给学生出个题目，修改后发下去就算完事。这样的作文训练便成了一种走过场，学生把写作文当成了一种负担。元昌不是这样，他的命题不仅非常好地贴近了学生的生活实际，使学生能够有话可说——这是前一阶段许多老师在致力解决的问题，只是还没有更大范围地实际解决——这是元昌更高明之处，也是作文教学所追求的更高一层次的境界。他出题常常不是一个一个地出，而是一组一组地出，学生在审题时即已有所收获与领悟，已经感受到强烈的吸引力。他的指导常常是针对学生不同情况而分别进行的。他在作文修改中进行了至今仍富有成效的探索。他指导学生"向生活要作文，在作文中学会生活"，不仅把教学与育人、把课堂教学与思想教育有机地结合起来，而且使学生得到了作文材料的源泉，唤起了强烈的表达渴望。

试问，这样的教学，学生能不感到愉快吗？能不学得主动吗？能不变得更聪明吗？当然，元昌的"聪明"是绝对不能与他的勤奋分开来的。

再次，他在认真了解学生的基础上，特别注意发现每一个学生思想上的、智力上的、才能上的"闪光点"，把这些"闪光点"作为教育学生成长、启迪学生灵性的契机与发端。

应该说，每一个学生都会有闪光点，只是我们或者根本不去注意，或者闪光之时我们没有捕捉住。这里既有教师的责任心——师德方面的问题，也有教育、教学艺术的问题，而元昌在这两方面都努力要求自己不断有所前进。因此，结果是他的学生差不多都有闪光点，而且都得到了发现。

比如有一个学生因为成绩差，被"考试——分数——升学"的舆论压得失去了自信心，总也打不起精神来。元昌根据观察，发现他熟悉村情村貌，并且讲起来绘声绘色，幽默生动，便让他星期日到村里搜集"趣闻趣事"。这个学生摸到了"五瘸子"到渡口摆船的事，回来后给同学们讲得有头有尾。元昌又叫他回家把所说的写下来，不会写的字查字典、问同学。他很快交上了写得较长的一篇作文。元昌看后说："这是一篇优秀作文。"学生瞪大了眼睛说："这就是作文？就这样写作文？"这个学生沉浸在喜悦中，从来没觉得自己有这样聪明，学习的劲头一下子上来了，接下来又写了好几篇作文，到期末，学习成绩也上来了。由这个例子可见，每个学生都有灵性，问题是你是否能像元昌这样逐个地予以启迪。

凡是参加几次验收论证，看到过元昌所教学生即兴口头作文和争论问题的人，凡是读过元昌学生的作文和那些学生自编集子《田野上的小花》的人，都会得出一致的结论，元昌教出的学生是聪明的。这原因，就在于他把启迪灵性作为自己教学中的一个重要的追求目标。

元昌的这一追求与探索，对克服当前教学中的弊端，对改变刻板、沉闷的空气，对纠正"治标而不治本"、追求形式而不讲实效的许多做法，显然是有着相当重要的积极意义的。

（原载《吉林教育》1992 年第 6 期）

素质教育实践的可贵探索
——吉林市第一实验小学教改评析
（1993）

实现社会主义现代化，无疑应以发展教育和实现其现代化为基础；而教育的发展、改革，又应以教育思想、教育观念的现代化为前提。吉林市第一实验小学的教改实践，在这方面为我们做出了有益的探索，他们的做法，可以使我们得到如下几点启示：

一、教改意识必须具有强烈的时代性

吉林市实验一小的这种意识主要表现在处理好如下三个关系上。

（一）党的教育方针与具体的培养目标的关系

培养什么样接班人的问题，是教育的终端目的，是教育方针的核心，也是最集中地反映教育能否真正有效地服务于社会发展的根本问题。当前片面追求升学率之风屡禁不止，其重要原因正是由于只追求眼前功利而忽视全民族素质提高这一长远目标造成的。吉林市实验一小的领导头脑清醒，紧紧抓住素质教育不放，鲜明地提出了"做人，做中国人，做现代中国人"的培养目标。他们这种认识与实践的可贵之处表现在以下几个方面：

其一，较好地解决了把教育方针落到实处，从而努力从根本上明确学校办学思想的问题。党的教育方针是就整个教育事业而言的，而各地与各类学校的领导是否真正坚决贯彻教育方针，关键在于是否结合实际创造性地进行工作。吉林市实验一小这一培养目标的提出，正是从小学阶段的任务，从本校多年来教改实际总结出发，进行创造性工作的范例。

其二，既坚实地扎根于现实，从我国国情和当前青少年现状实际出发，又面向未来，具有强烈的时代气息。请看他们对提出这一目标指导思想的阐述："做人是最基本的要求，应使学生遵守人的道德规范，掌握做人的起码知识、技能、能力；但这还不够，还应使学生做中国人，热爱祖国，继承和发扬中华民族的优良传统，有为振兴中华而献身的雄心壮志；但这还不够，还应特别注意到我们面临的时代，面临的国际环境，要有现代的意识和适应现代生活的能力。"

其三，他们还在这一目标引领下，从各个方面、在各个年级建立了纵横交错、层次清晰的目标体系，有力地支持和落实了学校总的培养目标，把创造意识与脚踏实地、扎扎实实的苦干精神结合起来，使学校工作的每一个环节、步骤都紧紧地围绕着培养目标，使每一个教职员工每日每时都在为此而实践，使培养目标不仅具体化，而且成为实实在在的眼前工作。

（二）面向全体与因材施教的关系

在这方面现在常有偏颇。或者以为面向全体就是一刀切、一个模式的要求，忽视对尖子与各方面人才的培养；或者认为中小学教育就是培养未来的大学生，因而放弃大多数学生。

吉林市实验一小在这方面的实践，较好地做到了这两者的结合。他们不仅注意培养学生的智能，还注意学生的非智力因素，培养学生良好的行为习惯和思想品质，特别是让学生具有一定的爱好与特长。因而他们在提高课堂教学质量的同时，广泛开展丰富多彩的课外活动，实行"课内外教育结合，教材教法改革并进"。面向全体学生就离不开因材施教，而根据我们目前的困难，班级授课仍是主要教学形式，因此吉林市实验一小的"自主性、实践性、创造性"的活动课不失为一种好方法，使每个学生都"从小学会学习，从小学会劳动，从小学会生活，从小学会做人"。

（三）素质教育与整体改革的关系

吉林市实验一小关于培养目标的理解与实践，源于他们对素质教育及其实施的清醒认识。素质教育现在已是一个挺时髦的词，然而真正做到的并不多，其原因之一即在于，要真正实现学生全面素质的提高，就必须进行整体改革。

素质教育是涉及教育思想、办学体制与模式、教育内容与方法，包括考核评价等各个方面的一项系统工程。因此小打小闹不解决问题，只在枝节问题上改革更不能获得最佳效果。

人的素质的提高，必须是全面的整体的提高。无论从事哪一项工作，都要有起码合格的身体、心理、文化、道德品质等方面的素质，都要会做人、会生活、会劳动、会学习。因此要进行素质教育，必须像吉林市实验一小那样进行整体改革才能做到。

二、教改要选择准确的突破口

教改必须有鲜明的针对性，必须从当前中小学教育中选择待解决的问题作为突破口才能事半功倍。吉林市实验一小是从以下几个方面进行突破的：

（一）把提高课堂质量与效率作为重点

教学是学校工作的中心环节，课堂教学又是教学的主要形式。但课堂教学质量问题还远远没有得到应有的重视。比如，当前学生课业负担过重这一痼疾之所以长期不得解决，关键在于课堂教学质量不高。吉林市实验一小以此为突破口是切中当前中小学教育之要害的。他们重视提高教师队伍素质，狠抓课堂教学效率，可说是抓到关键处。他们实行的"以提高课堂教学能力为核心，大练基本功，全面提高教师业务素质"的做法和开展的"一达两评"等活动，不仅抓住了根本，而且切实有效。

我认为，当前从我国实际情况出发，提高教师素质的最有效办法，就是像吉林市实验小那样以提高课堂教学效率为核心，结合教学实践边教边学边提高。各种形式的学历与继续教育也都应向这一方面努力。

（二）把调整课程结构作为进行素质教育的关键

素质教育已近成于人们的口头禅，但是究竟怎样才能实现这一点，相当多的人却并未有清楚、深刻的认识。

我认为素质教育的主要内涵应是：确使学生在德、智、体、美、劳诸方面得到生动、活泼、主动的发展，以促进各方面素质的全面提高；使学生获得民族优秀文化传统与现代社会意识相结合的教育；注意培养学生能力尤其是思维能力、创造能力、动手能力等；在社会与教育日益明显地互相依赖、互相融合的情况下，必须使学生有较强的适应社会发展的能力。

现行课程设置、教学内容和课程体系与此有相当距离，存在着脱离社会与学生发展实际的问题，不利于促进学生的全面发展；体系与内容相对陈旧；各科课程过分强调本学科的知识体系，学科之间基本处于隔离状态；对能力培养重视不够；由于这种以未经改造的课程为中心的教学，计划单一，要求划一，不利于因材施教；过分依赖书本这一传递信息的方式，距离现代科技发展就会越来越远；由此而培养出来的学生明显缺乏适应现代社会的能力，这已成为当前青少年教育中一个极其主要的问题。

吉林市实验一小敏锐地把握住了这一点，他们转变观念，改造旧的课程模式，树立包括学科课、活动课、综合课、潜在课程的新课程观，以时代性、多样性、基础性、科学性、可行性为基本原则，设立了基础课、综合发展课、活动课三个层次的课程，这是很有改革意识的，是向实践素质教育迈出的重要一步。

（三）把对活动课程全程管理作为改革的重要内容

应该看到，当前对课堂教学以外的学生活动的重视是远远不够的。新课程计划中设立活动课，是一项很重要的改革，但是，由于各方面的原因，这项改革远未落实。相当多的学校尚没有开设活动课程，开设的也部分是走过场。

而吉林市实验一小从建立活动课程体系、培训提高活动课教师队伍、编写纲要与教材几方面搞好基本建设，从而使活动课得到了落实。

他们的眼光高远，尤其表现在对活动课的全程管理上，这在当前是一种新鲜而富有远见的做法。他们认真健全组织机构，明确岗位责任，确立活动课原则与教学要求。如果说上面这些做法有的学校也还可以做到的话，下面两条则是很难见到的。

一是对活动课进行考评，这就体现了对学生全面要求、促使学生全面发展的思想，亦即真正从实现因材施教、培养多方面人才或使学生掌握一技之长出发，也体现了对教师的全面要求与培养。只要是教学过程，就自然包括考核评估这一重要环节。但一般情况是：如果是升学考试科目，则考试错位而成了教学的指挥棒；如果不是升学考试科目，考核评价就往往成了一种形式；对活动课，则根本无所谓考核，也不作任何评价。二是重视对活动课教法、学法的研究，做到这一点，也就是真正把它作为一门课程，作为学生必须掌握、教师必须钻研和必须讲究效果的课程来对待。

三、必须具有正确的学生观

正确的学生观对于教育发展与改革的意义是不言而喻的。因为教育这种劳动的对象与产品区别于任何其他一种劳动，它所培养的是活生生的人。

今天，特别要从两个方面来重新审视我们的学生观。一方面，我们现在培养的中小学生，正好在本世纪末走上工作的各个岗位，也就是说，他们是实现我国社会主义现代化建设宏伟蓝图第三步任务的承担者。我们必须从关系到国家与民族命运这一高度出发，明确这一代新人应具备的最基本的素质。另一方面，我们现在面对的这一代中小学生，是新中国成立以来特点最为突出的一代。他们生活在改革开放社会各方面变化最为深刻、迅速的年代；他们接受的新事物更多，生理、心理成长速度加快；他们更容易具有批判意识和强烈的改革愿望。但是也容易片面地完全否定民族传统，漠视国情，忽视人的社会性而产生忽视自我全面发展的倾向。

从这样的认识出发，吉林市实验一小培养学生"做人，做中国人，做现代中国人"的目标，就是以正确的学生观为基础的。他们根据学生当前实际情况与成长需要，从师、生两方面提出了很有特色的思想。他们培养学生重在乐学、会学、能创。他们在乐学方面的探索有三点很值得学习。一是决不把兴趣表面化、粗俗化，而是注意创设"直接兴趣和间接兴趣的教学情境"；二是在激发兴趣的基础上，进一步引发学生的学习动机和愿望；三是再深入一步，由培养学生兴趣进而培养学生"良好的兴趣品质"及学习的内在动力。

他们总结、推广了教师对学生要做到"了解、热爱、尊重、教育"的经验。这些看似老生常谈的体会，实则很有现实意义。因为这些做法还远未为所有教师接受与实践。

比如说"了解"这一点，仅从前几年人们挂在嘴边的"代沟"即可看出其重要性。这代中小学生所处社会环境、生活条件、家庭环境、文化环境的巨大变化，确使其思想、心理上与以前同龄人有不同甚至相反的特点，这些都是年龄较长者不熟悉、不理解的。因此今天说"了解"学生，既有更困难的一面，又有更重要的一面。据报载，对一个中专学校47名学生的调查，他们对"自己受到委屈向谁诉说"的问答情况是：向好朋友诉说者28人，独自忍受者19人，而向家长与老师诉说者竟无一人！这则调查对教育者来说应该是触目惊心的，是应该引起强烈警醒与反思的。

再比如说"尊重"，现在学生要求得到尊重的愿望更强烈，范围更广，其原因就在于他们的"人"的意识、自主意识正在迅速地萌生。可惜我们现在不尊重学生的现象比比皆是，却未受到应有的重视。因此我们说吉林市实验一小的领导、教师在这方面的探索是难能可贵的。

发展中小学教育该动点真格儿的了

（1995）

《中国教育改革和发展纲要》的颁行，全国教育工作会议的召开，都清楚地表明党和国家已经下决心大力发展教育事业。然而，令人忧心忡忡的，也正是教育，尤其是作为基础的中小学教育。

当前，对基础教育地位与作用的认识不可谓不清楚，对有关政策与重要问题下达的文件、发表的讲话不可谓不多，但实际收效则不可谓非常明显，有些不正确的做法屡禁不止，甚而越演越烈。现在，对于中小学教育来说，是到该动点真格儿的时候了。本文仅就几个热门话题谈点个人看法。

一、加强教育评价的科学研究与实施，对"片面追求升学率"不能堵而不导

如果只看各种讲话与报刊文章，"片面追求升学率"已成过街老鼠，但实际上在大多数学校里，它仍然是吃起来香极了的臭豆腐。这原因当然是多方面的，需要综合治理，不能只责怪校长与教师。

从教育内部来说，眼下大声呼吁的"转变教育观念"无疑是重要的，但既然已成为"观念"，转变起来必然费时、费力，不是只凭几个讲话文件，几番宣传教育所能实现的。观念，又是个无形的东西，必须有操作性很强的行为规范配套，有为人们信服、接受的典型与实效做榜样，才能使"转变观念"不致成为一句你说他不做，或光说而不做的时髦话。

实行"素质教育"，也无疑是正确的。但一则，"素质教育"与"应试教育"之间本来就有着"剪不断，理还乱"的联系，素质教育绝不可能不要考试，应试教育中不能说完全没有提高素质的成分与作用，二者不是截然对立，也不可能像小葱拌豆腐那样分得一清二白。这样，具体实践起来，问题就复杂得多。二则，"素质教育"是总的思想与目标，究竟应该如何操作？如何评价？只有拿出一个国家关于各级各类学校学生素质诸方

面的要求、评价办法，才能使素质教育在中小学工作中真正实行起来，落实下去。

实际上，当我们说着素质教育的时候，社会舆论、家长与学生、教育行政部门对中小学校的评价还只有一个，那就是升学率与分数，因而，校长与教师们也还得在这个圈子里挣扎奋斗。我们几乎还没有看到，哪个学校因为毕业生里出了特级厨师、特级理发师、优秀运动员、先进清洁工、优秀营养员等等，而被评为优秀学校或重点中学的。按着目前的体制与领导的思想，中学里的"重点"只能是升学率高的学校，这怎么能不引导着校长们对此趋之若鹜呢？

但是，正是在这样的环境与条件下，我们却总是想用堵的办法来解决"片面追求升学率"的问题，我们还未清楚地认识到，这不是凭行政命令、红头文件能够"制"而止，"禁"而止的。最好的办法只能是正确的引导，而引导的关键是必须立即重视对中小学教育评价的科学研究与实施，尤其是如下几个方面：

第一，要尽快提出我国关于为实现素质教育，对中小学生各方面素质的要求或指标，并以此为据，制订对各类学校工作的检查与评价体系，这个体系应该是在现在基础上尽可能科学的，操作性比较强的。

第二，这个评价体系的智育部分既是重点，又是尤须加大改革力度的，既要看成绩，又要看取得成绩的手段与过程；既要看现实成绩，又要看学生的发展潜力；既要看各学科分数，又要看学生的特长、爱好与灵性；既要看升学率高低，又要看全面的成才率。

第三，教育与其他生产不同的一个重要特点，就是学校的一切工作与努力，不仅为学生眼前的健康成长，尤须着眼于学生的未来及人的成长的全过程，因而评价体系中必须有对学生离校后的追踪调查分析。

第四，在当前，必须把学生负担情况作为评价学校与教师教育、教学质量的一个必要与重要的方面。如果学生是处在不堪重负的情况下，分数与升学率再高也不应表扬与肯定。

二、重视教学效率的提高，对学生负担过重现象不能治标而不治本

应该先要说明的是，"课业负担不合理"才是更准确的概括，因为在重点学校、条件好的学校里，学生负担过重是普遍现象，而在非重点学校，一些条件差的学校，也有负担很轻，甚至基本没有负担的情况。

但是从中也可发现一个规律，即校长、教师责任心越强，对教学抓得越紧，往往学生的课业负担就越重。这才是解决学生负担问题的症结所在。

也就是说，课业负担重在很大程度上是校长、教师的责任心造成的，现实生活中这种责任心是很可贵的，是不应该受到非难的。问题在于这种责任心没有和科学精神结合起来，用一个不十分确切的比方，就是他们"好心办了坏事"。

像目前这种三令五申禁止"三滥"（滥编、滥印、滥发练习题与复习资料），实际上是从解决表面问题出发，治标而不治本的措施，效果虽有，不可能解决根本问题。

谁都知道，中小学校是最大的市场之一，出版发行部门把目光瞄向他们也无可厚非。市场经济讲的就是供求平衡，有人买，就应该出，需求量大，就要多出，更何况出版社、新华书店也都在新旧体制转换中寻求生存，只要出的不是黄书、反动的书，你怎样去区分"滥"与"不滥"的界限呢？

那就是说，问题主要还在需方。学校与教师们编点儿题，向学生卖点儿题，能得些稿费与发行费，也包括教学时间以外补课，向家长收点补课费等，是动机之一。但一则学校经费奇缺，教师那样清苦，得点收入聊以补无米之炊，又不是非法所得，似亦可同情；二则这点钱实在为数了了，教师绝不可能因此而成百万富翁，所以，这只是次要的动机。

最主要的动机如前所说，在于校长与教师的责任心与盲目性的结合。

有的校长认为要提高学生成绩，只有补课这一条路，尤其是看到教学质量不高的时候，更以为就得"讲一遍不行讲两遍，两遍不行再讲三遍"。其实呢，这些校长正应该来点儿逆向思维，反过来想一想。因为只有坚决彻底地取消补课（不包括为少数跟不上教学进度学生的答疑），才能更准确、更深入地发现教与学的实际问题，并求得改进办法；才能更有力地检查教学质量，督促教师下气力提高课堂教学质量；尤其重要的是，才能把时间真正地还给教师与学生，使他们获得主动，这是提高质量的关键与保证。

有的教师把"大运动量训练""熟能生巧"等用过了头，以为只有多做题才能使学生提高水平（其实就是应试水平），甚至抱着碰上试题的侥幸心理，这样，大量重复的、无训练价值的，乃至粗制滥造、错误百出的练习题便压给了学生。这些教师已经形成了一种心理定式，认为提高教学质量是自古华山一条路，只有多做题。其实，你没有使学生很好掌握基本知识、概念、原理等等，光做题又有什么用呢？那种无意义的训练其实是浪费学生的时间，何谈提高质量呢？

我国教育当前有一个怪现象：小学生比较累，初中生相当累，高中生最累，大学生反而轻松了。其中一个原因就是中小学读书累够了，做题烦透了。天真烂漫的童年没有了，活泼爱动的少年没有了，而到了正应该钻研学问、刻苦攻读的青春年华时，却没有了动力与精力。这个问题必须由中小学教育改革来解决。

学生负担过重现象的根子在哪里呢？在于课堂教学效率不高，在于校长、教师没有真正地把主要精力放到提高课堂教学质量上来。如果这个问题得以解决，教师能够很好地独立完成教学任务，"三滥"现象也就断了根。

三、领导应该带头尊重教育规律，不能搞实用主义

在适应社会主义市场经济发展的同时，教育必须遵循自身的规律，不然就有可能吃苦头。在这方面，领导应该做出典范。无须讳言，当前教育中许多问题的出现是各级领导违反或不尊重教育规律的结果。

就拿中小学课业负担过重来说，除了加班补课与题海战术之外，还有一个相当严重的原因，即课程门类多，而且在义务教育课程计划中已经把中小学课时排得满满的情况下，还在不断增加根据领导人指示而进入中小学课堂的内容。现在在课程计划之外，而又必须或者可以进入课表的如：人口教育、国情教育、两史一情教育、职业指导教育、环保教育、三防教育、健康教育、法律知识教育、青春期教育、传统美德教育、爱国主义教育等等（地方乡土教育除外）。这里面有少数是规定了由现有有关学科来承担的，但并没有落实，因而基本上都单独编写了课本，甚至"教出多门"，有的课本并不是教育部门组织编写和向学校征订发行的。

众所周知，由国家颁发的课程计划与教学大纲，对于校长与教师来说，是具有法律意义的，必须严格遵照执行的。我们且不说上述列举各项有的有重复、交叉之处，有的完全可以在原有各学科中进行，有的就是现有某学科的内容，即算是极其重要，必须进行的吧，如果不明确提出从课程计划中减去某些学科或某些内容，岂不是必然逐渐地加重中小学师生的负担么？

关于教学质量问题，当然也不是完全没有意识到，但在做这方面工作

时，有些地方教育行政部门、教研部门、学校领导却又常常不同程度地违背教育与教学规律。

比如近几年很流行的"教学竞赛""评最佳课"等等，就大有可商榷之处。教育、教学是一种非常复杂的劳动，受教育者又是有思想、活生生的人，人的思想流程很难用一个模式控制起来，这就使得"教学竞赛"的评比规则、办法都不可能有科学、可靠的基础，也就是说，课堂教学尤其是效果的可比性是最小的，硬要赛出个你高我低、最佳、次佳，不仅不利于教学质量真正提高，从长远来说害处更大。

再如也曾很流行的"最优教学法"，报纸上曾经宣传过，有些地方与学校也号召并推行过，但效果都不佳。这大概就是因为"最优"这类词还是多用在商品广告里为好，因为教学方法实在不好区分出"最优""次优"或"最劣""次劣"，因为任何一种教学方法都不能包治百病，同样也不都一无是处。优秀的教学应该能够根据自己学生的实际灵活地、讲求实效地运用各种教学方法。这也是教育、教学规律使然。

当我们研究怎样发展教育，以使之更好地适应现代化建设与市场经济的发展时，尤其需要把握教育及其发展的规律，必须看到某些经济规律并不适用于教育，经济工作中某些作法绝对不能用之于教育。比如前几年有人提的"校长也要姓钱"，现在虽然不见这提法了，但相当多的校长还得为钱而奔波忙碌。教育就是与其他行业不同，如果一个中小学校长姓了钱，那么这所学校的工作不仅因校长无法倾注全部精力，而直接受到损失，特别是在意识上对师生的负面影响将后患无穷。我们面临的现实确是"穷国办大教育"，但我们哪一行业不是遇到资金短缺的困难呢？领导人是否有眼光、是否成熟，标志之一就是勒紧腰带办教育，还是勒教育的腰带。应该承认，当前中小学教育队伍中某些风气问题、德育工作中的某些问题，与"校长也要姓钱"是有着某种内在联系的。据报载，1993 年全国流失中小学教师 18 万人，在对 760 名教师的调查中，有 91.6% 不愿教书，有 84% 表示只要有机会就离开教育岗位，有 87% 坚决反对自己子女选择教师职业。如果这支素质本就亟待提高的教师队伍人数又越来越少，而且后继乏人，提高中华民族的素质岂不成了一句空话。

以上是笔者的几点粗浅陋识，写出来为求得指正。

（原载《现代中小学教育》1995 年第 1 期）

教学研究的成功范例

（1996）

　　这里发表了辽源市中小学教育理论应用经验交流会的几篇论文。辽源市在这一方面走在了全省教研工作的前面，是很有意义，很有眼光的。

　　我们当前的中心话题是素质教育，可是没有素质高的教师，这岂不是成了一句空话？我们正在做着眼于 21 世纪人才培养的工作，但如果没有一支合格的教师队伍，这岂不也成了个可望而不可及的目标？因而教师队伍的建设是教育发展的根本。

　　那么，教师的提高又从哪里抓起呢？这不应该一概而论。对于相当多的教师，尤其是青年教师来说，当然首先是知识修养、基本功底子、教学方法的规律等，而对于那些在上述方面已基本掌握的好教师来说，则更重要的是教育思想、教育观念、教育理论上的学习与进步。对于后一方面的工作来说，我们重视的还远远不够，但这是相当重要的。

　　我们常常说，教师不应该只使自己成为教书匠，而应做一个教育家。当然，能成为"匠"也是不容易的，也是相当不错的。然而，如果只有"匠"而没有"家"，教育的发展便是不能适应社会发展与时代需要的。更何况，我国社会主义现代化建设的发展正在呼唤着教育家的诞生，呼唤着有中国特色的社会主义教育理论的诞生。

　　教育家是怎样产生出来的？纵观古今教育史，只是在书斋里搞书本理论成为教育家的还不见一个，他们都需要丰富的实践经验。从这一方面条件来说，不少教师，尤其是有多年教龄的教师是具备了的。但教育家还应有另一方面不可缺少的条件，那就是能把经验升华为理论，这就需要深厚的理论功底，比较高的研究能力与创新能力。因而掌握必备的哲学、美学、教育学、心理学、社会学等方面的理论知识，了解这些方面的新成果、新见解，应该是教师提高自己的努力方向。

　　现在，我们可以对辽源市这一活动的意义有更清楚的认识了。在辽源分院开的这次会议中，可以看出这样几个特点：一是参加的教师多，仅分院最后编印的会议材料选编中，就收录了 35 篇论文，可见活动开展之广泛，教师积极性之高，工作之深入；二是所有论文不仅全都很好地体现了活动的宗旨，既注意认真地学习了教育理论，并运用理论指导自己的教育教学实践，而且有些文章已经表现出作者的创造性；三是论文作者多是青年教师，这是一个尤为可喜的现象。如果这些青年教师能够坚持不辍，大胆探索，认真思考，他们的前途将是不可限量的。

最后，提一点不成熟但确实是非常诚恳的希望。对别人的教育理论的学习是不可缺少的起步。在这个基础上似应进一步引导教师总结出自己的教育观点、思想与理论，这是构筑有中国特色的社会主义教育理论体系所必备的。辽源分院能否在适当的时候举行这样的活动，让教师们把自己的实践升发为自己的观点与理论，进行交流与研讨。

语文教学的灵魂是创造
——"语文教育与人的发展"课题试评
（1999）

语文教学的灵魂是什么？是创造。当前中学语文教学最致命的缺欠是什么？也是创造。"人之所以最高，就在于人是以主体性的方式存在的，他能够超出他所属的那个物种所给予他的限制，而表现出与动物根本不同的创造性特征；人之所以伟大，就在于他不仅能够通过创造性的实践活动超越一定的有限的存在而获得短暂的满足，而且能够在获得短暂的满足之后，仍然继续其超越有限的壮举，为自己的生存与发展寻找终极的理由，为自己的生活设计更完美的理想。"[1] 教育本身就是人的创造物，但它与人其他创造物的本质不同，在于更集中地表现了人作为世间万物最高、最伟大的存在者所独具的创造性，更直接地反映了人对超越自我的渴望与追求，也为实现这种超越做出了更充分有力的准备。因而，教育承担着创造的使命，而且只有创造，教育才能不断得以发展，才具有生命力与存在价值。

"语文教育与人的发展"这一课题最精彩之处，就在于抓住了创造这

---

① 学光《论教育之超越》，《教育研究》1998 年第 11 期，着重号为引者所加.

一语文教学的灵魂。它从语文教育是人的教育这一命题出发，立足于发掘学生创造力这一人的潜能中最精髓的部分，实在是把握住了根本。

奇妙多姿的世界，因为有了人类而更加丰富绚丽，其中最神奇的莫过于人的精神世界。精神世界的神奇又是由于每个人不同的个性而形成的。正是由于这种个性，创造力才有了源泉，如果所有的人都是一个模子里倒出来的，如果所有的人思想感情都毫无二致，还谈什么发展与创造？因此，本课题在确立时，把目前语文教学忽视学生个性的发展作为第一个批判与改革的靶子，就有着深远而又现实的意义。

教育与其他劳动最根本的不同点，就在于教育要充分"生产"出每一个劳动对象区别于其他"产品"的特点。应该说，几千年来的中外教育发展，都在致力于向孔夫子"因材施教"的境界努力，而又还相距甚远。

语文教学尤其如此。课本所选课文无一不表现出作者鲜明的个性，教师的讲授有各不相同的理解，学生的感悟也有各不相同的角度。因此可以说，语文课中，正是师生个性自由驰骋的领域，这是与其他许多学科根本不同之所在。"有一千个读者，就有一千个哈姆雷特"，这是生活的真谛，又何尝不是语文教学追求的境界？不只如此，尤其应该在作文教学中指导每一个学生写出自己的东西来，即努力做到有一千个作者，也要有一千个哈姆雷特。

语文教学培养学生个性的关键在引导学生去"悟"，赵谦祥老师在实验中给学生解"悟"字，是"思之吾"与"吾之思"的结合，亦即思考与创造的统一。这里不仅是探到了"悟"的本原，更是由此而探到了语文教学的症结。实验班学生王乐给自己定的座右铭"没有创新，不如死去"，给课题实验的成功做了最好的诠释。

"在语文教育中实现人的发展"这一命题揭示了语文教学的本质。"语文的工具性"的明确是对"左"的思潮的拨乱反正，对语文教学的正确发展起了积极的作用。但二十年来我们的缺点是没有对此作进一步的探讨。我们没有认真思考，"语言文字是工具"与"语文课是工具课"这两个命题是否是合理的推理。后一个命题穷尽了语文课的性质吗？我们更没有深入地研究，作为工具的语言文字，在其本质属性上，在其与人类及个人的密切关系上，在其被人们掌握的过程中，在其对人类发展与个体素质提高的特殊的反作用中，都与人类发展史上使用与创造的所有工具（不管它们还会有多么先进，有多么广泛的用途，有多么巨大的作用）有着本质区别，都是其他任何一种工具所不可替代的。

最重要的是，由于语言这种工具与思维的特殊关系，就使人从生下来到死去为止都须臾离不开它，人的思维发展、智力提高显然也离不开它。因此，掌握语文与掌握其他工具，学会听说读写与学会其他技能都绝不能简单地等同。在学习语文的过程中，不管是修养的积淀、审美的熏陶、灵性的启迪、感情的升华等等，都是不可或缺的，而这些又都是人的发展的重要内核。

可见语文教学的宗旨在于培养人的创造性。但语文教学的现状，却远未做到这一点，甚至可以说在有意、无意地扼杀学生的创造性。

当语文教学课复一课、年复一年地单调重复着"作者与时代背景——生字、生词——分析课文——概括中心与写作特点"这样一种枯燥僵化的模式时，学生还有学习兴趣可言吗？如果失去了学习兴趣，甚至产生了厌恶之心时，还有思想活跃、灵性发挥可言吗？当课文的"中心思想"都要用"通过……表现了……歌颂了……批判了……"这样的语言套路来一律化而且要学生死背时，还有学生的个性可言吗？可悲的是，我们相当多的老师正是在终年从事着这种吃力不讨好的工作却不自觉。实验班学生王麒说得多好："千篇一律的课文分析把鲜活的文字变成了僵死的教条。我们能分辨出上百个比喻句，可自己不会造，这有什么用？"本应是一千个各具灵性的哈姆雷特，在我们的语文课堂上，却变成了一个概念化、标签式、毫无灵性的哈姆雷特，我们的课还应该这样讲下去吗？

不知从什么时候开始，"字字落实，对号入座"成了教文言文的一个原则，于是文言文教学就出现了"翻译＋古汉语语法讲座"的模式。有的老师不引领学生认真诵读文质兼美、音韵铿锵的原文，却要求学生去死记那些常常极其蹩脚的译文；有的老师大讲古汉语语法，甚至连大学课堂里的知识也塞给中学生，甚至在学生刚刚接触文言文时就急着归纳文言虚字的规律。作者深邃的思想与饱满的感情没有了，文章蕴含的民族文化积淀没有了，章法美与语言韵律美没有了，学生得不到美的熏陶、灵性的启迪与修养的积累，只是记住了字句翻译与语法等死知识，这样的文言文教学失去了其最重要的意义，即母语教育的人文精神与民族个性。实验班学生张程程说："文学本身就有无穷的魅力，自然会吸引读者，无须老师填塞乏味的诠释。文学修养来自积累，兴趣起重要作用。"这好像是学生在告诉老师，究竟应该怎样讲语文课。

我们的作文教学常常既远离生活，又远离学生。从命题开始，就经常是一些老掉牙的八股式题目，学生既无话可说，更无话要说，于是瞎编乱造、抄袭佳作的现象就出现了。即使是自己憋出来的文章也很难有饱满的情感与鲜明的个性。为了应试，我们一般都是对所有学生出同一个题目的，但是绝不是每一个学生都对这同一个题目有话可说。结果是，有的学生实际上有话却没机会说，有的对着无话可说的题目又不能不去完成任务。说真话、说自己的心里话、说不同于别人的话，这一最起码的要求，却成了当前作文教学中一个无法逾越的难关。为什么不可以让学生选自己最愿意写又最有东西可写的题目来作文呢？为什么不更好地研究解决学生作文的"源"的问题呢？为什么不认真地努力做到在作文教学中让学生敞开他们的心扉呢？为什么不努力发现每一个学生不同的个性并让它们在作文中表现得淋漓尽致呢？这里的关键即在于作文教学只是训练学生写文章呢，还是着眼于人的发展。

当前有些老师特别愿意讲写作知识，乐此不疲，越讲越细。什么"记叙文六要素""议论文三要素"啦，什么开头结尾的多少种方法啦，等等，等等。与此同时，各类《作文大全》《写作技巧》之类的书也花样翻新，层出不穷。一代文豪鲁迅曾说："文章应该怎样写，我说不出来，那些素有定评的作品中，就说明着应该怎样写。"连鲁迅都承认自己说不明白的事，我们却在年年讲、月月讲、天天讲，岂非咄咄怪事！更有甚者，《景物描写辞典》《人物肖像描写辞典》这样的书也搬入课堂，让学生写文章时照搬引用，这种做法尤为不妥。我们应该让学生从对作品整体的感受中去把握作品的思想、人物的性格与写法的特点，而不是让学生去死记那些孤立于整部作品之外的片段枝节。更何况，任何一部作品都应该写出"这一个"（即典型环境中的典型性格）来，而我们这样做，却正是反其道而行之，硬让学生用"那一个"来套"这一个"，这结果，岂不正是磨灭了学生的灵性与个性？实验班学生张大森的发言真是一针见血："小学时我很有灵性……随着年级的增高，字也认得越来越多，可奇怪的是，作文却写得越来越晦涩，很难写出小时候那种充满纯真的文字了。原因是作文用死框子套。"

"语文教育与人的发展"这一课题让我们认识到，只有注意充分发挥学生的创造力，语文教学才有生机；它也让我们认识到，只有教师发挥出创造性来，语文教学才能更快更好地发展，才能取得令人满意的成果。

从课题设计模型可以看出，实验者充分发挥了创造性，大胆打破了当前观念中普遍存在的语文教学模式，不管是教学目标、教学内容，还是教学过程、教学方法都有着许多新颖的地方。这个模型把生活体悟和文学熏陶作为高中语文教学内容的两翼，把情感培养与灵性启迪作为语文教育目标的两条主线，很好地体现了语文教学为人的发展服务这一终极目的。

再看摆在我们面前的这一堂验收课，也是拿现成的哪一种语文课型都套不进去的。说它是作文讲评课么，却是在课前两周学生阅读了十几篇诗文之后进行的，课上教师讲得很少，并且基本没讲什么写作知识，学生发言也不是在说文章写法，而是交流读课文与听同学文章后得到的感悟，交流读有字书与无字书得到的启迪。说它是阅读课么，它却既不是内容组元，又不是文体组元，更没有教师喋喋不休的烦琐分析，而只是学生自己去阅读、去感悟。正是这样一种四不像的课，却让教者、学生与听课者都得到了一种美的享受，都感受到了灵性的启迪。不能不说，这是教师发挥创造性所获得的成功。

摆在我们面前亟待解决的现实问题，是如何更快、更有效地调动、发挥语文教师创造的积极性，因为只有教师具有创造意识，才能培养出具有创造才能的学生。而现在的教学中，束缚教师手脚的东西太多了，教师一旦被束缚住后，也便甘于因循守旧，不再努力用自己的脑子去想问题，去提高语文教学效率。

比如说，相当多的教师尤其是青年教师养成了依赖教学参考书与教案上课的习惯，自己不去认真钻研教材，自己不先在对教材的感悟上下一番功夫，只是照本宣科地背教参上的话，再让学生抄在笔记本上背下来。这样的教学，不用说课堂效果不会好，学生毫无兴趣，而且既销蚀了学生的灵性，也销蚀了教师的灵性。其实教师大可不必去管教参写什么，只要是把自己阅读教材的感悟与学生一起交流，完全可以达到事倍功半的效用。离开教参、教案就上不了课的老师，绝不可能成为一个好教师。

比如说，有的教师不管教什么课文都是一个模式，这种观念上的陈旧、思想上的懒惰使得生动的语文课却成了不受学生欢迎的学科。其实，同一个教师教不同的课文、同一篇课文教给不同的学生、不同的老师教同一篇课文，都应该有不同的特点与方法，这才能真正实现语文教学的目的。而这当然要以每个教师不断地勤于思考、勤于学习、勇于探索为前提。

比如说，有的教师上课总是必须按事前设计好的模式办事，一个步骤错不得，一句话落不得，讲完教案上最后一句话就算圆满完成了任务。现在风行的各种教学竞赛课尤其把这种形式主义推到了极致。其实，真正好的课，常常是根据课堂上随时出现的各种问题，灵活地因势利导，在改变事前的教学设计的情况下出现的，这就是一个好教师必不可少的教学机智，也是一个教师创造力的充分表现。

我们实在是有必要尽快地解放教师被束缚的观念，尽快地使他们的创造性充分发挥出来。

总之，这个课题很有意义，对我们有多方面的启发。

（原载《中学语文教学》1999 年第 3 期）

能不能再和学生靠近点儿
（2003）

如果要说今年三份高考作文试题值得肯定之处，那就是都坚持了不限文体。

所谓议论文、记叙文、说明文等文体教学统治了语文教学这么多年，且已融进语文教师血脉之中，实在是一件亟须认真思考的事儿。

其实，生活中极少有纯粹的议论文、记叙文，多数人在多数情况下也很少去写这样的文章。少数情况当然有，比如报刊社论等。鲁迅那篇著名的《论雷峰塔的倒掉》，我们习惯于当作议论文来教，因为用写作知识衡量，标题的那个"论"字就是议论文的典型标识。但只要细心一数，该文的议论文字寥寥四五十字而已。鲁迅哪里是要像我们现在所说的在"论"呢，他只不过是对宵小丑恶嬉笑怒骂一番罢了。还有梁衡的那篇《晋祠》，入选课本初始，就有作者与教材编者关于该文是说明文还是抒情散文之争的不同说法。

更为重要的是，这种看似"科学"的教学体系，却越搞越教条、机械，不仅抹杀了学生的灵性，也扼杀了教师的灵性。因此，高考作文不限文体，实在是对语文教学的解放，也是对教师与学生的解放。

但是，三份文题也有共同的缺欠，就是成人化，也就是说没有真正从高中学生的生活现实与心理特征出发。

全国题材料看似是生活中的事儿，但文题的政治味儿太浓，无论从材料的选择到中心的确定，都与高中学生有不小的距离。北京题的"转折"，提示了两个角度，但现在的学生，从小学到高中，学校、家庭，每天两点一线的生活，他的"个人经历"会有过什么重大的转折呢？"社会生活"中当然有许多可以谈，但那毕竟不是他亲身的刻骨铭心的感受，谈起来总似给人以小马拉大车之嫌。至于上海题"杂"，那有点近乎给作家们出的题目了，看似好写，但真要动起笔来，学识与思想得有多么深的功力才能驾驭啊。当然，这里是就大多数学生而言的，相信无论上述哪个题目，肯定会有少数学生能写得不错。

让大多数学生有话可说，是高考作文命题的一个重要出发点。这里首先要做到的是，把题目做到学生心里去。现在，人们都在提倡"语文教学的人文性""人文关怀"，然而我们真正需要的是对学生的"人的关怀"。所谓"人文"还是就施教者一方来说的，与"以人为本"的教育原则还有着不小的距离。

看报刊登的满分作文，无论寓言还是诗歌，写得都好，但还都只是文体上的创新。从这些文章里，我们还是鲜能看到学生发自内心、情真意切、感人至深的东西。这原因就在于，文题还是离学生远了点儿。

（原载于《中学语文教学》2003 年第 7 期）

怎样认识语文学科中的繁难偏旧
——提高语文新教科书质量的一个对策
（2005）

这次课改，把解决繁难偏旧作为重要着力点之一，这无疑是正确与必要的。但对各个学科中繁难偏旧的不同表现，则有必要作具体的分析。

在这里，我们想谈一点关于语文学科繁难偏旧的认识，希冀得到讨论与指正。我们认为，这个问题的深入讨论，可以有助于新教科书质量的提高。

根据教育部 20 世纪 90 年代的调查，多数学生最不愿意学的是语文，不愿意学的原因主要是两条，一是课文做不到文质兼美，没有吸引力，二是教学方法机械呆板，令人生厌。对课文内容的繁难偏旧则反映并不激烈，相反，当时课本中的篇章从内容与思想含量上倒有些太浅白了。

那么，这些年来语文课程有没有繁难偏旧的问题呢？有的。我们认为主要表现在如下几方面。

首先是各方面"语文知识"的滥讲授。比如语法知识，现行语法教学体系已经相当繁难，有些教师又做了更深更细的延伸，做大量的练习，甚至在小学课堂中就有了语法知识的讲与练。这种既不符合母语教育更不符合汉语教育规律的做法，人为地加大了难度，对提高语文能力有害无益。又比如写作知识，前些年，好多教师热衷于讲"怎样写记叙文""怎样写议论文""文章开头八法、结尾六法"等之类的东西，以为学生知道了这些知识就能写好文章，岂不知这正是一种舍本逐末的做法。对语文知识系列的追求，不仅没有达到预期目的，反而不必要地增加了语文教学的难度。

其次是教学方法的不当。语文能力的提高是在语文实践活动中实现的，但前些年的语文教学基本上是以教师讲授为中心，以语文知识的传授与训练为中心，既离开了学生主体发展的宗旨，又违背语文学习的规律。特别是那种"解决字词——分段讲解——概括中心——写法特点"那种固定套路，把生动的语文课上得枯燥乏味，使学生萌生厌倦之心、畏难之心，浪费了学生的光阴，扼杀了学生的学习兴趣与灵性。有一种意见认为，文言文就是"难"的表现。其实教学中的主要问题是把文言文教难了，现在有的文言文教学基本是"翻译＋古汉语知识讲授"的模式，诵读与感悟却远未得到应有的重视，作品中甚为丰富的审美熏陶、文化感染、章法体悟等诸多宝贵因素，都令人遗憾地从课堂中流失了。这样的教学自然是越教越"难"。

再次是考试与评估的错误导向。语文能力本来就远不是一张试卷、一个分数所能衡量出来的，而这些年的试题（尤其是高考试题）内容与形式又把这种评估的弊端发展到了极致，它对教学所发挥的指导作用就推动了语文教学中繁难多旧现象的发展。比如大量的选择性试题既不符合汉语言文字的特点，又不利于语文教学的健康发展。在课堂教学中大量做这种选择性练习，只能使学生对语文学习更加厌倦。去年高考考了对对子，这是一个好苗头，因为对偶训练才是汉语言训练的最佳形式，它可以熔语法训练、语感训练、审美训练、章法训练、思维训练于一炉。但还在考文言文翻译，这种试题无疑只会助长语文教学向繁难偏旧发展。

我们认为，语文教学中的繁难偏旧主要不是表现在篇章内容的深浅难度上，相反，课改前的语文课本，课文思想内容含量少，写作程式化东西不少，语言平板而没有太多嚼头者居多，因而影响了学生的学习兴趣。

就提高新教材质量而言，提高课文的品位与质量是一个十分重要的问题，其理由如下。

第一，母语学习，尤其是其初始阶段主要是在周围环境中习得的。每个人所处的环境有所不同，但大部分人的大部分时间都是在大众化的语言环境中学习的。因此不应该让学校中母语教育的水平等同于大众环境的水平，否则，学校开设语文课的意义就不大了。

我们应该用人类文化史上的精华来武装学生的头脑，这当然要考虑到学生的接受能力写作的难易程度，但引领学生学习最优秀的中外著作，应是语文课程的宗旨。这样才能使一代又一代人站在巨人的肩膀上攀登。

学校的课堂学习，只是学生语文学习中的一小部分，这一部分更应该讲究质量，把最好的东西给学生，才能更有利于他们尽快提高语文能力，也才能更好地培养高尚的道德情操与具有创造力。

第二，教育原则，尤其是母语教育原则的重要一条是：取法乎上，始得其中；取法乎中，始得其下。这条原则是已经被心理学家通过科学实验论证过的。

据报载，中国出版科学研究所公布的"阅读与购买倾向抽样调查结果"显示"国民阅读率"总体呈下降趋势。

2003 年，在调查的识字城乡居民中，每月读一本书的人为 51.7％，比 1998 年下降了 8.7 个百分点，我国国民中有阅读习惯者仅占 5％（《光明日报》2005 年 1 月 21 日《浅阅读的深忧》）。该文还指出，我们这些年的阅读中所表现出来的"浅阅读"和"快餐化"（即所谓的"读图时代"，所谓的"速读"和"缩读"，所谓的"时尚阅读"和"轻松阅读"等）已渐成风气。

这种情况的出现原因是多方面的，大概也是世界性的。不管怎么说，轻视阅读质量是重要原因之一，这正是"取法"原则的表现。语文教学也是应该不可推卸地要承担一部分责任的，或者说，语文教学应该为解决这个问题尽到自己的力量。如果从小把学生的注意力吸引到掌握人类文化精华上面，引导他们具有读好书的能力，养成读好书的习惯，不是可以多多少少地削弱"浅层次"阅读的风气么？

第三，母语学习尤其是汉语学习的一个重要特征是"反刍"。一方面，好的作品是需要人们不断在人生历练中反复加深认识的；另一方面，对精华的反复消化吸收，又是人更快成长的前提条件。因此，我们给学生学习的课文应该是有嚼头、耐消化的。那种白开水式的、没有多少思考价值的东西，既引不起学生兴趣，又不经咀嚼，时间一长，反而削弱了学生的消化能力，降低了他们的思维质量。

第四，科学中的旧往往等于错，科学本身就是在不断纠错中前进发展的。比如"动物不能同性繁殖"这个原来的生物学原理已经被克隆技术证明是错的了，我们当然不能再教给学生这样的知识。但语文学习的内容不是这样。人类文化史上的文学经典具有强大的生命力。西方教育不是始终把《圣经》《荷马史诗》《莎士比亚戏剧》作为必读的东西么？拿中华民族的优秀文化遗产来说，"和为贵"旧吗？"岁寒然后知松柏之后凋也"旧吗？"富贵不能淫，贫贱不能移，威武不能屈"旧吗？这应该是语文学科与其他学科一个很大的不同。

第五，让学生读好的经典的东西（包括优秀文言作品）是否就是使学生离现实生活远了呢？是否就是违反了学生的认识规律与心理特征呢？这里应该有这样几点认识。

首先，一个人记忆的黄金时期恰恰在儿童与少年时代。因此，让学生从小学习背诵一些好作品正是对他们心理过程的尊重与爱护，做到这一点，他们就终生受用无穷；相反，在他们记忆力最好的时候，让他们背诵的是白开水式的、口语式的、浅白的东西，不是对学生生命的严重浪费么？

其次，现在相当多的教师根深蒂固地形成了"课程就是教材""课程等于教材"的观念，在他们看来，语文学科就是那本课本。但是，课程远远大于教材，课本上的篇章远不是语文学习的全部。学生的课外阅读大量是现代生活中的，听、说、写也都是与他们的生活密切相关的。再说，如果我们在教学经典作品（包括文言文）不是引导学生回到过去，而是让他们扎扎实实打好基础面向未来，引导他们古为今用，怎么可能脱离现实与他们的生活呢？

再次，对这些经典的东西学生能不能理解与接受？但我们已经知道，理解是永远不可能还原对象，也永远不可能穷尽对象的。因此要让学生完全理解作品尤其是好作品几乎是不可能的事儿，而追求这样的理解正是前些年语文教学不得法的一个重要表现。而且可以这样说，读一遍或几遍就能完全理解的课文不是文质兼美的课文，是不应该进入教材的。

以上是我们对提高语文新教材质量的一点肤浅认识，错谬之处，恳望指正。

实践篇

语文教学要培养学生创造能力

（1983）

教学要培养学生的创造能力。我们的学生，将来应该是生活的积极的探索者，而不应该只是消极的旁观者。儿童时期智力发展得快，有些儿童表现出来的创造力常常是非凡的。但有时随着年龄与经历的增长，反而不同程度地削弱了。这就给我们教育工作者提出了一个重要的问题：怎样正确认识少年儿童的创造能力，怎样使我们的教育对象的创造能力得到不断发展。下面就我们在中学语文过关实验的教学中，怎样培养发展学生的创造能力问题谈几点粗浅的体会。

一、要准备条件

创造思维的形成建立在细致地观察、独到地发现、深入地分析、广阔地想象的基础上。对于少年儿童来说，使他们具有较为丰富、扎实的知识底子和较强的观察力、分析力与想象力等，是培养创造力的条件。我们现在的语文教学却常常忽视这些能力的培养，引导学生死盯在课本上，围着高考指挥棒转，有的教师和家长甚至不加区分地限制学生看课外书，而不考虑吸取课本以外的知识，不考虑知识的灵活运用，不考虑怎样使学生的头脑更聪明。这样的教学，自然无法激发学生的创造能力，这就容易把学生造就成为"知识的橱窗"或墨守成规的公务员。

如果让学生在较好地掌握课内知识的基础上，尽可能多地涉猎些有益的课外书，多积累各方面的知识，引导他们多观察、分析自己周围的客观事物，让他们头脑中的想象飞翔起来，那就能更好地发展创造能力。

二、要打破束缚

创造力发展的障碍是"迷信"。只有使学生解放思想，破除束缚，才能闪现出创造的火花。对于中学生来说，特别是初中学生，报刊、书本、名人都是他们崇拜的权威，教师则是直接的权威。既要教育学生探求真理、信服真理、捍卫真理，又要教育他们不要畏首畏尾、盲目迷信，敢于创新。

要培养学生这种品质，当教师的一定要胸怀宽阔。有的老师怕学生把自己问倒而引起难堪，不愿意也不积极启发学生大胆发问，不乐于肯定学生敢于指出自己错误的精神，甚至认为学生这样的行为是骄傲的表现，从感情上疏远他们。试想，这样的教师能培养出有创造能力的学生吗？如果自己的学生从不对自己所教的内容提出一点疑问或异议，自己能算是好教师吗？

要彻底解决学生精神上的种种束缚，教师必须做艰苦细致的工作，及时发现、充分肯定、热情鼓励学生的创见。有一个学生初二时参加了一次有外宾参加的国庆文艺晚会，对从演员到伴奏、报幕员一律洋式打扮提出了自己的看法，她在日记中写道："此时此刻，我想起了三十年前的今天，毛主席在天安门城楼宣告：中国人民站起来了！三十年后的今天，中国人民不更是自豪地屹立在世界的东方吗？可他们，为什么不穿自己的服装，为什么不演自己的节目来庆祝中华民族自己的节日呢？"

教师充分肯定了她的独立思考精神。过了不久，她在阅读笔记上画了一个小图案，被妈妈看见了，说她是在老师面前"班门弄斧"。随后，她又写了这样一篇日记：

"班门弄斧"这个典故是说在比自己高明的人面前卖弄本领，自古以来都是作贬义词。但用得不当，则容易束缚人们的思想。事物总是发展的，后代总是胜于前代的，有许多人在"班门"前大"弄"其"斧"……如果永远不敢"班门弄斧"，人类也可能延续不到今天，即使延续下来，也可能还在吃野兽、树皮！妈妈又说："在大师门前弄斧，真是不知天高地厚。"可我认为，敢于"班门弄斧"，正是求"知"的开始。就是要弄清楚：天，究竟多高；地，究竟多厚……

这种独立思考的可贵精神，教师是应当给以鼓励的。

三、要相机引发

创造能力既然是从儿童时代起就具有的，因此有人在论述怎样发展创造思维时，提出要"保持童心"。这里的所谓"童心"，指的就是幼稚而无休止的好奇心、天真而无穷尽的疑问、丰富而无止境的幻想。从这个角度出发检查我们当前的教学，有许多问题值得探讨。我们常常用不能完全表现学生成绩的分数作为绳索捆住学生的手脚，使他们只有争高分的愿望，而失去了探索一切的好奇心;我们往往用大量的作业压在学生身上,使他们无暇也没有欲望去幻想;还有,我们仍习惯于满堂灌,重视知识传授、轻视能力的培养,使学生养成死背的习惯,而不愿意积极地动脑,也不想主动地发问。所有这些,都是不利于发展学生创造能力的。教学一定要留有余地,在某些时候引而不发,在适当的时候相机引发。也就是说,要给学生以自己创造的时间、条件与机会。

质疑问难是行之有效的好办法。应该积极鼓励,引导学生由不会发问到会发问,由提出一般问题到提出经过自己思考的有质量的问题。尤为重要的是,这在学生中能起到互相影响、互相启发、互相竞赛的作用。在初中三年级讲授补充教材《小公务员之死》时,学生在 45 分钟内提出了一连串问题:为什么写小公务员在四次道歉后死了?为什么写小公务员与一个比他级别稍高一点的人发生冲突,而不写与将军?为什么不直接写什么人压迫小公务员,他的死不是他自己造成的悲剧吗?这篇小说有什么社会意义?学生提出问题,学生自己解答,开动脑筋。较之教师讲学生听的方法更有助于深刻地学习课文。

不应该满足于教给学生现成的知识,而应尽量启发他们自己去寻求,找出规律。如初二进行随笔单元教学时,教师不先讲有关这种文体的知识,而是印发一组随笔,让学生自己阅读体会,教师答疑。之后印发给学生一篇文情并茂的散文《生命——灵魂》,要求读后写一篇随笔,讲评后,再让学生自选题目写第二篇随笔。到期中考试,又要求就高尔基给儿子的信中说的"给永远比拿愉快"写一篇随笔。这样,学生经过自己的创造性思维去获得的知识、练就的能力会是牢固的。

四、要着意保护

创造思维常常以违反常理和不合逻辑的形式出现,这就要求教师对那些看来违背常理、不合逻辑而实则有创见的思想,要具有慧眼,要慎重对待。创造性的思想开始总不会是完善的,而是稚嫩的,甚至带有片面性和偏激,这一点在青少年身上表现得尤为明显,这就要求教师切忌形而上学,要善于培养幼芽,使之不断完善。创造性的思想往往是以向权威挑战的形式出现的,做教师的切不可为世俗所缚,必须持欢迎和鼓励的态度。

比如说,在课堂上表现活跃的学生里,有的可能有爱显示自己或比较轻率的弱点,而那些不爱在大庭广众中出头露面和比较慎重的学生中,有的则思维呆板迟滞些。教师对这种复杂性必须做细致的观察、冷静的分析、妥善的处置,指导学生扬长避短,发展学生表现出来的创造性因素。

有一个学生，性格比较特殊，认识有时偏激，爱走极端，但她思想往往不落俗套，常有些独到的给人以启发的见解。她上课提问题经常穷追不舍，也会出现钻牛角尖的现象。教师一方面善意地指出她的不足，与她多次讨论对一些问题的看法，帮助她学会正确的方法，同时又坚决保护、鼓励她探索真理的精神。这样，她的优点得以保持，在初二写的一篇题为《锁头赞》的作文中，她赋予锁头以"内心世界"，把它刻画得相当深刻：

我爱锁头，它像一位铁面无私的将军。对骗子的花言巧语，它冷若冰霜；对主人的命令，它坚决执行。它似乎不懂得什么叫笑，总是那样严肃，认真。唯一能打开它心扉的只有钥匙。对这个唯一的朋友，它也一丝不苟，稍有一点差错，也绝不放过……

它的性格恰似它那副钢筋铁骨，无论风吹雨淋，酷暑严寒，只要它还在，就要执行自己的使命。它是盗窃犯的死敌。

它不像钥匙那样东游西逛，也不像钥匙那样被主人重视而形影不离。然而它却始终忠贞不渝，这是多么可贵的性格……我爱锁头。爱它那高尚的情操、坚毅的性格和倔强的脾气。

当教师给这篇作文以高的评价，并在教室里张贴出来供观摩之后，这个学生却并未陶醉其中，而是紧接着又写了一篇《锁头的联想》，指出锁头只有机械思维而缺少分析能力的弱点。

五、要堵死"后路"

创造力发展的大敌是懒惰。学生常常容易被惰性驱使，只愿意死记现成的知识，写文章则常愿写别人写过多次的内容，这就很难出现新鲜活泼的东西。为了使学生勤于思索，语文教学应该堵住"死记硬背"、图现成的路。比如在阅读教学中，学习词汇，不必要求死记词义，而重在理解、运用；讲解课文，不必要求死背段义，而重在掌握规律与方法；概括中心思想，不必要求字句完全统一，而重在学会分析综合；考试时，基础知识应考课内的，而分析性的问题，则应基本考课外的，以督促学生真正理解掌握知识。在作文教学中，指导要得法，把力量用在引路上，引导学生走自己的路，开辟新路。那种从内容到写法极其详尽的指导，甚至连文章写几段、每段写什么、怎么写都规定得死死的做法尤其有害。

作文命题应尽量寓有新意和深意，富于启发性，以激发学生用自己的话写自己的思想感情、兴趣愿望，也就是说，使学生不但有话可说，而且使他们有话要说。

六、要发展个性

我们现在常把因材施教的"材"只看成是学习成绩，甚至只是一个分数。其实，说到底，"材"就是每个学生的个性和特点，而不同的学生，在创造力迸发的领域、时机、表现形式及程度又常常各不相同。因此，如果把学生都套在一个模子里，忽视以至扼杀了学生的个性和特点，也就泯灭了他们的创造性。在语文教学中注意发展学生个性尤为重要。如能针对每个学生的具体情况予以具体指导，就能更有利于发展其创造性。

比如就"语言风格"来说，一个实验班的部分学生到初二上学期就已逐渐形成自己的一些初步特点。班长是个女学生，家庭教育好，对自己要求严，但性格软弱，易动感情。她写的文章语句凝练，日记中常有许多好的警句。语文课代表是个年龄小的女孩子，独生子女，从小无忧无虑，文化生活丰富，因此她的语言带有天真和稚气。数学课代表是个男孩子，心胸开阔，性格活泼，平时在班里经常充当相声演员角色，所以他写的文章，语言简洁而诙谐。教师对于他们的语言风格，不仅要熟知，更重要的是能就其风格使之向好的方向发展，这一要花力气，二要提高自己的素养。

由上可见，如果教师能按照学生不同的个性特征，加以引导，学生的创造能力将会开放出绚丽的智慧之花。

（原载《光明日报》）

作文教学与培养学生创造力
（1982）

为什么要提出在作文教学中培养学生的创造力这一问题呢？

我们知道，实现四个现代化，需要一大批有渊博专深的知识，又有独立分析能力、有创造精神、有远见卓识的人才，而不是毫无主见、因循守旧、只知照章办事的"公务员"。这种创造精神从学生时代起就应该注意培养。

但是，当前作文教学中却存在着许多弊病。

比如作文指导。一种情况是讲得太泛。老师只是架空地讲讲某种文体的知识及写法，以为学生记住了这些东西就能写好文章了，而忽视了更重要的一方面，即那些各具情态、个性而又思想活跃的学生。另一种情况是讲得太死。在布置作文时，不仅给学生规定好中心思想、写法，甚至连段落的先后，每一段写什么都有明确要求。这种"好心"只会办出坏事。

再比如对"读写结合"的理解，有一种认识，似乎教读一篇《春》，让学生写一篇《春》；教读一篇《一件小事》，让学生写一篇《一件难忘的事》；教读一篇运用对比的文章，让学生也写一次对比，认为这才是"读写结合"。殊不知这种做法只是读写结合的一种简单、低级的形式。如果把读写结合只局限于此，是容易把作文教学引入死胡同的，也不利于对学生创造力的培养。

又比如模仿。在低年级，适当地模仿是必要的，但标准不应该老是或主要是模仿得越像越好。特别是升入中学以后，更不应该老是让学生一味地模仿下去，能照葫芦画出好瓢固然是好的，但又是远远不够的，应该让学生想象出、创造出各式各样的更好的葫芦和葫芦以外的东西。

随着社会、科学的发展，青少年的视野越来越宽，见识越来越广。思索的积极性越来越强，智力越来越早地得到开发。这就要求我们要用新的眼光来看待现在的青少年，要求我们的作文教学不能再停留在过去一些保守的传统的教法上。中学生的年龄在十三四到十七八之间，这个时期的青少年求知欲旺盛，富于幻想，好胜心强，喜欢别人把他们当作大人看待，独立性增强，不再满足于亦步亦趋地跟着别人跑。这些都是发展创造力的有利因素，我们应该在作文教学中因势利导，而不应自觉不自觉地压抑了他们求知的欲望、智力的开发和探索的精神。

那么，在作文教学中怎样去培养学生的创造力呢？我们有这样几点体会。

首先，创造力的发展来源于思想的解放。各种各式的迷信，形形色色的框子，这样那样的恐惧心理是发展学生创造力的最大障碍。

为了破除迷信，我们在学生一入学时就对他们说，对课本、对书报文章、对老师讲授的东西都要认真动脑分析，多问几个对不对，为什么。我们还要求学生，一定要争取超过老师，谁将来不能超过老师，谁就不是好学生。

为什么这样做呢？因为中学生，尤其是初中学生最直接崇拜、迷信的权威就是老师。然而任何一个高明的老师也不会讲得"句句是真理"的！如果学生能够既牢固掌握老师传授的正确的科学知识，又善于发现老师讲授中的不足与错误，那将不仅有助于教师的提高，而且更有利于开发学生的智力，培养他们的创造力。

为了使学生的思想得到解放，我们不仅号召学生对教师的讲授要"多思"，尤其鼓励发表与教师不同的有自己独到见解的看法。比如，在一次议论文习作中，一个学生写了一篇题为《中国的前途渺茫吗?》的文章，教师加了很长的批语，充分肯定这篇文章正确的观点，饱满的情感、充实的内容和类比的写法，打了高分张贴在班里，供全班同学观摩学习。另一个学生看了之后并不盲目，他写了一篇题为《中国的前途一定光明吗?》的文章来进行讨论。

教师立即鼓励这种精神，把这两篇文章连同批语一起在年级的墙报上发表，引起了全年级广泛的兴趣和热烈的讨论。

其实，这两个同学的文章出发点都是好的，都是从关心祖国的前途与命运出发，只不过一个着重谈问题的这一方面，另一个着重谈问题的那一方面。但这样的讨论，有助于学生掌握辩证唯物主义与历史唯物主义的观点和方法，有助于大胆地探索新问题、寻找新见解，也有助于提高学生的思想觉悟、爱国热情。

为了鼓励学生解放思想，发展创造力，我们还注意从命题的内容与方式做一定改革。比如，我们曾以白居易和苏轼对诗坛新秀徐凝的不同态度这一故事为题，要求学生写文章谈看法。学生们都赞扬了徐凝面对"诗仙"李白而不却步的精神，肯定了白居易热情鼓励年轻人的做法，抨击了苏轼蔑视小人物的态度。

由于这样的不断努力，学生思想解放了，作文中出现了新鲜的气息。比如一个学生在她的阅读笔记中画了几朵小花，妈妈对她说："你们老师能写会画，你这不是班门弄斧吗?"她由此引起深思，写了一篇题为《"班门弄斧"新解》的日记，提出"班门弄斧"这个成语如不加分析地乱用会束缚人的思想。她在举出一系列各方面的新生力量后来居上的事例之后，认为应该提倡"班门弄斧"精神，学生应该勇于在老师面前"弄斧"，不要怕砍歪了。即使砍歪了，多砍几下，不就会砍正了吗。

其次，学生思想中的惰性，是创造力发展的另一大敌。教师在作文教学中应该注意堵死学生偷懒的后路，督促他们去发现，去标新立异，去创造。

创造力的培养不是一件容易的事，它必须建立在细致地观察、独到地发现、详尽地分析、缜密地推理、丰富地想象的基础上。而所有这些，都离不开一个"勤"字。但学生却常常容易被惰性驱使，只愿意去找省力的现成的东西，或者是照抄别人的文章，或者是写别人写过多次的东西。这种惰性一定要打掉。

比如，我们在一次散文单元教学中，讲授了《白杨礼赞》《珍珠赋》《松树的风格》《香山红叶》《一种云》等一组文章后，要求学生写一篇散文"××的联想"；指导时以课文为例告诉学生怎样写这样的文章，怎样注意挖掘事物的象征意义及深刻含义，然后提出要求：不许再写《青松赞》《红梅赞》这一类别人写过多次的题目，不要全都重复别人说过的话，而一定要写自己熟悉的身边的事物，从这些平凡的事物里挖掘出深刻的道理，而且尽量发现别人没发现过的东西与意义。这样，把想走现成路的懒惰的念头卡死，学生就必须认真动脑思考去走新路了。

一个学生写《乌云的联想》，一反别人把乌云比作黑暗与丑恶的惯例，她说，乌云带来暴雨，冲尽大地上的一切污垢，把河山洗得更加洁净；乌云之后，骄阳喷出，世界更加壮丽。她写道：万物生长靠太阳，但也不能缺少雨水。她为乌云叫不平："你创造的财富越充裕，你的形象就越丑陋。"

一个学生写《野草的联想》，但他不写"野火烧不尽，春风吹又生"的老套，而是从自己的观察中写出了新的东西："我爱草，因为它有着这样的品质：一到春天，花都开了，五颜六色开得那样鲜艳，那样惹人注目；树叶也都绿了，高高地挂在树枝上，那样青翠显眼。而小草却不这样，它只是伏在地面，默默地给春天增添一点光彩。这种精神有多么可贵呀。"

这些都是教师事先没有估计也无法预料到的。如果不是严格督促学生去创造，是出不来这些别具一格的见解与文章的。

再次，狭窄的天地是发展学生创造力的又一障碍。学生如果只去注意分数、课本、课堂上的东西，教师如果只满足于把课本上的知识教给学生，那是容易把学生教"死"的。

教师应该一只眼睛盯着课内，一只眼睛盯着课外；一只眼睛盯着学生的学习，一只眼睛盯着学生的思想、性格、兴趣、爱好，既要在课内作文中进行严格训练，又要调动他们课外不拘一格写作的积极性。须知，学生的创造力的火花往往在课外闪得更耀眼。

我们曾组织课外活动小组的同学学习唐诗，他们在通读了《唐诗三百首》或《唐诗选》之后，摘录了大量卡片，对诗的内容进行分析整理，分别写出了《唐诗中的月》《唐诗中的眼泪》《唐代诗人与酒》等文章。一个学生学习《楚辞》，他在广泛翻阅各种资料之后，对把《离骚》中"哀民生之多艰"一句的"民生"解释为"人民的生计"提出了异议，引用许多材料、各家说法来阐述自己的观点。

课外的广泛浏览，不仅给学生以驰骋想象的无垠天地，而且给了他们发展创造力以丰富知识和生动语言。

有的学生早晨到校途中看到秋景，便相邀赛诗；有的学生到南湖看到湖水荡漾，就即景联句。还有一次，学生自发地搞起语文竞赛，他们自出题目，自筹奖金，自评作品，在不到一个小时的时间内写出了一些较好的诗或散文，并在教师的"参谋"下，评选了两首有一定新意的诗。

一些语文基础较差的学生课外写作的积极性也上来了，他们也常常不禁要"班门弄斧"，小试一下。

（原载《语文战线》）

这里"就说明着'应该怎样写'"
——学习《藤野先生》手稿札记
（1980）

写文章是没有什么妙诀可寻的。"凡是已有定评的大作家，他的作品，全部就说明着'应该怎样写'。只是读者很不容易看出，也就不能领悟。因为在学习者一方面，是必须知道了'不应该那么写'，这才会明白原来'应该这么写'的。"（《且介亭杂文二集·不应该那么写》）细读鲁迅手稿前后改动的文字，有助于我们学习他严肃认真的写作态度，准确、鲜明、生动的文风，也有助于鲁迅作品的教学工作。鲁迅的手稿是对学生进行读写训练的良好教材，因为这里"就说明着'应该怎样写'"。

粗略算来，《藤野先生》一文手稿中的改动，有百处左右。这里仅就若干改动略陈陋见。

一、对文章的结尾煞费苦心

结尾一节是全文点睛之处，作者很费了一番苦心。

首先，对这一节的脉络斟酌再三。鲁迅以保留藤野的照片作结，抒发了对藤野的强烈怀念，说明了藤野鼓舞、激励着自己战斗不息。这样写，深化了主题，感染了读者。

这一节原来是这样开头写起的："回想起来，我在日本所受的苦恼"，看来这样写，对表现文章中心绕了一点弯子，便又意图直接从照片写起，因而二改为"他的照片我"这样几个字。但这似乎又太直而浅了，不利于深郁之情的表露，因此，作者又将这五个字勾掉，三改而为现在的样子：由讲义的丢失写到照片还保存着。

因为是这样一位对于中国人民如此友好的先生亲手"改正的讲义"，想要收藏着"作为永久的纪念"，这既是作者发自内心的恋念之情，也是读者的由衷愿望，因而这丢失讲义的令人无限惋惜的"不幸"，便更使人感受到照片终于保存下来的可幸和珍贵。

其次，在这一节的修辞上反复推敲。如：

……责成运送局去找寻，寂无回信。

"寂"字原为"毫"。"毫"字在程度上也是够分量的，然而改为"寂"，便如同加进了音响的效果，不仅讲义丢失，而且连追寻也是石沉大海，无声无息。作者心情之焦急与当局工作之腐败，对比强烈而鲜明。

……似乎正要说出抑扬顿挫的话来，便使我忽又良心发现，而且增加勇气了，于是点上一支烟，再继续写些为"正人君子"之流所深恶痛疾的文字。

加点的十四个字是后添的。前七个字的添加，说明藤野的思想行为不仅督促作者"良心发现"，力戒懒惰与退缩，而且给他在艰难困苦中进行不屈不挠斗争的力量与勇气。因为，作者正是从藤野身上看到，把中国从黑暗统治中拯救出来，使之繁荣与进步，这不仅是全中国人民的愿望，也是世界各国人民的愿望。后七个字，作者从自己的生活习惯出发，补了一笔，便使读者更感到可亲，他同反动势力斗争到底的决心洋溢在字里行间。

二、增添了必要的状语和定语

上野的樱花烂漫的时节，望去确也像绯红的轻云，但花下也缺不了成群结队的"清国留学生"的速成班，头顶上盘着大辫子……

但到傍晚，有一间的地板便常不免要咚咚咚地响得震天，兼以满房烟尘斗乱……

上段中状语"花下"、定语"成群结队的"，下段中定语"有一间的"、状语"咚咚咚"的第三个"咚"都是后增添的。

当作者为"寻求救国真理"来日本发奋求学的时候，他见到了自己"同胞"令人作呕的丑态。那些官方派来学洋务的"清国留学生"，毫不顾念黑暗沉沉的祖国和灾难深重的人民，追求的是个人的享乐；毫不觉悟自己头上富士山一样的盘辫和油光光的散发，正是民族落后的标记！因此"花下""成群结队"是对这些人的无情嘲讽。而第三个"咚"的别开生面的使用，不仅更鲜明地描绘了宾馆里的污秽、留学生的劣行，同时也使我们深切感到，作者实在无法抑制自己的愤慨之情！"有一间的"这四个字的增添，使文章更准确，更令人信服。可见作者行文严谨、无懈可击，说明去日本的中国学生中，有只知寻欢作乐的"清国留学生"，也有像作者一样一心追求光明与真理的爱国者，这就更引起读者对这些"清国留学生"行为的反感。

三、改换了一些动词

有一回上火车去，致使管车的疑心他是扒手，叫车里的客人大家小心些。

这里原来写的是"管车的竟疑心他是扒手"，后将副词"竟"改为动词"致使"，词语的改换是由于叙事的角度不同。"竟"是"出于意料之外"，用"竟"便把这件事的责任归结于管车的人了，这显然是不合事理、不公平的。而改为"致使"，则说明误会完全是由于藤野本人引起，与管车的无干，这就更突出了藤野的专心治学而不修边幅、不拘小节，更鲜明地表现了藤野的为人。

北京的白菜运往浙江，便用红头绳系住菜根，倒挂在水果店里头，尊为"胶菜"；福建野生着的芦荟，一到北京就请进温室，且美其名曰"龙舌兰"。

这里的"运往"与"一到"原来的位置正好相反。乍一看，这两个词似乎区别不大，但细推敲，则深感改得合理。作者是以北京为出发点来讲的，所以从北京运东西到外地，应该称"往"，而从外地运东西来北京，则当说"到"。从这两个词的互换可见鲁迅作为语言大师，确实一丝不苟。

……问问精通时事的人，答道："那是在学跳舞。"

这里的"精通"原为"熟识"，这一改有如下好处：作为与"时事"配搭的词语，"精通"比"熟识"更为贴切；"熟"与"识""时"声调相同，"识""时""事"声韵相同，因此，"熟识时事"读起来拗口，而"精通时事"则造成声韵上的起伏，读着顺口悦耳；更重要的是，"精通"二字用在这里，饶有讽刺与挖苦意味。

四、改换了一些形容词和名词

……从此就看见许多陌生的先生，听到许多新鲜的讲义。

这两句原写为"从此就看见许多新的学生，听到新的讲义"，后将前一个"新"改为"陌生",后一个"新"改为"新鲜",并在前面再加"许多"二字。这样改动,一是表述得更准确。鲁迅到仙台,身处异邦,人地两生,再加上当时一些日本人对中国人民持有民族偏见,因此,这"陌生"二字较之"新"字,更能恰当地表现鲁迅当时所处的环境和他自己的心境。"许多新鲜"这四个字的应用,使鲁迅渴求救国知识而得到满足的欣喜之情溢于言表。二是使用两个"许多",用"陌生的先生""新鲜的讲义"相对仗,增加了思想的容量,调整了语言的节奏,而且为引出藤野做了必要的准备。

有时我常常想:他的对于我的热心的希望,不倦的教诲,小而言之,是为中国,就是希望中国有新的医学;……他的性格,在我的眼里和心里是伟大的……

这里加点的"中国"二字原写为"邻国"。"邻国"的概念大而泛。固然,藤野所代表的日本人民对各国人民都是友好的,然而,本文的深刻意义在于:当日本一小撮反动统治者加紧侵略中国,日本一些青年受军国主义思想毒化而歧视中国人民的时候,日本广大有识之士则是希望日中两国人民世世代代友好下去的,因此,这里改为"中国"不仅更准确,而且是表达文章中心的需要。

"性格"二字原为"行动"。藤野的行动当然令人可敬,但更使人感动的是支配他行动的思想——对中国人民的友谊和正直、朴实、治学与教学一丝不苟的高尚品德。较之"行动",一个人的"性格"更能给人以力量,使人永志不忘。

五、关于副词的选择与斟酌

……秋初再回学校,成绩早已发表了,同学一百余人之中,我在中间,不过是没有落第。

"不过是"三字原为"总算",后改为现在这样。"总算"与"不过"这两个副词意义完全不同:"总算"表明经过相当长的时间以后某种愿望终于实现,而"不过"则只是达到了很低的起码的要求,"总算"所表明的取得的成绩比"不过"要大;从感情上说,"总算"有因大体上还过得去的满足,松一口气的情绪,而"不过"则是不满意的,有再求上进的愿望。用"不过"一词一方面表现了作者为救国而发奋学习、不甘落后的精神,另一方面又为下文理下了伏线。那些学生会干事本以为"中国是弱国,所以中国人当然是低能儿",因而鲁迅只取得"不过是没有落第"的成绩,便足以引起他们的怀疑与臆测,甚而无礼地搜查、无端地诬蔑、无凭据地造谣，这是多么令人愤慨和不能容忍的事！

　　经过的年月一多，话更无从说起，所以虽然有时想写信，却又难以下笔，这样的一直到现在……

　　"难以下笔"，原写为"不能动笔"。藤野关心着中国，也关心着鲁迅，寄希望于中国，也寄希望于鲁迅。而从分别到现在，中国的"状况"毫无改变，依然黑暗如旧，鲁迅的"状况"也"无聊"，处境困难，又严于要求自己，觉得辜负了藤野的希望，因此分别后一直没有写信，并不是"不能"写，确实是"难以"写，向藤野写些什么呢？由此看出作者对反动统治的愤怒，对社会腐败的忧郁，对革命、进步的热望。

　　研读鲁迅手稿是一件很有意义的工作，这里所谈的只是粗浅体会，有的可能是无端的臆测，缺少科学的根据和确凿的分析，愿意和大家一起讨论，以求有所长进。

（原载《中学语文教学》）

运用比较法指导学生写议论文的尝试
（1979）

　　我们在初中语文基本过关的试验工作中碰到这样一个问题：在初中一年级要不要让学生写点议论文，他们能不能写点议论文，怎样教他们写议论文？

　　我们通过实践感到，初中一年级以训练学生写记叙文为主是对的，但也不应忽视议论文的教学，不应该只是讲授几篇议论文章，讲点儿论点、论据的知识就算完事，而应该有计划有步骤地让学生学习写议论文。因为这不仅对提高学生的思想水平、认识能力、鉴别是非的能力有好处，也有助于提高学生的观察能力，有助于学生做生活的有心人。特别是学生在记叙文写作中碰到的一些问题，诸如主题不正确、不明确、不集中，段落不清楚，前后没有衔接，时间、地点、事件交代不清，语句混乱及不通顺等，都与逻辑思维能力较弱有一定关系。因此，训练学生写议论文可以在这方面有所裨益。

　　学生常常对议论文望而生畏，为什么呢？首先是因为教师对议论文教学有点神秘化。一个"论"字，就好像非得把每篇文章都写得滴水不漏、极其深刻似的，于是，学生作文时，或是感到难以下笔，或是端起一副架子、板起面孔来——我要写议论文了。这样当然是不会有好效果的。另一方面，我们又总觉得初中一年级的学生无论是阅历、学识、语言能力、思维训练等都远远不够写议论文用的。其实，议论文不就是对某一件事情、某一个现象或问题发表自己的意见和看法吗？刚刚开始思维的儿童就已经有了简单的概念、判断和推理，学生一上初中，思想是十分活跃的，他们对自己的所见所闻有自己的见解，尽管这些见解大都是幼稚的、不成熟的，有些甚至是片面的、偏激的，但是我们在语文课里给他以发表这些见解的机会，引导他们学会思考和分析问题，是十分必要的。我们不要求他们去写那一本正经的"议论文"，而只要求他谈出自己的心里话，这对学生来说，并不是一件非常困难的事。

学生在小学读的、写的基本上都是记叙文，现在要写议论文了，缺少训练，缺少感性知识，头脑里装满的是记叙文的样子，现在从思维到写法到语言都要来一个转变，不习惯、写不好是自然的。我们感到，应该首先让学生搞清楚两种文体的主要区别。

上学期，我们结合一组议论文的讲授，教给学生关于论点、论据、论证及议论文写作基本常识的同时，要求学生针对班级和社会上所见到的现象，做了两次一事一议小短文的练习。

之后，在学校组织观看电影《革命家庭》时，为检查教学效果，我们布置学生写两篇文章：一篇记叙文，记电影中的一个片段或场面；一篇议论文，即就一个片段或场面写观后感。

文章收上来后看到，记叙文一般写得合乎要求，而议论文则不够理想。主要毛病有三个：一是不会集中一点谈感想，而是泛泛地就整部影片说空话；二是搞不清议论文中的叙述与记叙文的区别，因此，大段地记叙事件之后贴几句标签就算完事；三是不会由此及彼，从许多不同事物中找出相似点，提炼出共同的道理。

怎么解决这些问题呢？再一般地讲议论文的写法特点是不行的，因此决定通过讲读课把两种文体作一比较，使学生有一个鲜明的感性的认识。我们选了一篇记叙文《苹果树》作教材，原文如下：

猴子和乌龟在一条狭窄的小溪旁，看到了一株被大风吹倒的小苹果树。猴子对乌龟说："我们把这株树锯成两段，你和我各分一段好不好？""好的，就这样分吧！"乌龟表示赞成。

它们找来一把锯子，把苹果树锯成两段，猴子见上半段有叶有花，很好看，就抢着说："我拿上半段，你拿下半段吧！"猴子说完，拿着有叶有花的上半段苹果树，高高兴兴地走了。乌龟不作声，就背起那没有叶和花的下半段树根回家去了。

猴子把那上半段苹果树，栽在屋子后面。乌龟也把那下半段树栽在园子里。它们都很兴奋，天天浇水和小心培养。不久，猴子的苹果树慢慢地枯萎了，乌龟的苹果树却慢慢长出幼芽来了。

第三年的秋天，猴子到乌龟家里玩耍，它看见园子里的苹果树，已经结满了又大又红的果子。乌龟随手摘下一个果子，请它品尝。猴子咬了一块尝一下，不由得叫起来："呀！真甜。"它一面吃着，一面想："从前我为什么不要苹果树的下半段呢？"它终于想通了其中的道理："原来好看的东西不一定有用啊！"

同时，我们又自己动笔编写了一篇议论文教材：《好看的东西不一定有用》。文章是这样的：

我们对一种东西，总是要评价它好看不好看，或者有用没有用。而实际生活中，有用的东西往往不好看，好看的东西又常常不一定有用。

如果我们在灯管里充进氖、氩、氦等气体，通上电就能发出红光、蓝光和荧光，这就是霓虹灯，五颜六色，漂亮得很，然而这些惰性气体对于生命的生存，却毫无用处。而一切生物赖以生存的氧气，则不管怎样，也放不出那绚丽的光彩。再比如水，水是人每天都离不开的，它透明无色、朴质无华，一点也谈不上漂亮。如果你在水里加上硫酸铜、硫酸亚铁、硫氰化铁等物质，马上就会呈现鲜艳的蓝色、浅绿色和深红色。

这样的水，倒是美极了，可谁还敢去喝它呢？

古往今来，多少诗人、文学家都要赞颂那五彩缤纷的花，含翠欲滴的叶，而对长在地底下的树根则不屑一顾：它盘根错节，疤疤拉拉，实在难看。其实，这是不公平的。因为，花谢了可以再开，叶掉了能够再出，就是砍掉几根枝杈，树也照样生长，甚至会长得更好！而如果你把树根切断了，挖掉了，这棵树的生命就必然终止了。人们常常把没有基础，失去生命力的事物比喻成"无源之水，无本之木"，就是这个道理。

老黄牛，谁会说它好看呢？可是人们都愿意仿效它的榜样。这是因为它对人们要求很少很少，只需一把青草，奉献给人们的却是营养丰富、香甜可口的乳汁；它踏踏实实，埋头干活，从不抱怨苦累，更不炫耀自己。而那专愿跟别人比美的孔雀呢？当它把羽毛展开，真是五光十色，让人目不暇接，只是它需要人们精心喂养，却既不能帮人干活，又不能给人奶汁，连它的肉也不算好吃。正因为这样，一个大公无私的人，常常拿"做人民的老黄牛"当作自己的座右铭,却从未听说"要当革命的孔雀"的。

上面的事例告诉我们:"好看"和"有用"常常不能统一在一个事物身上。

既然这样,那我们应该首先和主要看哪点呢?应该看有没有用,而不是好不好看。这是因为,好看不好看,是说事物的表面现象;有用没有用,才是事物的实际价值。

为什么要看事物的实质?因为世界上的事物是复杂的。有些无用甚至有害的东西,正需要涂上一层漂亮的颜色,如果我们只看表面现象,那就很容易上当。

鲁迅先生写过的美女蛇,不就是这样么?蒲松龄写过一个凶恶奇丑的鬼,披上一张画皮,便变成一个漂亮的少女,它骗了一个叫王生的青年书生,差一点把王生给吃掉了。明明是吃人的蛇和鬼,却偏要装成美丽的女人,就是因为它们要保护自己,欺骗别人。如果它们不加掩饰,真相毕露地现在光天化日之下,那它们还没等吃着人,就可能先被人们群起而攻之,把它们消灭了。

所以我们看事物一定要看它的实质,这就是因为,好看的东西,不一定有用。

在刻印教材的时候,我们有意空出了第一篇文章结尾猴子悟出的道理那一句和第二篇文章的标题。

讲授时,先引导学生读《苹果树》,启发他们猴子为什么选上半段,得到的是什么结果,它应该明白一个什么道理?显然,"好看的东西,不一定有用"就是作者写这个故事所要表达的中心思想,再让学生读完第二篇文章后,填上这篇课文的标题,这个标题也就是第二篇文章的中心。

这样,学生就弄懂了这两篇文章体裁不同而中心是相同的。

在这个基础上,我们引导学生对两篇课文进行比较,并结合以前他们作过的文章的优点和问题,讲了记叙文和议论文的三点区别:第一,记叙文是通过对形象的细致描绘,对事件发生、发展、结束过程的具体记叙,间接地讲道理的;而议论文则是作者直接讲道理,这就要集中讲一点,才能讲得深,让人信服。第二,记叙文中议论要简明;议论文中记叙要概括。第三,记叙文表现一个中心可以具体地写一件事;而议论文则必须尽量充分地举些例子,才能把道理说得更确凿、有力。

学生经过比较明白了以上三点之后,教者就要求学生思考:就班级里某一个现象或某一件事写同一中心的记叙文和议论文各一篇。并在课堂上指定几名同学谈了自己想法后,要求全班课后都写成文章。

这次教学的效果比较好，学生在议论文能力上有了明显提高。如，课上有些同学就班级一些不同的现象，针对"能说会道的人到底有没有学问"这一点展开了热烈的争论，之后，有五六名同学就这一文题写了文章，现将两个同学写的议论文呈现在下面：

能说会道的人不一定有学问

往往有这样的人，能说会道，显得浑身"机灵"，真是聪明伶俐。可是，你要是问他一个需要真才实学的问题，他那聪明劲就不知跑哪里去了。因此，能说会道者不见得真有学问。

短篇小说《"不称心"的姐夫》中的四平，显得多么"呆板"啊，他既不能说，又不善讲，然而"储藏"在脑中的真正学问，终于使他获得了出色的成绩。

数学家陈景润是典型的"厚嘴唇"，可是也就是他向哥德巴赫猜想跨进了一大步，攻下了（1＋2）。

再让我们看看爱因斯坦和爱迪生怎样谈保持缄默的吧。

有一次在纽约，有位新闻记者问爱因斯坦，最靠得住的人生成功方式是什么？他回答说："倘若'A'代表人生的成功，我认为那公式是A＝X＋Y＋Z。"他还解释道："在这公式里，'X'是工作，不辛勤地工作是永没有成功的希望的。成功的第二要素'Y'是游戏。这也是同样需要的，因为游戏是增进工作效率的条件。只有呆子才整天工作而不游戏。"记者又问："那么'Z'是什么呢？"爱因斯坦说："那便是保持你嘴巴的缄默。"

何谓保持嘴巴的缄默？爱迪生说得好："如果一个人的事业，不能充分的为他说话，他最好是缄默。大半的人说得太多了；如果只有那些有点东西说的人才说话，则说话必减少而努力加增。"

有些人虽然寡欲无言，却很有学问，为什么呢？我认为有两个原因：一是他们将全部心血都用在自己的事业上，无心去闲谈他事了；二是因为越是有知识的人，越是看到自己的不足，他们总是非常谦虚，认为自己没什么可说的，也不愿用舌头去标榜自己，因此，他们多是寡言的。

另一些人则与此相反。

比如鲁迅在《故乡》中写到的杨二嫂，她那薄薄的嘴唇简直像架机关枪，那"未见其人，先闻其声"的性格也是令人佩服，她还常常看不起别人而自以为自己什么都知道，然而，她有啥知识呢？只能是两个字的答案：没有。

再如相声《"四人帮"办报》中的瞎主编，他倒是能说会道，溜须拍马屁蛮有一手的，可他有什么知识呢？他也只能说"赤果果""钓鱼船"罢了。

还有孔乙己，张口闭口"之乎者也"，不屑与劳动人民为伍，可他不仅连半个秀才都没捞到，而且连自己都养不活。

对这些人只能做这样的解释：人的精力是有限的，他们却把大部分精力花在耍嘴皮子上，搞学问的精力必然就少了，所以，他们多半是愚昧无知的。还有，他们总是过高地估计自己，他们只看到自己所接触的狭小的天地，认为自己非凡、了不起，于是便用那"咬不烂"的舌头，吹嘘自己的"伟大"之处。其实，这完全是"井蛙观天"，却看不见天外有天，且更大。

前几年，"四人帮"横行霸道，捧出了什么也不懂的"白卷英雄"之类的草包。一些人靠说大话、说空话、说假话升官，入党。其实，他们根本不懂业务技术，不会领导生产，若让他们再这样大吹而特吹下去，我们国家岂不就走向倒退了吗？要是人人都靠耍嘴皮子生活，四个现代化怎么实现？

今天，在新长征的路上，我们要脚踏实地去做，反对那种光说不做，坐吃山空的行为，为早日实现四个现代化贡献力量。

能言善辩的人大多有知识

语言，是人所独具的特点，它是人们彼此互通声气的工具。那么，一个人知识的丰富和能言善辩是否成正比呢？也就是说，能言善辩的人大部分是不是有知识呢？

请看下面的例子。

唐代的李白，才气横溢，只要看看他的奏书，就可以知道他是个十分善辩的人。法国雨果的《欧也妮》剧作，遭到反对派的起哄捣乱，如果他和巴尔扎克等人不具备辩论才能，就很难取胜。

而他们，后来不都成为著名的文学家了吗？著名诗人、剧作家歌德，把毕生精力投入《浮士德》创作之时，也发表了大量讲话，收集而成《歌德谈论录》。中国的鲁迅、郭沫若，都做过许多著名的讲演，而他们的知识丰富至极，这又如何解释呢？

说到革命的伟人们，也是如此。列宁、斯大林、毛泽东，他们的讲演稿已经成为其著作的一部分。如果没有知识，他们怎样领导革命，又怎么能有那么多逻辑严密而又说理透彻的著作呢？

知识就是力量。只有掌握丰富的知识，才能更好地表达自己的感情，也才能"善辩"。比如说，作为一个中国人，连"五四运动"都未曾耳闻，想要在现代史问题上阐明自己的观点，驳倒对方，是比水中捞月还要荒唐可笑的。请看歌德诗句："我的产业是多么美、多么广、多么宽；时间是我的财产，我的田地是时间。"可莫里哀笔下的守财奴阿巴公在丢钱后，却大叫道："我那可怜的钱啊，我的亲爱的朋友啊！……你一被人抢走，我的依靠，我的安慰，我的快乐，就全没有了。我算是整个完蛋了。我还活在世上干什么啊，没有你，我简直活不了啦。"歌德是聪明的，有智慧、有知识的，而阿巴公则是贪得无厌，愚昧无知的。如果让他们二人来辩论某个问题，我相信，阿巴公定会被歌德讽刺、揭露得体无完肤的。

当然，有些有知识的人并不善辩（与其说不善辩，不如说不爱辩），而另一些无知的人，却很能言。这属于另一种情况，如《儒林外史》里的胡屠户，不管他怎么能说，总是充满粗话，不值一驳的。不管怎样，有知识的人和善辩的人是基本合于一身的，知识引导人走向语言金字塔的最顶端。

我们把这几篇文章刻印发给学生阅读之后，又有些同学继续发表自己的意见。特别是一些语文基础差、作文水平较低的同学，这一次进步更为明显。有一个同学入学时语文水平相当于小学三年级，写文章段落不清，语句不通，中心不明确，错字连篇。而这次他写的文章基本成型，我们也印出来，以鼓励他本人和别的同学。

这次课很难说是一种什么课型，既是讲读课，又是作文讲评和指导课，既讲了记叙文，也讲了议论文，学生自己还学习了驳论。

（原载《吉林教育》）

作文讲评刍议
（1983）

多年来，我在教学实践中体会到，要搞好讲评必须注意以下几点。

首先，要通过讲评提高学生的思想觉悟和认识水平。当前，学生作文存在比较普遍的问题是缺乏思想深度。这主要表现在两个方面：一是文"气"不足，即缺乏气势。构成气势的因素固然离不开语言文字，但更重要、更本质的因素乃是作者的思想情愫；只有境界高远、襟怀磊落、意趣高尚，文章才会洋溢着一种内在而又能让人感受到的勃然之"气"。大凡传世佳作，皆是有"气"之篇。从徐悲鸿的画中可见爱国学子的铮铮傲骨；从郑板桥诗作中可感"千磨万击还坚韧，任尔东西南北风"的胸臆；从毛泽东雄健豪迈的诗词中更可以窥视到无产者高洁博大的情怀。因此，在作文讲评时，随时注意给学生"提气"，结合具体题目和教学要求，适当介绍和分析范文（以课本为主）的思想境界，并讲解学生佳作例文构思谋篇的优点，对于陶冶学生情操，振奋革命精神，形成"文道统一"的写作观，是十分必要的。二是学生写文章常常缺少辩证法。比如，写记叙文，有些学生感到"无东西可写"。究其原因，虽有生活面过窄的问题，但更主要的是不善于观察和分析，不能透过现象看清本质，发现事物的内在联系，从微小事件中挖掘出深刻的社会意义。因此，对生活的闪光和思想的火花，视而不见，见而不感，不能形成敏感的文思，下笔焉能有话可说？而写议论文，或则好绝对好，坏绝对坏，不能反映事物的本来面貌，影响论述的准确性、严密性；或则泛泛而论，人云亦云，材料加观点，单摆浮搁搞堆砌，文章缺乏逻辑性、明晰性和深刻性；或则分不清主流与支流、现象与本质、局部与全局、目前与长远之间的关系，不能对事物的性质和发展做出正确的分析和判断，甚至在某些观点上出现偏颇。上述种种说明，不论记叙或议论，都需对学生进行辩证唯物主义教育，使学生学一点哲学，懂一点辩证法。比如，在一次以《谈"择善而从"》为题的作文中，一个学生在文中列举了若干自然、物理、社会现象之后，得出结论是："善"都是相对的，因而"择善而从"也只能是一句骗人的假话，是做不到的。这种糊涂错误认识具有代表性和典型性，我便把这篇文章印发给学生讨论，课堂上学生发言踊跃，各抒己见。我在总结时着重讲了真理的相对性与绝对性、道德的继承与发展、看问题的立场与角度等问题。实践证明，这样做对于提高学生的观察分析能力还是颇有效果的。

其次，讲评应该注意发挥范文作用，使学生更自觉更有效地从教材中汲取营养。比如，在初中对学生进行写人一类文章的训练时，我曾经先后进行过两个读写综合单元教学。第一个单元是写人文章的入门。先让学生写一篇文章：《我的老师》。这是一次侧重调查了解性的作文，主要看学生在教学之前的能力与水平。这次作文反映出两个问题：一是分不清写人与记事文章的区别（有的学生写成了某个人的一件事）；二是弄不清人与事的关系（或则泛泛地给人物作鉴定式介绍，缺少具体的事件；或则所写事件与要表现的人物性格不对号）。这样，我一边批改，一边就批改中发现的问题讲授课文《鞠躬尽瘁》，把讲评分散结合在课文内容、写法的分析讲授中。之后，写第二次作文《我的××》（写自己一个亲人）。在批改的过程中，讲授课文《罗盛教》《夜明星》。这次作文基本解决了前次的两个毛病。但另两个问题就凸显出来了：一是写人总想写得"高大"，表现人的事也要"大"，因而选材雷同，甚而失真；二是说大人话，不用自己的语言，缺乏真挚的感情。根据这种情况，我们除在上述两篇课文的教学中注意引导外，又决定增讲魏巍的《我的老师》，着重让学生学习如何从自己的生活与感受中选取题材，通过小事说明深刻思想，用自己的语言表达真情实感。最后让学生作第三次文章《我的同学》。这一次，文风有了明显的变化，普遍写得比较真实亲切了。第二个单元是写人文章训练的进一步深入。结合《变色龙》《筑路》《故乡》《在烈日和暴雨下》等几篇课文的讲授，指引学生多次进行人物语言、行动、心理、肖像以及环境描写的单项训练，最后再以一篇写人文章作结。采取这种讲读若干篇文章，进行若干次作文训练，集中解决读与写的一个问题，把作文的指导讲评与讲读教学更密切地结合起来的做法，对教师来说，既可以使讲读课更有针对性，又能使作文讲评确有所本；对学生来说，既提高了阅读的兴趣与能力，又具体深切地掌握了写作能力提高的标尺。

再次，作文讲评要以表扬为主，要力争进行得快一些，离学生作完文章的时间尽可能短一些。教师常常由于工作负担或其他原因，把讲评放在本次作文的一两周甚至更长的时间之后，这是很有弊病的。学生刚写完文章之后，正处在积极的思索状态之中，常常是兴犹未尽，或有自己颇感得意的地方，或有许多疑惑不解的难处，或有觉得难以言明的苦衷。如果隔了很长时间再来讲评，学生这些写作时的思想余波早已消失殆尽，甚至对自己作文的内容都有些淡忘，结果当然是事倍而功半了。而如果趁热打铁，尽可能早一点讲评，就会使学生兴趣盎然，愿意对得意之处做理智的评价，对疑惑之处找到正确答案，对难言苦衷寻求解决办法，效果就会事半而功倍。讲评要早一点，更要好一点。讲评应讲究艺术，注重启发性，切不可"满堂灌"，由教师"包打天下"。方法亦应灵活多变，力求生动活泼。如，可以采取下述各法：第一，与范文比较。有不少教师主张"范文引路"，自有道理，我却主张"范文殿后"，让范文在讲评中发挥作用。因为，"范文引路"并不利于打开学生思路。如果让学生各自先行独立成文，然后针对具有倾向性的缺欠，选出有关典范课文或学生作文中确实高出一筹的佳作，引导学生揣摩范文的长处，寻找自己文章的不足，在比较中自会有所长进。第二，张贴佳作，即变教师讲评为佳作展览。我把应讲评的内容（包括主要成绩、存在的普遍问题以及佳作的优点等）分散在每篇张贴文章的评语里。采取此法，可使学生有更充分的思考和学习的机会。这样做应注意两点：一是张贴文章应保证质量，二是尽可能使全班每一个学生都能逐步得到张贴的机会。第三，课堂讨论。最好能集中讨论一个问题或一两篇文章，不要贪多，应考虑把讨论不断引向深入。在讨论好的作文时，应鼓励不同意见或新的思想；如果把有缺点的作文做讨论用，则应征得作者本人的同意，并设法做到不让大家知道写这篇文章的是哪一个同学。第四，集体评改。分为小组，每个小组传看若干篇文章，找出写得好的文章或片段，总结这次作文的普遍性问题。然后，小组中交换意见，再推举代表在全班发言。这种做法的好处是有利于学习别人文章的长处，以别人犯的毛病为戒，又有利于培养学生的分析与归纳能力，促进他们积极思维。

最后，通过作文讲评，还应丰富学生的文学、艺术及其他方面的修养。这不是作文讲评的额外负担。因为只有具备丰富的文化知识修养，才能写出好文章来；况且，目前青少年接触的东西极为繁杂，这势必会反映到作文中来，也需要教师予以必要的指导。比如，一次，我给学生印发三段孔子关于"孝"的语录，要求学生写一篇对"孝"的认识的议论文。从许多学生的文章中可以看出，他们对伦理学还缺乏一般常识。又如，在一次作文训练中，我让学生谈谈对《凌波仙子》这篇文章的看法。学生各有看法，褒贬不一，从文中看出许多学生缺乏美学的常识。为了提高学生的文化艺术修养，我在讲评中常常结合具体文题及有关问题，讲一些哲学、伦理、美学、音乐等方面的知识，还专门请吉林大学哲学系老师做了两次美学常识讲座，使学生大开眼界，丰富了知识，提高了欣赏水平和表达能力。

（原载《吉林教育》）

我教阅读课文
（1983）

阅读课文是近年来在统编教材中新出现的。这可以说是中学语文教材的一个前进，是教材符合教学发展规律的体现。它不仅为扩大学生知识面、增加训练机会创造了有利的条件，而且也为推动教师进行教学改革、提高教学质量提供了更加广阔的天地。经过几年的实践，我体会到：要处理好阅读教材，关键是要有正确的教学思想。

一、阅读课文须重视

我曾经认为，讲读课文才重要，需认真地备课，细细地讲授，阅读课文则粗略地带过去就可以了。这种想法显然是对语文教学的目的以及如何达到目的缺乏正确的认识。主要问题有三：一是认为语文教学主要是教给学生知识；二是认为掌握知识的手段主要是教师传授给学生；三是认为学生只要能记住教师交给他的这些知识就可以了。

因此，要使阅读课文得到应有的重视，就必须明确：语文教学的根本任务是培养学生听、说、读、写的能力，打好基础与开发智力是培养语文能力的双翼，打好基础要讲究效率，开发智力要调动学生积极思考，能力的形成主要靠训练，这样才能把阅读课文也看作是培养学生语文能力链条上的一个环节。

比如，1980 年讲高中四册小说单元时，我们对三篇课文做了分析，决定将《狂人日记》作为讲读课文。把《党员登记表》与《项链》作为阅读课文，考虑了整个单元的统一目的和训练重点，再分别设计三篇课文的教学过程与方法。

《狂人日记》思想深邃，内容广博，加上时代的距离、艺术手法的独特，学生掌握是有难度的。而对于这样一篇在中国现代文学史上占有显著地位的名著，中学生当然应该初步弄懂，其中有些问题还应该想得深一些。因此我们采取的教法主要是串讲与答疑。教者先介绍时代背景、作者经历、当时的思想状况，之后逐段对文字内容进行讲解，以使学生对小说思想有初步了解。讲解时注意或留有余地，或介绍对课文的不同理解以引起学生思维中的矛盾，或提出问题要学生思考。总之，尽量使学生在老师串讲过程中不处于被动地位，而要积极地动脑，产生"愤"与"悱"，为答疑做好准备。这样，在答疑课上，学生思维活跃，兴趣盎然，提问、讨论、争辩，欲罢不能，以至由原定一课时延长到两课时。这一课的教学不仅学生对《狂人日记》有了初步了解，对小说这一体裁有了进一步认识，而且起到了动员积极思维的作用，为整个单元目的的实现和后两课的教学创造了条件。

《党员登记表》篇幅较长，但内容、语言接受起来都不困难，在对前一篇课文进行细嚼慢咽教学的基础上，这一课我们则决定培养学生的快读能力与概括能力，即训练学生在很短时间内读懂文章，抓住要点并做出准确、简明的概括。上课时教师先讲第一段为例，引导学生用七八句话作全段的内容提要，再用四五句话作简明提要，最后用一句话写出段意。示范后，要求学生对其余各段均画表列出提要、简明提要与段意。一节课当堂完成，少数未完成的学生则再利用课余少量时间完成。这样，虽然课文长而略显好懂，但学生在课堂上也必须紧张、迅速地进行思维活动。而且，这一课不仅是泛泛地训练学生的概括能力，而是把曾经学过的"层层剥笋"的写法，迁移为阅读能力，以求逐步深入地、准确地抓住文章的精髓。

《项链》一课人物形象很鲜明，艺术手法也颇具特色，学生读起来有兴趣，领会也不是特别困难。我们把这一课的目的定为两点：一是进一步训练并检查这一小说单元的重点——对人物形象及其分析方法的理解与掌握；二是在通过《党员登记表》训练概括能力之后，在本课着重训练分析能力。教学课程安排三课时，先用两节课作文，题目是分析主人公路瓦栽夫人的形象，要求学生在预习基础上边读课文边写，之后用一节课讲评。讲评时把学生形象分析的能力以及作文中反映出来的对课文理解不够之处作为重点。这样做不仅有利于单元及课文教学目的的实现，而且教师的讲授更有的放矢，更能讲到学生实际需要的地方。

这个单元的安排，我们是以培养语文能力为着眼点的。学生将来大多不必会写小说，但是要会读小说，并要逐步具备更广泛、更高级的阅读能力，这样，我们从以下三个方面考虑这个单元的训练：首先，用各种办法推动学生认真阅读，比较难的课文教师扶，浅显易懂的以学生自己读为主；其次，有意识地在一个单元里既训练学生的归纳能力，又训练他们的分析能力，把发展思维放在重要地位，教给学生最基本最常用的思维方法；再次，把读与写、教材与训练密切结合起来，把阅读作为写作的材料，以写促进读的能力的提高，充分利用教材做训练，在训练过程中加深对教材的理解。

二、阅读课文不省力

阅读课文一般说来所用课时要少，这往往使教者产生错误的想法，以为课时少，就可以省力些，然而实际情况并非如此。

先拿教师讲授来说，因为课时少，就更需抓住教材的精要处，讲到学生的需要处，讲到点子上，讲课的语言更要精炼；因为课时少，更需要考虑如何提高课堂教学效率，使学生在有限时间内学得尽可能多一些，扎实一些；再看利用阅读课文做训练，因为课时少，更需推敲出用时少而收效大的习题；因为课时少，更需认真研究把教师的指导点在学生训练时遇到的"坎"上。

许多经验证明，阅读课文是可以用来使学生举一反三，经过练习巩固加深讲读课所学到的知识的。如果打个比方，说阅读理解能充分体现出"师傅领进门，修行在个人"这一学习本领的过程的话，那么，教师当然首先要弄明白，你自己进门了没有？你领学生进门的路是不是最简捷的？显然，让学生个人去"修行"的东西，教师自己先要做到心中有数，成竹在胸才行。

如果这样来认识我们的教学，阅读课文又怎么能省力呢？可见，那种认为阅读课省力的想法，是对语文教学规律的认识仍有模糊；那种把阅读课教得省力的做法，是并未把握住语文教学的本质。

我们在实践中体会到，教师真正下了功夫认真钻研、设计的阅读课文，才能收到较好的效果。

比如，初中一年级讲记叙文单元时，我们把《飞行在红太阳身边》和《一次难忘的航行》作为这一单元的阅读课文，从单元总目的出发，确定这两课的教学重点是使学生初步掌握"在记叙的基础上结合描写和抒情"这一知识与能力。要掌握，就不仅要让学生把知识弄懂，而且要通过练习变为自己的能力，但因是"初步"，就不必讲得太深。我们再三探讨，决定一课时完成。课前要求学生预习，对课文内容、思想有基本了解，课上用前半堂课结合两篇课文的有关部分讲清这一知识，再用后半堂做练习。这里需要反复考虑的是，怎样在这样短的时间内使绝大多数学生都能得到训练？出怎样的练习题能更好地实现目的？我们一连否定了几个拟好的练习题，后来想到不少学生常犯只会干巴巴而抽象记叙的毛病，便从作文中找到一个例子加以修改，拟定了最后使用的练习题：认真阅读下面一段文字，考虑什么地方应该有细致的描写，什么地方应该抒情，怎样描写和抒情。

我和王虹

我和王虹家是多年的老邻居，我们俩从小学到中学都是同班同学，这学期又分到同座。上学一起走，放学一起回家，晚上一起做作业、复习功课，我们俩真是一对好朋友。

可是，期中数学考试的时候，有一道题我做不出来，我碰他胳膊，他不理，我写个条给他，他还不理。我生气了，交完卷一个人跑回家。

晚上他来到我家，给我讲那道题，讲了好久，我终于明白了。我们俩又好了。

课堂上要求学生认真思考，然后讨论哪些地方是应该描写和抒情的，再找几个学生分别做几处描写、抒情的口头叙述。课下全体同学按要求把此文书面改写出来，改写时要进一步阅读教材，学习课文的写法。

这一课用时不多，但知识学得比较明确扎实，能力得到训练，也调动了积极思维。然而，这一课时的备课过程却是颇费功夫的。

三、阅读课文尤须讲究教学方法

阅读课文的教学不应变成讲读课文教学过程的"压缩饼干"，如果这样做，只会使学生感到索然无味并生厌倦之心。

我们面对的是二十世纪八十年代的中学生，他们的身心特征同五六十年代中学生的身心特征是不一样的。我们应当研究他们对问题是怎样看的，怎么想的，他们的心理特点是什么，他们对语文学习的认识和意见是什么，以此为依据，考虑阅读课文教学方法的改革与变化。

我们从实践中体会到，如果把阅读课教学的方法搞得灵活而讲实效，学生就会增强学习语文的兴趣。

比如，1980年教高中三册阅读课文《伟大转变和重新学习》时，我们首先根据文章特点决定只讲第三部分《善于建设一个新世界》，把重点放在层层深入地分析说理与类比论证这两点上。

像这类学生感到比较枯燥的议论文，而且是一篇阅读课文，怎样在教法上有所改进而取得好一点的效果呢？我们反复研究后，决定进行一篇带多篇的教学。

具体的教学过程是这样的。

本课不要求学生预习，事先也未告诉学生学习内容。上课时先与学生一起回忆南郭先生滥竽充数的故事，弄清这则寓言的寓意，之后要求学生谈谈今天从这个寓言中可以受到些什么启发。学生思想活跃，特别是当时渤海二号沉船事件发生不久，有的学生联系这个事故指出，在实现四个现代化的今天，领导干部尤其要注意学习，不应该再像南郭先生那样滥竽充数了。教师就此因势利导，启发学生：如果从这则寓言出发，写一篇关于在新时期要认真学习，不要装腔作势、不懂装懂的文章，应该怎样写？

学生经过短时间的思考后，教师要求打开课文阅读，看看作者是怎样谈这个问题的。然后引导学生分析段与段之间的逻辑关系，重点段中语句之间的逻辑关系，以及语句内部的逻辑关系，通过逐步深入地阅读分析，学生比较清楚地看到了课文是怎样逐步深入地进行论述的。以上是第一课的内容。

在第二课时里，教师结合课文，比较细致地举例讲解关于类比、类比推理、类比论证的知识。再印发几篇课外选的运用类比论证的文章，领着学生通过比较，了解类比论证在不同文章里运用的不同情况。最后印发给学生十则寓言，要求学生课下运用其中一则写一篇运用类比论证进行层层深入地说理的议论文。

这样，在两课时里学生接触了五六篇文章、十则寓言，还学习了类比论证、层层深入两个知识。教学过程中，学生始终积极思维，课后写作积极性很高，大多数能比较好地运用课堂学过的知识。

（原载《语文教学通讯》）

应该进一步抓好课外阅读
（1984）

要提高学生作文水平，必须进一步抓好课外阅读。当前不少学生作文水平不高的重要原因之一，是课外阅读的工作没有跟上来。这方面主要有这样几个问题。

一部分学生课外读书很少。这里既有教师的责任，也有家长的责任。有的教师在教学中片面地以高考试题为指挥棒，热心搞猜题、押题，把大部分精力放在"题海战术"上。对课内外结合的意义认识不清，因而不去认真指导课外阅读。有的家长认为课外书一概都是"闲书"，读它就是"不务正业"，因此一律禁止。这样，学生没有时间、没有条件进行课外阅读，写起文章来当然就会内容单薄、章法拘谨。

另一些学生则是乱读。或者抓到什么读什么，不分良善好坏，不管能否理解接受；或者专门爱读惊险、反特、武侠之类情节离奇的东西。他们可能读了不少书，然而多是无用或益处不大的，这样的课外阅读不仅对他们提高写作能力帮助不大，还使他们在精神上受到污染，身体上受到损害，反而常常会使学习受到影响。

还有一些学生，也读了很多书，而且一般都是有价值的甚至是世界名著，但他们还是常常对老师说："我读了那么多书，怎么还是写不出文章来呢？"

学生出现这种情况的原因是不会读书。其表现是：其一，不会思考，不能清楚地弄明白这本书到底写的是什么，表现了怎样的思想、怎样写的、为什么这样写等，因而既不能从读中得到写的营养，也不能更好地提高自己的理解能力，当然更做不到去粗取精了；其二，不会积累，一些学生没有做评点、记笔记、写卡片等积累材料的习惯与能力，常常是读过就忘；其三，不会借鉴，读是读、写归写，读的时候不考虑自己应该怎样写，写的时候又不思索自己读过的东西，这样，虽然读了很多，仍旧不能变成自己头脑里的财富，不能形成自己的能力。

根据上述情况，为了切实提高学生作文水平，应该从以下几个方面加强课外阅读的工作。

首先，教师要确实弄清课内外结合的意义，并且帮助学生以及家长提高这方面的认识。

语文课本中的篇章是经过精选的，多是文质兼美的，但是，课文毕竟有限。要提高作文水平，不从课本外大量阅读是绝对不行的。实际上，课本上的篇章用于精读，也正是要求教师以此来指导、推动学生课外的泛读。能力的形成，光是听教师讲是不够的，需要练。作文能力尤其如此，而提高作文能力的"练"除了各种形式的写的训练外，另一方面就是大量的课外阅读。

学生从课外阅读中得益于写作的，首先是思想上的启迪、精神上的营养。现在的中学生作文中，一个很重要的问题是缺少一种内在的"气"，也就是说，从文辞中，感受不到作者真切的思想与高亢的激情，这是我们在课外阅读指导中应予以着重考虑的。读好的作品，可以使学生感情受到熏陶，思想受到教育，写起文章来就会有一种健康的、向上的感情洋溢在字里行间，使人受感染、受鼓舞。这一点是写好文章的关键，也是任何文章作法之类的东西所训练不出来的。

课外阅读可以扩大学生的知识面，使他们眼界开阔、头脑充实、思维灵活，并且学到写作方法与准确优美的语言。

其次，教师应把课外阅读列为教学计划的重要部分，进行有计划、有系统的具体指导。

教师的指导应包括以下几方面内容：

一是读书方向的指导。防止学生乱读书和不能分析批判地读坏书。采取的方法有：每学期初结合教材推荐篇目（以结合课文、适当扩充为目的），随时向学生推荐新出现的好文章、好书目（以对学生进行思想教育为主要目的）；结合作文推荐阅读书目（以向学生提供借鉴范文和作文材料为目的）；分阶段定期介绍中外文学名著（以丰富学生文学知识与增强文化修养为目的）；根据不同学生的情况分别推荐书目（以因材施教，培养尖子，提高较差生为目的）等。

二是读书方法的指导。与课堂教学紧密结合，使学生会读书，培养独立阅读的习惯与能力。训练办法有：

1. 要求学生写阅读笔记。笔记的内容与要求应该由浅入深，由低到高，比如初中一年级要求摘抄好的片段，初中二年级要求进行评点，初中三年级要求写读后感或随笔，高中一年级把这三者结合起来，并要求搞卡片与索引，高中二年级则要求以写评论为主。

2. 每学期用少量课堂教学时间，对学生进行课外阅读指导。针对学生实际情况，循序渐进，教给学生阅读方法，不断激发阅读的兴趣。可以对课本上不经常出现的一些文体逐步进行阅读指导，如童话、寓言、民间故事、报告文学、戏剧、曲艺、长篇小说等，从阅读的方法以及怎样阅读更有利于促进作文水平提高方面加以指导，如怎样摘抄、评点，写读后感、随笔，做卡片、索引等，可以按历史或地区的顺序有步骤地介绍有世界影响的代表作家与作品等。

3. 每学期做几次具体的课外阅读的练习，如推荐某篇文章给学生做典范，要求阅读后进行讨论；推荐某篇文章给学生作为作文的引子（这样的文章应有独到之处，能使学生在某一点受到启发的），让学生课外练习写作；推荐一些材料，让学生学习归纳中心或搜集选择材料。

三是综合性的指导。即把读书内容指导、方法指导、典型示范与训练结合在一起。如组织读书报告会、讨论会；组织同学互相推荐好的文章、书目（或写推荐文章，或开推荐会）；组织课外阅读小组，制定计划，拿出成果等。

最后，教师自己一定要多读。教师的课外阅读一方面能够提高自己，扩大知识面，做到知识更新，这样，指导学生课外阅读就会更有力、更及时；另一方面，教师通过阅读体会甘苦，摸清规律，掌握方法，就会使指导更有的放矢，有助于促进学生写作能力的提高。

（原载《人民教育》1984 年第 5 期）

解放思想，上好观摩课

（1980）

教学观摩是群策群力、共同研究提高课堂教学效率的有效办法。要不把研究课上成"表演课"，不搞花架子，必须解放思想。一年多来，在老师们的帮助和鼓励下，我在这方面做了一点尝试，下面想举几个例子谈谈具体做法。

1978 年 11 月，我校邀请十一省市的老师，举行语文教学讨论会。会议进行中，领导临时安排我上一堂观摩课。

任务紧迫，时间仓促，做出决定的第三天就上课，而第二天还有我的一个大会发言，加上与会同志都是全国有经验的教师，我真感到紧张，也顾虑到面子。

后来，在组里老教师帮助下，我解放了思想，决定通过这次观摩课，摸索一下解决语文教学少、慢、差、费途径的问题，因为这是这次讨论会上大家痛感最切、谈得最多的。

为了更充分地得到这么多有丰富经验的老师的帮助，为了更有利于研究和讨论，我定了这样三条：其一，不选用自己过去教过多次、比较顺手的课文，而选用从未讲授过的新教材；其二，不用自己比较顺手、轻车熟路的教学方法，而试用我过去从未搞过的方法与步骤，即"一带多篇"；其三，虽然每上一课都要求学生预习，这次为了更真实地看到学生情况及教学效果，不进行预习，学生上课才接触新课文。

这一课的教学过程是这样的，以《人民文学》1978 年第 6 期新发表的寓言《一头学问渊博的猪》作为精讲教材，以《蚕和蜘蛛》（寓言诗）、《对〈蚕和蜘蛛〉的看法》（两篇）、《寓言的魅力》作为略讲教材，以《车窗文学欣赏》《寓言十九则》作为阅读教材。这样，两节课一共处理七篇教材，使学生对《一头学问渊博的猪》的思想内容和寓言的特点有了比较清楚的认识，并布置学生课下阅读寓言。

由于经验和水平所限，这次课有许多缺点和问题，但事后得到许多听课老师的鼓励，认为不失为一次有意义的探索。更使我感到高兴和受鼓励的是，在小学语文教学中有的人也在摸索"一带多篇"的教学，而且有了新的发展，成效更大（如《人民教育》1979 年第 5 期霍懋征同志的文章）。

1979 年 5 月，又有不少兄弟学校教师来校听课。这时我们年级正研究"过关"实验中的一个项目：从初一开始既着重培养学生读写记叙文的能力，也重视培养学生读写议论文的能力。我们准备搞一次年级的研究课，但这样的研究课从来没上过，很可能"砸锅"。我们狠了心：砸就砸吧，既然研究，就请外校老师一起来研究，失败了也能更好地总结教训。

这次课要解决的是什么问题呢？"五一"节时学校组织学生看电影《革命家庭》，我们布置学生写两篇文章：一篇记叙文，记电影中的一个场面或片段；一篇议论文，就影片中某一点谈自己观后的体会。文章收上来后，记叙文写得较好，议论文则问题较多。主要原因是过去学生接触议论文少，虽然我们以前已讲过议论文的初步知识，但不少学生仍缺少具体深入的体会。

我们决定采用比较的方法引导学生解决这个问题。这次课是这样进行的：我们选用了一篇记叙文教材《苹果树》，自己动笔编写了一篇与《苹果树》统一中心的议论文——《好看的东西不一定有用》。以这两篇文章为精讲教材，以学生上次作文中几篇较好的文章作略讲教材，使学生在比较中弄清两种文体的主要区别，然后指导学生进行讨论，互相启发，以准备写好下一次作文：写一篇记叙文——记班级的一件事或一个现象，中心要明确；再就这同一中心写一篇议论文，谈谈自己对这件事或现象的看法。

这两节课，既有讲读，又有写作；既讲了记叙文，又讲了议论文；既是上次作文的讲评，又是下次作文的指导。由于教师解放思想，学生在课上积极思维，踊跃发表意见，出现了热烈争论的局面，得到了兄弟学校听课教师的好评。课后，学生作文水平有提高，出现了一些写得较好的议论文。

去年十一月初，我校召开教学经验交流会，有省内外许多老师参加，要我上一堂"过关"实验的"汇报课"。

汇报什么呢？我想了两点：一是改变过去那种目的多而杂的教学；二是改变学生跟着老师后面跑的局面。

选用的教材是鲁迅的《风筝》。这篇课文对于初二学生来说接受起来有一定困难，我们用两课时讲完，但汇报课只上一课时。

课是这样进行的：课前要求学生预习——扫清字词障碍，画出课文里不懂的地方和问题。

第一堂课（汇报课）：在学生朗读课文的基础上，教师领着理清文章的思路。之后便启发学生提问题，师生讨论，弄清这篇文章的主题、时代背景、写作目的，以使学生读懂课文。

第二堂课：用大部分时间指导学生朗读，在朗读中指导学生通过重点词句体会作者深沉的感情和语言的特色。之后布置作业：将文章第四自然段（"我"发现弟弟在作风筝并踹坏了弟弟的风筝）做改写，以弟弟为第一人称写这个场面。

上汇报课时，我解放了思想，做到这样几点：首先，在清理文章的思路后，便不再讲了，把文章的难点留给学生去思考，以激发他们学习与思维的积极性。其次，大半堂课都用于启发学生提问，之后因势利导，师生讨论解决文章主题、写作意图及文章的思想意义。事前我做了可能被学生问住的充分的思想准备，没有顾虑，因此，课上讲授避免了无的放矢和不切实际地硬把学生纳入教师事先安排好的教学程序中来的现象。再次，学生一问起来接二连三，刹不住了，一直到下课，因为学生提的问题大都比较有分量，我没有单纯为了使听课老师听"一堂完整的课"而堵住学生的提问。最后，是课堂教学目的尽量明确单纯，这堂汇报课我定的目的就是让学生基本读懂文章。这次课的效果也还是比较好，预定目的基本达到了。

实践使我体会到，语文教学改革要解放思想，上观摩课更要解放思想，这样才有利于研究新问题，也有利于教者本人的提高与进步。

（原载扬州师院《语文函授》）

学好语文的八条"秘诀"
（1986）

语文是学好其他各门功课以及将来从事各项工作的基础，因此，中学生必须学好它。特别是在为实现四个现代化而奋斗的今天，在科技迅速发展、知识迅猛增长、信息日趋重要的今天，更要求我们有较高的读、写、听、说能力。

怎样才能学好语文呢？这不是一个很容易说清的问题，简单地说就是要：善读书，常写作，细观察，会分析，勤积累，多诵读，学语言，贵创造。

一、善读书

我们常见到这样一些情况：有的同学也读了不少书，却仍然不会分析、不会写文章；有的同学读书很慢，读完很厚一本后才发现对自己有用的原来只是几页；有的同学又读得太快，书读完了什么也没记住。

这些情况都是因为不善于读书。

其实，老师在课堂上就是在以教材作为例子教给我们怎样读书。只是有些同学上课没有动脑体会老师教给的读书方法，没有把课堂学的知识变成自己的能力，更没有把这种能力运用到课外阅读中去。

我们读一篇文章或一本书的时候，都应该从下面几点做深入考虑：作者为什么写它、写了些什么、怎样写的。这就要一边读一边多问自己几个"为什么"。

比如，《藤野先生》这篇课文，如果我们只背会了它的中心思想与写法特点，是不算学会学懂的。应该深入想一想这样一些问题：为什么作者早不写、晚不写，而是在离别藤野先生20年后的1926年写这篇文章呢？当初发表这一组文章时，都冠以"旧事重提"的总名，鲁迅先生为什么要重提旧事呢？既然藤野先生是在仙台教书，为什么开头要写两段东京的事，而且写到仙台，又要提一提朱舜水，又要具体地写自己的食宿情况，一直到课文第六自然段，藤野先生才出场，这岂不是绕了个大弯子吗？既然是怀念藤野先生，又为什么要详尽写自己的思想转变的过程呢？作者从自己与藤野先生的交往中写了哪几件事，为什么偏偏写这几件事呢？读完全文，会使人感受到一种极为深沉的感情，这究竟是一种什么样的感情，作者怎样在字里行间洋溢出这种感情的呢？

上面是从整篇文章出发提出的问题，要想正确地解答它们，还要再深入一步，思考一些更具体的小问题。比如，就第一二个自然段来说，为什么文章劈头一句就是"东京也无非是这样？""这样"是什么样？为什么这里用了一个"也"字？为什么要写"上野的樱花烂漫的时节"的事？为什么要那么下功夫去描绘清朝留学生的辫子？"实在标致极了"这一句是作者在赞扬与肯定吗？

谁能够提出问题来，他就是会读书了；谁能够提出更多的问题，他就是读书读得好了；谁能够提出别人没有发现的，甚至老师也可能解答不了的，或者作者没有说明白的问题，那他就有了自己独到的地方，如果再解答这样的问题，就是有创见了。

如果养成这样的读书习惯，你一定能学会写文章、分析文章；你一定能掌握什么样的书（文章）及其中什么地方应该慢读细体会，或者是快读甚至干脆跳过去不读；你也一定会从读书中得益，而越来越爱读书。

二、常写作

怎样提高自己的写作能力是不少同学感到苦恼的一个问题，有些同学还常问：有没有写作的窍门呢？

写作当然是有规律可循的，然而却不会有什么窍门。关键是要运用所学的规律性知识去多实践，常写作。这就像学游泳，尽管你学了再多再深的理论，如果根本不到水里去练习，是怎么也学不会的；而如果能在有关科学知识的指导下去下水训练，学会游泳就要比不懂理论、只靠盲目摸索快得多，而且姿势也更优美。

对于写作规律与方法，只是死背老师讲的、书上写的那些条条是不行的。应该是：

（一）融会贯通，真正变成自己的东西

要做到这一点，最好的方法是用比较。鲁迅先生说过："凡是已有定评的大作家，他的作品，全部就说明着'应该怎样写'，只是读者很不容易看出，也就不能领悟。因为在学习者一方面，是必须知道了'不应该那么写'，这才明白原来'应该这么写'的。"

比如，司马迁在《鸿门宴》里写刘邦与项羽的形象时用了不同的写法。对刘邦，主要写他婉转、谦恭的语言，突出地表现了他多谋机诈、善于策略与言辞的性格；而对项羽，则主要写他的神情、行动，语言则写得很少，很简短，文中项羽共说了九次话，加起来只有 55 个字，最长的一次不过 18 个字，有两次只说了一个字。这就非常鲜明地表现了项羽豪爽而又刚愎自用的性格。我们写起文章来，则常常是不管性格特征、不分时间场合，人物说话总是一大套一大套的。做了这样的认真分析比较，我们才会真正弄明白应该怎样写人物的形象。

（二）要经常练习写作

只有经常写，才能真正掌握作文的规律与方法。鲁迅先生说："文章应该怎样做，我说不出来，因为自己的作文，是由于多看和练习，此外并无心得和方法的。"

最好的练习写作的办法是坚持写日记。因为写日记比较自由，有话则长，无话则短；可记叙、可议论、可抒情；可以接续写一段生活，也可以写某一个人或某一件事，还可以一个片段，一个场面，一段对话，一点感想等等。日记又只是给自己看的，因此不用怕别人笑话，自己大着胆子写就是了。写日记一忌记流水账，二忌不能坚持，一曝十寒。

练习写作还要注意练修改。有的同学写过文章后看也不看就交给老师了，这是个不好的习惯。如果注意认真修改，不仅会使这篇文章越改越

好，而且在修改的思考比较过程中，提高写作能力，使以后得益。凡是卓有成就、态度严谨的作家，都是特别注意这一点的。比如巴尔扎克，每创作一部作品，总要将原稿和修改稿保存起来，装订成大厚本，作为珍贵的礼物，赠送给知心朋友。如果他写一部 200 页的小说，修改的稿子相当于原稿的十倍。他每写一部小说，少则改几遍，多的要改十五六遍，而他一共写了 160 多部书，可以想见修改量有多大。在《欧也妮·葛朗台》（高中第三册的《守财奴》就选自这部小说）的先后版本中，有许多很有意义的改动，细小之处甚至于直到葛朗台系的领带。1833 年版本里，老葛朗台是打白领带，1839 年版则改为黑领带了，这是因为出于吝啬的本性，黑领带显然更合用。

有的同学会说，我也常想练习写作文，可就是总觉得没什么可写的。这就是下面要谈的问题了。

三、细观察

在同学们中间，常有对身边事物"视而不见""听而不闻"的现象发生。让写《发生在我身边的一件小事》，有的同学会马上喊起来："老师，我没见有什么事啊！"有的同学把事情写得干干巴巴，几句话就没词儿了，如果告诉他要写具体些，他就会说："哎呀！我没注意那些呀！"

为什么同样的生活、同样的环境、同样的见闻，写起文章却有这样大的不同呢？重要原因之一是有的同学没有学会观察。

学好语文，特别是写好作文，观察能力是很重要的。叶圣陶先生说过："要叙述事物，必须先认识它们，了解它们。这唯有下功夫去观察。"

"观察"不同于一般的"看"，"看"是谁都会的（除了盲人以外），而"观察"可不是人人都会的。对观察事物，叶圣陶认为"必须要整个心跟事物相对，又把整个心深入事物之中，不仅认识它的表面，并且透达它的精蕴，才能够真切地见到些什么。"可见，"观察"不只是靠视觉，而且也要靠听觉、味觉、嗅觉、触觉等去感知和认识事物，而最重要的，还是要用"心"，即认真动脑。

观察事物时，首先要认识它的表面，既要从整体上弄清楚事物的外部情况，又要根据事物本身特点按一定的时空顺序一部分、一部分地观察清楚，这样，写起文章来就容易了。比如，《荷塘月色》一文里写荷塘内部的景色时，先写静态，从叶写到花；后写动态，从花写到叶。因为走近荷塘，先看到的是叶；而风一吹来，则先闻到的是花香。

观察事物时，要抓住它们的个性，两个看来完全相同的事物，要注意找出它们的不同，因为"世界上没有完全相同的两片树叶"。所有伟大的作家、科学家都是特别注意这一点的。高尔基和安德烈耶夫、布宁曾经在一家饭馆里玩过一种观察比赛，看见一个人走进来，他们限定三分钟内对这人进行观察和分析，然后说出来。高尔基看到的是"一个脸色苍白的人，身上穿的是灰色西服，还长着一双细长的、发红的手。"安德烈耶夫只是胡诌一通，连西服的颜色都没看出来。布宁观察得最细致。他看到了这个人结的是带小点的领带，小指上的指甲有些不正常，甚至详细描述了这个人脸上的一个小疤疤，最后下结论说，这是个国际骗子，这一点后来得到饭馆侍者的证实。像这样的观察比赛，同学们不妨都试试。

如果是两个看来毫无相似之处或不相干的事物，则要注意通过观察分析，发现它们的相同点或内在联系。比如说白杨是一种树，它和人可以说毫无相似之处。然而茅盾先生仔细地观察了白杨树后，则非常贴切生动地用白杨树"枝枝叶叶靠紧团结，力求上进"的特点，作为北方农民、民族斗争精神的象征，写出了有名的《白杨礼赞》。

观察事物特别要由表及里，探究事物的"精蕴"，亦即事物的内部规律、本质特征。比如，观察人物，不仅要看到外貌特征，更要从外貌看到人物的内心世界，阿累在《一面》这篇课文里写鲁迅"面孔黄里带白，瘦得叫人担心，好像大病新愈的人"，这是因为"这位战士的健康，差不多已完全给没有休息的艰苦工作毁坏了"，但是作者写鲁迅"精神很好，没有一点颓唐的样子"，这就表现了先生的乐观与顽强。作者写鲁迅的头发"约莫一寸长，显然好久没剪了，却一根一根精神抖擞地直竖着"，"精神抖擞"四个字使我们感受到了鲁迅的意志与斗争精神。

有人把观察看成是跨进写作大门的第一步，从事科学研究的开端，我们应该养成对周围事物细心观察的习惯。

四、会分析

写议论文对相当多的同学来说，是个难题。有的同学开头提出个论点，然后是一大段记叙，再下个结论就完了；有的同学说出了自己的看法，但是却说不出所以然，干干巴巴几句话，再写就没词儿了。

这是分析问题的能力不强的表现。

为什么有的同学分析能力不强呢？因为他们看问题、读文章总习惯于"囫囵个儿"地去理解，写起文章来当然也就深不进去。

分析与综合是人们认识事物的两种重要的逻辑方法，它们之间是对立统一的关系，没有分析也就没有综合。所谓分析，就是把事物分解为各个不同的部分，并透过现象找出事物的本质。综合则是从总体上找出事物的内部联系，从而把握事物的本质。由整体到部分，这是分析，由部分到整体，就是综合。

分析是综合的前提和基础。人们认识事物总是从分析开始的，先有分析，后有综合。因为任何事物都是矛盾的统一体，不对具体事物的具体矛盾进行分析，就无法确定事物的特殊性，无法寻找到问题的本质。因此，任何判断、结论都应该产生于分析之后。比如，毛主席在《反对党八股》一文中，先逐条具体分析了党八股的八条罪状，之后进行综合，得出结论："党八股这个形式，不但不便于表现革命精神，而且非常容易使革命精神窒息。要使革命精神获得发展，必须抛弃党八股，采取生动活泼新鲜有力的马克思列宁主义的文风。"

当我们对问题进行具体分析的时候，就会发现结论是经过一步一步深入分析而得出的，就像学几何的证题一样，写起文章来就是层层深入的写法。比如《我们的文艺是为什么人的》这篇课文，在第一部分里具体论述了文艺为什么必须为工农兵群众服务，第二部分则进一步论述文艺为工农兵服务的关键是解决立场问题，第三部分再进一步论述为什么人的问题是一个根本的问题、原则的问题。

分析问题时，为了说得更透彻，还常常要从各个不同的角度来进行论述。比如《我们的文艺是为什么人的》的第一部分中，在开头提出问题、引用列宁的话作正面回答之后，说明提出问题的根据就是从这样几个角度进行的：分析文艺界的现状，论述文艺的阶级性，从人民群众在社会中的地位和作用进一步阐明道理。

进行分析时，还常常要把事物与矛盾的各个方面来对照、比较，这就会把问题阐述得更清楚。比较是区别事物、说明问题的好方法，通过比较可以给人具体、生动、深刻的印象，比如《改造我们的学习》是把马列主义的态度与主观主义的态度作比较的，《中国人失掉自信力了吗?》是把反动统治阶级与人民群众作比较的。

我们只有掌握了分析的方法，才能把文章写得更好。

五、勤积累

要学好语文，写好文章，头脑里要有一个小仓库。脑子里装的东西多，又会运用，读、写、听、说的能力就会提高。

对中学生来说，阅读课外书是积累知识的一个重要途径。

有一些同学有一种糊涂认识，以为只要把课内知识学会了就行，至于课外书，不读也不要紧，因为升学考试也不考。这种想法使得他们知识面很窄，课本以外的东西很少，写起文章来总是放不开笔。特别是科学迅速发展的今天，自然科学与社会科学之间相互渗透，相互交叉，如果知识不广博，不仅学不好语文，而且也做不好工作。所以鲁迅早就说过："爱看书的青年，大可以看看本分以外的书，……譬如学理科的，偏看看文学书，学文学的，偏看看科学书，看看别个在那里研究的，究竟是怎么一回事。这样子，对于别人，别事，可以有更深的了解。"

（一）为了写好作文，主要应积累些什么呢

1. 积累材料。材料多了，不仅写起文章来有话可说，而且能更深刻地提炼主题，能选取更典型的材料来表现主题。相传唐朝大诗人李贺，出门时总是带一个锦囊，所见所闻有所感触而想到一两句诗时，就用纸条写下来放在锦囊里，回到家再整理出来，他有不少好诗都是这样写出来的。有趣的是，俄国大作家托尔斯泰也有一个"百宝囊"。他随身携带一个本子，不论是散步，还是和客人喝茶，都不时拿出来，记下一点什么。有一个人好奇地问过他："你老是往本子上记什么东西？"他说："我记的是你。""我有什么可记的？""什么都是可记的，世界上什么都是有趣的。"在写《战争与和平》的时候，他走遍了全莫斯科的图书馆，访遍了所有能给他讲一丁点有关情况的人。

2. 积累语言。有的同学语言太贫乏，写起文章总是那几个词，使别人看了很乏味，这就要注意积累语言。从书本上（特别是一些优秀作家的作品）看到好的词汇要用心揣摩为什么用得好，然后记下来。特别是要注意学习群众中的语言，因为这是非常丰富生动的，而我们的作文就应该是"怎样想就怎样说，怎样说就怎样写"。所以注意学习人民群众中的语言是非常重要的。

（二）积累的方法

积累的方法可以有多种

1. 做笔记。读到好书、好文章，碰到生动的事情，听到生动的语言，就摘记下来。做笔记时可以分门别类，作个目录，以后查用起来就非常方便了。

2. 记词汇本。把看到、听到的好词汇分类记在本子上，分类时可以按事物分，也可以按词性分，还可以把同义词或反义词集中到一起，写作文时可以随时用上。

3. 做卡片。每读一篇好文章，可在卡片上写上题目、类别、作者、出处、发表时间、内容提要或片段摘录等。

4. 贴剪报。每天看完报纸后，随手剪下有价值的材料，分类贴起来，也搞一个分类目录。

做这些事情都要有一个韧劲，坚持下去，就会大有好处。有的同学有时心血来潮搞起来，刚做几天就放下了，那当然不会有太大的成效。

六、多诵读

有的同学学文言文时，总希望老师把语法知识讲多点、讲细点，再把课文逐字逐句都翻译过来，自己一背就行了，似乎这样就能把文言文学好。

其实，要学好文言文，更重要的还是自己多诵读。或者放开声音读——以求表达文章内容与语言的气势、韵律的优美；或者小声地读——以求更深地体会文章写法、章法与语言的佳妙。同时，通过诵读会比死背语法知识更有助于理解文字表达的内容，因为多读可以增强文言文的语感——语法感、语音感、语义感，有了良好的语感，文言文学起来就会容易得多了。

当然，诵读不是光扯着嗓子喊，或者毫无感情地读，而是要细心体味，边读边想。

比如，欧阳修的《醉翁亭记》，这是一篇写得非常美的散文，不读是体会不出的。就说课文中那二十一个"也"字，许多人写文章分析了其中的奥妙。但是，如果你光看了分析文章，那只会对作者为什么用这么多的"也"字、它们之间有什么不同、到底好在哪里这些问题有一个表面的理解，因为虽然你似乎明白了这些道理，却没有切身的具体的感受。只有你用心地反复阅读了，才能深切地感受到那些道理。读得多了，你还会受到美的熏陶——作者思想感情的美，文章结构美和语言美。

通读的时候，要特别注意体会作者在文中所表达的思想感情。比如，读《出师表》，要体味诸葛亮"鞠躬尽瘁，死而后已"的一片忠诚；读《指南录后序》，要体味文天祥面对死亡大义凛然的民族气节；读《黄生借书说》，要体味袁枚用切身体会谆谆告诫后辈的真挚情意；读《伐檀》与《硕鼠》，要体味奴隶们对不劳而获的剥削者的切齿痛恨。当然，"读进去"以后还要再"读出来"。因为这些文章大都产生在封建社会，由于时代与作者立场的局限，不可避免地会有一些消极因素，对这些消极东西，我们必须运用马克思主义的立场、观点、方法进行分析。

读文言文时，要注意句中的停顿。特别对有些意思不太理解的语句，更要注意。有的句中字、词意义并不难懂，但是读得不对却把意思弄错了。比如，《黄生借书说》中"书非借不能读也"这一句，都是平平常常的字词，但是如果读的停顿不对就不能正确、恰当地表达作者要说的话。这个句子正确的停顿应该是："书｜非借｜不能读也"，这是一个双重否定句，表示肯定的意思：书只有是借来的才能好好地读，如果把它读成"书非｜借不能读也"，就和作者的原意完全相反了。读得多了以后，就有助于对语法知识的理解。相反，只背熟语法知识，却不熟读课文，文言文是不容易学得好的。对文言文的诵读、背诵还有一个好处，就是对自己写作能力提高有潜移默化的作用，作家黄庆云这一段话就可以说明这一点，"……不懂内容，填鸭式的背诵是应该反对的。但是，使我们能心领神会，吸取其精华的背诵却是有益的。从心理学上说，背诵一遍，等于自己的耳朵又听一遍，就能加深印象，从视觉的印象转到听觉的印象，到了将来写文章时，古文里那些引人入胜的开头，异军突起的结尾，栩栩如生的描写，排山倒海的气势，就会不期而然的融到自己的笔锋里。"

七、学语言

要想说得好，写得好，就要锤炼自己的语言，使之鲜明生动准确。学习语言首先要向人民群众学，其次要向古人学，最后要向外国学。

学习语言时要注意琢磨别人的长处。比如，课文《绿》里有这样一句："小草偷偷地从土里钻出来，嫩嫩的，绿绿的。"这里的"钻"字就用得非常贴切，它把小草在不为人注意时发芽，当人们一注意到时则已长出地面的旺盛生机，写得极为传神。正像法国著名作家福楼拜说过的："我们不论描写什么事物，要表现它，唯有一个名词，要赋予它运动，唯有一个动词，要得到它的性质，唯有一个形容词。"这里的"钻"字就是难以更替的。

要学好语言就要认真锤炼，在这方面是非要下一番苦功夫不可的。苏联作家阿·托尔斯泰说过："在艺术语言中最重要的是动词，这是很明白的。因为全部生活都是运动。要是你找到了准确的动词，那你就可以安心地继续写你的句子。因为，如果一个人从马上爬下来，从马上跳下来，从马上飞跃下来，和从马上啪嚓地跌下来，——这完全是不同的动作，是描写人的不同状况的，因此必须首先找到能说明事物准确动作的动词。"许多作家都是非常注意语言的锤炼修改的。比如，秦牧同志的《土地》一文中，有这样一句话："看到一个老农捧起一把泥土，仔细端详……"这里的"捧"字原稿是"捏"字。显然，用"捧"字一是更有力地表达了人们对土地的感情，二是与后面的"仔细端详"相对照，显然比"捏"字更准确、更切合实际。

但是我们说的锤炼语言绝不是矫揉造作，故意雕琢。鲁迅先生认为文章应该"明白如话"，他说："倘要明白，我以为第一是在作者先把似识非识的字放弃，从活人的嘴上，采取有生命的词汇，搬到纸上来；也就是学学孩子，只说些自己的确能懂的话。"这就是说，作文应该"怎么说就怎么写"，让语言尽量明白通畅。比如，《分马》中有这样一句："瞅那红骒马，膘多厚，毛色多光，跑起来，蹄子好像不沾地似的。"完全是人民群众中的口语，读来极其自然亲切。

学习语言时还要注意修辞。大家都知道，语法是管话说得通不通的，逻辑是管话说得对不对的，而修辞则是管话说得好不好的。要使语言生动有力，令人爱读，就要讲究修辞。比如，鲁迅在《药》里写道："'义哥是一手好拳棒这两下，一定够他受用了。'壁角的驼背突然高兴起来。"这里用了借代的修辞手法，用"拳棒"代替武艺，用"驼背"代替五少爷，这就使要说的事物具体化、形象化了。再如"一个浑身黑色的人，站在老栓面前，眼光正像两把刀，刺得老栓缩小了一半。"这里用了夸张的修辞手法，渲染了刽子手的狰狞凶狠和华老栓的胆小惶恐，使人感到生动逼真。

有的同学认为，这样的修辞手法只是在记叙文里进行描写时用的，写议论文则不能用。这样，写起议论文来语言干干巴巴。好的议论文语言也生动活泼，也常常恰当地运用修辞手法。比如，《放下包袱，开动机器》中这样两句话："为了争取新的胜利，要在党的干部中间提倡放下包袱和开动机器。""凡事应该用脑筋好好想一想，俗话说：'眉头一皱，计上心来。'就是说多想出智慧。"前一句即是借喻，后一句则是借代。

八、贵创造

我们在学语文特别是写作文时，要注意培养自己的创造能力，要用自己的话写自己的见闻与思想。我们看到，有的同学写作文常常是人云亦云，别人怎么说他也怎么说，还有的同学甚至只是把别人文章拿来拼凑一下就算完事。这样学习，既不利于提高自己的分析能力、思想觉悟，也不可能提高作文水平。

作家茹志鹃曾经说过这样的话："我每写一篇文章，首先就想，写出来会不会和别人的一样，如果都是一样，我就宁可不写。"可见，写作文是一个艰苦的创造性劳动的过程，如果只想不费力、图现成，那怎么能行呢？

这里首先要注意的是要写自己的真情实感，不要虚假，不要粉饰，写出来的东西才会有自己的个性。其次要锻炼自己的思维敏捷性，大胆些，敢于发表不同的见解。

有一个初一学生，在课外阅读笔记本上画了些插图，妈妈说她是"班门弄斧"。她听了以后很有感慨，便写了一篇题为"班门弄斧新解"的日记，说这个成语如果用得不好会束缚人们特别是年轻人的思想，她在举了大量青年人敢想敢说敢干的事迹后，这样写道："向老师学习，并非'班门弄斧'。弄几下斧，求教于他人，有什么不好？即使出了笑话，也大可不必赤颜而退呀！如果永远不敢'班门弄斧'，人类也可能延续不到今天，即使延续下来，也可能还在吃野兽、树皮。"这个学生的认识是很有见地，对人很有启发的，这样的文章写出来谁不爱看呢？

再如，一次散文写作中，许多同学写的都是常见的常写的题目，如"青松""蜡烛""红梅"等，可是有一个同学写的题目与任何人都不同："锁头赞"，她赋予锁头以丰富的深刻的内心世界。文章开头这样写道："我看锁头，它像一位铁面无私的将军。对敌人的凶恶，它冷若冰霜；对主人的命令，它坚决执行。它似乎不懂得什么是笑，总是那样严肃、认真。唯一能打开它心扉的工具只有钥匙。而对这唯一的朋友，它也一丝不苟，只要有一点差错，就绝不放过。它结构简单，材料单纯，然而，在它那丰富的内心世界里，有着多么深刻的内涵。每当主人用钥匙和它'交谈'。它心里就产生了一种最幸福的快感，因为它完成了主人交给它的神圣使命……"

这个学生这篇文章从选材到立意都是很有特点与创见的。她舍弃了那些看来很有写头却被别人多次写过的东西，选择了人人视之平常却又极少有人来写的锁头，说明她很有眼力。特别是她对锁头内心世界的分析，通过拟人化的手法写得极为深刻细腻，读来使人耳目一新。

尤为可贵的是，当老师给这篇作文打了高分，写上评语张贴出来供大家学习时，这位同学却一点没有沉迷在已取得的成绩里，她的思维出乎意料地转向了问题的另一方面。第三天，她又交给老师一篇题为《锁头的联想》的文章。同样是写锁头，这回却不是褒而是贬了。文章开头是这样写的："锁头固然可爱，然而美中不足，它也有缺欠。它对手持凶器的敌人可以大义凛然，但是，当狡猾的敌人窃取了主人的钥匙对它进行欺骗，它却听而不闻，视而不见。它没有自己的头脑，准确地说，它只有机械的思维。它对命令毫无疑问，只知盲目执行。"接着，她举了岳飞因愚忠而酿成民族与个人的悲剧为例，说明人是应该有自己的思想的。

由此可见，四化人才需要有创造性，而创造思维又是学习语文、写好作文的主要条件，我们都应该重视培养自己这一能力。

（原载福建教育出版社《中学生学习方法指导》）

《观巴黎油画记》三题

（1982）

《观巴黎油画记》这一课的重点与难点主要有这样几个地方：一是这篇文章的立意究竟在哪里，作者为什么要写这篇观画记？二是文章是写油画的，然而在 403 字的短文中，却用了 124 字写参观巴黎蜡人馆，这有什么用处？三是面对初一的学生，这篇课文的艺术手法讲些什么？

一、文章的立意

西方人的油画杰作许许多多，作者为什么单写《普法交战图》？要使学生深刻地把握文章的立意，在课文内容之外必须精要地向学生讲授下述几方面的知识：文章写作时的中国社会状况，作者当时的思想及主张，普法战争概况及对法国人民的影响。

作者是怎样点明文章意旨的呢？是在第三段中简练而含蓄地点出来的。作者在生动传神地记述了油画，把读者引入那悲壮的气氛之后，突然提出一个尖锐问题引人深思："余闻法人好胜，何以自绘败状，令人丧气若此？"紧接着用译者的话作了回答。而"其意深长"的"意"就显然有着两层含义：既是说法人作此画为"昭炯戒，激众愤，图报复"，也是表达自己向中国人介绍此画含义深沉。中国当时的情况与当年法国签订投降和约，割地赔款所受的屈辱何其相似！一个民族面对落后、失败、侵略、欺侮，是像鸵鸟一样把脑袋钻在沙堆里呢，是像阿 Q 一样反而自认为"胜利"呢，还是发扬"好胜"之心而发奋图强、自强不息呢？作为洋务派主要人物之一的薛福成，曾力主加强海防，曾成功地抵御过法军的侵略，曾提出过"厉人才，整戎备，浚利源，重使职"，"耳中梦中"都在为中国富强而谋"弃短集长之策"，他写这样一篇观画记，确是"其意深长"，短短四个字，表达了一个具有爱国精神的政府官员忧虑民族命运，切望振兴祖国的深沉感情。文章的立意怎样教给学生效果更好一点呢？首先，可以在讲第三段时结合文章内容简介时代背景及作者思想，以便深入理解"其意深长"的双层含义，其次，可以联系刚学过的《最后一课》，既可使学生形象地感受到法国人民是怎样"昭炯戒，激众愤，图报复"的，又可以更深刻地理解两个作者共同的感情与愿望。

二、怎样铺垫的

许多文章都分析了写蜡人馆起到给写油画作铺垫与衬托的作用，这无疑是对的，然而，却并未抓到作者在铺垫上的精妙之处。蜡人塑造技艺的奇妙在于逼真，油画技巧的出众也在于逼真，那么为什么说"西人绝技，尤莫逾油画"呢？油画的技巧与艺术效果是怎样高于蜡人塑造的呢？不弄清这一点，就抓不住以蜡人馆铺垫油画院的妙处。作者构思的高超，文笔的独到就在于他写出了同是"逼真"的二者的不同之处，那就是观赏蜡人时是有"惊"有"叹"，而观赏油画却无"惊"无"叹"了。为什么无惊无叹反而比有惊有叹更高超引人呢？因为蜡人不管怎样"悉仿生人""无不毕肖"，不管逼真到怎样的程度，观赏者也都自知那是假的。虽然"惊"，但不惑，虽然"叹"，却不疑，这是立身于其外的惊叹，也只有立身于外才会有惊叹。而油画则不同，由画室布置的奇特到油画的画境，却能使观赏者心驰神往，产生幻觉，置身其内了。当"几自疑身外即战场"精神完全进入了油画创造的境界中去时，哪里还会有惊叹呢？只有到"以手扣之，始知其为壁也，画也，皆幻也"，从幻觉回到现实中后，才会有惊叹，这是一种回味无穷的惊叹，自然，这样的惊叹作者反而不必写出，而读者早已能够心领神会了。由此可见，蜡人不管塑造得怎样逼真，顶多也只能达到"以假乱真"的程度；而油画的逼真，却足以使观赏者"由假入真"，油画的技巧不是更高一筹吗？作者不是以低衬托高，而是以高去衬托更高，从而取得了绝妙的艺术效果。因此也就可以看到，虽然蜡人馆不是这篇文章记叙的中心，但做那样细致入微的描写却是极其必要的，因为它能够有力地突出中心。做这样的分析，似乎才能触到本文铺垫的真正佳妙之处。

三、艺术手法讲什么

本文的写法特点可讲之处很多，但对于初一学生来说，第一次学习这篇文章，除了铺垫这一点必须讲清以外，可以着重讲条理清晰、层次分明这一点。

从全文来看，第一段记游巴黎蜡人馆所见，第二段写游巴黎油画院所见，第三段用设问、回答、议论三句话点出油画及本文主旨，第四段进一步说明历史的真实借艺术的虚构得到充分体现，历史真实与艺术真实是高度统一的，让读者再作更深入思考而得到教益，使赞扬法国人民爱国精神的题旨得到深化。这样，文章前一半的记叙，通过生动描写，使读者赞不绝口；文章后一半的议论，通过设问使读者思之又思。全文有叙有议，叙议相接，步步深入，清晰明了。此外，再从对参观蜡人馆与油画院的记叙来看，写蜡人馆中的蜡人，可分二层。首先，概括地写出作者入馆对第一眼所见蜡人的总体形象：形状体貌、姿态风度、高矮胖瘦、皮肤颜色。其次，写对蜡人进一步观察，看出其中有不同地位的各阶级、阶层人物。再次，写更细致地观察，见到蜡人各种不同的姿势、动态、行为，立卧坐俯、哭笑饮博、神情举止，栩栩如生。款款写来，层次分明。这是以作者逐步深入地观察为序写的。写油画《普法交战图》则按由远到近、由静到动，井然有序写出来的。先写远景，"极目四望"，战场背景是"城堡、冈峦、溪涧、树林、森然布列"；次写中景，交战时

"两军人马杂遝"的情状,把战斗者的动作、形态,战斗的气氛、场面进行了绘声绘色的描述;再写近景,炮弹炸裂时的火光与烟雾,给人以逼真感;最后是"特写"镜头,炮弹轰击后使房屋成"断壁危楼",使军士"折臂断足"的惨烈情状,使庐"黔"、使垣"赫"、使血"殷"的沙场激战的景况,历历在目,触目惊心。讲述上面的有关知识,使学生懂得要按照一定的顺序,有条不紊地写文章,把讲读教学与写作指导恰当地结合起来。

(原载《吉林教育》1982 年第 3 期)

《鸿门宴》教案
(1986)

【教学目的】

1. 了解鸿门宴上的斗争中刘邦胜、项羽败的原因;学习本文紧凑地安排情节、生动地刻画人物的写法。

2. 了解文言文实词活用(包括使动和意动用法)的一些规律,理解古汉语中名词作状语和句子成分省略的一些知识。

3. 培养分析、综合能力及自学能力。①

【课时安排】

共五课时,前三课时讲读,后两课时写作。

第一课时,了解鸿门宴前后的形势及刘、项斗争的简要始末,学生自读课文,弄清字、词及关键句子的含义。

第二课时:学生再逐段朗读课文,根据教师所拟思考题,在个人揣摩、小组议论的基础上进行讨论,达到理解文章内容和进一步掌握字、词含义的目的。本节侧重锻炼分析能力。

第三课时:总结。提出关于情节、人物性格、写法、古汉语知识等若干问题,要求学生回答或归纳,达到深入体会文章内容及艺术特点、掌握必要的文言知识的目的。本节侧重锻炼学生的概括能力。

第四五课时:作文。出一组题目由学生自选,以巩固并加深对课文内容的体会,培养学生书面表达能力和分析问题能力,特别注意创造思维的发展。

【课前预习】

把下面的材料印发给学生，要求学生自己基本弄懂。②

一、以下选自《史记·项羽本纪》：

1. 项籍少时……又不肯竟学。

2. 秦始皇游会稽……虽吴中子弟皆已惮籍矣。

3.（秦二世三年十一月，项羽杀卿子冠军宋义，怀王因使项羽为上将军。）项羽已杀卿子冠军……项羽由是始为诸侯上将军，诸侯皆属焉。

4.（鸿门宴后）居数日，项羽引兵西屠咸阳……项王闻之，烹说者。

5.（汉元年）项王乃与范增急围荥阳……行未至彭城，疽发背而死。

6. 楚汉久相持未决……吾宁斗智，不能斗力。

7. 项王军壁垓下……莫能仰视。

8.（垓下突围后）项王乃复引兵而东……骑皆伏曰："如大王言。"

9. 于是项王乃欲东渡乌江……余骑相蹂践争项王，相杀者数十人。

二、以下选自《史记·高祖本纪》。

1. 汉元年十月，沛公兵遂先诸侯至霸上……人又益喜，唯恐沛公不为秦王。

2. 或说沛公曰……欲以求封。

3. 楚汉久相持未决……汉王出行军，病甚因驰入成皋。

4.（汉五年）正月，诸侯及将相相与共请尊汉王为皇帝……天下大定。高祖都洛阳，诸侯皆臣属。……五月，兵皆罢归家……③高祖置酒洛阳南宫……此其所以为我擒也。

第一课时

根据前面所提供的材料中的有关部分，教师简介鸿门宴前的形势。（略）

接着要求学生自读课文两遍。

第一遍：细读。或运用工具书独立阅读，或互相讨论，达到理解字、词含义，基本读懂课文。教师根据学生阅读过程中的提问情况，将词语与句式中的重点、难点部分整理出来（详见下表，供参考）。

第二遍：朗读。或齐读，或各自放声读，或一人读大家听。通过朗读增强语感，体会课文，并检查学生是否还有没弄懂的字、词、句。

说明：这一节课重在让学生通过独立思考理解字、句含义，不急于讲古代汉语知识。④

字词的整理和归纳按以下步骤进行：

1. 要掌握的生字。

飨 xiǎng　姬 jī　鲰 zōu　卮 zhī　玦 jué　瞋 chēn

眦 zì 跽 jì 巘 zhì 啖 dàn 俎 zǔ 芷 zhǐ 桮 bēi

2. 要掌握的重点实词。

妇女无所幸　素善留侯张良
故幸来告良　不如因善遇之

刑人如恐不胜　具告以事
沛公不胜桮杓　欲呼张良与俱去

旦日不可蚤自来谢项王
乃令张良留谢

秋毫不敢有所犯

臣与将军戮力而攻秦

君王为人不忍

此迫矣

哙即带剑拥盾入军门

杀人如不能举

会其怒

度我至军中

间至军中

3. 要注意下面的通假字。

距关，勿内诸侯（欲止不内）

张良出，要项伯，沛公奉卮酒为寿

愿伯具言臣之不敢倍德也

旦日不可不蚤自来谢项王

令将军与臣有郤因击沛中于坐

沛公不胜桮杓

4. 下面句中带点的词要会翻译。

A. 项伯乃夜驰之沛公军　　吾得兄事之
　　旦日不可不蚤（早）自来谢项王
　　若入前为寿　　常以身翼蔽沛公
　　头发上指　　道芷阳间行

B. 沛公军霸上　　沛公欲王关中
　　秦地可尽王也　　籍吏民
　　范增数目项王　　刑人如恐不胜
　　道芷阳间行　　素善留侯张良

C. 项伯杀人，臣活之
　　交戟之卫士欲止不内
　　先破秦入关者王之

5. 下列词语古今用法不同，要注意。

沛公居山东时

备他盗之出入与非常也

第二课时

学生再次逐段默读课文，着重理解课文的内容。

这一节课的基本教学方式是：先提问题（由学生提或教师提均可）；接着由学生自行揣摩或展开讨论；然后由教师作小结。在这过程中，拟采取以下的具体做法：

1. 采用逐段进行的方式，但决不同等用力，面面俱到，每段确定重点，各段之间要有所侧重。⑤

2. 方式尽可能灵活些，不是用一种方法进行到底，使学生不至产生厌烦情绪。

3. 教师尽可能抓住要害，点到为止，给学生留有思考余地（在第四、五节的作文课上也要实行这一原则）。

4. 注意引导学生通过阅读课文体会内容，特别是加深对重点词语的理解，不搞贴标签式的答案。

5. 如一节课进行不完，可再占用第三节课少许时间。

思考题初步拟定如下：

第一段：本段交代了些什么？这些交代有什么作用？⑥

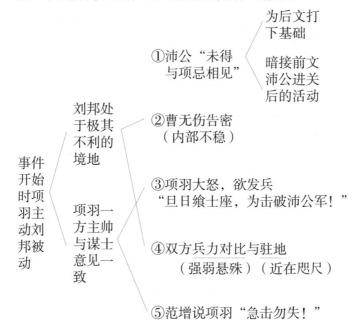

第二段：本段拟提出两个问题。⑦

1. 刘邦听到消息后表现如何？

提示：

①惊曰："为之奈何？"（心情紧张）

②鲰生（情急而骂人）说我曰："……故听之。"（当初不会把此人骂为"鲰生"）

③沛公默然，曰："固不如也。且为之奈何？"（无言以对，无计可施，再三求教。）

2. 刘邦怎样对待项伯？

提示：

①君为我呼入，吾得兄事之。

②厄酒为寿，约为婚姻。

③……愿伯具言臣之不敢倍德也。

第三段：项羽把刘邦放在心上了吗？

提示：

①立即漏出曹无伤告密一事

②宴会座次的安排

④理会范增的暗示

第四段：本段怎样写樊哙的？

提示：

①此迫矣！臣请入与之同命！

②臣死且不避，厄酒安足辞！

（这段话说得有理，使项羽感到心亏；说得有力，使项羽颇受震动，说得有节，使项羽无法生怒。）

③闯帐的一连串动作及神情的描写。

第五段（不拟提问）。

第六段：项羽与范增对刘邦赠礼的态度有何不同？

第三课时

学生再读课文，深入理解文章内容，掌握故事情节发展线索，理解本文艺术特点及古汉语中名词作状语、句子成分省略的知识。

拟提出以下问题引导学生深入思考，然后分析归纳。

1. 本文是怎样紧凑安排情节的？怎样在尖锐的矛盾斗争中刻画人物？（提示略）

2. 在鸿门宴上的斗争中，刘邦为什么能取得胜利，而项羽却遭到失败？⑧把刘、项两个集团的主帅、谋臣、武将、对方内线及相互间的关系作一比较，能看出什么问题？

提示：

①刘邦文有张良，武有樊哙。张良运筹帷幄，为刘邦与项伯穿针引线；樊哙在危难中挺身而出，二人均智勇兼备。刘邦不仅信任他们，而且善于发挥他们的作用，因而上下一心，步调一致。

项羽文有范增，武有项庄。但范增心胸狭窄，好意气用事；项庄勇而无谋，只是一个莽夫。项羽刚愎自用，不信任范增，上下离心。

曹无伤向项羽告密，项羽却轻易泄露，使刘邦能"立诛之"，从而内部更加纯洁。而项羽却对被刘邦笼络了的项伯言听计从，对范增的远见却听不进去，终于埋下祸根。

②刘、项双方对鸿门宴上的斗争都是有所准备与商议的，从课文中哪些地方可以看出来？而宴会又是按照哪一方准备的路子进行下去的？为什么会这样？（提示略）

③鸿门宴斗争的经过与结果能够预示刘、项斗争的最终结局从哪里能看出来？（提示略）

3. 本文是怎样生动地刻画人物的？⑨

①全文中项羽一共说了多少话？从中可以看出他是个怎样的人？

提示：

项羽共说了九句（55字），即：

项羽大怒曰："旦日飨士卒，为击破沛公军！"（暴躁骄傲，不把刘邦放在眼里）

项王曰："此沛公左司马曹无伤言之。不然，籍何以至此？"（轻敌无谋）

（项庄请以剑舞）项王曰："诺。"（说一不二）

（樊哙闯帐）项王按剑而聪曰："客何为者？"（勇武）

项王曰："壮士！——赐之卮酒。"

项王曰："赐之盘肩。"

项王曰："壮士！能复饮乎？"（豪爽）

项王未有以应，曰："坐。"（头脑简单）

项王曰："沛公安在？"（和缓的问语，表明必听凭刘邦逃席不问）

②把刘邦对项伯、项羽说的话及樊哙对项羽说的话放在一起对照，可以看出什么问题？

提示：⑩

{（樊）夫秦王有虎狼之心，杀人如
　　　　　　　　　　（刘）臣与｜
不能举，刑人如恐不胜。怀王有诸
将军戮力而攻秦，将军战河北，臣
将约曰："先破秦入咸阳者王之。"今
战河南，然不意能先入关破秦得复
沛公先破秦入咸阳，
见将军于此。吾入关，秋毫不敢有所
　　　　　　　　　　毫毛不敢有所
近，籍吏民，封府库，而待将军。
近，封闭宫室，还军霸上，以待将
所以遣将守关者，备他盗之出入与
军来。故遣将守关者，备他盗出入
非常也。日夜望将军至，岂敢反
与非常也。劳苦而功高如此，未有
乎？今者有小人之言，令将军与臣
封侯之赏；而听细说，欲诛有功之
有郤……
人，此亡秦之续耳。窃为大王不敢也！

由上面的比较可以看出：

刘邦的话委婉谦恭，樊哙的话感情直接外露（实际上是樊哙说出了一些刘邦无法启齿的话），而两人的语言又都符合本人的身份与性格。

刘邦对项伯和项羽所说的话互为补充，不见重复，可见作者剪裁的功夫。

樊哙的话许多地方与刘邦相同，这又是必要的，有利于打动项羽，而且说明了刘邦集团的上下一致。

③文章是怎样写樊哙的？① （提示略）

4. 根据第一课时整理的文言词语中有关材料，讲清实词活用的一些规律及名词作状语和句子成分省略的知识。

第四五课时

作文。

谈谈对《鸿门宴》的人物形象、情节结构和艺术手法的看法。

要求：

1. 集中谈一个方面的问题，要尽可能分析得深刻些。
2. 自拟题目，要拟得鲜明，能吸引读者。
3. 可结合课前预习看过的那些材料。
4. 特别提倡谈出自己的创见。

【简评】

现行语文教材里有不少古代历史作品，怎样讲好这些作品，很值得研究。所谓培养学生阅读能力，重点自然是阅读现代文的能力，但不能因此而忽视文言文阅读能力的培养，更不能把阅读史书的能力排除在外。我国的史籍极其丰富，是我们这个民族的骄傲。从长远的观点看，让现在的青年学生在历史课本之外接触一点古代历史作品，并且初步学到读史的方法，是大有好处的，这将增强他们的爱国主义思想感情和民族自信心。但这件事很不容易做好：把语文课变成历史课绝非正途，而逐句翻译的方式则往往使学生生厌。这就需要提倡认真地思索，大胆地试验，看看究竟怎样做才能在卓有成效地进行语文教育的同时，又教给了学生读史的方法。

张翼健老师讲《鸿门宴》，我没有机会听到，但看了他的教案，我敢说，他的思索是认真的，而且确实朝着这个问题的解决迈开了重要的一步。我想着重谈两点：

第一，众所周知，透过纷纭复杂的现象把握历史事件的本质，是阅读历史作品的基本要求。一篇历史作品教得好与不好，主要就是看这个基本要求完成得怎样。《鸿门宴》一文所叙述的事件虽然是刘、项斗争的开始，却已在某种程度上预示斗争的结局，正如文章结尾中范增所说，"夺项王天下者必沛公也"。张老师对这一点非常重视，把它看作贯穿课文故事情节的主线。因此，在分析段意的时候，他敢于略去一些次要的细节，而抓住双方决策人物在关键时刻的表现来启发学生。在分析人物的时候，他不是像某些人那样着眼于"艺术形象"的分析，大谈人物的性格，而是从"历史人物"这特定角度出发，对他们在这一历史事件中的作用做出恰如其分的分析。这样来分析，不仅较好地阐明了鸿门宴斗争的全部发展进程的内部原因，而且鲜明地揭示了刘、项双方势力互相消长的发展前景，有助于学生理解历史事件的本质。

第二，历史作品的语言最看重的是反映历史的真实，即使是作品中的人物语言也是如此。

所谓性格化的要求，则不能不退居到第二位，而且也只能在反映历史真实的前提下才得以实现。因此，分析这类作品中的人物对话，既要看到当时的历史条件（环境）对它的制约和影响，又要注意到使这种分析能够转过来生动地再现历史的真实图景。从教案中可以看到，张老师对这一原则不仅非常熟悉，而且运用得很巧妙，他把刘邦对项伯、项羽所说的话跟樊哙对项羽所说的话所做的比较分析，就是这方面的一个突出的例子。经过比较，不难看出：刘、樊二人的意思完全相同，但由于二人身份不同、说话的场合不同，表达方式也就有所不同；而这种不同又恰恰统一于刘邦集团的同一个策略目标之中。这样来分析人物语言，不仅能充分反映文章作者语言艺术的高超，而且能把学生带到历史的规定情景中去，使他们对事态发展的过程获得更清晰的认识。

我之所以单单强调上述两点，无非是想把它们作为历史作品教学研究的起点，引起广大教师的重视。语文教材中的纯历史作品，仅在高中第一至第六册里也不少于二十篇。如果我们把教好这类作品看作一个全局，那么其中必定有许多重要问题需要我们一个一个去解决，如突出语文因素的问题、批判继承的问题等。但是，如果单就一篇课文（如《鸿门宴》）的教学来说，能够像张老师这样较好地解决一两个问题，那就应当说是很不错了。在教学研究问题上，求全责备是有害的。

张老师为《鸿门宴》的教学付出了辛勤的劳动。我只想指出一个事实：他从《史记》的《项羽本纪》和《高祖本纪》中选出十多个段落，精心加以编排，供学生预习参考——这件事费去了他多少时间，谁都看得出来。也许，有些人不赞成这种做法或者认为它不够完善，但这属于不同意见争鸣的问题；而我则认为这正是张老师能够把握鸿门宴斗争这一历史事件本质的奥秘之所在。这种辛勤耕耘的精神，更值得提倡。

最后，我想重申一句：张老师的课我没有听过。但基于上述理由，我相信他的试验是成功的。

以下为简评者随文批注：

①下面"课时安排"可以看出，这里提到的三种能力的训练，在前三节课里都作了适当的安排。

②编者按：为节省篇幅，张老师摘抄的这份材料，我们仅指明每段的起句和结句，请读者详查《史记》原文，但张老师在某些段落前用括号加上的说明语则予以保留。

③以上三处省略号，原材料中如此。

④这个提示很重要，合乎循序渐进的原则。

⑤凡典范作品都大有可讲，如果什么都要讲，则往往劳而无功。因此，篇有重点段，段有重点内容，应当成为处理教材的一个原则。张老师这个提法是正确的。

⑥下面的表简而明，一看便知当时刘、项两方的态势。

⑦第二段是课文中的一个长段，但主要内容是写刘邦对付紧急事变的措施。抓住以下两个问题来问学生，才能使学生透过纷纭复杂的现象理解历史事件的本质。

⑧从下面的设计可以看出，这是本节课的分析重点之一。讲历史作品，应当像张老师这样抓住要害，层层深入地启发学生，才能有效地提高学生读史的能力。

⑨从下面的三个具体问题可以看出，重点是分析人物语言。在历史作品教学中，人物言行的分析是最关紧要的，把人物言行放在一定的历史环境中，才能表现出人物在历史上的作用；但教一篇具体的课文，则往往只能突出其中的一个方面。张老师的这种做法是正确的。

⑩从课文实际出发，用比较的方式来分析人物语言，颇具创造性！

⑪此题跟第二节课第四段的思考题相同。但前者侧重情节和内容的分析，此处侧重人物刻画。由于"提示"略而不书，这种区别就看不出来了。

（北京市 133 中学　张必锟）
（原载广东教育出版社《高中语文优秀教案选评》）

《美猴王》教案设计

（1983）

《西游记》是学生爱看的书籍。孙悟空是学生熟悉的形象。这篇课文文字浅显明白，没有太多难懂的地方，如果还用老几段的教学法逐段讲解，可能会削弱学生学习兴趣，影响教学效果。

本课可采取以说带读、以练带讲的教学方法，以培养学生口头表达能力为主，通过口语训练提高学生阅读能力、促进思维能力与想象能力的发展，教师通过简要指点实现上述目的。

具体教学步骤简拟如下：

一、在布置预习的基础上，要求学生分段并概括段意，弄清本文的记叙顺序与层次，掌握课文是怎样把"美猴王"来历一步一步交代清楚的。

二、将学生按前后桌分成四人小组，在小组里每人讲一段故事，（第一段故事可由两人讲述）互相评议。事前教师提出如下要求：1. 注意课文是怎样紧紧抓住石猴特点进行描写的，讲述故事时也必须清楚表现出石猴的特点；2. 像平时说话、讲故事一样把课文的书面语言改换成口头语言，要注意以恰当的表情和必要的手势与姿势加强表达效果；3. 提倡根据自己过去的知识对课文中一些地方加以想象，使描绘更细致、具体（教师可以"思考和练习"三为例，告诉学生像这样的地方就可以展开想象并提示怎样展开想象）。讲故事前可给每个学生阅读课文和思考的时间。长短视实际情况而定。

三、在小组讲述基础上，根据教师了解与学生推荐，找四名同学在全班把本课故事讲述一遍（亦为分段讲述），师生共同评议。评议时教师应引导学生以三点要求为依据。

四、在课上通过分析字形、组词、区别形近字等办法使学生掌握课文中下列生字、难字：卵、觅、獐、猕、掔、瞑、碣、镌、拱、帘等。

五、布置课外阅读《西游记》，并根据学生阅读情况举行故事会，要求每个学生准备讲述《西游记》中的一个故事。这项工作应注意以下几点：1. 教师最后予以个别指导、统筹安排，使每个学生讲述的故事尽量不重复；2. 这次故事会是课内口头表达能力训练的继续，因此，教师应始终强调那三点要求；3. 如果有条件，可要求每个学生最后用几句话概括一下自己所讲述的故事的意义，或者简明地评价一下孙悟空的形象。在此基础上，教师对故事会做总结，可点明《西游记》是由玄奘取经的真实事件作为引子，经过想象虚构写成的，但孙悟空的形象却是人民的理想、智慧、力量的化身；战胜各种妖魔鬼怪的取经过程表现了人民战胜邪恶、战胜自然的愿望与意志。因此，多少年来，孙悟空的形象一直为人们所喜爱与赞颂。对于初中一年级学生，关于《西游记》这部书的思想意义似可点到这里为止，但这样的指点又是必要的。另外，因为课文只是写"美猴王"的来历，还没有接触到小说的核心内容，因此讲授课文前可不必讲这个问题。在学生阅读全书、开过故事会，对《西游记》有了比较详尽的了解后，再进行这样的课外阅读指导，似乎效果会更好些。

在指导学生分段和讲故事时，教师对课文应着重掌握以下两个方面的内容，这两个方面也是本课教学重点。

一是本文层次清楚、一步一步地交代"美猴王"的来历。

课文可以分为三段。

第一段即第一自然段，写石猴诞生、诞生后的生活、自告奋勇寻源头。

这一段可分三层，第一层由开头到"五官俱备、四肢皆全"，写石猴诞生的经过。第二层由"那猴在山中……"到"真是'山中无甲子，寒尽不知年'"，写石猴诞生后的生活。第三层由"一朝天气炎热"到本段结束，写群猴顺涧爬山见瀑布，石猴自告奋勇寻源头。

第二段为第二、三自然段，写石猴跳入瀑布，寻见水帘洞。第二自然段写石猴寻源的过程。第三自然段写水帘洞的具体情况，这一段里要点明的是作者注意了材料的安排，即关于水帘洞的具体情况不是通过石猴发现时写出，而是通过石猴跳出水外、对群猴的叙述中交代出来的，这样能更好地表现了石猴性急、言语快俏的特点。

第三段为第四自然段，写群猴进水帘洞安身，拜石猴为美猴王。这一段，先具体生动地描写出群猴跟着石猴进入水帘洞的经过和进洞后猴性顽劣的场面，后写群猴拱伏，石猴称王后俨然一派君王气势。到这里，孙悟空这个"齐天大圣"的形象初露头角。

二是本文紧紧抓住了石猴的特点进行描写。

作者极其生动地描写了石猴作为猴，有群猴皆有的"猴性"，即某些动作、神情酷似人类，喜动不爱静，性急不安稳，顽劣、滑稽的举止。

但更重要的是写出了石猴与群猴不同的个性：他的诞生即神奇不凡，是山顶仙石中的仙胞产生，天地造成的；从他诞生后的生活、探源的经过、进洞后对群猴说的话，可见他的智慧灵巧；从他自告奋勇探源、群猴进洞时的各种表现、群猴拱伏无违、拜石猴为王等，可见他的本领高强、深孚众望。

本文可视情况安排一或两课时。

（原载《中学文科教学》）

《卖炭翁》教学设计
（1980）

【教学要求】

1. 认识劳动人民在封建社会遭受残酷剥削的悲惨遭遇。

2. 学习通过对肖像、心理、动作的描写表现人物和对比的写法。

3. 背诵、默写全诗。

4. 掌握字词：鬓、薪、辙、辗、翩、敕、叱、绡、营、骑。

【课时安排】

两课时。第一课时讲解课文。第二课时写作文，改写《卖炭翁》。

第一课时

一、课前布置预习

1. 熟读全诗。

2. 翻译本课"思考和练习"四中，史书上关于"宫市"的记载。

二、简介作者及时代背景（略）

三、讲解课文

范读并领读全诗，正音正字。

这首诗写了一个卖炭老翁的悲惨遭遇，揭露了唐王朝"宫市"的虚伪及对人民残酷的掠夺。这是一首叙事诗，按卖炭翁烧炭、运炭、宦官抢炭的顺序写的。

分析"烧炭"这一层。

诗歌首先点题，交代了主人公的身份及年龄：一个卖炭的老人。接着写了他劳动的地点：南山的老林里。头两句就描绘出一个孤苦伶仃、终生劳累，到晚年仍不得温饱的劳动人民形象。

接着抓住最能反映主题和主人公遭遇的特征，简明而生动地写出人物的肖像。由"满面尘灰烟火色"可知虽已年迈仍需不分昼夜、不得安闲地劳动，由"两鬓苍苍"与"十指黑"的颜色分明的对比，进一步表现了老翁悲惨的生活、痛苦的心理。我们可以感受到作者对这极不合理现状的愤恨及对主人公的同情。

读到这里，读者会自然地产生问题：为什么这样一个年迈的老人，还要这样艰苦地劳动呢？作者以一个设问替读者提出这个问题并予以解答：是为了换得"身上衣裳口中食"，维持起码的生活。这既进一步揭示了老翁的孤伶凄苦的遭遇，又告诉我们，这烧得的炭对于老翁来说是多么重要。这两句一方面承上，另一方面又有启下的作用：正因为炭是老翁生存所赖，所以他才有下面那种在别人看来是反常的心理。

"衣正单"，说明老翁尽管劳累了一生，尽管在年老力衰之时还在挣扎，仍然活得那样凄惨悲苦，我们可以想见他贫寒至极的生活，也可想见他那痛苦万分的心情。然而，虽然单衣抵不住严寒，老翁却"愿天寒"，因为他"心忧炭贱"，这说明，他的劳动不但不足以使他富足，而且要想维持基本的生活也很艰难，因此他这种矛盾的、看来反常的心理，正是合情合理的。可是，在这"合情合理"的心理活动中，我们不是正清楚地看见了社会的极大的不公平吗！

上面作者从卖炭翁的外貌一直写到他的心理，步步深入地刻画了一个在封建社会里深受苦难的劳动人民的典型形象。并且始终围绕着主题，扣紧一个中心：老翁和炭关系的密切，炭犹如他的生命一般，他把他的全部希望都寄托在这多少天辛勤烧得的一车炭上了。

作者生动、形象的描写，使我们不能不由衷地同情卖炭翁的遭遇，也使我们产生强烈的愿望：希望天真的能冷一点，希望炭能卖个好价钱，希望卖炭翁的劳动不至白费，而能稍稍地喘一口气，能生活下去。

朗读背诵第一层。

分析第二层"运炭"。

情节向前发展。像卖炭翁所祈愿的，也像读者所祝愿的，果然，天冷下来了。一夜之间，下了一尺来厚的雪，老翁"晓驾炭车辗冰辙"，赶到城里，已是中午，牛也累了，人也乏了，便在市场南门外的泥地里歇息。

从这短短的四句里，我们看到一个为生活逼迫而吃尽辛苦的形象。他在大雪刚下之后的早晨，天不亮就起来，身着单衣，冒着刺骨严寒，赶着牛车走在冰雪路上，一直赶到午间，累了只能在泥地里歇息一会儿。可以想见，是卖个好价钱的希望鼓舞着他。现在，这个希望眼看就要实现了，因此，当他歇息片刻时，一定是疲乏得要命而又心里充满着期望。

"辗冰辙"三个字是很重要的一笔，作者通过这三个字揭示了卖炭翁这个形象的社会意义，说明当时千千万万劳动人民都在受饥寒的煎熬，都在为起码的生存条件而辛劳奔波，卖炭翁只是他们中间一个典型的代表。

朗读背诵第二层。

当卖炭翁歇一口气的时候，读者的心情也为之松弛下来了。可是，突生意外波折，情节急转直下，卖炭翁希望全部落空，宦官——吃人的统治者的爪牙出现了。

分析第三层：宦官抢炭。

"翩翩"一词写出了宦官骄横得意的神态，说明他们的为恶已相沿成习。"黄衣""白衫"这鲜艳的服饰与卖炭翁恰成鲜明对比。

写了宦官的肖像之后，接着用五个动词写了他们的一连串动作。"把"

"称""回""叱""牵",写出宦官仗着朝廷、皇帝的权势鱼肉人民、巧取豪夺的罪行。这里写了宦官的一连串行动,一个接着一个,说明不容置辩、无理可说,卖炭翁要保——保不住,要争——争不了,束手无策,开口不得,眼睁睁地看着千余斤的一车炭被抢去了。

宦官不是"强盗",他有朝廷的公文、皇帝的命令,是"光明正大"的,他也不是抢,而是"买"。诗的最后两句,写宦官这名义上的"买",用少得可怜的破绢旧绡当作买炭的钱,挂到牛头上。从这里,可见以宦官为代表的反动统治阶级比那些强盗还要厉害得多,给人民带来的痛苦也残酷得多。他们明明是在对劳动者敲骨吸髓,然而却又有堂而皇之的法令做靠山;他们明明是在掠夺人民,可是却又是以"公平交易"的外衣掩盖着的。

最后一句"系向牛头充炭直",完成了整个形象的塑造,暗示了卖炭翁悲惨命运的结局。在读者眼前仿佛闪现出那挂在牛头上飘动着的绢与绫,也闪现出那遭到可怕打击而呆然站立的卖炭翁:他辛辛苦苦劳动的汗水白洒了,他的希望全部落空了,他赖以生存下去的炭被抢走了,他被残酷剥削了一辈子,又即将在这最后一击之下结束自己凄苦的一生。

朗读背诵第三层及全诗。

四、总结主题思想

这首诗通过对卖炭翁谋生艰难、劳动成果被掠夺的描述,揭露了唐代"宫市"制度的罪行,反映了劳动人民的深重苦难和当时社会黑暗腐败、阶级矛盾尖锐的现实,表现了作者对现实的不满和对受苦人民的同情。

五、总结写法特点

1. 为表现作品主题,善于抓住外貌、心理、动作的典型特征来刻画人物形象。这首诗是通过描写一位卖炭翁的遭遇来揭示主题的,全诗以炭为线索,先在烧炭与运炭两层中逐步加深地写出了炭和老翁的关系,极力渲染了这车炭对于老翁的重要性,老翁视之如命根子,而最后,这车炭竟被抢走了,老翁的希望全部落空。这就非常有力地揭露了宦官的残横暴行,反映了卖炭翁极其悲惨的遭遇,引起读者对剥削者的痛恨,对劳动人民的同情。

由于作者善于抓住外貌、内心、动作的典型特征进行描写,就使人物形象更加鲜明、主题更加突出。

如写外貌,用"满面尘灰烟火色,两鬓苍苍十指黑"十四个字,就刻画了一个饱经苦难、年迈勤劳、饥寒交迫的卖炭老人的形象;而"满面尘灰"

"烟火色""十指黑"又是卖炭老人不同于一般劳动人民的典型的外貌特征。写宦官的外貌，同样是十四个字，"翩翩两骑来是谁？黄衣使者白衫儿"，就把"宫使"那骄纵无忌、仗势欺人的神态刻画得历历在目，跃然纸上。再如写动作，写卖炭翁运炭时的"晓驾炭车""辗冰辙""泥中歇"，几个动作的精炼勾画，便把卖炭翁为生活逼迫而不顾年迈疲惫奔波操劳的命运，刻画得十分深刻；而写宦官呢，用"把""称""回""叱""牵"这样五个动词，表现他们的仗势欺人、蛮不讲理、鱼肉人民是家常便饭。又如写心理，作者没有多费笔墨，只是说"衣正单"的老翁却"愿天寒"，这种看似反常的心理，正是在残酷剥削压榨下无法生存的穷苦人民的必然愿望。这个心理活动的描写，把卖炭翁凄苦求生的惨境生动地表现出来了，使文章主题更深刻了，同时又有助于情节的发展，有助于抓住读者。

作者描写人物时写了外貌、心理、动作，唯独没有写语言。这也是表现人物性格、突出作品主题的需要。

"宫市"是封建社会的最高统治者及其爪牙，极其残酷地剥削劳动人民的一种方式。在那些宦官们看来，根本没必要说话，只要拿出皇帝的文书，再把牛车往宫廷一赶，把绢、绫往牛头上一挂，就算把事情办完了。而那个卖炭的老翁呢？一生的悲苦、不停地劳动早已使他苦不堪言，他只是默默地砍柴烧炭、默默地运炭，顶多只能在心里有一点维持温饱的起码的意愿，而当炭被抢时，他也只能默默地看着，因为面对穷凶极恶的宦官，他有理也无处说，有苦也不能诉。这样的写法，使卖炭翁的形象如浮雕一样深印在读者心理，取得了"此时无声胜有声"的效果。

2. 诗歌运用对比的写法，使形象更鲜明。在不同人物卖炭翁和宦官之间的对比。如外貌，卖炭翁的"满面尘灰烟火色，两鬓苍苍十指黑"和宦官"翩翩两骑来是谁？黄衣使者白衫儿"的对比；如动作，卖炭翁"晓驾炭车辗冰辙""市南门外泥中歇"和宦官"手把文书口称敕，回车叱牛牵向北"的对比。也有同是卖炭翁先前的"愿天寒"的心愿和后来"惜不得"的现实结局的对比。

对比的写法，是把截然相反的两种事物或现象等放在一起来写，这样黑白分明，使读者印象深刻。因此对表现人物形象、揭示作品主题很有好处。

（为了节省课堂时间，便于学生理解全诗内容和写法特点，教师在分析全诗过程中可逐步板书如下面的提纲，在总结主题和写法时稍加指点即可。）

板书设计
卖炭翁

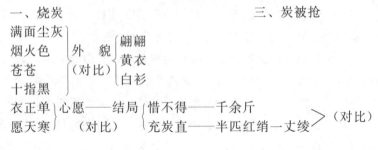

一、烧炭　　　　　　　　　　　　　　三、炭被抢

满面尘灰
烟火色　　外　貌　翩翩
苍苍　　　（对比）　黄衣
十指黑　　　　　　　白衫

衣正单　心愿——结局　惜不得——千余斤
愿天寒　　（对比）　充炭直——半匹红绡一丈绫　＞（对比）

二、运炭

晓　驾　　　　　　把
辗冰辙　动　作　　称
泥中歇　（对比）　回　叱
　　　　　　　　　牵

第二课时

小作文：改写《卖炭翁》。

这首诗是通过三个画面、通过对人物肖像、心理、动作的描写来塑造形象的。指导学生改写时，应要求学生对三个画面的记叙要注意详略；可改动画面顺序，运用倒叙、插叙写法；可写出人物的语言。

一课时当堂写完。600字左右。

【教学建议】

可把这首诗与杜甫的《石壕吏》组成一个单元来讲，从内容到写法，对两诗进行比较，都有助于学生学习理解。

从思想内容上说，《石壕吏》写封建社会中战争动乱给人民带来的深重灾难，《卖炭翁》则揭示了和平安定时期人民遭受的惨重剥削，这样就使学生对在封建压迫下劳动人民的悲惨命运有一个更完整的认识。

从写法上说，《石壕吏》写的是一个半夜捉人的画面，主要是通过人物语言交代事件来表现主题的，老妇人的话是对反动统治者的血泪控诉；《卖炭翁》则写的是一组连环画，主要写人物的肖像、动作、心理，卖炭翁的遭遇是无声的控诉。

这样通过比较，使学生进一步体会两种写法的好处，思索为什么两首诗用了不同的写法而都能起到突出主题、刻画人物的作用，使学生懂得写作时应注意在不同情况下用不同的表现手法。

（原载吉林人民出版社《中学语文教案选》）

讲话·序言篇

王鹏伟编著的《中学语文知识量化
分析与读写训练指要》序
（1990）

　　诚如鹏伟在注明中所言，中学语文学科实在是一门费力不讨好的学科，但也正因为如此，语文课才更有教头，语文教学也才更有研究的天地，或者说更有我们施展才华的机会。当然，这得有一个前提，那就是你须热爱这个事业，而且有志于做一个不懈的探索者。

　　鹏伟，就是一个年轻的探索者。教了多年语文却提不出新鲜的见解，总结不出有益的经验的教师，或许是大有人在吧！这样的教师何从谈起提高学生的读写能力，又何从谈起提高语文教学效率呢？更不必说那现在时髦的说法——培养创造能力了。鹏伟虽则年轻，却是一个有心人，他善于在教学实践中发现问题，勇于提出自己的看法，勤于做琐碎然而确实必要的整理工作，总之有一种极可贵的探索精神，这是我读了这本书后一个突出的感受。

　　当然，探索须是脚踏实地的、有针对性的、有实际效益的，不然光在那里玄而又玄地谈"新理论"，不着边际地摆"新构想"，只会把人"玄"到五里云雾中去。自己昏昏然，却硬想使人昭昭，哪里会有这样的便宜事！鹏伟的这本书是非常实用的，这原因，首先在于他总结的这些方面的知识，都是在教学实践中提出来的，又是紧紧为教学服务的，特别是书中一些地方对重点、难点的剖析、整理，更为广大教师，尤其是缺少资料而又负担颇重的农村教师所实用。其次，这本书既可为教师使用带来方便，也可使学生学习得到好处，毕业班学生复习会得力，低年级学生学习也将是一个有利的助手。这样的书，如果不是在第一线的实践者，如果不是一个孜孜以求的有心人，是写不出来的。

　　诚然，中学语文教学终究能否量化，我是至今持怀疑态度的，鹏伟这本小册子是依据现行教学大纲搞的，是否完全合理，也是可以而且需要继续探讨的问题。虽则如此，并不能掩盖鹏伟工作的意义，或者说，这本小册子也许可以看作是对这个问题探索的第一步吧！诚愿鹏伟与其他有心人坚持探索而不辍！

愿意向大家推荐这本书。因此写了上面几句话，聊充为序。

1990 年 7 月 29 日

一束灿烂的小花——一序

（1993）

元昌嘱我为这本小册子写几句话，我非常高兴地答应了。这不只是感谢他对我的信任，更是出于我对这本作文选由衷的喜爱。

我不止一次编过作文选，也写过序，但是，说句心里话——绝没有贬抑任何别人的意思——我对《田野上的小花》出版的期望与喜悦之情，远远超过其他的集子。这是因为秀水二中是一个小得不能再小、低得不能再低的村办中学，因为这个集子的小作者们无一例外的都是农民的子弟。《田野上的小花》实实在在是一束招人喜、惹人爱的田野上的希望之花。

对集中所收作文的评论，是读者自己的权利，我在这里不作赘述。我想特意要说的是，何以相当多的农村中学乃至某些城市中学，学生作文能力总是上不去，而秀水二中的学生却能写出这么多、这样好的文章来呢？何以有的教师教了不少年书，硬是选不出几篇像样的自己学生的文章，而这里只是一个班的三十几名学生，就搞出了一本集子来呢？这，就不能不说到元昌。

我和元昌相识也就五六年，但我从他身上看到了语文教学的希望；元昌貌不惊人，但我强烈感受到他有一颗挚诚而炽热的心。

元昌有一种执着的追求。我最佩服的是，他从不认为农村学生天生笨，从不认为农村学校条件差就教不出好学生。他就是有那么一股子劲，非得和城市学校比一比，非要把家乡的孩子培养成才不可。为了这追求，他付出了心血，付出了代价。虽不敢说到了屈子那种上下求索"虽九死而未悔"的境界，然而，我确实从未听到过他有什么抱怨或悔恨。1988年在秀水二中语文教改实验全省论证会作总结时，我曾套用了一个对子说到元昌的家境："三间东倒西歪茅草屋，一位风烛残年老母亲。"（那时他的母亲正重病缠身，尚未逝世）自己身体不好，后来孩子又遭病祸，长期住院治疗，爱人又没有工作，其难处可想而知。我爱莫能助，只是为他的景况焦虑而已，但也正因此越来越折服于他"咬定青山不放松"的气节。当有些人私欲横流、大拜财神的时候，元昌的这种劲头不是尤显得难能可贵吗？而由此观之，《田野上的小花》的诞生就一点也不值得奇怪了！

元昌有一股顽强的钻劲。他不因循守旧，也不盲目迷信，而是力求摸索自己的东西。语文教育是以实践性为重要特征的理论，是科学的艺术，艺术的科学，因此，就产生了这样一种似乎令人不解、实则完全合乎逻辑的现象：即别人摸索出来的教学规律、行之有效的做法，到你那里就不一定管用；只有从自己的实践出发，升华到理性认识，并且不断予以补充、发展，才能收到最好、最切实的效果。元昌的成就，大概可以作为这一认识的有力佐证吧！再者，当一个语文教师，尤其是好的语文教师，其实是很累的，一个重要原因就是绝不能满足于自己已有的知识。元昌就是如此，他勤于学习，善于学习。我知道，有关教育理论及与语文教学有关的知识，他都有过涉猎，而且乐此不疲。正是因为勤学与创新结合起来，就使他的"放——收——放"的作文教学方法，大作文教学观的认识与实践，让人读来感到深刻而又亲切。现实情况是，相当多的语文教师日复一日、年复一年地在给学生讲述写各种文章的知识，可是他们自己却并不会写文章，而且几乎从不写文章。元昌的实践，告诉了我们他取得成效的另一方面原因。

没有想到，拉拉杂杂地已写了这么多，却还有更多的话没有说，但作为"序"这样的应用文，当然不能再写下去了。

祝元昌与他的学生取得更大的成绩，祝读了这本小册子的老师与学生能有收获，祝田野上的希望之花越开越多，越开越旺！

1993 年 4 月 11 日

对当前提高教学质量的三点意见

——在省城市小学整体改革实验第一次研讨会上的发言

（1994）

同志们：

我们开了一个很好的会。城市小学整体改革实验课题组是去年11月份成立的，仅半年时间，辽源二实验小学就成功地承办了这第一次研讨会，看出学校有多年抓教学、抓改革的扎实功底；也看出区教育局和学校领导的胆识、魄力以及教师的务实、奉献精神。参加了两天会收获很大，感受很多，作为交流发言，我讲三点意见。

一、提高课堂的教学效率要"眼中有人"

我这里说的人，指的是教育的对象——学生。目前教学的主要问题是质量不高，效率低下。我们今天在这里研究课堂教学的整体优化，我想目的也是要解决这个问题的。上午大家广开言路地讨论了课堂教学整体优化的问题，谈到了教学目标、教学方法、教学过程、教学途径等方面的综合改革，谈得很好。但是有一点大家谈得不多，那就是作为教育对象的人，也就是我们的学生。学生是课堂教学中最活跃的因素，因此，谈改革课堂教学不能忽视人。前几天在东丰县一次研讨会上，我也讲了这个问题，布卢姆在他的"教育目标分类学"中把教育目标分为三个部分，一是认知领域，二是情感领域，三是动作技能领域。现在认知和技能领域的研究大家都十分重视，而对情感领域的研究就远不够了。因此说，忽视对人的研究，是目前教学改革中应该引起充分注意的通病。

众所周知，人是有感情的。师生的情感沟通对教学效果起着潜移默化的作用。二实验的白杨老师讲《我的老师》（选讲初一课文）这一课，老师讲得那么投入，学生学得那么投入，使我们听课时都产生了一种冲动。这样的师生情感交流，这样活跃的课堂气氛，教学效果怎么能不好呢？从小学生的心理看，他们做事情情感因素是很重的，他们需要的是老师像慈母一样的爱，希望的是老师能成为他们最知心的朋友。甚至有些话，他们不跟父母讲，也要跟老师讲。如果师生感情这样融洽，那么，我们的教育、教学改革就都好办了。

人是有思维的。人之所以区别于其他动物，很重要的一点就是人具有思维。而发展思维，开发人脑的潜能正是教育的任务。二实验小学的速算课和速算表演，让人瞠目结舌，感到人脑有发掘不尽的思维潜力。而我们现在的数学教学改革，考虑对人脑潜力的发掘是太不够、太不够了。当前教学的重要弊端仍然是把学生的头脑当作"仓库"与"容器"；仍然是读死书，死读书，读书死；仍然是偏重于教知识，忽视培养思维能力。这是教学改革必须注意到的一个重要问题。

人又是有个性的。许多先哲都说过，世界上没有两个相同的东西，而差别最大、个性最强的应该是人。那么我们的教育、教学就要考虑怎样从这点出发来培养和发展个性，帮助孩子形成多种技能和特长。这一点国外很重视，而我们的一些教学活动，过于追求某种形式上的统一，而压抑了学生个性的发展。现在各学校都成立了一些课外活动小组来发展学生的个性特长，但这还很不够，我们在进行课堂教学整体改革的过程中，要研究如何通过教学内容和方法的改革使学生的个性得到更大的发展，要真正做到"因材施教"，即因每一个学生的"材"而教，而不只是因某一部分学生的"材"而教。

最后，人的成长是必须通过教育来实现的。人类社会出现之后，教育也就随之产生，可见教育对人类进步的重要意义，也可见人类对教育的地位与作用早就有所认识。由于人对世界与自身认识的不断深入，由于科学技术的飞速发展，教育也越来越先进，越来越接近于本身的规律。因此，在建立社会主义市场经济，探讨有中国特色的社会主义理论的今天，我们有必要更深入地认识教育规律与人的自身发展、人才成长的规律，这样才能更好地完成社会主义现代化建设中教育所应该承担的责任，才能真正实现教育的"三个面向"。只有从这样的立脚点去看待提高课堂教学质量与效率的问题，才能抓住要害与本质。我们一定要下功夫研究学生的情感、学生的思维、学生的个性，培养学生成长的教育规律。

二、要坚决彻底地反对形式主义

我觉得现在课堂教学中形式主义的东西太多，这也是课堂教学效率不高的一个原因。比如板书，又要写得完整，又要一笔一画写得好，一节课时间有限，在这里花那么多时间合适吗？现在语文教学中有很多套路：板书课题—逐步分析—总结中心—总结写作特点。总结中心思想也是一套套话：通过什么—反映了什么—表现了什么—歌颂了什么。这些不从课文的具体实际出发，千篇一律地讲读教学，是典型的形式主义。

现在有一个比较流行的做法是教学比赛，为了比出高低，评课时打分，教学目标多少分，教学方法多少分，教学效果多少分……有的挺好的课挑出几处毛病，扣了不少分；有的很平淡的课，找不出大缺点，分还挺高。这其实是一种违反教学规律、表面科学实质上并不科学的办法。有的学校领导听课，专门有一栏统计课堂发言人数，发言人数多分就高，发言人数少分就低。你说英语课和美术课发言人数可比吗？我有一次听课时做过统计，听了三节课，老师共提了 200 多个问题，回来一筛，其中有价值的问题也就四五个，比较有价值的还有 10 来个，90％以上的问题都是可问可不问的，如"是不是""对不对""好不好"，像这样的问题难道是"启发"吗？难道不是课堂教学中严重的浪费现象吗？白杨老师这节语文课好就好在她反对了当前语文教学的形式主义，她对课文理解很深，然后用教师的情感去感染学生、激发学生，创设了好的课堂气氛。这节课根据教材的内容讲出了语文课的特点，效果是好的。当然这节课也存在一些问题，但从实效出发，如果要打分的话，我给她打 100 分。

再有一个教案问题。我不反对要求青年教师写规范教案，这样通过写教案督促他们去挖掘和体会教材，养成好的教学常规。但是对一个已基本掌握了教学步骤的老师，是不是还一定要求他们一项一项、一笔一画地去写教案呢？这个问题大家可以研究。我是主张教师写适用教案，把主要精力用在钻研教材、推敲教法上。其实一个老师上课不可能拘泥于教案，完全按事先设计好的教学过程去教学。好的教师在驾驭课堂教学时，应是按课堂发展的实际情况，实实在在地去教，也可能改变，甚至完全推翻了原来设计的方案。

我们有的校长领导教学时重视死的东西，轻视活的东西；重形式，轻内容。比如，开学初要检查教师教案，要表扬那些写得详细的、写得工整的，这项工作做得非常认真，可是却很少深入课堂中去听课，这其实是一种本末倒置的做法。你是要求教师把精力放在工整地写教案上，还是放在深入地钻研教材上呢？那些写得细的教案是自己研究教材后的心得，还是原封不动地照抄教学参考书上的东西呢？是那些原原本本按着教案上课的教师教学质量高，还是那些不拘泥于教案，能够根据课堂中千变万化的情况进行教学的教师教学质量高呢？结论其实是十分清楚的，只不过我们没有认真按着科学规律去做，而是搞了不少形式主义的东西。科学本来就是一门老老实实的学问，教育科学尤其来不得半点虚假，掺不得半点水分。

如果继续容忍这些形形色色的形式主义泛滥下去，就会严重地贻误我们民族的后代，这难道不是一种罪过吗？

三、要重视对青年教师的培养

这也是我这两天看到了辽源二实验培养出这样一支好的青年教师队伍而受到的启发。我们基础教育面临的一个最大困难就是师资队伍数量不足、质量不高的问题。如何提高在岗教师的教学能力，是学校的一项重要工作。这方面二实验有很多成功的经验，其他各校也有很多好的做法，大家可以交流，我就不说了，我只就开展教学活动谈一谈想法。一是要把年轻人推到第一线上去敲打，让他们多出课，让他们见世面。二是要让他们养成总结的好习惯，就像今天这样，老师讲完课，先让他们自己评价一下，好，优点在哪；不好，缺点在哪儿。这样让他们一节课一节课地去琢磨，第一，能把自己的实践上升为理论；第二，能保证有清醒的头脑来认识自我，前进有动力。

看到这些青年教师的成长我很高兴，我希望在座的校长，能用你们的心血，把我们的青年教师培养成为学科的教育专家。

谢谢大家！

在吉林小语教改会上的讲话（摘要）
（1996）

一

吉林市第一实验小学多年来坚持抓教改，并且紧紧围绕着素质教育，在加强教师基本功训练上下功夫。这样做，既抓住了教改大方向、大目标，又解决了落实和操作的问题，这个经验具有普遍的指导意义。

吉林市第一实验小学在提高教师整体素质和教学能力方面，一个突出的、可贵的经验是善于抓教师教改典型。多年来，出现了像王萍、李平、窦桂梅这样一些语文教改的典型。这些教改典型，肯于在教学基本功诸多方面下功夫，认真学习，刻苦实践，总结了自己的教改经验。推广她们的教改经验，就使全校的大面积的教改搞活了。优秀的教学改革和教学基本功训练典型，是具有很强说服力和推动力的。一个学校，要有自己的教学改革典型，热情地扶持典型和培养典型，使典型成熟起来，成长起来，并使典型在推动教学改革的发展过程中发挥作用。

二

加强小学教学基本功训练包括各个方面和诸多环节。像备课如何搞得更自觉、更有效、更有艺术水平？重要的是解决备课指导思想问题。是立足于教师讲，还是立足于学生练？思想不同，思路就不同；思路不同，教学方向和重点就不同。还是应当强调备教法与备学法的一致，要立足于训练学生思维和培养学生能力。搞好备课包括对教材的理解和使用，包括课堂教学思路和课堂教学结构，包括课堂教学运行过程和节奏，包括课堂教与学两个方面的配合呼应，等等，都要立足于把学生的学习积极性调动起来，使他们乐学、能学、会学，真正成为课堂的主人。

备课要备教法、备学法、备材料、备训练，还要备学问。凡是与课文有关的知识和学问，教师都应广为涉猎，教师要多看一点，多知一点，多问几个为什么。教师在知识学问上把课准备充实了、圆满了、透彻了，才能做到讲课时左右逢源、深入浅出、融会贯通，才能真正做到讲什么，不讲什么，什么精讲，什么少讲，什么多练，把教师的精讲点拨与学生的训练统一起来，在训练上下功夫。有些课文，不需教师多讲，把读与感受抓好就有功效。吉林一实验小学李平、窦桂梅的课都十分重视朗读，师生读得很好，很有感情，很上口。重视语感训练，教师讲重点句，讲动词形容词，不是从语法训练角度着眼，而是从语感上去训练学生，引导学生感悟课文、理解课文，效果很好。

教师备课在知识学问上要广要深，只有深入才能浅出，只有开阔才能集中，但不等于罗列堆积材料。对各类参考书、参考资料的正确态度，一是要选优而用，作为"参考"；二是不可贪多，不能用参考资料代替教材，更不能用教学参考书限制和代替教师独立教学思维和教学实践。教师自己是这样，学生也是这样。教师应指导学生在学习教科书上下功夫，要读好教科书，用好教科书。同一篇教材，理解深浅不同，收效就不同。而对一篇教材的理解，又往往是无止境的。比如《麻雀》一课，教师讲得不错，学生在讨论理解上也很不错。但把老麻雀救护小麻雀的故事整个地联系起来思考一下，把这个故事的起因、过程和结果思考一下，在理解课文上还有深入的空间。故事起因是文中的"我"打猎回来，猎狗偶遇落地的小麻雀,于是发生了老麻雀奋不顾身救护小麻雀的故事,这救护的过程生动地表现了老麻雀的母爱。但故事是怎样结束的呢?结尾虽一句但很重要:"我急忙带猎狗离开了。""我"为什么"急忙"带猎狗"离开"了?不把猎狗带走,故事的结尾将是怎样?老麻雀刹那的"奋不顾身"在时间上持续下去,猎狗短暂的迟疑还会继续下去吗?很显然,"我"如果不把猎狗急忙带走,老麻雀与小麻雀的悲剧将不可避免。因此,课文的结句十分重要,它具有画龙点睛的揭题要义,它突出了"我"也就是作家的"爱"——人道思想,即人类崇高的感情。作家为什么写老麻雀保护小麻雀,为什么他急忙又带走猎狗,归根到底还是写作家本人的人道之爱。只有把课文的这层底蕴挖掘出来,才能使学生从故事中领悟到深刻的人生含义和思想内涵。

三

教学很重要的一点是培养学生的创造能力。人们都讲教师训练学生,训练什么?很重要的一点是训练思维,即训练学生会思维、会联想、会想象、会触类旁通,能够求异和创新,具有创造思想和创造能力。要培养学生的创造能力,首先要培养教师的创造能力。吉林市一实验小学语文教学的"说课"是一个创造。"说课"是教师对教材的整体理解和全面把握,是教师对教学目的、重点、难点和教学手段的提炼,是教师课堂教学思路的概括。说课说得明白,讲课肯定会讲得明白;说课说得深刻,讲课肯定讲得深刻;说课说得自信生动,讲课肯定讲得有声有色。吉林市实验小学不是一位、两位老师说课,而是每个教师都说课,形成了观摩教学和实验教学的一个重要环节和步骤。这对于训练教师的思维能力、理解能力、表达能力和创造能力,对于发展和开阔实验教学成果,都是大有好处的。我对"说课"这种实验和创造很赞成。一个导演要排好戏,导戏前的说戏即"导演阐述"很重要,教师的"说课"即是"教师阐述",对于课堂教学的实施和运作也具有指导和调控的作用。我的意见是:教师的"说课"视野还可以更开阔些,思路还可以更活跃些,涵盖面还可以更广泛些。诸如教师对课文的独特理解和独特掌握,教师对有关参考书在同类课文分析上有什么不同意见,教师在备课中遇到了什么疑难又是如何解决的,教师在处理这篇课文时与其他同类课文采取了什么不同的教学方法,做了哪些探索。总之,"说课",即要说"同",阐述常规的教学处理;又要说"异",阐述自己的独特构想和独特操作,功夫就是下在"同"中求"异"上,这样才能说出思想,说出个性,说出创意,从而把"说课"提到一个新水平、高层次。当前教学中存在的一个问题，就是教学一般化、僵化、死板化，缺乏教师自己的教学创造和教师自己的教学风格。教学大纲、教学计划做出有关规定当然是必要的，教学参考资料对教学重点、难点、疑点做出相应的规定也是必要的。但是学生是活的，学校不同，班级不同，学生不同，讲起同一教材、同一课文，其教学重点和疑难就不同了，怎么能都搞"一刀切"呢？所以，吉林市第一实验小学"各具特点"的"说课"是一个创造和拓展，对于冲破教学传统的束缚和解放教学思想很有好处。他们的经验应该推广，其他学校也可以试用，也可以有自己新的创造。

四

　　吉林市第一实验小学加强教师基本功训练，这是教学常规要求，但也需要进行新的尝试和新的实验。就小学语文而言，哪些是基本知识，哪些是基本训练，可以研究探讨。像写文章，教师讲知识当然是不可缺少的，但学生的好文章不是教师讲出来的，而是学生实践练出来的。怎么训练学生写文章，就没有定法。又如，像写作顺序（诸如时间顺序、空间顺序、逻辑顺序等等），小学讲、中学讲、大学还讲，是不是都需要讲，是不是哪篇文章都照此讲下去？拉磨磨豆腐的方法肯定是不会使学生有所提高的，这也需要教师自己去统筹考虑和灵活安排。再如，如何写教案用教案，在这个问题上一定要避免形式主义。写教案是给领导看的，自己写了上课也不用。所以，如何写教案和用教案，这是一个值得研究的、普遍性的问题。教师要研究，学校领导也要研究。众所周知，真正优秀的教师和优秀的教学，是决不能照搬教案、死用教案的。对教案要入乎其内，又要出乎其外，要根据课堂教学的实际灵活地、创造性地组织和掌握教学运作过程。有些优秀教师说自己上课不用教案，其实不是真不用教案，他是把教材吃透了，把学生吃透了，把教案用活了，把课堂教学搞活了。最后，还有一个创造语境的问题，这是不是教学基本功？我看是一个高层次的教学基本功。吉林市第一实验小学窦桂梅老师所讲的《小蝌蚪找妈妈》，李平老师所讲的《麻雀》，还有其他几位教师讲的课，给人一种新鲜的感觉，美的感觉。这不仅是因为教师运用了电化教学手段，形成了电光声像效果，也不仅是因为教师运用了配乐和绘画辅助手段，形成了乐曲图画的艺术氛围；单是就教师和学生课堂活动而言，课堂结构紧凑、师生配合默契，给人和谐简明之感，而且令人感到愉悦的是师生的朗读和对话，其神态自然，其声音甜脆，给人一种美的享受。其实，美就在课文中，就在蕴含中，饱含真情的朗读本身就可以濡染出一种艺术境界，一种审美语感和审美语境。这就告诉我们，语文教学应该十分重视美育，要努力形成语文教学审美品格，并通过语文教学培养学生欣赏美、理解美、创造美的品格。

张玉新编著的《文言文学习手册》序
（1996）

　　关于文言文学习的参考书、工具书、练习资料等各种各样的东西，现在实在是太多了；但真正够得上精品的，退一步说能对提高教学水平确有益处的，再退一步说是真正用心编写的，实在是太少了。而读了张玉新这本《文言文学习手册》之后，有一种耳目一新、获得意外之喜的感受。

　　所以这样说，最主要的是因为这本书很贴近文言文学习的实际，不仅对中学生及其他青少年自学文言文有实实在在的用处，而且对提高教学水平，对青年教师提高自己的素养有帮助与启发。

　　比如说，本书的体例实用而有新意。作者不搞当前比较泛滥的那种大而无当、人云亦云、烦琐无用的分析，对语法知识也是从精要、好懂、管用的原则出发，做必要的、恰如其分的归纳。这对走入文言文教学误区的现状是有力的矫正。而本书内容的七个部分，则都是对学习很有益处的。文言文要学好，一靠多读多背，二靠悟，这二者又有着相辅相成的内在联系，如果只是照着参考书的条条去分析，或者"对号入座、字字落实"翻译加语法讲座式的教学，是不可能学好的，这一类的教学参考资料也都贻误教学，无助于学生。

　　比如说，本书的写法分析很有特点，作者不仅用了比较大的篇幅，而且写得有深度，有见解，有自己的感受，可见作者是狠下了一番功夫的。古人作文是很讲究章法的，这是学习文言文的一个重要内容，它对于掌握现代汉语的读写能力有着不可低估的作用。遗憾的是，当前相当多的教师忽视了这一点，这也是文言文教学效率低下的一个重要原因。文言文教学绝不是把译文让学生背下来就完了，学生背一大堆蹩脚的译句有什么用？

　　再比如，本书的疑难解析部分也是设立得相当好的。教师也好，学生也好，常常遇到不少难点，而一般的教学参考书编者由于缺少教学实际经验，并不知道教与学的难点在哪里，还有些编者本人又不用心钻研，或者只是剪刀加糨糊式的写书，当然不可能有的放矢，正确精当地解决这些难点。而本书在这方面做了大量工作，尤其是在有些问题上列出了各种不同的理解与意见，包括作者本人的钻研心得，这就不仅有助于学生的学习，而且为教师的教学开阔了眼界，提供了启发。

张玉新虽然是一个青年教师，但这本书的编写却是很有质量的。从这本书可以看出他有这样几点很值得广大青年教师学习：一是不懈地广博地学习以使功底深厚，这是努力提高自己以成为一个好教师的根本；二是认真动脑深入钻研以提高能力做到教学游刃有余，这是提高教学质量与效率的前提；三是不断探索独立思考以形成自己的见解与风格，这是使教学真正成为艺术的关键。

承作者至爱，嘱以为序，欣然草成。

1996 年 3 月 2 日于长春

语文教育必须进行一场革命（节选）
——东北中学语文教学研究中心成立宣言
（1996）

"革命"这个词儿，现在已经不时髦了，但从中小学语文教学现状出发，从语文教学十几年、几十年乃至百多年来走过的道路出发，特别是从语文教学的未来能否适应我国社会主义现代化建设与提高中华民族素质的需要出发，我们痛切地感受到，必须尽快地对当前语文教学中的种种弊端进行清算，必须对语文教育进行一场革命！

这样说绝非危言耸听。

因为吕叔湘先生 1978 年切中要害谈到的语文教学"少慢差费"问题，时隔近二十年，不仅远未得到解决，而且似更不尽人意，其表现是：

小学五六年的时间竟然解决不了识字的问题。国家教委 1992 年颁布的现行九年义务教育教学大纲规定小学阶段掌握的识字量为 2500 个。这大概是我国有语文教育以来，也是 1949 年以后历次语文教学大纲的最低标准。

于是就出现了这样的怪现象：社会发展对语文教育与公民文化素质要求越来越高，教学手段、学习条件越来越好，少年儿童身心与智力发展越来越早，而语文教学的标准却越来越低！更不用说，这样低得让人心酸的目标在实际教学中也远未得到实现。

初中语文教学基本无目标可言，那些在高中入学考试中获胜的学生，或者说语文成绩合格的学生，实际上只是应试的简单继续，其水平差强人意。由于应试教学已几乎是到了极致，事实上初中三年并未真正让大多数学生会写记叙文，就连那差强人意的应试文章中，含有多少水分，也是明眼人共知的。

高中语文教师队伍相对来说是较好的，但在越来越窄独木桥上的竞争，不仅使语文教育变了味，使学生成了做题机器，也使教师自己的灵性与创造力遭到了压制与扼杀。三年的语文教学似乎就是为了对准那张高考试卷，但是且不说那张试卷远远不是语文教学目标的全部，也不说现在的高考试题由于各种原因而使人不满甚而厌恶，就说这张试卷吧，也绝不就只是当前这种教学观念与办法才能取得好成绩，我们的教师早已自觉不自觉地陷于"自古华山一条路"的误区，甚而当作不可逾越一步的雷池。当前的教学现状不仅贻误了学生，危害了语文教学，而且压抑了相当多教师本应大展风采的才华，使许多本来很有思想、很有见识的教师变成了编题机器。

这种教学造成的结果是：由于小学未能解决识字任务，中小学流失的学生相当多人成为新文盲、半文盲，以致全国文盲率居高不下；中小学毕业生未能继续升学而返乡或走上社会者，由于语文能力不过关而无法在现代化建设中发挥更大作用；即使升入高等学校者语文能力也不适应要求，报载重点大学本科学生、研究生写作水平之低，让人们感到不可思议，让中学语文教育工作者十分内疚。这样的情况我们中小学语文教师是没有任何理由把责任推给大学的，尤其应引起我们注意的是，这些学生大多都是我们重点中学培养输送的。

这样的语文教学现状维持下去，怎么可能为培养 21 世纪人才服务呢？语文教育革命势在必行，而且时不我待，不应该再拖延。

为了使这场革命顺利进行，首先要进行一场清算。为什么不说总结而说清算？因为我们的思维定式总是先充分肯定成绩之后轻描淡写地说说问题，然而再把问题粉饰下去，我们将成为民族的罪人；而且如上面所说，我们的语文教学现状与成绩实在没有更多可以值得自我荣耀的。

清算些什么呢？从时间上说，近代以来特别是近十几年；从内容上说，语文教学的方方面面；从思想与理论上说，语法界、语文教育界权威人物都在内，包括近些年来流行的形形色色的西方语文教学理论，包括我们所尊敬的吕叔湘先生某些轻率的断言在内，也包括我们自己每个人在内。

总之，我们不应再盲从，我们必须重新审视自己，彻底地进行改造。

我们认为这场革命主要应包括如下三个方面的内容：

一、清除违反教育规律与母语文教学规律的种种歪风，实现汉语文教育民族化与现代化的结合

语文教育必须实现民族化与现代化，这是不言自明的。因为我们教的是本民族的母语，所以要民族化；因为我们是立足于现实与未来，所以要现代化。

其实，从根本上说，这两化是统一的。

放眼世界，如果不扎根于本民族的土壤，不从本民族特点与实际、传统与现实出发，现代化只能成为子虚乌有的乌托邦；如果不在经济、科技、国防等方面实现现代化，走在世界前列，这个民族就会落后挨打，丧失主权，那还有什么民族化可言？

我们的语文教学落后时代需要，与社会发展差太远，从教育思想到教学内容，从教学观念到教学方法，从课本编写到手段运用，均无法适应社会主义现代化建设，最集中的表现是效率太低，效果太差。

领导决策就有误区。比如为了减轻学生负担最近一些年来一直强调降低各学科教材难度与分量，这总的来说是对的。因为新中国成立以后我国中小学数、理、化教材呈越来越难的趋势，已远远超过世界各国的难度，但母语文的教学则绝不能降低要求，而恰恰应该相反。

有一种说法为语文要求的降低辩解。他们说古人从小之所以识字量那么大是因为那时没有现在这么多学科，且不说现在的课程设置需要精简（六十年代时候毛泽东就要求精简三分之一，而现在在那时的基础上从门类到难度又增加了三分之一），起码这种说法还忽略了三个重要问题：一是现在的孩子比古代聪明多了，学习条件好多了，社会、国家与家庭重视多了；二是课程虽然加多，但主要在中学，而小学则大部分课时给了语文与数学；三是从世界各国教育比较看，大概只有我国对母语文要求标准定得最低，只有我国小学阶段还解决不了识字问题。

还有一种说法是针对文言文的，认为文言文太难，而且对学习现代汉语帮助不大，且不符合现代化要求。吕叔湘先生就曾有言："汉字拖了四

个现代化的后腿。"这种说法已为决策领导及大纲、教材制定者所接受，因此现在的统编小学课本中只有可怜的十几首古诗，古文则为零，初中也只有寥寥几篇小短文，高中的文言文分量也不敢加大，因而现在高中毕业生文言文水平实在太低。

关于文言文教学的必要性，文言文与现代汉语的关系，现在文言文教学的误区在后面再谈，这里只说说教了文言文是否会影响现代化的实现，是否让学生离现代化社会文明越来越远。

现代社会文明应该包括科技与人文两个方面，而且事实已经证明，随着科技日益飞速的发展，人文精神重要性越发显著，人文精神的匮乏，道德的沦丧与迷惘已成为世界关注的话题。而以方块字为基础、以《诗经》为源头，以唐诗宋词为高峰的汉语言文学，在人文精神的熏陶方面有着无与伦比的作用。汉语言，从文字到文章到文学，蕴含着广博而深厚的文化修养，其对教育对象文明熏陶的意义远未得到足够的认识与利用。那种排斥、贬抑文言文教学的做法是一种彻头彻尾的短视，是一种民族虚无主义。

说教文言文会影响经济现代化更是一种无稽之谈。我国的台湾省，中学文言文教学难度比大陆高得多，高考文章是允许用文言或白话来写的，按照这种说法的逻辑，似乎台湾人还应生活在鸡犬相闻、安步当车的时代，但事实是其经济发展速度在世界上亦属前列。

在这种观念的支配下，现在的语文教学远远不能给学生以高品位、丰富的精神食粮。小学生背诵的是"春天到了，燕子飞来了"之类的口语，这类句子只要学会说话就经常在生活中出现，白开水式的没有多少内涵的东西让学生花费精力去背有什么用？在初中课本里，我们不否认作者的成就与贡献，但像《傻二哥》这样的课文能对学生进行多少语文教育呢？再如《山的那一边》《北京的桥》也属此列。"文质兼美"应是语文课本选文的不易法则，然而用这一法则去筛选现行课本，将会有相当多的篇章是不合格的。

反对教文言文的专家与人们还有一个观点，那就是现实生活中使用的是现代口语，如果学了文言文，学生的说写就会出现文白夹杂这种现象。吕叔湘先生在那篇短论《"偃旗息鼓"和"圆满结束"》中把这个见解表达得非常清楚。但是，在吕先生所引那个记者的文字中，只不过是把"偃旗息鼓"用得不当而已，这恰恰说明现代人对祖国语言文字的优秀传统学习得太差，何况，记者文中"精彩纷呈"一词不就用得很好吗？语言发展过程中，书面语言总是跟不上口头语言发展的速度，因此文白夹杂的现象从文字产生后就会有而且不会断绝，何必因此而害怕学习文言文？看一看现在学生的文章，语言的贫乏令人担忧，就是某些作家、文学家的大作，读起来也常令人味如嚼蜡，原因在哪里？缺乏古典文学的修养是个重要因素。再者说，现在的所谓白话文里，不符合汉语文法的、不符合民族思维特点的、欧化句式所在多是，为什么对此可以容忍，而对文白夹杂却非要痛加鞭挞呢！当然，文白夹杂不是一种好现象，但这是学习语文过程中产生的，随着素养的丰富、阅历的增加、写作水平的不断提高，是完全可以克服的。

在这种观念指导下的语文教学，只能是要求与水准越来越低，因为文章与口语有一个内在的矛盾，口语是根据社会发展、生活变化、环境不同而产生差别和变化较快的，文章的好坏却必须经得起时间的考验与众人的推敲，如果语文教学以不断变化着的口语（或现代语文——时文）为范本，那就不符合"取法乎上，始得其中，取法乎中，始得其下"的原则。

为什么语文教育这样落后？

根本原因是我们没有认真地遵照教育规律与母语文教学规律办事。

改革开放以来，我国经济建设取得令世人瞩目的成绩，这得力于社会主义市场经济的建立与发展，也就是说，我国的经济建设按照实事求是的原则，更好地根据经济自身的发展规律办事了。

但市场经济的迅猛发展令文化、教育界许多人不知所措，甚而晕头转向。有些人开始把市场经济的一些做法与规则引入教育，并逐渐成为一种时尚，所产生的负效应与危害从长远来看将令人胆寒。

另一方面，改革开放打开了人们的眼界，但有些人被外国的东西搞得眼花缭乱、头晕目眩，教育界有些人借自己的一些便利条件把外国人的不管什么经验（有不少是外国人自己不知道或已扔掉的）片鳞只爪、一知半解地当作法宝来欺骗国人，以抬高自己的身价，给自己弄上个权威、专家的头衔，或者发笔横财。这种不负责任、不做科学分析的做法使得许多不科学乃至伪科学的说法搞得教育界极其混乱、莫衷一是。

这两种情况的具体表现与危害将在后面谈到，这里只分析语文教育民族化在当前的重要性。

必须看到，要使语文教育现代化，必须坚持走语文教育民族化的道路，其原因主要有如下几点。

1. 母语文教育必须遵循本身的内部规律，而作为以方块汉字为基础的汉语言，与各种拼音文字均有本质的不同，尤其不能乱搬乱套别人的东西。关于这一点，中国艺术研究院周汝昌教授早在1985年第四期《中学语文教学》刊登的题为《怎样教诗》一文中就曾经对"古典诗歌""旧诗词"提法的不科学做了精辟分析，并且语重心长地提出之所以出现这种不科学的理解，是由于"忘记了十分重要的事情，忘记了中华民族的传统诗歌的体制之所以形成，完全是由于中华民族的主要语文即汉语文本身所有的极大的极鲜明突出的特点特色。这种特点特色，决定着民族传统诗歌的一切特点特色之产生、之发展、之成熟完美——而且这是经过了祖国数千年文化历史上的无数艺术大师们的探索、实践、积累而取得的最辉煌的成就！这绝对不是某一个人、某几个人，出于一己的'心血来潮'弄出若干'花样'来，并且命令大家都来'服从'他们一致'履行'的模式"。可惜的是，我们中学语文教育界竟未对周先生这篇文章引起哪怕起码的一点重视。

2. 近代以来，西学东渐，痛感民族落后的仁人志士都希望从西洋人那里学得真经，在科学技术上是以积极学习西方为主的，但在语言与语文教育的民族虚无主义，盲目崇洋导致脱离甚至违背汉语言规律的现象却绵延不绝，堪为大祸。其代表便是以《马氏文通》为发端的，用西方语言语法为模式来构筑汉语法体系的做法，不仅从根本上违背从客观事物自身来总结规律的科学精神，而且百多年来这套虽有不断改造而从未脱胎换骨的非驴非马的语法体系把汉语文搞得不中不西，既扼杀了汉语言的灵性与活力，又严重损害了语文教育的健康发展。可以这样说，按目前语法教学体系去教学，教得越细，练得越多，对学生汉语文水平的提高害处越大。

3. 新中国成立以后，在语文教育上又受到苏联模式的影响，再加上一些其他的原因，仍未能回到母语文教育规律上来。虽然在五十年代经过一些有识之士的努力，编出一套水平较高、深受欢迎、效果很好到现在仍未能超乎其上的汉语、文学分科教材，使语文教育露出一线曙光，但很快便夭折了。"大跃进"与"十年动乱"的极"左"思潮已经完全漠视与不顾语文教育规律，语文教学遭受严重摧残，中间虽有六十年代初的调整，但已属无力回天。

4. 十一届三中全会以来，广大语文教育工作者焕发出从未有过的改革意识与精神风貌，特别是吕叔湘先生切中要害地提出语文教学的"少慢差费"之后，全国一片改革浪潮，且取得一定成效。但近几年来，这场改革已出现停滞现象，效率问题不仅未得解决，而且更令人不安。究其原因有以下几点。

一是改革之潮兴起时，主要是一种热情或激情，缺少科学的态度，尤其是未对语文教育规律、汉语文教育发展历史、语文教学改革的哲学依据等做出认真的梳理与研究，改革没有坚实的基础，难以为继就成为其必然结果。

二是由于方方面面原因，片面追求升学之风越演越烈，广大教师更多的是被动地被越来越紧地束缚在这辆战车上，再加由于上一点原因，改革未能取得比较彻底的、令人信服的、使人可以转变观念的成果，语文教学的路便越走越窄。

三是这些年来，教育也在不断学习、吸收外国的思想与经验，但以生吞活剥、盲目照搬、片面肢解者为多，而真正从汉语文自身规律出发，经过消化吸收外国经验者则鲜见。尤其是外来的东西一拥而入，只要是新的、没听说的就是先进的这种观念，反而又阻止或延误了我们对汉语自身规律的深入研究与总结，这就使语文教学当然无法健康地发展。

关于语文教育现代化，有一个说法现在非常时髦，那就是语文教学科学化。这是一个很先进的口号，是不能反对也不应该反对的。问题是，首先要弄清语文教学科学化的确切、清楚的含义。因为科学是老老实实的学问，容不得半点好大喜功与虚假。

我们认为，语文教育科学化就是一丝不苟地按照语文特点与语文教育规律办事。如果上述没有疑义，让我们来分析一下现状中某些所谓"科学化"的说法与现象，看看它们是不是真的"现代化"？

前几年，刮起一股以"三论"指导语文教学的浪潮，这方面的权威论文与经验经常见到，给人的感觉是语文教学有了方向，有了解决问题的钥匙。但是，据云，即使大致弄明白"控制论""信息论"与"系统论"这三种学说，也得有高等数学等理科学科的基础常识。而在全国的中学语文教师与教学法研究者们有几个是懂得高等数学的呢？那些著作论文的权威者们，那些教学经验的创造者们，自己真正弄懂了"三论"没有？而懂得"三论"的科学家们又还没有倒出时间或者没有兴趣来研究中小学的语文教学。试问，这样的运用"三论"指导语文教改的理论与经验有什么科学性可言呢？结果是语文教师们头脑里接下来的只有子系统、子子系统之类看似新颖实则毫无价值的概念与名词术语，这与大一二三四，小1234之类又有什么本质区别呢？它的作用只不过是在语文教师里造成混乱，把语文教学引向做表面文章、搞花架子、拉大旗作虎皮的歪路上去！语文教育及其改革当然需要指导思想，在哲学上就是辩证唯物主义，在其自身就是教育与语文教学规律。外国的东西哪怕再新，自然科学的理论哪怕再先进，都不应该作为语文教学的指导思想。

再如，关于语文教学的评价如何量化也是一种时髦。已经见到过不少量化的标准与具体办法，在这些人看来，似乎只有做到量化才是语文教学的目标与最佳境界，才是衡量语文教育水平高低的科学标准。但是，我们必须认识到，第一，可以武断地说语文教学中除了识字量以外的大部分内容是不能做到精确量化的，这已为几千年来中外教育经验所证明。曾经有人不断对"书读百遍，其义自见""熟读唐诗三百首，不会吟诗也会吟"的古训提出过诘难，说这不准确、不精确，可是时至今日哪位权威专家为我们指点迷津或者敢大胆下个断语说，书应该只读三遍或五遍，唐诗应该读 299 首或 301 首？更何况有的书可能一遍都不用读，有的书就得多读几遍，究竟应该读多少首唐诗我们说不准，但只要不成为书呆子，读得越多越有好处是无疑的。第二，世界是复杂的，事情能够做到准确、能够量化当然是科学，但在某些时空范围内，某些领域中，模糊也是科学，想要把模糊变成精确是徒劳的，如果硬要把这种做法贴上某某学说标签那就是伪科学。从语文训练方面举个最简单例子来说，教学生学写横，谁能说明应该写多少遍能掌握"逆锋起笔，藏锋落笔"的知识？而语文教学从某种意义上说是人学，无论教师或学生在思想、感情、心理、灵性上的因素均占有很大比重，这些怎么量化？现在相当流行给一堂课划出教学目的、设计、方法、效果等若干项目，定出分数等级，打出分数比个高低，但一个好的语文教师必须是充满激情、感情丰富而又深沉的人，一堂好的语文课必须是能做到师生感情交流、融为一体，互相理解、互相感染的，而对这一点，试问怎么评分？第三，这种所谓量化的评价办法看似科学，具有可操作性、客观性等等许许多多优点，但它恰恰缺少了最根本的一点，即实事求是，在教学评价上将引向形式主义与懒惰的误区，而不是真正科学正确地指导教师提高自己的教学艺术与水平。

又如，前几年被捧得神乎其神的各种"最优教学法"，以湖北某教授的发明为最，连中央大报都在头版作长篇、显著的报道，他们简直成了语文教学的救世主，他们简直可以用三五天的时间就给教师一根点石成金的手指，实在是教育史上的奇谈与耻辱！试问，哪一位古今中外的教育家、哪一种科学理论能把诸多教学方法区分出最优、次优、最劣、次劣来？更何况，这些救世主们的所谓"六课型""五步法"等之类的东西作为与其他方法一样在适当情况下适当运用的一种教学方法是可以的，如果硬要说成是万能灵药，谁用都行，什么时候用都行，什么课文都行，那就是伪科学，就是骗子，就是狗皮膏药的兜售者，就是靠巧妙包装借以赚钱的虚假广告！天真的青年教师们，千万不要再上这样的当，再碰到什么最佳、最优万能药之类的宣传，最好的办法就是嗤之以鼻，不屑一顾。

又如，这些年来喊得也非常响亮的语文知识序列化口号。应该说，这种想法出发点是好的，是对语文教学科学化及改变"少慢差费"状况的一种真诚的努力，而且也确实取得一些成效。但是，这种想法有些天真，并且未能对语文教育内部规律作认真的思考，还有的则是犯了急于求成的毛病。语文作为一门学科，与数学、物理、化学、历史、地理、生物、政治、英语等学科全不相同。首先，作为母语文，从婴儿开始学话就已经开始学习了，既是在各不相同的环境，又是从不同的老师，更是没有统一课本从各不相同的知识与能力开始起步的，但不管怎样不同，大多数人的听说能力是这样初步成的，这就很难有一个放之四海而皆准的知识序列。其次，上学以后的语文课又如何呢？从识字教学开始说吧，由易到难的原则是无疑问的，但三千常用字能否按易到难排出一至三千的顺序来呢？别的就更难了，一定得先教这篇课文后才能教那篇吗？一定得先写这篇作文才能再写那篇作文吗？一定得学这个词才能再学那个词吗？一定是先学修辞才能再学语法吗？一定得先学比喻才能再学拟人吗？如果说这些都能排出个所谓科学的合理的序列，实在属于天方夜谭之类。再次，语文与其他学科不同的另一点是，在语文课中的人文因素最丰富，美学修养、感情熏陶、思想觉悟、分析能力、生活与知识积累、悟性灵感都直接关系到语文能力的提高，这些东西又如何能排出个科学的序列呢？因而目前这种序列化的努力实在是一种徒劳。而且从现实状况看，它的负面效应更大。

因为当前这些序列化的做法，只是把一些死知识排出了远非科学的序列，这种序列、这种排法的必要性并不大，因为语文课与其他课不同的是，绝不要死背这些所谓规律的死知识，重要在于学得活，在于培养能力。或者说这些知识的掌握并不是主要的，能力的形成才是目的，但读、写、听、说知识与读、写、听、说能力之间并不一定就是由此及彼，这里面的关系也相当复杂，也值得我们去深入研究。陆游当年告诫其子"汝果欲学诗，功夫在诗外"，学语文何尝不是如此！语文这种能力就是特殊，不管你把怎么写议论文、记叙文、说明文之类的知识讲的怎样深刻清晰、条条有理、生动有趣，学生可能还是不会写，因为这些知识没变成他自己的；有些能力有的学生练多少次都很困难，面对有的能力却可能稍一点拨则大彻大悟。这里有个悟性问题，有个灵感问题，这样说不是玄，只不过是我们还没有提到日程上来很好地研究而已。

这里我们必须提一提叶圣老的一句尽人皆知的话"课文是个例子"，这几乎已成为语文教学的经典，也是一些序列化体系制造者之所本。然而，这句话本身并不科学，语文课本中的课文绝不能等同于数理化教材中的例题。首先，只要是一篇完整的文章，便都麻雀虽小，五脏俱全，字词句章、语修逻文一样不缺，读、写、听、说皆可训练；其次，课文的作用绝不只是提供一个知识的例证，它的思想教育、感情熏陶、美学陶冶、灵性启迪的功能是多方面的，而且正如"有一千个读者便有一千个哈姆雷特"一样，学生对课文各有各的理解与感受，其作用既不单一也不能划一；再次正因为还没有一个科学的知识序列，课文是个例子便没了着落，实际上是一句无法实现、没有作用的"经典"。

还有一个影响广泛而深入的口号，教育民主或教学民主。这又是一个似是而非、模棱两可、并不科学的口号。我们且来看看，什么是民主："指人民有参与国事或对国事有自由发表意见的权利"或"合于民主原则"（《现代汉语词典》商务1983年版 p.791）。教育呢，第一个意义是"培养新一代准备从事社会生活的整个过程，主要是指学校对儿童、少年、青年进行培养的过程"，第二个意义为"用道理说服人使照着（规则、指示或要求等）做"（同上 p.572）；什么是教学呢，是"教师把知识、技能传授给学生的过程"（同上 p.572）。如果这些解释还都是正确的话，显然，教师是教育与教学活动的主动者、实施者、主体，学生不可能有对课程计划、课程数量、教学内容与要求等方面自由发表意见的权利，上述这些方面都是国家通过学校与教师要求学生接受的。教师与学生不是生活、工作中的领导与被领导关系，在教育与教学中对学生没有民主可言。那么教学中的双边活动呢？鼓励学生大胆思考、勇于发表意见、敢于争论甚至敢于对教师发表不同意见呢？这无疑是极其重要而现在做得远远不够的，但这也是教师对学生的教育与培养，培养他们的创造精神、求异思维、敢想敢做的精神，把学生看作、并且也能够让学生把自己看作可以知无不言，无所顾虑的朋友，以便更好达到教育与教学目的，并不是真正意义上的民主。这里且不去说那些高唱教学民主的人，在教学中表现出来的确是地地道道的假民主与教师包办代替。

涉及这个问题的是现在还有一个已被几乎公认的口号或理论，即"以教师为主导，以学生为主体"。"以教师为主导"也是一个不科学的被滥用了的概念，这里暂不去说它。只说"以学生为主体"。这句话的科学说法，应该是在"培养中小学生的主体意识"。因为"主体"在"哲学上指有认识和实践能力的人"（《现代汉语词典》商务1984年版 p.1511），中小学生的世界观还未形成，还一直是在校门里以课堂学习为主，因此他们还不能具有作为"主体"所要求具有的认识能力与实践能力，但是却要求中小学生去做主体，这当然是不切实际的超前的要求。而且，在学校的教育与教学活动中就是把学生作为受教育者，我们可以而且应该引导他们自觉地受教育，这里就包括培养他们的主体意识，但不是学生做主体。更何况，"以学生为主体"这个提法本身就是一个二律背反的悖论，试想，当某一个人或一部分人被当作（作为）什么什么的时候，他怎么还会是主体呢？他不是已经明明白白的处于客体的位置了吗？如果再看看目前的教学现状，更让人啼笑皆非，"以学生为主体"的提法几乎已挂在每个校长与教师的嘴边，可是在日常的教学中，却很少看到学生敢于给教师已经明显讲错的地方提出意见的事例，而在那些观摩课之类的活动中，学生干脆成了演员、道具与教师的捧场者、教师弄虚作假的助手。这难道不是绝妙的讽刺吗？难道不让我们身为人师者深感痛心吗？

从上述这些所谓科学化的做法与效果看，根据我们对科学化的看法，是否应该先在认真研究汉语及汉语文教育的规律上踏踏实实、齐心协力、争鸣讨论、反复实践地下一番苦功夫，初步摸到门径之后再提科学化，那样也许会离科学更近一点儿。

正是基于此，当前尤其应该鼓吹与倡导的是语文教育的民族化。为什么？因为正如上文所说，近百年来，我们基本上中断了对汉语文及语文教育自身规律的探索，我们的改革，大多是拿外国的东西来改造汉语文及其教学。直到现在这种现象远未中止，而在某些方面还有愈演愈烈的趋势。违背事物本身规律而想以强求达到好的效果，那只能是缘木求鱼。

比如说充斥于各种教参、课文分析与课堂上的一句经典："散文形散而神不散"。几乎只要讲到一篇散文，这句话就得重提一遍。实在地说，第四册课本中附录的佘树森先生的《谈谈散文》是高明的，佘先生把抒情散文的特点说得明白真切，就是没说许多课文分析大家都要说的"形散神不散"这几个字。这些分析大家对"形散神不散"一般都做这样的解释：散文在选择材料时可以非常自由，可以随意超越时空，展开联想，但都为文章中心服务。其实，这种解释用在议论文里可能会更贴切，因为议论文选择材料作论据是只考虑逻辑联系而基本上不必去管材料间的时空关系的。这些分析大家错在根本不从汉语言文学本身来研究问题，正像佘先生文章开宗明义所说，"这里所说的散文，是狭义的散文，一般称作抒情散文"。而"形散神不散"第一说的是广义的散文，即我国历史上将文章分为韵文及散文两大类，所谓韵文，即"有节奏韵律的文学体裁，也指用这种体裁写成的文章，包括诗、词、歌、赋等（区别于"散文"）"（《现代汉语词典》商务 1984 版 p.1434），而不讲节奏韵律的文体不管是议论、叙事、说明、抒情等等，文学与非文学体裁都是散文。第二，由于上面的分类，可见散文的"形散而神不散"不是指材料的选择与组织，而是指的语言形式。可是现实是，广大的语文老师们都在按这种并不正确的观点来教学，这是一种多么可悲的现象。

再如，目前流行的三大文体的文章体裁划分与教学体系，既不甚符合汉语言文学的情况，也不适应社会生活中交往的需要，又不是理想的语文知识教学体系。首先，拿我国古代、现代的许多名篇看，其实三大文体的分类是相当不科学的。初中课本中有三篇"说"——按现在文体分法，当属议论文，但《爱莲说》还勉强可算典型的议论文，《黄生借书说》严格说来当属书信一类的应用文体，只不过是以黄生借书发端进行议论勉励借书者，文章开头就不是我们所说的议论文开头的写法。至于《捕蛇者说》则基本是叙述，主要是转述蒋氏的话叙其遭遇，最后以孔子的话作结，本文开头的写法，如果现在的学生也这么写的话，老师会认为是不合格的。再如鲁迅的《论雷峰塔的倒掉》题目中一个"论"字就符合现在文体分类中的议论文了，但是仔细算来，文中属议论的句子屈指可数。其实这个"论"字作者本意绝非我们现在认为的板起面孔议论，不是《友邦惊诧论》中的那个"论"，作者只不过是要"说说"雷峰塔倒掉这件事，这是杂文的写法。名篇中这样丰富的内涵、多样的变化，不是三大文体就能包容下来的！其次，从社会生活中语文能力的运用看，所谓纯粹的说明文、议论文、记叙文除了少数场合外，很少用到，人们在各种场合所要进行的表达常常都是议论、记叙、说明、抒情、描写等方式综合运用，交替进行，一般都不可能是某一种表达方式的纯粹使用，所以，三大文体的体系脱离社会实际，学生十二年内写了不少议论文、记叙文、说明文，实际生活中语文能力却不见适用，原因正在于此。再次，这种教学体系从小学一直到高中，知识在不断无意义的重复，训练也是如此，小学写了大量记叙文，初中还是记叙为主，这之间区别何在呢？初中是简单记叙文，高中是比较复杂的记叙文，简单与比较复杂之间又怎么区别呢？小学基本不接触议论，初中也写得很少，到高中再一股脑儿写议论文，效果究竟如何呢？再看现在的统编教材，初中第三册以说明为主，八个单元中六个单元是说明与应用文体，既没有必要下这么大力气去搞说明文，更引不起学生的学习兴趣。教材编者又很重视应用文体，这也是当前一种很流行而又并不符合语文教育规律的实用主义观点，人们在社会与经济生活各个范畴中，实用文体种类最多，实用文体还在随着社会与科技发展不断地增加，而且实用文体严格说来只是个文字运用与格式行款的问题，这些东西只要是语文基础知识与能力基本过关，都不算难。

再如，现在语文教学中，语法知识越讲越深，语法训练越搞越难。有的老师会讲语法，以讲语法为荣，有的老师专门搞花样繁多的各种各样语法练习，有的老师甚至把大学语法内容也拿进来，这种现状必须立即改变。这里有这样几个问题值得注意。一是任何一种语言的学习都以语言实践为决定性因素，语法则是一种辅助手段，尤其是母语的学习，从来就没有也不会首先学语法的。二是基于上一点，语感的体会对学生来说更为重要，因为任何一种语言的语法体系都存在着与语言实际及发展的矛盾，语法是死的，语言是活的，语法是尽可能接近科学的抽象，但远不科学，而语言中丰富的内涵（包括语法规则这些外在东西）都只有靠语感来体会，现在的语法教学恰恰在这方面予以忽视。三是最重要的，当前语法体系完全不符合汉语言自身特点，西方拼音文字语法规则与汉语有质的不同，且不说那些形态、人称、时态、词缀等等之类外在语言形式的区别，就说最关键的一点，英语语句是以动词为中心的，没有动词就没有了句子，与此相联系，既有了动作的发出者与接受者，亦即主语与宾语，这就构成英语句型基本特点。但是汉语不是这种线形语法，不是以动词为中心，汉语是流动性的、弹性的、充满灵性的、重意连的，目前以拼音文字语法体系为本的现代汉语语法体系不推倒重来，就不会很好地促进汉语言的发展与教学，在这方面我们可以举出许许多多例证。《左传》中有关联词语句只占7％，王蒙改李商隐的《锦瑟》一诗为词、对联等。正如周汝昌先生在文中谈到的，"从小时只接受过欧西语法观念并用来解释和要求汉语的人，将永远不会真懂得我们自己的传统诗歌的妙处"。周先生在举出脍炙人口的名句"鸡声茅店月，人迹板桥霜"，是由十个名词组联在一起后，写了如下一段发人深省的话："凡是作过一点外文翻译的都会知道，你若想把它译成外文，那'麻烦'不在于别的，而在于你首先得'找出'谁来充当'主语'？然后再在每个字与字之间都的'找出'一种'合理关系'，并因此而加上一大串的'介词''联词''转折词'，这才'成话'呢！其结果，就是古人说的'将活龙打做死蛇弄'，那本来灵通活妙的诗句，必须弄的僵二死三无气，呆相尽出，一丝活意也无，这才算'合语法'，可判'及格'呢！"周先生1984年这段话，对这几年来语文教学中花样翻新的关联词语试题与练习，实在是充满先见之明！可是我们对周先生文中所提出的祖国语文三个特点特色，即汉语单音而有四声平仄、汉语的"特别组联机能"以及"汉语中数量惊人的双字联系词语，反映了中华民族对于客观世界的深刻而高超的体察感受"，却几乎没有引起足够的注意，如果不从我们自己语言的特点特色出发，我们的各种各样的讲授与练习能有什么好的效果呢？

　　还有一种现象，就是亦被一些媒介与好事者炒得沸沸扬扬的"快速阅读"与"快速作文"法。且不说，不管这类东西被包装得如何华丽美妙，不管它们被说成是如何有成效，甚至有实践的确凿证明，然而它们是瞒不过明眼人的。这里有这样几点：其一，快速阅读与写作是不是我们所需要的？当然是，然而与任何发展规律一样，只有打好坚实的基础才能快起来，因此我们首先要研究明白哪些是学生最应该拥有的、最管用的，能举一反三的，最核心与基本的语文知识与技能，正如任何阅读能力，一个再笨的母亲也知道得先让孩子坐稳，之后站直，再是学走步，最后才能快跑。我们有些自诩为专家之流怎么连这最笨母亲都懂的道理，还茫然无知呢？其二，现代社会当然需要快速阅读与写作能力，但对于人的发展来说，精读与研究能力更为主要。只有精读，读者与作者的感情与心理才能得到更深刻的交流，作为对人的教育作用与审美、怡情养性的作用才能得到更好的发挥，作品对于提高人的读写能力的帮助才会更大；更何况，现在的青少年读的能力太差（关于阅读教学的问题后面再谈）我们应该扎扎实实、实事求是、一步一步地提高学生的读写能力。其三，更重要的是，搞这种东西的人给人一种印象，似乎阅读与写作不仅要培养快速能力，而且能快速培养出来。当然如果从语文教育规律出发，确定找到了提高效率的途径，那当然是值得庆贺的大功一件，可惜我们现在见到的大都并非如此，只不过是一些完全为了应付考试需要的小技而已。这些东西泛滥下去，就会把语文教育引导到舍本逐末、急功近利的邪路上去。

　　还有一道当前难以逾越的难关，就是高考这根指挥棒。这些年高考试题特别是基础知识与阅读理解中，大量的是单项选择、多项选择等题目，因而在教学中这一类的练习也便泛滥成灾。

1996 年 7 月

生活是最好的语文书——二序

（1998）

　　元昌的学生作文选《田野上的小花》已第三次修订出版了，这充分说明他教改的成功和这个集子得到的肯定。

只要一翻开目录，一股浓烈的生活气息就会扑面而来，你会感到，你不是在读文章，而是在读生活，切切实实、有血有肉、有甜有苦、有美也有丑的农村现实生活。《土地神》《才十八，就当妈》《活着不孝，死了乱叫》《还不完的债》等等，一看题目就让你会心入神。你会拍案叫绝，多么生动的题目，但这种生动绝不是从什么作文技巧、写法要诀中得来的，而是来自生活，学生亲身感受的真实生活。现在的作文教学中，经常是学生提起笔来苦思苦想，就是无话可说，写不出东西，结果不是干干瘪瘪、空话连篇，就是东搬西抄、不知所云。有的老师把路引得更歪，让学生去背什么《作文大全》《人物、环境描写辞典》之类的玩意儿。他们忘了，生活才是作文的源泉，生活才能给学生以写作的灵感与素材。元昌正是在告诉我们怎样解决当前作文教学中一个最严重的弊端。翻翻有些重点学校的作文选，什么波斯猫啊，金鱼缸啊，再不就是解不出题的痛苦，得百分后的兴高采烈，与元昌学生的作文相比，那世界是太小了，眼光是太窄了，生活是太贫乏太枯燥了。

当然，不可缺少的还有一个怎样认识生活的问题，即能够对生活中的真善美与假丑恶有正确的评价，对生活有一种崇高的责任感，要做生活的参与者而不是旁观者。元昌在这方面也给我们做出了典范。他的教改就是培养学生从热爱家乡、热爱农村开始，进而树立热爱祖国、建设祖国的思想感情。教书与育人、作文与做人在元昌这里做到了实实在在的完美的统一。在他学生的笔下，有"啥时看病能不难"的焦虑，有"为啥不修这条致富路"的诘问，有"社主任你别绕着走"的恳切呼吁，还有"家乡，我要为你添一笔"的豪情，有"家乡畅想曲"的美好憧憬，更有"我也是中国人"的壮志，有"如果我将来去留学"的报国心愿。言为心声，这是些多么可爱的学生啊！如果我们这一代学生都有着这样对生活的关心与深切认识，都有这样为乡亲排忧解难的责任感，都有着这样对丑恶现象的痛恶，都有着这样对家乡、对祖国的一片深情，都有着这样对美好生活高远而切实的向往，我们的国家一定会强大起来，我们的民族一定会屹立于世界民族之林，这是毫无疑问的！

元昌的成功之处就在于他把语文课本与生活教科书，把语文小课堂与社会大课堂有机地结合在一起，正是印证了那句名言说的道理："语文学习的外延与生活的外延相等。"

元昌的成功源于他对家乡、祖国、事业的挚爱与执着。他付出了比别人多得多的努力与汗水，也遭受了常人少有遇到的磨难与坎坷，但他一往情深地"乐在乡间小路行"。

省教委总结了四位语文教改典型,出版了他们的学生作文选,对推动素质教育发展,对深入语文教改有着非常重要的意义,愿全省语文教师从中得到启发。

1998 年 7 月

高中语文教学不能改吗

——《都市中的芳草·赵谦翔学生作文选》序

(1998)

一说到高中语文教改,人们大都摇头。高考指挥棒在那儿摆着,谁敢乱说乱动?即使是少许感到实在不能再这样下去的教师,也只能小打小闹地在局部与枝节地方做点改动,他们把这叫作"带着镣铐跳舞",这话有点苦涩,却是真情实感的流露。

这里且不对近年来高考语文试题说三道四,就算是这样的试题吧,难道非得像现在这样去教语文才能取得好成绩吗?就算让学生得着高分了,他们的语文真的就学好了吗?这个问题,多数老师没想过,想过的也未真心弄清楚,原因无他,"只缘身在此山中",用应试教育的观念是找不到正确答案的。

近年来,慨叹大学生包括研究生语文水平低下的文章屡见报端。《人民日报》1995 年曾载文《大学生的汉语怎么了》,披露部分重点高校学生寻访抗战故地所写的采访心得,竟然"错字连篇,冗长啰嗦,缺乏创见与想象力,谋篇布局千篇一律,记叙人物千人一面"。面对这令人心碎的现状,我们还能说,目前这种语文教学应该继续维系下去吗?

谦翔给我们提供了肯定的答案:高中语文教学必须改革,而且可以改得很好。

语文教育是人的教育,作文教学必须得首先解决学生做人的问题。我这么说,不是要把语文课或作文课变成思想教育课,而是说学生尤其是高中学生必须有人所独具的认识能力、丰满情感、生活与知识的丰厚底蕴、积极的个性、想象力与创造力等等，这是写好文章的根本。从这个意义上说，语文教学应该把做人与学习做人的权利交还给学生，再明确一点说，即是把学生从题海战术中解放出来，因为这种夜以继日、不讲效率的机械训练，不是把学生作为有主体意识、有思想感情、有个性的人，而是作为马戏团的动物或训练机器来对待。从谦翔学生作文中可以看出，他的成功之处正在于唤起了学生作为人的巨大潜能。

语文教育绝不只是语文课本的教育。陆游说："汝果欲学诗，功夫在诗外。"我们的语文教学却把学生锢死在教材与课堂里，锢死在耗费生命的练习里。而谦翔的《东方时空》感悟课实在是太精彩了，它把做人与作文、把学校小课堂与社会大课堂、把感性认识与理性认识那样有机地结合在一起，正因为国事家事天下事，事事关了心，所以才有了写作的欲望与材料，才会文思泉涌，才会言之有物。可见那些沉溺于"写作知识"的传授者们是应该从梦中醒来了。

语文教育要注意母语文特点与教育规律。本集收了少量诗词，这些作品当然都还是幼稚的，不见得要求学生都去写，但这种练习对学习汉语文确实是有效的。

省教委总结了四位语文教改典型，出版了他们的学生作文选，这对推动素质教育发展，对深入语文教改有着非常重要的意义。愿全省语文教师从中得到启发。

1998 年 7 月

走进学生的心灵——代序
（1998）

孩子的心灵是一个世界，教师的职责就是走进这个世界。这个世界向谁敞开，谁就是个好教师；这个世界向谁关闭，谁就不可能成为称职的教师。当然，要打开这扇门，需要心与心的沟通，也还需要点儿艺术。

李婧伟老师就是这样一个难得的好教师。

李婧伟老师很懂得爱的教育，这是最好的教育——对于小学生来说。

我们说人的心灵，那就主要不是说的生物器官，更重要的是说思想感情了。而最美好、最有价值的感情是爱。如果一个人，只爱一个或几个人，那是心灵的偏狭；只爱自己，那是心灵的自私。如果一个人，谁都不爱，什么事物都不爱，那只能是一具行尸走肉。如果一个人，连自己都不爱，人格的自尊都不要了，我们还能对他说什么呢？从这些日记和李婧伟的批语中，我们可以深切地感受到，她在倾注全力地引导学生培养爱的感情：爱父母、爱同学、爱老师、爱祖国、爱自然、爱一切美好的东西，包括爱自己。所有的孩子都有了这样一种感情时，世界难道还能不美好吗？

学生有这样美好的心灵，是因为教师自己有这样高尚的感情。教师对学生的爱，其实不仅仅是母爱这一种，还包含着严厉的父爱、互相平等的友爱，以及对事业的热爱等等，这是我们从李婧伟老师在日记批语中所得到的又一个深切感受。她努力发现并表扬学生的优点，热情鼓励学生的进步，善意地指出学生的不足，巧妙地引导学生发展自己。她对任何学生都热爱，又不偏爱：学习好的，她表扬；有提高的，她鼓励；有缺点的，她指引；做得不足的，她补充；对她有意见的，她从心眼里接受并喜欢。她与所有学生一起为成绩而高兴，为美好而欢呼，为不幸而落泪，为挫折而思考并努力奋起。这就是教师对学生的爱——博大的、无私的、不带任何偏见与条件、不要求任何回报的爱。

教师对学生的爱是不夸张、不炫耀、不做作的，所谓"随风潜入夜，润物细无声"是最形象的写照。这也是从李婧伟学生日记中得到的第三点感受。她懂得教育的艺术，她的批语，像学生最知心的朋友一样在说着不告诉别人的悄悄话，又丝毫不着斧凿地循循善诱着学生。你看，她在郑菁菁"参观蝴蝶展"日记后的批语："不知怎的，我的心里总不肯接受美丽的蝴蝶是害虫的说法。一定是因为她太美了！"我想，郑菁菁读完批语后首先会有一种喜悦，自己的日记这样深深地打动了老师，也会感到自己和老师的心是相通的；她也可能还会进一步想要弄明白：蝴蝶是不是害虫呢？为什么是害虫呢？这样美丽的蝴蝶怎么能是害虫呢？这能说明些什么呢？不管郑菁菁想没想到这些，但李婧伟在这里做到了确实而高超的启发——对心智的启迪。

省教委总结了四位语文教改典型，出版了他们的学生作文选，对推动素质教育发展，对深入语文教改有着非常重要的意义，愿全省语文教师从中得到启发。

1998 年 7 月

语文教学要目中有人

——《为生命奠基》序

（1999）

窦桂梅老师虽然年轻，却俨然已有一副"大家"风范，她把语文教学的着眼点放在"人的发展"上面，既抓住了学科的关键所在，又切中当前语文教学的弊端。

我们相当多的语文教师虽然都在说教书育人，虽然也都在天天与学生打交道，但是实际上并未真正把学生作为有感情、有个性、有创造力的活生生的人来看待。而窦桂梅在这方面给我们以极有意义的启发。

她重视感情的熏陶。健康丰富的感情是一个高素质的人所必备的条件，在当代的中小学生身上这一点无疑还是有许多工作需要教师去做的。语文课与其他学科相比，感情的激发、培养与交流是其重要特点之一。因此在语文课中培养学生高尚的感情既有得天独厚的天地，又有不可或缺的必要。窦桂梅特别注意与学生心灵的沟通，尤为难能可贵的是，她自觉地把培养美好感情作为语文教学的一项重要内容与目标，这在《麻雀》一课的教学中得到了充分的表现。

她重视语文修养的积累。在当前语文教学中人们把"训练"的地位与作用片面地夸大，尤其是那些单纯为应试服务的机械烦琐、不讲效率、"题海战术"式的训练成为一种风气的时候，在课堂教学中忽视实际效益、热衷于支离破碎的课文分析、追求表现热闹的形式主义日益猖獗的时候，窦桂梅却看到了"积累"对于打好语文基础的重要性，这一点是很高明的。怎样才能读懂文章？要让学生多读，并且要引导他们学会自己去感悟，而不是靠教师无休止地灌输教学参考书上那些东西。怎样才能写好文章？要让学生有丰富的语文修养，脑子里有从经典作品中得到的更多的写作样式，而不是靠教师反复无味地讲述"记叙文六要素""文章怎样开头、结尾"等知识。"厚积才能薄发"，是语文能力形成的规律，窦桂梅较好地把握了这一规律。

她重视创造力的培养。我们的学生最缺的是什么？是想象力、创造性，是灵性。而我们的语文教学现在却经常有意无意地束缚学生的灵性。于是就出现了学生阅读回答问题与老师的答案完全一致，学生作文常常是千人一面的弊端。窦桂梅充分认识到这一问题的严重性，并在实践中致力于解决它。她特别重视质疑，引导学生大胆地思考，学会思考；她注意保护学生的好奇心与求知欲；她提倡并且由衷地喜欢学生对教师、对课本提出不同的意见。特别是，她自己在教学中就注意创造，她决不把教学搞成模式化，而是根据不同的学生、不同的课文、不同的场合灵活有效地运用不同的方法。我们一定要看到：只有具有创造力的教师，才能更好地培养具有创造力的学生。

省教委总结了四位语文教改典型，出版了他们的学生作文选，对推动素质教育发展，对深入语文教改有着非常重要的意义，愿全省语文教师从中得到启发。

1998 年 5 月

国标长春版义务教育语文教科书使用说明
（1999）

使用本套教材，在教学观念上要有所转变。

初中阶段在打好语文基础方面，主要任务有三：一是读写基本能力的培养，二是积累，三是灵性的启迪。

关于读写基本能力的培养，应该让学生初中毕业后能读懂一般的书籍报刊，能写为社会、生活所需要的一般性文章。亦即掌握继续升学、参加工作、学习技术所够用的读写能力。

阅读教学要做到经典性与时代感的结合。课本上的范文应该是经过时间检验确实文质兼美的精品，因为"取法乎上，始得其中；取法乎中，始得其下"。同时通过如下几个方面保证语文教学与时代、与生活的紧密结合：

1. 每学期拿出四课时，教师必须随时选取新近报刊好文章指导学生阅读，时间先后可自行安排。

2. 要在阐述课文的思想内容与语言艺术的历史意义时,恰当自然地联系现实。

3. 课外阅读是阅读教学的重要组成部分,教师在进行指导时每学期要向学生推荐两本新书、数篇好文章。

4. 作文教学与语文活动要从生活与学生心理特点出发,结合学生思想实际。

阅读教学要摒弃当前字词句篇烦琐分析、语言语法烦琐训练的弊端,要让学生自己多读书,让学生自己去感悟,要特别重视默读与朗读。课文后的"思考与讨论"都是开放性的,不要简单地给学生以结论,关键在于教给学生思考的思路与方法,引导学生学会思考。

作文教学要特别注意启迪性。要从学生思想、生活实际出发,使学生有话可说;要激发学生的写作欲望和兴趣,使他们有话要说;要解除头脑禁锢,使学生说心里话,表达真情实感;要打破僵化模式,使学生在写作中充分表现和发展个性。可以改变课本上所拟的题目,抓住学生有写作兴趣与内容的契机,教师自拟题目。每次作文均应允许学生自拟题目写文章。

关于积累,初中阶段应该包括篇章(含语言和写作样式等)、生活、思想感情的积累。仍然以篇章积累为主,但同时必须重视引导学生热爱生活、关心社会,涵养真善美的情操。阅读教学要让学生自己去感悟优秀作品,要让学生多背诵优秀的古典诗文;作文教学与语文活动要引领学生感悟人生、感悟社会、感悟自然、感悟文学与艺术。积累应该是反刍式而不是硬灌式的。

关于灵性的启迪,这是当前教学中相当薄弱的一环,要创造一切条件让学生的思维活跃起来,要充分肯定、鼓励学生不同的想法、看法,不要轻易否定学生的意见与答案,确实错误的要巧妙引导,切切不要损伤学生的自尊心与思维的积极性;要充分鼓励、保护学生的想象力、好奇心、求知欲、创造性,要保护学生的童心,教师自己也应该保持童心,教学中要提倡幽默感;要把课上得自然、生动、有趣,要力戒所有课文都是同一个教学过程与方法的僵化模式;要特别注意在教学中与学生心灵的沟通,根据课堂上学生随时出现的各种疑惑或兴趣改变事先的教学设计。

这套教材是供实验用的,热烈欢迎教师、学生、家长与专家们提出批评与意见以使其改得更好。

1999 年 11 月

探索作文教学的新境界

——《中学语文作文教学研究》序

（2000）

作文教学必须改革。

这种改革首先要从观念转变做起。

一说到转变观念，似乎又是一句套话。但不要紧，读读王鹏伟这本书，可以得到许多具体而真切的感受。

比如说他对教学大纲的深入钻研与实事求是的态度。鹏伟认真地学习了大纲，他对新大纲作文教学部分的领会，对几个大纲的比较，对新大纲表现出来的进步与长处的归纳，都是很有见地的。但更可贵的是，他也无保留地指出了现行大纲的不足与局限。这对"以纲为纲、以本为本"无疑是一种冲击，许多老师可能会接受不了。但是高考不是都在按"遵循教学大纲，又不拘泥于教学大纲"的精神来做了吗？我个人认为，高考命题的这种做法不是说命题者们要超出大纲范围拟题，而是表明，现行大纲的许多内容、提法已不适应今天实施素质教育、深入教学改革的要求。因此，老师们在认真学习教学大纲，把握其实质的时候，也要有一点批判与怀疑的精神。

比如说他对作文模式的构建。鹏伟提出的"积累——感悟——表达"的模式，比较准确地反映了学习写作的规律，也是对现实中作文教学弊端的批判。中小学生学习写作，积累是第一位的，生活的积累、思想感情的积累、语言的积累、篇章样式的积累等等，都不可缺少，都至关重要。当然，对十几岁的孩子来说，这些积累的途径除了与生活密切联系外，就是读书。这里说的读书，是指读古今中外的名篇名著，读那些位于人类文化顶端的作品，读那些思想上给人以启发，结构上让人无法释手，语言上给人以美感的书与文章，绝不是那些现在摆满柜台的"作文大全""写作秘诀""作文辞典"之类，早就被鲁迅斥之为专门"掏青年腰包"的货色！第二位的是感悟，要让学生自己去感悟，而不是教师们天天在那里不厌其烦地讲写作知识，不得要领地要学生们"理解"所谓"怎样写议论文""怎样写记叙文""怎样开头结尾"诸如此类死条条。第三位的才是表达，而有了较好的积累与感悟后，只要稍加引导，学生完全可以学会表达，我们每个人学习说话的过程，不就明明白白地证明了这一点么？由此可见，当我们仍然在日复一日地进行作文教学时，对我们这已经熟悉了的工作，也是需要有一点怀疑与批判的精神的。

比如说他对作文与生活、思维、阅读关系的理解与阐述。这正是当前作文教学中处理得最不好的几个关系。我们的学生基本上没有了天真的童年、幼稚的少年与浪漫的青年生活，一天到晚被关在教室里，埋头在课本中，深陷在题海里，与生活切断了联系，作文题材也就成了无源之水、无米之炊。学生的思维被各种各样的选择、判断题弄得神魂颠倒，被各种各样的写法条条、考试评分点禁锢得死死的。思维没有空间，怎么谈得上活跃与创造？学生除了课本之外，阅读的时间少得可怜，他们从哪里去领悟与积累？因此，我们对当前作文教学的过程、方法等等也是需要有一点怀疑与批判精神的。

再比如本书的体例，也没有了以前许多"作文教学法"一类书那种僵冷的面孔与死板的条条。作者多年从事第一线的语文教学，后来又进行教学研究工作，不仅有丰富的教学实践，而且始终有一种创新的欲望，因此，他写的东西是有力地针对着教学中存在的实际问题的，对于教师来说，切实而有用。"教学法"一类的书常常被教师认为用处不大，大概正是印证了那句名言：理论是灰色的，而生活之树长青。鹏伟有意识地注意解决这个问题，而且取得了成效，因此读起来令教师感到亲切。

还可以举出许多，且不一一赘述。

简而言之，我们认为当前作文教学要解决的主要问题，或者说衡量一个教师作文教学成绩的好坏是：力图引导学生说心里话，写真情实感；创设各种条件让学生有话可说，有话要说，把话说好；鼓励学生说自己的话，说与别人不同的话。

我以为教师在作文教学中最重要的基本功是：批改时要成为点石成金的金手指，不要用"中心明确、条理清楚、语言通顺"的套话去敷衍学生，而是能够找到每个学生每篇作文成败的关键；指导时要成为开启思维大门的金钥匙，要启迪学生的灵性，要培养学生的个性，而切切不要搞成千人一面；拟题时要成为写作欲望的激活器，要让学生有强烈的写作欲望，把写作看成是一种乐趣，一种享受。

鹏伟嘱我写几句话，以上不及深思的随笔，姑作为序。

2000 年 1 月 3 日

张玉新主编的《新人文作文》序

（2000）

　　一个教师把学生从初一一直带到高三，在现在的中学里，大概是很难见到的了；而这个班的学生竟出版了七八本个人作文专集，则几乎可以说是找不到第二例来的。

　　翻阅着这些清秀、流畅的文字，得到的是美的享受；捧读着小作者们纯真、火热的心灵，感受到的是灵魂的洗涤。我不能不说说他们的老师张玉新。

　　玉新是我离开东北师范大学附属中学后来校任教的。认识之后，他常来我家里长谈，有时直至深夜。当然他说得多，我说得少——性格使然。我是愿意和青年人一起谈话的，慢慢地，我觉得玉新与一般青年教师有不同的地方。一是他的思想很活跃，虽然刚刚走上讲台，但经常想问题，有的见解深刻而犀利。二是对于学生教育与语文教学，我们有许多认识很默契，我很惊异于他在短短几年内就达到甚而超过我经历了二十多年才得到的认识。三是我虽然说得不多，他却真的常常入心，这当然不是我有什么真知灼见——我只不过是说说一个过来人的肤浅感觉而已，而是他真的有一种出自内心的求知态度，这和一些表面唯唯诺诺，做出一副虚心样子的青年人实在大不相同。

　　他的教学很有创造性。正如他自己在序中写到的，学生写作能力有如此大的进步，是因为他没有按现在一般模式那样去教作文。他从初一开始强制学生写日记，写读书笔记，要求学生写真话，写自己的话，然后与学生进行笔谈，这是极有效果的作文教学。他的阅读教学也非常新颖，常常不循旧规。一次东北语文年会让他出一节课，他上的竟然是谁也不敢上的京剧《打渔杀家》，自然不会去搞分段、概括段意、中心这套玩意儿，兴之所至，课堂上他唱起来了。他对我说，有时上课没有教案，或者只写了寥寥几字。我当即表示赞同而且欣赏。当然这不是说没有认真备课，恰恰相反，只有做到把课文研究到烂熟于心的时候，才敢这样"胆大妄为"。我总以为，那些只有照着教案才能讲课的人不会成为好教师。

玉新已近不惑之年，他的教改实际上是相当有成绩的，并不比国内一些典型差，遗憾的是，由于他要去参加国家骨干教师的培训，对他实验的验收只能作罢。但是还有什么比这些让你赏心悦目的学生作文更说明问题的呢？

当新世纪到来的时候，我们的教育，我们的语文教学，需要这样有为的青年。

辞不达意，也算作序。

2000 年 4 月

肖澧编著的《汉字文化解码》序
（2000）

肖澧是个很有见识的青年教师，而且可以肯定是个优秀的语文教师，她编写的《汉字文化解码》，就是一个有力的佐证。

为什么这样说？

我想再问一个不可思议的问题：许多语文教师知道自己是教语文的吗？

这个问题绝不荒唐，我们是有根据的。

据了解，许多小学教师不知道"六书"，试问这怎么可能更有效地进行汉字的识字教学呢？更不用说充分利用汉字的特点对学生进行审美教育、思想品德教育与启迪学生的思维、引导学生展开想象与联想的翅膀了！教学生识汉字，而自己不懂"六书"，能成为合格的语文教师吗？

再比如，我们很愿意讲修辞。从小学一年直到高中三年，不知道要讲多少遍"比喻""排比""拟人"等等，什么"明喻""暗喻""借喻"，什么"喻体""本体"，絮絮叨叨地说了又说。可是，这些修辞手段是世界上所有语言都具有的，我们汉语文修辞的特点是什么呢？就拿"对偶"来说吧，我们现在只是在课堂上讲一点什么是对偶而已，但它却是汉语所独具的，特别是它能将语感训练、语法训练、思维训练、审美训练等等熔于一炉，这样有效的语言训练方式，在我们的课堂上还能见到多少呢？再拿"联绵"来说吧，也是其他拼音文字语言所不具备的一种修辞方式，正因为汉字是形音义一体的方块字，才会有双声叠韵同时的现象，因而汉语里有大量的联绵词（字）。本书编著者在"总论"的最后一段里就用了两个常见的联绵词"蹒跚""踉跄"，我们现在的课堂里，讲联绵吗？

再比如，我们还很愿意讲语法。且不说，母语文的教育从来都是重语感而不重语法的，就说我们现在讲的语法知识，符合汉语言的特点吗？就拿"偷换主语"来说，这是我们常常指导学生反复训练要纠正的一个"语病"，似乎不纠正这一点，就不是一个好的语文老师。可是我们想没想过，汉语的句子与拼音语言根本不同，它不是以动词为中心的，因此它也就不会要求一个句子中只能有一个主语，也就是说，"偷换主语"在某种意义上正是汉语言的一个特点。试想，像目前这样去教语法，能有好的效果吗？

又比如，写作知识更是语文老师津津乐道的，似乎这就是在给学生以"规律"，因此，"怎样写议论文、记叙文"啦，"文章开头八法、结尾六法"啦，越讲越细，越讲越玄。但是，语文学习有其自身的规律与特点，学生背会了这些"规律性"的写作知识，离他自己会写文章还有万里之遥。鲁迅当年说过："文章应该怎样写，我说不明白。那些素有定评的作品中，就说明着应该怎么写。"我国当代最伟大的文学家都说自己说不明白的事，我们却在年年说、月月说、天天说，这难道不应该引起我们的深刻反思吗？

还可以举出许多例子。这些都说明我们的语文教学与语文学习规律、与汉语文的特点都还相去甚远，摆在我们面前需要探索的问题还相当多，前进的道路还很漫长。但可喜的是，有许多有见地的教师正在起步，肖澧就是其中的一个。

正如编著者在"总论"中所言，汉字的创制是一个相当复杂的精神创造活动，它是一种心灵创造，它的发生发展过程就是各个层面的历史文化现象的凝聚过程，因此，汉字中饱含着熠熠生辉的大量的文化信息。我们语文教师，第一个任务就是要教学生热爱汉字，了解汉字，这当然首先要从教师自己做起。

肖澧要我写几句话，以上所说，就算作序吧。

2000 年 7 月 28 日

《农村中学语文教育》发刊词

（2002）

为农村中学语文教师办点实实在在的事，一直是我们不渝的心愿与执着的追求，《农村中学语文教育》就是这样创刊的。

为农村中学语文教师提供一块阵地，让他们说他们要说的话，让他们听他们想听的话，让他们有一个解决教育教学疑难的真正的朋友，让他们有一个大胆改革、无畏前行的毫无保留的支持者，这就是《农村中学语文教育》办刊的宗旨。

当我们开始新世纪中华民族伟大复兴的征程，当我们为使经济建设高速发展而把改革开放向纵深前进时，遇到的一个重要问题是农村；当我们致力于提高全体国民素质，当我们为使每一个学生都得到发展而深入实施素质教育时，遇到的重要问题同样是农村。

因此，从某种意义上说，农村教育工作更需要实现观念上的转变。

王侯将相宁有种乎？农村孩子上大学，成为高级人才，是天经地义、理所当然的事，是社会发展、社会公正的表现。农村孩子进城市做事不仅对亲人及家庭，而且对当地的经济发展也是好事。但是，我们必须清醒地面对两个铁的事实。一个是，不管高校怎样扩大招生，在不算短的近期内，能够上大学的孩子（尤其是农村孩子）毕竟是少数。另一个是，正是那些考不上上一级学校，又没有门路进城工作的农村孩子，肩负着农村经济建设改革与发展重任。面对这样铁的事实，如果我们还是只把眼光盯在升学有望的学生身上，而忽视甚至放弃其他学生的发展，是否本末倒置了呢？

报载，我国现有文盲八千万，全世界每四个文盲中就有一个是中国人，而且我们每年还要产生五百万新文盲。这将是我国现代化建设道路上的一个沉重的包袱。虽然出现这一问题的原因是多方面的，但我们也不能不因此反思现在的语文教学效率，如果我们的效率能高一点，起码会有助于这一问题的解决。

其实，中小学语文教育所解决的不仅仅是识字问题，因为语文是人生存与发展的基础，有了较好的语文能力，无疑会为人的发展开拓广阔的空间。这一点，对农村孩子来说，尤为重要。说得极端一点，语文能力几乎就是农村孩子的生命与前途。因此我们不要再用那些烦琐、机械、低效的语言训练浪费学生的宝贵光阴；不要再用那些从教参上照搬的各种内容、写法分析、写作方法、语法知识等干瘪无味的东西去折磨学生的灵魂了。

我们到了应该多研究、多尊重一点母语文与母语文教育规律的时候了。

农村的物质条件远不能与城市相比。所谓网络时代、虚拟空间对相当多的农村学校来说，还真是缥缈的事情。但作为农村中学语文教师，我们必须看到，我们语文教育资源并不见得一定比城市少，而且在某些方面比城市好得多。比如自然风光、动物世界、山川、田野、农村改革现实等等，都是极好的语文教科书。要知道，我们伟大的祖先就是从阅读这些无字书的实践中创造出美轮美奂的汉字的！

我们愿与农村中学语文教师们并肩同行，我们诚挚地等待着倾听你们的心声，我们热切地期待着得到你们的支持与关心。

创刊伊始，元昌嘱我写几句话，也算作发刊词。

高扬语文教育民族化的旗帜
《启迪灵性的语文学习方式
——孙立权"批注式阅读"教例》序
（2004 年）

语文教育民族化这个命题，是上世纪八十年代末以来，我省诸多中小学语文教育改革者经过多方探索、反复实践、认真研讨后所得到的共识。

对这个命题，有诘难，更多的是疑问：语文课是母语教育，怎么还要提出民族化的问题？

语文教育民族化，是针对盲目照搬、模仿外国语文教学经验的现象而提出来的。这一命题的实质内涵是我们应该遵照汉语言文字特点与汉语文学习规律来进行和改造语文教学，以尽快祛除语文教学效率低下的痼疾，加速提升青少年乃至整个民族的文化素质，实现中华民族文化伟大复兴的目标。

回顾历史可以看到，一百多年来，我们一直在不断地学习西方与苏联，不仅在许多根本性的理念上，而且在许多具体的教学方法甚至试题样式上都亦步亦趋。正是在这样一个过程中，汉语文教学在逐渐地被异化或者自我迷失。

面对现实可以看到，尽管广大教师是尽职尽责的，尽管改革开放以来许多有志者在不断地探索改革，也取得了为人称道的成果，但是，在外国语文教育思想已经渗透了我们血脉的时候，这些工作与改革都只能是在戴着镣铐跳舞，故而不可能从根本上解决语文教学的问题。

我们举一些例子来阐释这个问题。

比如识字。前些年有一种看法认为语文教学效率不高的重要原因之一，是我们没有科学地规定出汉语的词汇量。这其实就是用拼音文字语言来观照汉语的一种表现。汉语是以字为基础的，大多数字本身就是词，字和字可以组合成新词，而且不断创造新词，因而学习汉语的关键其实在掌握足够的识字量。语文教学效率不高的现状，最为关键的问题，正是在于在小学阶段甚至在九年义务教育阶段还没有能很好地解决识字问题。如果在小学一、二年级把现在教学中许多无用的、浪费学生生命的、繁难多旧的诸如读写知识之类的东西删掉，集中力量让学生都能掌握2500左右的汉字，学生的语文乃至其他学科学习、全面素质的提高都会出现喜人的局面，语文教学将会呈现出全新的景象。

与此相联系的是，我们的识字教学也在迷失自我。现在课堂上，识字教学的常见方法几乎都是用拼音。我们严重地忽视了一个事实：汉字从每一个字的创造到整个体系的形成与发展，都洋溢着中华民族的大智慧。也就是说，在识字教学过程中，同时就自然地、必然地对学生进行了德育、智育、美育和思维开发等等，汉语的识字教学过程本来就是全面提高学生素质的一个重要途径。如果只是或者主要用拼音来进行识字教学，识字教学那本应具有的功效就都消失了，变成了只是为了识字而识字。

再比如语法、修辞、逻辑的教学。

前些年，语法知识的讲授与训练占了语文课相当大的分量。且不说，母语的掌握主要是在语言实践中实现的，就拿这些语法知识本身来说，我们也没有认真思考它们是否符合汉语的特点。举个例子说，汉语句型不像某些拼音文字语言那样以动词为中心，因而也就不一定一个句子非得是一个主语。这样，当我们想尽办法指导学生做各种训练，以改正"偷换主语"的语句时，却没有想过，"偷换主语"也许正是汉语的一个特征！

从小学到高中我们一直在反复地讲授比喻、拟人等修辞手段，但这些是世界上各种语言都通用的，汉语修辞又有哪些独具的特色呢？比如"对偶"，这是汉语仅有的，我们现在只把它等同于一般的修辞手段讲一讲而已，我们忘记了，对偶训练是可以熔语言训练、语感训练、思维训练、章法训练、审美训练等于一炉的，它才应该是汉语言训练中最有效的方式。再如汉字独有的双声叠韵现象，在我们的教学中则几乎绝迹了。

我们现在已经很少讲逻辑了。有许多人批评中国人的思维缺陷是理性思维弱。诚然，我们民族的思维以直觉、悟性、感性思维见长，我们的语言也与此相契合，但也不能说，汉语就一点逻辑思维都没有。绝大多数字为什么本身就是词？因为它表达了一个或多个概念。有的一个字表示了一个判断，如"歪""孬"等，更有的一个字就表示了一个推理，比如"兼"。我们在教学中对这些给予了应有的重视吗？

又比如阅读和写作。

学语文就要朗读。更何况有四声平仄之分的汉语，朗读不仅是感受、理解课文的需要，而且是一种美感与气质的熏陶。但这些年来，课堂上已经很难听到朗朗的读书声了。教师的朗读被那些教条乏味的分析所代替，学生的朗读则被那些无休无止的填空、选择练习所取代。

学汉语更重要的是默读。中国人讲究"悟"，这个"悟"字说的就是要用自己的心。因此默读绝不只是不出声地读，而是要去贴近、融进、揣摩、思索、感悟。"有一千个读者，就有一千个哈姆雷特。"阅读最应该表现出每个阅读者的主体意识与个性，这在默读过程中才能得到最充分的体现。还应该指出的是，默读必须有宁静的心境，而只有在默读中才能得到怡心的静谧。这点无论对当前浮躁的社会生活，还是浮躁的语文教学似乎都更为重要。

学语文就要多读。这一传统的语文学习经验并未过时。语文能力的提升要有多方面的积累：活的语言的积累，而不是语法知识的识记，这种积累必须从古人、人民群众和外国的语言中获取；文章样式的积累，这绝不是当前泛滥于语文课堂中那些文章作法知识，文体知识之类的背记，而是多种优秀作品的积淀；还要有人生感悟的积累与文化的积累。语文学习过程是一个不断反刍的过程，因此积累非常重要。而对于中小学生来说，上述各方面的积累的主要途径是阅读。把人类文化史上最优秀的文化作品尽可能多地交给学生，是语文教学的核心任务，也是改变当前教学效率不高状况的一剂良药。

再看作文教学。我们一直讲"言为心声"，说真话、说心里话、说实话，这是做人的根本，也是作文的根本。但我们现在则几乎与此完全相反。当我们指导学生用各种绝招、抄袭，用各种假话、空话、套话去争得那几分的时候，我们忽视了与此同时学生的人格也便低了几分。

我们还一直讲"文如其人"，那就是说文章要有自己的个性。文章的个性是它的生命，写出使人耳目一新的文字是写作应该追求的目标。但我们现在的教学中却常常造就出千人一面的文章。我们在作文批改中也经常忽视学生文思的闪光点，而老是用那一套"中心明确，层次清楚，语言通顺"的程式去评价他们的作文，以至于磨平了他们所有的棱角。

用不着再多说，上面所述已足以说明，语文教育民族化是摆在我们面前的庄严而急切的任务。

东北师大附中语文组这些年来一直在不间断地探索这一课题，而且取得了卓越的成果。现在孙立权和他的课题组成员又把他们进行批注式阅读教学的优秀成绩摆在我们的面前。我们在叹服孙立权他们的远见卓识、艰苦劳动、用心钻研、勤于积累的同时，也对语文教育民族化的前景更加充满信心。

孙立权要我为本书写几句话，就把语文教育民族化这一命题的大致想法写出来，姑作为序。

2004 年 7 月 1 日

农村教育改革的一面旗帜——三序
（2005）

元昌的学生作文选又一次出版，我也是第三次为本书作序了。再读这本集子，重温元昌教改历程，回顾这些年来语文教学发展轨迹，面对当前仍令人担忧的教学现状，不能不让人感慨万分，唏嘘不已。

元昌的经验十分丰富，他的许多做法，其实都是治疗当前基础教育与课堂教学诸多疑难杂症的良方，值得认真研究和大力推广。

让我们看看元昌教改的亮点。

他始终在身体力行着育人为本的教育思想，实现了教书与育人的完美结合。他教学生，在教做人中教作文；在教作文中教做人，结果是，学生思想道德修养得到了全面提高，写作也绽放出绚丽的奇葩。

他始终把为农村子弟得到教育公平作为自己义不容辞的责任，矢志不移，筚路蓝缕。他就是不信"农村的孩子一定不如城里的"，他终于把他的农村学生们领入了一个新天地。

他对那些别人眼里的"差生"充满了爱心与关怀。他不仅通过家访、谈心等把那些想要辍学的孩子动员回校，不仅通过各种办法解决贫穷孩子的经济困难，尤为可贵的是，他在教学中对学习一时跟不上的学生给予了更多的关怀，想方设法使这些孩子增强自信与勇气，提高了学习成绩，在他所带的班级里，以及当校长后全学校几乎没有流失生。这对于一所村级学校来说，应该是一个奇迹。

他的语文教学观与课程观是相当超前的，时至今日许多老师仍根深蒂固地守住课程等于教材的观念时，元昌在上世纪八九十年代则已经把眼光超出了课本之外。在他看来，什么都可以成为语文书：社会、生活、自然、人生等等，甚至数、理、化、生，都在他的课堂里出现过。这种教学的结果是，学生不仅扎扎实实地提高了语文能力，提高了思想道德修养，而且促进了其他课程的学习。

他的教育教学中充满着唯物辩证法。从调动学生学习积极性，开启学生思维这一根本点出发，他的教学充满着一个"变"字。从教学方法来说，元昌使用的可能是最多的了，而且不少是他自己的发明。针对不同学生、针对不同内容、针对不同情况，他会采用完全不同的方法，以达到最大实效的目的。这样，学生爱学了，思维活跃起来了，成绩也上来了。再看看现实教学中，相当多的老师，不管教什么样的学生、什么样的课文，都是一种程式化的教学模式与过程，学生怎么能不生厌倦之心。

尤为难能可贵的是，元昌在走上教研工作岗位之后，在培养农村教师、提高农村教学水平方面做了大量的、卓有成效的、很有创造性的工作，为农村教师提高教学能力寻觅着良好的途径。他不仅把城市重点中学与农村中学联结起来，组织重点学校到农村送课、送设备，进行辅导，组织农村学校教师到重点学校听课、学习，还亲自多次为农村学校讲课。最值得称道的是，他组织了农村学校校本教研、校际间教研的活动，让教师们在研究中互相学习，提高教学水平，提高业务素养，并且极大地提高了自信心与责任感。

在教学实践过程中，能者为师，切磋研究，互相学习，把教学与研究同自身提高结合起来，这就是元昌探索的农村教师提高教学能力的途径。

教育现实状况，这种方式最可贵之处在于从实际出发，符合国情，符合农村实际而不是徒走形式；符合教师成长提高的规律，讲究实效而不搞花架子，实在是非常值得大力推广的。

元昌的经验还有许多，篇幅所限不再赘述。元昌取得这样的成功，是源于他的奉献精神、热爱农村的情结、执着追求的品质，这在当前的社会环境里，闪耀着金子般的光芒。

祝元昌的精神与经验得到发扬与推广。

2005 年 5 月 10 日

在"语文学习策略研究"课题培训会上的讲话
（2006）

不是报告，是几句话。

首先要说明，我们开了一个非常非常好的会。先要说说全国中语会几位理事长对我们这个会议非常重视，百忙之中抽出时间来到北国长春为大家做报告；其次是全体与会代表，让我们很受感动，有着这么强的事业心及钻研精神，在现代社会中难能可贵。各位代表始终如一地参加会议、积极发言，而且给课题组提出许多宝贵的意见和建议，我们非常感谢。这个会议之所以成功，最后一个原因是我们《语文学习报》《语文教学研究》东道主的小同志们为会议做了大量的后勤工作，保障了会议的顺利进行。在这里我以课题组组长身份，向中语会领导、全体与会代表、《语文学习报》《语文教学研究》的小同志们表示最衷心的感谢。

老师们，正如各位专家和与会代表所说的，我们做这个课题是有想法的。这个想法是什么呢？昨天晚上有老师说得很激动，为什么呢？因为感到自己被绑到追求升学率的战车上了。西方教育家说得好："分数是教育史上最糟糕的发明。"它是个发明，因为它把量化机制引到教育评价中了；最糟糕的，因为它把教育本来是以人为本的，本来应该是有感情、有个性、有创造力的人为本位的这样一种教育引导成单纯追求数字的这样一种教育。在社会、家长、教师的心里头，没有张三和李四的区别，只有 95 和

86 的区分，这就是我们现在的教育，就是把最糟糕的发明的功效发挥到了极致。长期以来，保证不了教育经费的投入，因此所谓的教育产业化、市场化和商业化等等使得我们的教育背离了教育的宗旨。

我们是在这样的一种情况下提出这个课题的，在这里我想申明我们课题的意思，其实非常简单：语文学习策略，最简单地说就是怎么学语文，或者说怎么把语文学好、学快。

通过这几天的发言，我觉得有两点是老师们回去调整自己的子课题需要注意的。

第一，语文学习策略，不是语文教学策略，我们的课题研究是以学生为对象，是研究学生学习语文的规律，学生应该怎么去学语文，我们把语文学习策略研究大致清楚或者初步认识之后，在教学上采取相应的策略。我看到有的课题现在还是"阅读教学策略研究""写作教学策略研究"，这些课题本身就需要调整。

语文学习策略，昨天有的专家已经谈到，不只是方法。语文学习策略包括方法，但绝不只是方法。学习过程中包老师曾经做过这方面的一些理论的介绍，《简章》里说的，今后我们想把有关材料直接寄给各子课题组和实验学校，或者直接发到网站上。学习策略不仅仅是个方法，老师们要注意的是不要把学习策略只看成是方法。

第二，语文学习策略研究从总课题提出开始，就提出了这个课题的三个思路：

第一个思路：当代青少年的心理和生理的特征。这应该是我们语文学习策略的一个根据。

第二个思路：母语文教育的规律和汉语言文字的特点。我们进行的是母语教育，从世界各个民族的母语教育说，有其共同之处。既然是母语教育就要遵循母语教学的规律，但我们所教的母语又是世界上独一无二的汉语言、方块汉字，那我们就必须研究汉语言文字的特征、汉语言教育的规律，一百多年来我们的语文教育实际上是被西方的语文教育理论异化了。这一百多年来，我们在汉语文教育的道路上，实际上离我们自身越来越远了。

第三个思路：当代社会科技与经济发展的状况与趋势。好多代表提到：现在学生不写字了，为什么不写字了，因为有了电脑，这是当代社会发展的一种很正常的现象。而且电脑还会继续发展下去，会越来越简单，越来越方便，那么面对当今社会的经济、科学发展，我们应该思考运用什么样的语文学习策略，如何使学生把语文学习搞好，打好语文学习基础。

　　我把总课题组一开始提出本课题时的三个思路跟各位老师做一下汇报，也请各位老师回去后考虑看对不对，还有什么补充与纠正，老师们在这个三个思路上想就哪一个思路进行研究可以进行选择。

　　说到这三个思路，我想就现在的语文教学提一点极端、片面的看法，请各位回去思考：我们的这个课题——语文学习策略研究，也就是研究语文怎么学，怎么学语文，现在的语文教学中对如何教语文想得太多，有些老师在观摩课上搞的形式主义的花架子太多，浪费学生时间与生命的东西太多。语文教学是实实在在的，语文教学面对的是学生，我们必须在有效的时间内给学生以尽可能多的东西，如果老是搞形式主义，不讲实事求是，不讲效率，总是讲戕害学生生命的东西，你这个老师本身是没有做老师的资格的。我们的研究首先要弄清楚学生是怎么学语文的，老师表演再好，有什么用？有相当多的老师，特别重视开头的导语，有慷慨激昂的，有柔情万种的，有特别漂亮的，这些不就是表演自己吗？有相当多的观摩课，实际上不就是把学生当成教师表演的工具吗？天天喊以学生为本，原来喊以学生为主体，喊了多少年了。当我们高喊这堂课是以学生为本时，实际上还是在把学生当成表演的工具。我这个话并非瞎说，因为原来在我省听课时我就听过这样的课：老师上课，师生关系非常融洽，亲切得不得了，"孩子你太可爱了""孩子你太聪明了"，当时我正好担任教育学院副院长，课下经过刚刚上课老师的教室，往里一看，跟刚才上课的老师完全判若两人，在严厉地批评学生。

　　老师若不信可以看看，有多少观摩课是比较真实的。为什么？因为我们总是在怎么教语文上下功夫；而对于怎么教语文，我们又没有抓住根本，总是在教法和怎么表现上下功夫。参加此次会议我很受感动，听了刚才代表们的发言和看过老师们的课题以后，我感觉很有希望。实际上教师提高的根本在哪？在老师自己本身的语文素养、自己的语文能力。刚才的几位代表、老师，我非常相信，他们能够取得成绩。他们写出那么好的文章，读了那么多书，怎么可能教不好语文？现在相当多的老师教不明白，因为自己就没有弄明白怎么写议论文、怎么写说明文就去教学生。怎么写议论文、说明文，实际上会写文章的人都明白，他知道什么地方需要指导学生。我们不是从课本上去提高教学，这也是为什么我们要搞全国的教师读书大赛的原因。必须引导老师读书。

　　我认为语文教学，第一，在需要认真研究怎么"学"时，我们过多地研究了怎么"教"。第二，在怎么"教"的时候，需要提高教学质量和教师水平的时候，又没有注重提高教师的"本"。我们的课题应该在这些方面做一点探索。说这些，我本人是很有体会的。老师们，实际上这么多年来，我们没有把语文教学弄明白。究竟怎么教才能提高课堂教学效率，才能真正地提高语文教学的效率，这个问题实在是亟待解决。社会发展、科技发展、经济发展这么快，如果语文学习效率问题不解决，就像很多老师忧心的那样：不会写字了，不读书了，不会写文章了。这个民族的素质怎么办呢？所以我们需要很认真地研究。

当我们没有从本质上认识一个问题时，我们就可能出现翻烙饼的情况：今天一阵风，明天一阵风，翻过来调过去；今天这个专家说了工具性，明天那个专家提了人文性，抛开专家如何我们不说，实际的原因是我们自己没有弄明白。如果语文老师对语文教学本身有个很清楚的认识，那么就"任凭风浪起，稳坐钓鱼台"，爱怎么说就怎么说。

我虽然参与了课程标准的研制，但实际上我并不同意工具性与人文性的统一这一提法，我这个话不影响大家贯彻课标。为什么这么说？语文什么人文性？语文就是人文。语文教学有人文性，数学教学就没有人文性吗？历史教学没有人文性吗？哪一科没有人文性，教育本身就是具有人文性的。

人文性和工具性根本就不是一个层面的东西。人文性与科学性是一个层面的。人文性和工具性不是一个层面的，无法对立统一。对立统一要求是一张纸的两面可以统一，即一个层面的东西可以对立统一。我再强调一遍，说这个话不要影响大家。我的意思是要自己有清醒的认识。实际我们自己的方块字本身就是人文。上周我在长春的小学语文教学研讨会上举个最简单的例子：抛开对课标的看法，谈谈如何在教学中贯彻课标，老师在教小学生"人"字时，就运用《编辑部的故事》主题歌的一句"人要相互支撑"，"人"的一捺顶在一撇上，说到这里恰到好处。"人"这个字，不是原来的篆字，所包含的人文内涵，这捺就要顶在撇上，否则容易写成"八"。这就是它的人文内涵，讲到这就行了，工具性和人文性就统一了。再往下讲：咱们人就要相互帮助，相互依赖……再往下讲就成了品德课。

所以所谓工具性和人文性无法统一，老师只需把语文包含的人文揭示出来就行了。语文本身就是人文，揭示出来就行，千万不用再往下导。老师们如果有这方面的把握，就不用管外界说什么。

语文学习策略就是研究怎么学语文，我明白怎么学语文，我就怎么教。至于别人怎么说，爱怎么说就怎么说去吧。

我们几十年来的语文教学中的文言文比重非常小。我们离开自己的语言文字规律已经越来越多了。前些年，我到我们省里的学校去听课，发现老师们不知道如何用工具书。老师们,不懂得用工具书,非常可怕。教汉字识字,不懂得用工具书,怎么去教?那就只有一个教法——拼音识字。

我说一点不同的看法,这个课题是我跟包老师在一次论坛中碰撞出来的结果,我们有不同的意见。他谈到拼音问题,他抱怨拼音没有学好。我的体会——我们都以体会说话——1956年《汉语拼音方案》公布那年,我开始学拼音,也就是三四节课把拼音学完了,到现在,我会拼音了,比较熟练了,也就三四节课。在座的老师都知道,课改前,人教社小学教材,入学开始学拼音,得学一个到两个月,学生学起来非常费劲,老师们甚至教到发音部位。而不可理解的是,世界上没有任何一种国语教学是在小学入学伊始学与母语无关的另一种文字。只有我们大陆,中国,小学第一节课,我们不学"人口手,刀牛羊",我们不念"人之初,性本善",我们学"a、o、e",现在回过头来责怪我们的学生为什么不爱母语,老师为什么教不好母语。因为入学第一天就没有学习母语,如果母语真好的话,为什么入学第一天不学它?我们是在逐渐地离开我们自己。原来大纲规定,识字是2000~3500,现在课标规定也是2500~3500,我还一直认为这个数字完全合适。我以为这个是有统计的,2500字可以看懂现在读物的95%至98%等等,实际这种统计是不科学的。如果这个统计放在十年动乱期间,那时的读物,识字量用不了2000,1000就够,那时的报纸内容几乎是一样的。而现在的报纸杂志再看,绝大多数是文化垃圾。用这样种东西去统计识字量,本身就是不科学的。所以国家在报纸上公布了,将来要对公务员、记者、教师进行汉字测试,测试范围5500汉字。当然这得分级。起码说明不是说大纲和课标的3500就是汉字的"头"儿,到顶了。初中结束学3500汉字,到公务员程度就要认5500汉字,没听说哪种母语是这么学的。初中、小学九年加一起还解决不了识字的问题,这是很值得我们思考的。

再比如听陈金明理事长提到的训练问题,实际课标里提到的"淡化训练",是指代不清的。原来的意图是指当时大家心目中的训练淡化,即大量的选择题、填空题,这些所谓的语言训练,必须淡化。语文怎么能不训练呢,语言怎么能不训练?说话是训练,读也是训练,写也是训练,语文怎么能离开训练呢?问题是训练什么,这是我们语文学习策略需要研究的。训练什么才能最有效地提高学生的语文学习能力,这是语文学习策略最重要的内容。我从来不信这种话,"现在是没有办法的事,只有做大量题,才能提高分数",我从来不信。在座有很多高中老师,现在这么做是没有办法,老师们有一种观念,这种观念使我们的教育,不光是语文教育成为最不讲效率的一种劳动,学生早上四五点起来,一直干到后半夜。我同情老师们的处境，但是老师们跳出苦海不能只等上帝的援手，老师们跳出苦海，需要我们自己奋斗，甚至有牺牲自己的决心。我从来不赞同做题能提高分数。我教的学生全凭实力，我1984年教的那批学生，几乎没有做过语文题，考前一个月，学生语文书都没有了，都不看语文了。大家知道1984年是标准化考试引入我国的第一年，我的学生也不用说，没见过这种考试。我那个班的学生，语文成绩分别是全吉林省第一、第二、第五、第八，前十名里包含四个。整个文科班的学生全部升入重点大学，三分之一考入北大。因此哪个老师或哪个校长跟我说要想得高分就得做题，我从来不信。

老师们，其实真把学生语文底子打好，他就具备了语文应试能力。所以我们自己得研究摸索语文到底是怎么回事。校长虽然非让你那么做，但如果你真拿出成绩来，校长不就是看分数吗，分数不低，校长必须承认。

这个事要从两方面说，一方面外部环境我们争取逐步改善，让我国整个语文教育走上正确轨道。另一方面在这样一种情况下，我们自己怎么做出我们自己的努力。第二方面的东西，就是我们课题所要研究的。

以上是我想说的三个思路。

我们这个课题完成阶段应该实现三个方面的成果：

第一，学生的提高，学生语文能力的提高。昨天课题核心组开会讨论这个，最后研究明白。总之我们要给各子课题点儿东西，怎么能评价你的学生通过这个课题之后确实有所提高，也请在座各位老师能够有所研究和探索。但首先各子课题要对自己所教的参加实验、进行实验的学生的语文能力进行一次摸底。昨天我们商量，这次是第一次培训会，我们把申请的子课题基本上都批复了。来参加培训的这些老师应该是名正言顺的子课题负责人，我们要告诉大家教育科研最少三年一个周期。这个年度应是从秋季入学算，所以各子课题的时间应是从2007年9月份入学开始，三年课题各子课题要结束，一轮实验结束。这样就要求各子课题在2007年秋季开学前做好相应的工作，其中有一项就是对你所要进行实验的学生的语文能力做基本的测试。小学和初中起码先要对识字量做测试，然后对阅读、写作和其他方面能力也要做测试。我们核心组准备做出量表，做好后争取发到各子课题组。语文教学最终的目标是让学生有所提高。我们这个课题怎么成功，不是要吹得天花乱坠，而学生不见好。

第二，教师的提高。希望通过课题研究实验，参与实验的教师都能不同程度地有所提高。我们也希望各位参加课题的老师，把有关情况，如现在学历、主要阅读情况、读过什么名著、哲学、美学、心理学方面的书籍，你写过些什么东西，告诉我们。特别是你对语文教学的看法，这方面的东西，在一开始盘点自己的所有时做到心里有数。通过实验之后，我们再看有没有得到一定提高。

第三，从实验研究来说，各子课题三年一轮，小学可能就是六年，对于总课题，可能一轮还不够。不管怎么说，我们这个课题最后是想做出关于语文学习策略理论和实践框架的东西，可能是论文或书籍。最后这个成果可能以两种形式出现：一是各位承担的子课题成功经过验收的子课题成果，我们把它汇集到一起；二是以核心组为主，系统地在各子课题研究基础上集中做出语文学习策略理论和实践框架。另外核心组也准备是动态的，随时可能有更多的愿意加入的和我们认为合适的人进入核心组。核心组要做出这么一个成果。这个成果以核心组为主，到时我们也可能与某个子课题合作，或者请某个实验教师参加到这个过程中来。

需要提醒各子课题组注意的是，如果是 2007 年 9 月开始研究，那么 2008 年四五月份就要有一个阶段成果。这个阶段成果传送给秘书处。2009 年四五月份也要有一个阶段成果。根据这两个阶段成果，总课题组再看，哪些子课题在什么时候可以进行复核与验收。我们今天是培训会，在这里先开个头，各位回去以后不是开完会就拉倒，而是课题开题前的工作和开题后的工作都切实把它们做起来。如果没有阶段性成果，视为自动放弃，如果有特殊原因需要跟秘书处特殊说明。总之课题不能搞形式主义，走过场，而是要切实地搞研究，在本课题研究领域确实有探索，要能够使各位确实有所提高。至于开题前的准备和各阶段性成果的形式和时间，秘书处随后会给大家以通知。

这是课题预期的三方面成果。这些成果我们会以各种形式展现。正如昨天陈理事长和苏理事长提到的教师网，我们课题也可以有自己的园地。昨天听了代表的发言，觉得愿意做课题的大有人在。初步决定在《语文教学研究》杂志开辟"语文学习策略研究"专栏，在座各位可以优先投稿。这个专栏以课题成果为主，随时反映在座的成果。请大家关心这个栏目，跟杂志多联系。

刚刚航天中学张老师提了一些意见，很好。我们准备再商量。子课题归类，当时也想过。老师们积极性太高，相当多的题目是一样的。而且申报过程中也无法看出哪一个比另一个更高明，所以我们把所有申报同一题目的，数量少的删掉了，但保留了大多数。将来如果有需要，相同的子课题可以搞一些活动。主要还是以地域形式，组建实验区。看了这次的申报情况，有一些课题集中，有些省申报的相当多。初步拟定：成立广西桂林实验区、黑龙江牡丹江实验区、重庆实验区、吉林辽源实验区，山东青岛实验区还没有最后确定。成立课题实验区的意思是使课题的实验更灵活，更方便，更讲究实效，因为不可能总是开全国大会，但是我们又需要坐到一起交流，请专家指导，所以就这样以实验区的形式来做。

张老师的建议我觉得很好，可以以两种形式来搞活动：一种是同地区的，一种是同一课题的。研究方向指导的问题张老师提得也很对，但是课题一开始由于人力的不足，二百多个课题，逐一指导是做不到的，所以我们想先请大家来，在课题研究的过程中再逐步地修正研究方向。如一开始我提到的，起码要把研究方向从教学策略转到学习策略上来。

2007年的活动我不想多说了，课题手册上明年活动的第一项"继续申报和评审"，这个工作还会继续。第二项，不定期出简报，随时介绍情况。我们准备建立工作网站，大家可以在此交流，而且核心组随时推荐书籍供老师们学习和实验。

各位老师，不管怎么说，我们是名副其实的战友，我是课题组的组长，各位是课题组的成员。不管是总课题还是子课题，我们都是同一个课题。一个课题就是同一条船，希望我们同心协力，一起做好课题。衷心希望大家能够随时提出对本课题的意见和建议。最后祝大家回程愉快，身体健康！

2006 年 12 月 10 日

附录

"三年过关"的设想能成为现实吗

—— 吉林师大附中语文教改实验纪实

《光明日报》记者陈季子　武凤仪

今年 7 月 7 日，记者到东北师范大学附属中学（那时叫吉林师范大学附属中学）采访，碰到这么一回事：这边几间教室里，各校高考生语文考试陆续交卷，那边几间教室里，师大附中教师开始用同样的（高考）试题对初二四个班的学生进行测试。测试的结果怎样呢？记者在附中访问期间，教师采取审慎的态度，说作文的评分标准难定，要待高考试卷评分之后，再来评定这初二四个班的测试成绩。时隔一个多月，传来了消息：这初二四个班测试的及格率为 58.7％，而吉林省参加文科高考生的及格率为 25％。

这初二四个班是怎样的教学班？又是怎样进行语文教学的呢？

"文革"结束后，人们痛心"十年浩劫"对教育事业所造成的破坏，不满意中学语文教学的现状，渴望有所改变。在一些重点中学里谈论着中学语文"三年过关"的设想，在谈论中，对于"过关"的提法是否科学，这个关是怎样一个标准，虽然有不同的看法，而要求在初中阶段，能较大幅度地提高学生的读写能力，则是一致的。这一设想能否成为现实，要靠实验。有的学校悄悄地开始了实验，东北师大附中就是其中的一所。

东北师范大学附属中学是在 1978 年 8 月，在新入学的一年级四个班开始"初中语文读写能力基本过关的实验"的。他们所订的"过关标准"（即实验的目标），概括地说，就是初中三年完成初高中五年教学大纲规定的教学任务。上面所说的被用高考语文试题进行测试的初二四个班，就是"过关"实验班。

据实验班的老师说，在两个学年里，这四个实验班学了初中六册语文课本和高中第一册课本，另外学了自编补充教材现代文四十篇，文言文又近二十篇。每个学生写大小作文约 25 篇，现在，从这四个班学生的写作能力看，超过上一年级（即初三）各班。

本文所记的，不可能是实验的全貌，只是记者认为这可供教师们参考的一些事实和思考。

重组单元

东北师范大学附属中学进行这一实验是经过一番准备的。在讨论这一设想有无根据时，有的老教师回忆自身之所以爱好语文，成为特长，首先是得力于初中阶段的学习。往届毕业生也有这样的反映。这些，使得学校领导、教师觉得中学语文三年过关的设想，并非武断。一位老教师说，要拿出科学数据，我拿不出，我是"老农看苗"，凭经验认为可能。在"过关"实验开始之时，学校特地邀请京津沪几个中学的语文教师来校座谈语文教学的目的任务，连同闻讯而来参加的，共有十一省、市的二十多位教师。这次会上所收集的意见，对于修订语文"过关"实验方案，对于改进各年级语文教学，都很有意义。

实验上马以后，对四个实验班学生的知识量进行了普查。普查表明：这一届学生虽说是择优来的，但识字量普遍不足，没有达到小学教学大纲的要求。有将近三分之一的学生不会或没有真正掌握查字典和汉语拼音的技能。在说话、阅读、写作的能力方面都有一些欠缺，需要填补，怎样填补呢？他们没有采取划定时间、阶段的办法去填补，而是在按实验计划进行教学中，有针对性地填补欠缺。

语文教改实验应有实验教材。学校限于条件，一时编不出来，只好应用统编教材，自编补充教材。在教材的处理上，他们敢于突破陈规。传统教材大多以同一思想内容的两三篇课文组成小单元，每册单元很多。他们认为，这样处理失之于琐碎，不利于读写能力的培养。传统教材的体系，是初一着重教记叙文，初二教说明文，初三教议论文。他们认为，这个体系有缺点，不利于智力发展。

他们以记叙文和议论文为两条主线，重新组织单元，加多篇章。

在一个单元内加多篇章的好处是有利于讲读结合。例如在学了侧重写事的记叙文的单元后，掌握和安排学习侧重写人的记叙文的单元，在这个单元中，共讲读四篇课文，其间穿插作文三次，要学生写自己所熟悉的人，写他的事、语言、性格等等。老师在讲课中融进了对学生作文的指导，学生在作文时学习课文中写人的手法，加深对课文的理解。通过这一单元的学习，学生明白了写人的记叙文与写事记叙文的不同之处，写人又离不开写事，通过写事表现人物的特点等。这一效果，不是篇章过少的单元所能达到的。

从初一开始，即以记叙文和议论文为教材的两条主线，是他们一个大胆的尝试，也是他们和别的学校语文教改实验的不同之处。他们说，这样做的理由有三：一是有些学生记叙文写不好，是因为思路不清，逻辑混乱，抓不住人或事的特征。即是说，逻辑思维能力弱。而提前学习议论文，有利发展逻辑思维。二是形象思维和抽象思维相辅相成，不可分割，要发展学生智力，应当同时培养形象思维和抽象思维的能力。三是不要把议论文神秘化，以为初一、初二学生高攀不上。应当看到，初一、初二学生思想活跃，对碰到的事，有自己的看法，而且喜欢议论，引导他们把这些看法写出来，何尝不是有理有据的小议论文。基于这样的认识，他们把这个新尝试作为语文教材改革的出发点。两年来的实验说明，在初一、初二学习议论文是可行的，其结果是学生对事物的议论多了，辨析能力强了，思维能力有了明显的发展。

教法创新

对教材的新的处理，带来了教学方法的创新。

两年来，实验班的语文教学，新课的字词解释、分段、课文分析，大部分由学生在自学中解决，教师讲新课只是讲各篇的重点。他们把课文分为精讲、略讲、阅读三类。精讲的大多是文质兼美、难度较大的课文，但也不是面面俱到地讲解，而是着重讲清这篇文章的一两个关键的方面。例如讲授《藤野先生》这一名篇，教师着重讲解了鲁迅写这篇文章的思路，以及在文章所表露的对老师的真挚感情。略讲的课文，文字比较好懂，在内容和写法上有某一二突出特点。教师就只讲这一二点。阅读的课文，要求学生自己研读分析，教师略作指点。实验班讲语法、修辞、逻辑除按照统编教材讲授，注意结合课文深讲，启发学生思考领悟。

教师上课不是开宗明义地教学生应当这样那样，而是引而不发，启发学生自己寻求应当这样那样。这里只举两例。

今年5月，在教随笔这一文体的特点及其写法的时候，教师"故意"不讲，而是印发一组随笔文章，先要学生在课外认真阅读。之后，组织学生在课堂讨论：随笔这种文体有什么特点，该怎样写？然后再读一篇谈论随笔特点和写作手法的文章，深入讨论，加以指点；再要求学生阅读一篇陶斯亮写的随笔文章，并习作一篇。这样的教学方法，教师选择文章是颇费心力的，学生则感到很有趣味，在愉快的气氛中学习，学到新东西。

在一次有12名学生参加的座谈会上，当记者问到是喜欢写记叙文还是议论文时，出人所料，多数学生的回答是喜欢写议论文。有个学生说："所以爱上议论文，是老师引导上道'引'得好。"怎样"引"的呢？很有点故事的味儿。原来在初一下学期，教师出过几次题让学生写议论文，而学生写的议论文，大多是前面整大段叙事，结尾一两句评论的话。在学生看来，这便算是议论了。这说明学生没有弄清议论和记叙两种文体的不同特点。为了使学生有形象生动的认识，教师做了一个别具匠心的教学设计。教师同时发给学生两篇文章，一篇是叫《苹果树》的童话，讲的是猴子和乌龟分一棵苹果树，猴子看到上半段有叶有花，拿了上半段，乌龟只好拿下半段，各自回去栽种。第三年秋天，猴子到乌龟家玩耍，看到苹果树结满了又大又红的苹果。它终于想通了其中的道理。什么道理呢？（也就是这篇文章的结尾）却空着没有写。另一篇是教师自己动手写的议论文，没有题目，议论的正是猴子想的那个道理。这两篇文章发到学生手里，学生饶有兴趣地阅读。敏捷的孩子很快地"想通了其中的道理"——教师为什么要发这两篇一无结尾、一无题目的文章呢？有个"小大人"抢着说，猴子想通的道理，就是第二篇文章的题目："好看的东西不一定有用"。前一篇虽以议论结尾，但仍然是记叙文，后一篇才是议论文。这就引起大家的思考，进一步议论怎样写好议论文。教师要求在增进了认识的基础上，再写阐明同一中心思想的记叙文和议论文各一篇。故事到此似乎可以结束了，可是并没有结束。小同学们思想活跃，从"好看的不一定有用"，争论起"能说会道的人是不是有学问"的问题来了。教师因势利导，鼓励大家各抒己见写文章，参加讨论。于是，有的以"能说会道的人不一定有学问"为题，说古道今来立论；有的以"能言善辩的人大多是有知识的"为题，征引中外事例进行反驳。这就把"议论"推向"驳论"了，经过教师的指点和讲解，小同学们对文体区分认识得深刻，从此爱写议论文了。别看他们都是十三四岁的学生，在学校重视培养和发展智力之后，他们喜欢观察和思考了，在大量阅读课外读物之后，他们对"读书与实践""为求学问还是为了分数""衣着与美"以至各种社会现象，在日记中，在作文中都有所议论了。

课内外结合

实验班教师十分重视培养学生的语文学习兴趣。他们认为，没有学习兴趣，不是在愉快的气氛中学习，就谈不到学好语文。为了提高学习兴趣，教师们积极引导学生课外阅读，开展丰富多彩的课外活动，把课内外结合起来。

　　课堂学习，学生终究处于接受的地位，课外阅读就不同了，小同学们俨然是独立钻研者。初中学生上进心强，对新的知识有浓厚兴趣，喜欢教师把他看成"小大人"，愿意教师鼓励、表扬他读懂课外读物，自己解决遇到的困难。教师对课外阅读的指导，包括下列三个方面：一是指导做读书笔记，在初一时，引导学生摘抄他们自己认为精彩的句段；到初二时，鼓励他们大胆评点所阅读的作品；到初三时，指导他们写读后感和随笔。记者翻阅了好几个学生的读书笔记，有评点现代作家的散文、小说的，也有评点古代作家的名篇的。看了真叫人吃惊，十三四岁的少年竟做起"学究"工作来。他们所写的评点文字，有的见解可能得自老师或家长平日讲过的，但多数是可确定发自小脑袋的。从评点文字中看到了这些"小大人"智慧火花的闪耀。有个学生阅读评点姚雪垠的《李自成》。她工整地摘抄李自成、高夫人出场两段，在不到 5 页的篇幅里，写下了 30 多条评点文字，还写了"总批"。此文限于篇幅，不能全录，只录山中月夜看到树上贴着孙传庭布告这一小段的 4 条评点文字，以见这些少年的智力发展。

　　"他的这句话（指叫弟兄们下马休息）表明：战士们经过战斗已经疲惫不堪了，然而他却精神振奋。"

　　"'明月'的出现，使他看见了布告，以'明月'指出环境，使读者知道他的处境与斗争形势。"

　　"对敌人的蔑视——只值一声冷哼而已。"

　　"英雄的胆略——笑问笑答。"

　　评点得多好啊，这是一个女学生在初二上学期写下的。

　　另外两个方面，是开设文学史知识课和教材中不常见的文体讲解。文学史知识课，每学期讲两次：中国部分，已从先秦讲到魏晋南北朝；外国部分，讲了法国著名文学家及其代表作品简介，这当然讲得十分浅显，是一些常识。文体讲解，已讲了寓言、童话、民间故事、剧本、曲艺、科学幻想等文体知识，也是每学期讲两次。

　　说到课外活动，真是灵活多样。有的活动是学生自发的，教师从旁指点。如《文汇报》上发表了《乞丐》一文，社会上有不同议论，小同学组成了几个小组，来讨论这篇文章。又如教过几首唐诗之后，很多同学对唐诗发生了兴趣，组成几个唐诗评论小组，就"唐诗中的眼泪""唐诗和月亮""唐代诗人和酒"等题进行"研究"，不少同学摘录了二三百张卡片，小组经过讨论写出文章。也有的活动是教师精心设计的。如有一次关于音乐与文学的活动，是先由教师讲《史记》中"垓下之围"一段，然后欣赏琵琶名曲《十面埋伏》，让学生领悟怎样用音乐语言来表现文学作品中的形象。之后，又给学生讲白居易的《琵琶行》，让学生体会诗人用哪些文学语言来表现乐曲中深刻而丰富的含义。几个步骤，把音乐与文学结合起来，让幼小的心灵进入新的境界。

正是这些课外阅读和课外活动，使得小同学们在知识的海洋里快活地游泳，扩大知识领悟，陶冶思想情操。他们阅读的范围十分广泛，兴趣也很不相同。有的同学已超越自己的年龄，阅读起古典文学、希腊神话、文学评论等来了。据实验班一个班的调查，在第一学年时，平均每人课外阅读25万字，最多的一人阅读量达五百多万字。有一个学生，家长给他订4份刊物，她几乎期期都要读完全部文章。

调动与启迪

这样的语文教学改革实验教学，看来好像学习分量很重，会不会侵占其他学科的时间？实验班的教师说，并不如此。因为在这四个实验班，同时进行"外语五年过关"的实验（其中有两个班还分别进行用英语、日语讲数学课的实验），学习分量也比教学大纲规定的重得多，哪能侵占！问题的实质在于怎样在正确的教学原则指导下，改革教材教法、开展智力、培养能力，而不使学习负担过重，学到更多的东西。

下面两段教师的谈话，是很能启发人的。

语文与其他学科不同，新的课文，不经教师讲解，除了生字，课文内容，学生大都能读懂。而传统教法，几乎篇篇都要从解题、作者介绍、字词释义、分段、分析课文，讲到中心思想、艺术特点、写作手法，成了一套模式。按这套模式教学，不仅浪费掉许多时间，而且压制智力发展。因为听烦了，生厌倦之心。适当地增加难度，加快速度，只要教学得法，不仅不会"嚼不烂"，反而课课有新知、堂堂有所得，调动了学生学习积极性。

智力的核心，实质上是创造能力，发展智力，也就是启迪学生这种创造能力，使他们从阅读到写作，从观察到分析，有自己的独立见解，有举一反三的能力。在初一学生入学之初，实验班老师在导言课中，就明确告诉学生：希望他们将来会超过老师。教师经常鼓励学生对教材和报刊文章敢于提出不同意见。有个女同学在日记本的空白处画了花边，她的妈妈见了笑着说："你们老师能写会画，你这不是班门弄斧吗？"这话引起了她的思考，在日记本上写了一篇《"班门弄斧"新解》的文章，说这个成语本来是嘲讽那些在行家面前卖弄本领的人的，但弄得不好，会束缚后来人的思想，应该提倡班门弄斧的精神，即使有几下砍歪了，也不要紧，不要求全责备。对这样的独创精神，教师应当抓住，给予鼓励和表扬。

这个实验还要一年才告结束，能不能达到"过关"的要求呢？学校领导和实验班教师抱着慎重的态度。但从我们所看到的实验效果，相信他们一定会成功的。

（原载《光明日报》1980 年 10 月 2 日）

不拘一格的探索者

奚少庚

张翼健，湖南平江人，1963 年毕业于东北师大中文系，曾在东北师大附中执教 21 载，任语文教学组长。现任全国语文教学研究会常务理事、吉林省教育学院中教部副主任。近十年来张翼健同志在《光明日报》等刊物上发表语文教学论文六十余篇，曾应邀到北京等地多次讲学，在国内较有影响。

博大精深的中国语文教学法需要不拘一格的有勇气的探索者。1978 年，张翼健同志与几位老师进行了独特的"初中语文读写能力基本过关试验"，旨在初中阶段完成初、高中全部课程，以探索吕叔湘同志提出的语文教学少慢差费这一老大难问题的改革途径。他们大量增加古今中外的上乘文学作品，甚至直接选讲《古文观止》，后因大量繁体字问题而改授《古典文学作品选》，教师毅然任教，学生踊跃活泼。这样，既克服了原来咬文嚼字的程式化教学的弊端，又解决了学生"吃不饱"的问题，给学生打下了深厚的文学底子，收到良好的效果。全年级 230 名学生在初二时参加 1980 年全国统一高考，与高考考生统一批卷，总平均分为 59.2 分；初三时参加 1981 年全国统一高考，总平均分为 73 分，成绩优异，得到《光明日报》的好评。虽然他的教改实验曾遭到一些人的反对，但他深信改革是需要勇气和坚持的。

果实的丰硕在于吸取天地的精华，改革的成就赖以吸收众家之长。在东北师大附中，刘士俊、王孙贻是他中学时代的语文老师，张仓礼是他中学时代文学社的指导老师，孙真、魏大久曾是他起步引路的师傅，颜振遥、丛德化是他教改探路的指导者；此外，他还吸取了国内许多名家辛勤探索的成果，与语文界老前辈们建立了深厚的友谊。可见，虚心与勇气，相辅相成；百花齐放、百家争鸣是语文教改唯一可行的途径。

张翼健同志语文教学的特点是"活"与"实"二字。这"实"在于根底雄厚，博采众长，这"活"在于创造性探索，影戏、书、画、诗、词、歌、赋都能触发他语文教学的创造性冲动，使他居之于屋，行之于途。

中国语文教学法，博大精深，横看八万里，纵观五千年，展望未来，路途尤为遥远，须以诸种学科为角度做历史性的总体研究，须长时期的艰苦实践，不是一时的试验所能奏效的。然而，这里首先需要的是探索精神。张翼健同志的探索在理论和实践、教材与教法诸方面对我们是有一定的启发意义的。

张翼健同志所带的文科班，1984 年有 4 人分别获取全省文科高考总分第一、二、五、八名；26 名学生全部考入本科，进重点大学者占 80%；八人进北大，占总数近三分之一。离别后学生的来信，至今读来感人。他与学生有深厚的感情，互敬互爱，民主平等，堪称师表。

"俯首白云深似海，抬头又是一重天"，中国语文教学的境界如万里长空，浩渺无际，让我们期待着张翼健同志重奋健翼，更图鹏程！

（原载《吉林教育》1986 年第 8 期）

教学路上的探索者
——记张翼健老师
夏兆亿

张翼健，湖南平江人，1941 年生。1953 至 1959 年在东北师大附中读书。1959 至 1963 年在东北师范大学中文系学习，1963 年大学毕业分配到东北师大附中语文组工作。1973 年开始任语文教研组组长至今。1978 年开始进行"初中语文读写能力基本过关"试验，至 1981 年 7 月已搞完初中第一轮，现跟班到高中继续进行试验工作。现任全国中学语文教学研究会常务理事、吉林省中学语文教学研究会副理事长。

如果有人问：张翼健老师教学活动的特点是什么？我想，大概可以这样说：是他那求索不已的精神。正如学生在作文里所描写的那样：他，面庞白皙而瘦削，镜片后闪烁着敏锐的目光，嘴角浮着一丝浅笑，喜欢沉思默想而不乐夸夸其谈，给人一种"敏于事而讷于言"的印象。就是这位不大引人注意的中年人，在他身上却蕴藏着一股极为可贵的求实精神和探索力量。

1978 年秋，新《大纲》、新教材刚刚发下来，张翼健老师就开始搞起了"初中语文能力基本过关"的教学改革实验，要在三年之内达到《大纲》所规定的五年要求，使学生现代语文的读写能力基本过关。这无疑是个大胆的设想，真得有点敢于第一个"吃螃蟹"的胆量。在校领导和同志们的支持下，他不管旁人的怀疑、责难和讥诮，闷着头把"过关"实验搞下去。1981 年秋季，实验搞了一轮。不但教完从初一到高二十册课本的主要篇目，而且增补文章 66 篇（古诗歌除外），还学了较系统的中外文学史知识。大多数学生的现代语文读写能力达到了要求，同时也具备了阅读浅近文言文的能力，初中毕业时，经过模拟的高考测试，平均为 70.5 分。这第一轮实验，取得了许多宝贵经验，为进一步实践铺了路。

张翼健老师在教学上的探索，是从了解、分析学生开始的。他最忌教学中的无的放矢，反对那种硬把学生纳入教师事先安排好的教学程序中来的做法，力求做到每堂课都有它的针对性。为此，他从不放过平时接触学生的每个机会。一次，同学们就班内存在的现象，掀起一场"能言善辩的人是否有真学问"的辩论，各抒己见，争持不下。张翼健老师从这里想到，学生的这种抽象思维能力如能很好地调动和培养，将会大大提高学习质量。基于这想法，他从初一开始，在重点培养学生记叙能力的同时，也注意了议论能力的培养，使两种思维形式相互促进，协调发展，取得了显著的成效。

在对学生普遍了解的同时，张翼健老师还特别重视对学生个性的研究。为了研究一个语文学习尖子学习语文的规律，张翼健老师以书面形式向他提出了十一个调查题，这个调查提纲：

一、上中学以来一共买了哪些书籍？

（一）语文方面的

（二）外语及数理化方面的

二、除自己买书外，还借了哪些书看？

（一）都向谁借过书

（二）借过什么书

（三）哪些书看得细

1. 做过笔记的（摘抄、评点）

2. 看过两遍以上的

3. 写过评论的

（四）哪些书影响最大、印象最深

三、课外自己都写过些什么东西？

四、在音乐、美术、体育等方面的情况。

五、什么时候想要学文的，为什么，受什么影响？有思想反复没有？

六、家庭对自己学语文有什么影响？

七、小学老师对自己学语文有什么影响？

八、社会、书籍、亲友、同学对自己学语文有什么影响？

九、中学老师对自己学语文有什么影响？

十、你以后准备怎么学语文？有计划没有？将来想在哪一方面有所成就？

十一、中小学、特别是上中学后，哪一堂语文课、哪一篇课文、哪一次语文活动给自己的印象最深？现在对语文课的意见与希望是什么？

这"十一问"充分说明了张翼健老师了解教学对象的深度和广度。

张翼健老师还善于把调查带进课堂。在初一的教学中，他集中安排一个写人的单元，教材选了初中三册的《鞠躬尽瘁》《罗盛教》《夜明星》。为了做到有的放矢，讲前先让学生写一篇文章《我的老师》。这次作文反映出学生在"写人"方面存在两个问题：一是分不清写人文章和记事文章的区别；二是弄不清人与事的关系，不会用典型事例表现人物。掌握了这一情况，他就确定这一单元的教学目的为：具体了解写人文章中人与事的关系，引导学生细心体会课文是怎样处理这一关系的。为了检验效果，在学完前两篇课文之后，他又让学生写了第二篇文章《我的×××》（写自己的一个亲属），这次作文基本上解决了前一次的两点毛病，但又发现两个普遍性的缺点：一是写人总要写得"高大"，表现人的事也要"大"；二是说"大人话"，不会用自己的语言。根据这次出现的情况，他在讲授第三篇《夜明星》时，又补讲了魏巍《我的老师》一文，着重讲了如何选取有意义的"小事"，让学生了解小事也能说明大问题的道理。学完《我的老师》，他让学生再练习写篇《我的同学》，要求用自己的话写，表达真情实感。这一次文风有了明显变化，普遍写得比较真实亲切了。

张翼健老师在教学方法上，从不因袭老套，他对自己提出了三点要求：一是给学生的知识要新，不把已经陈旧的，特别是已经被证明是不科学的东西塞给学生；二是思想要新，要让学生用新眼光对待旧知识，用新眼光看待现实，用新眼光去发掘新东西；三是教法要新，要从教无定法出发，根据学生在学习中出现的新问题，采取有针对性的新颖而灵活的方法。

为了使学生具有新的思想，提高他们分析问题的能力，张翼健老师把功夫下在调动学生积极动脑上面。

第一，是解放学生的思想。对学生来说，课本、报刊上的文章似乎都是"权威"，老师更是他们信而不疑的"权威"。因此，他们往往习惯于简单接受书上写的或老师讲的东西，影响了他们的独立思考。张翼健老师为了扭转这一情况，要求学生：不迷信书本，对报刊上某些文章要有自己的看法；学习中要善于发现问题，特别是对老师讲课中的缺点、错误，要敢于提出不同见解，做到"当仁不让于师"。

第二，要求学生掌握学习方法，善于灵活运用。例如在培养学生的分析能力训练中，他先要求学生抓重点词语，领会词语的表达作用；然后才由句到段，训练学生掌握一段话的要点和层次关系。这样经过一年左右的反复训练，最后再放手让他们独立分析整篇文章。这一方法不仅使学生的分析能力大大增强，而且消除了他们死记条文的现象。

第三，通过多种形式扩大学生的眼界。有一次，他和另两位教师组织了一次课外活动：教师先给学生讲了《史记》中的"垓下之围"一段，然后让大家欣赏琵琶名曲《十面埋伏》，使学生受到音乐语言的感染，然后又重点讲解了《琵琶行》，让学生体会诗中那些表现乐曲的语言的丰富含义。这样，既使学生增长了语言文学、音乐、历史等方面的知识，又受到感情的陶冶，培养了美感和情操。

日常教学中，张翼健老师从不搞蜻蜓点水式的面面俱到的教学，而是目标单一，集中力量，稳扎稳打，解决问题。用他自己的话来说："一篇文章的教学内容里应该有允许老师不讲的地方，也应该有允许学生不会的地方。"内容充实而方法灵活，正是他教学的一个主要特点。比如在讲小说单元时，他根据文章的不同特点，采取了同一单元多种形式配合的教法。《狂人日记》用的是串讲答疑法，用了五课时，突出了单元重点；讲《党员登记表》采用了课前教师辅导预习、学生做段落提要、课内集中训练语言概括能力的方法，只用一课时；讲《项链》则采用了读写结合法，在阅读的基础上，指导学生学写评价女主人公路瓦栽夫人的文章，再在作文讲评中，加深学生对课文的理解，用了三课时。教学形式的多样，不仅给学生以新鲜感，激发了他们学习的兴趣，而且获得了单元总体设计的教学效果。

在培养学生观察、想象、分析的能力上，张翼健老师提出了"逼、领、考"三个步骤：就是严格要求，逼着他们去观察、想象、分析；创造条件，领着他们去观察、想象、分析；并把三者列为考查的重点内容，以检验能力提高的情况。比如在观察方面，他要求学生在三年的学习生活中，通过日常的观察和积累，能写出班内每个同学的肖像、动作、语言以及性格特征。在想象方面，他经常根据生活实际，向学生介绍一件事情或一种现象的梗概，引导学生通过合理想象去补充细节。这些既饶有趣味又扎实有序的训练，收到了理想的效果。在指导学生写作方面，他一向认为，只有经过揣摩和实践过的东西才能掌握；要想吸取养分，必须咀嚼。因此，他坚持让学生自己去体味、琢磨要写的内容，绝不越俎代庖。在进行随笔单元教学时，他先让学生读了十篇随笔，然后要求他们谈自己对随笔特点的体会，结合学生的体会，他再指导学生读陶斯亮的散文《生命——灵魂》，并写一篇随笔；最后才让他们任选题目写一篇随笔。这样在教师的引导之下，学生们拾级而登，感到轻松、自然，较好地掌握了这种文体的特点。

为使学生能更充分地思考，他有时还采取先想而后讲的做法。如讲时文《"风起于青萍之末"解》（补充教材）时，他先不把课文教给学生，只给学生讲了文中所引宋玉《风赋》中"风发于地，起于青萍之末……"这段话，然后引导学生由自然界的风联想到社会上的"风"，并分析这两种"风"的某些共同之点；在学生列举的基础上，再让他们根据宋玉这段话，各自考虑一个消灭不正之风的文章的写作提纲，并鼓动大家各抒己见；最后他才拿出课文让学生学习。这种教法，不但打开了学生的思路，而且使他们对这篇时文理解得更加深刻，留下了难忘的印象。

比较、对照是引导学生深入思考的一个重要途径。张翼健老师在帮助初一学生解决写议论文的困难时，就成功地运用了这一方法。他选了一篇记叙文《苹果树》，又自己动笔写了一篇同一中心内容的议论文《好看的东西不一定有用》，拿这两篇作为精讲教材，同时选了两篇学生前一次作文的佳作（一篇记叙文、一篇议论文）作为略讲教材，进行对比讲解，先让学生在比较中弄清两种文体的主要区别，掌握了同一中心内容的不同表达方式；然后，再指导他们写一篇记班级生活现象的记叙文和一篇评论这一现象的议论文。这次有讲、有议、有比、有作的活泼的教学形式，取得了很好的效果。

1978年11月，学校邀请了来自十一省的语文老师和教学研究工作者，举行了一次语文教学讨论会。会议期间，为了具体研究问题由张翼健老师做了一次公开教学。课前，他为自己定了要求：第一，不选自己教过多次、讲得顺手的课文，要选一篇从未讲过的新教材；第二，不用自己驾轻就熟的教法，试用自己尚未实践过的新设想；第三，为了更真实地反映学生情况与教学效果，取消常规的课前预习。在这次公开教学中，他做了寓言体裁"一带多篇"的教法尝试，以《一头学问渊博的猪》（精讲）、《蚕和蜘蛛》等四篇（略讲）和《寓言十九则》中的二篇（阅读）为教材，两节课处理了七篇寓言，为会议提供了"一带多篇"教法研究的丰富材料。

目前，张翼健老师承担的"过关"实验班的同学已经升入高中，他又把实验引入高中，正在准备继续探索这样三个课题：一、高中阶段如何继续巩固和提高读写能力；二、继续巩固和提高读写能力的培养问题；三、如何开阔学生的眼界，丰富他们的文学艺术修养，进行美的教育问题。我们相信，随着实践的不断深入，可以予望，在教学路上永不停止探索的张翼健老师定会取得更可喜的成果。

（原载《语文教学通讯》1982年第3期）

张翼健先生语文教育思想述要

王鹏伟

张翼健先生于2008年9月18日逝世。至今已经一周年了。《语文教学研究》杂志向我约稿，撰写张翼健先生语文教育思想综述文章。

我承蒙先生言传身教 20 余年，撰写此文义不容辞；同时又唯恐我的表述有违先生语文教育思想本意。因此，本着古人"述而不作"的原则，不做阐发，在阅读先生遗作的基础上，尽量直引原文，连缀成篇。再者，篇幅所限，择其主要观点，多有疏漏，故题为"述要"。

纵观张翼健先生的语文教育思想，一以贯之的语文教育理念是：语文教育首先是"人"的教育，这是语文教育之本；语文教育改革的根基是语文教育民族化，语文教育改革的出路就在于此。从这两点出发，对语文教育的"工具性"观念以及"伪科学化"主张进行了尖锐批判，并对语文基础提出了独到见解。

一、语文教育的根本——首先是人的教育

张翼健先生认为，语文教育从根本上说是"人"的教育，语文学习是人生存与发展的基础。

语文教育是人的教育，这有两方面的含义：一方面语文教育绝不仅仅止于培养学生掌握一种工具或技能，而且最有条件，也必须在培养技能的同时涵养学生的情操，熏陶学生的审美，培养学生的灵性与想象力、创造力，发展学生的个性；另一方面，只有充分正确地培养发展了学生的个性（如上述几点），亦即学生学会了做人，才能更好地读书作文。这两个方面是相反相成二位一体的，归结起来说，语文教育，首先是语文教师要"目中有人"。

从上述观点出发，张翼健先生对"目中无人"的语文教育进行了尖锐的批判。张翼健先生认为"目中无人"表现在语文教育的各个领域。

其一，关于教学大纲。以往的教学大纲，对听、说、读、写等方面的知识点与技能训练规定得越来越全面、细密，但在培养学生做人，特别在感情与审美的熏陶方面却鲜有要求或提示。

其二，关于教材。以往的语文教材一直囿于"语文课"与"文学课"的划分，囿于记叙文、说明文、议论文、应用文的教材编写体系。但是一则课本中的所有记叙文、大部分说明文乃至某些议论文篇目，其实都是文学作品；二则当学生学习这些作品时，硬要他们以学会"记叙文六要素""议论文三要素"之类的东西为主，这是舍本逐末，反客为主。

其三，关于阅读教学。在阅读教学中"目中无人"的情况主要表现在以下两个方面：首先是把感情丰富生动的阅读课讲得枯燥无味。本来课文鲜明、生动而具体地表达了作者的思想感情，教师要讲好课应以自己的思

想感情去感受与理解好为前提，学生的接受亦应以思想感情的提高与升华为第一位。但是现在的阅读教学，陷于琐碎繁复而又枯燥干瘪的篇章分析之中，陷于各种教参资料的照搬死记之中，陷于大量雷同不讲效率的语言训练之中，即便是讲授作者表达的思想感情，也不是以教师的深切感受与学生主动接受为前提，而是程式化、概念化、模式化地以答案形式硬塞给学生。其次是把思想积极活跃的阅读课讲得教条划一。真正的阅读是在复原、理清作者的思想路线的同时，又在形成自己的思想路线，亦即要用自己的脑子读书，文章要讲"文理"，但我们偏偏不讲"文理"，不引导学生感悟、领会作者的写作意图与思想脉络，专门去做机械划一的分段工作。这种语文教学便逐渐失去鲜活的生命感受，窒息了学生的思维活力。

其四，关于作文教学。作文教学不重视人性的现象更为严重。首先，不重视真情实感的表达。古人说，言为心声。只有感情健康丰满，文章才能有血有肉，才能打动人，但是为了应试，这一作文最重要的宗旨被抛到了一边。当学生完全为了应试而作文时，他们只能把真情实感隐藏起来，奉命作文，常常写假话、空话、套话。许多教师不在引导学生积累语言、生活与思想感情上下功夫，而是大讲特讲各种写作方法与文章套路，这是舍本求末之举。相当多的老师常年不写文章甚至不会写文章，却一天天地在给学生细致入微地讲应该"怎样写"，这是对作文教学的莫大讽刺。其次，不重视个性的培养与发挥。古人说，文如其人。从文章可以看出每个人不同的思想感情与性格特点。这里有一个最基本的前提，就是每个人都是既有共性又各具个性的，这既是为宇宙万物所有的属性，又是人类推动社会及自身不断向前发展的根本特征。教育的重要任务就在于培养与发展每个学生的个性。但是许多老师已经习惯于用一把尺子去衡量学生的作文，尤其不去发现、鼓励学生写作中有独特见解、闪耀着个性光芒的地方，其结果，当然只能是千人一面，应该看到这种做法的直接后果是学生写不出有个性的好文章，更严重的危害则是培养不出有创造力的人，因而影响着整个民族素质的提高与国家在未来世界中的竞争能力。再次，不重视给学生以高品位的营养。古人说，"取法乎上，始得其中，取法乎中，始得其下"，这既是社会发展的自然规律，又是人类教育活动的一个重要原则，但许多语文教师似乎还未懂得这一道理。教师们在作文教学中不注意引导学生从古今中外文化精品中吸取营养，现在书店里、学生案头上，充斥着各种各样的作文选与作文指导之类的书籍，甚至早就被鲁迅痛斥为"专门掏青年腰包"的"作文大全"，也都堂而皇之成了畅销书。问学生为什么只读这些书，回答是："因为老师总讲看作文书才能写好作文。"固然，学生习作可以在学生中引起共鸣，引起兴趣，激发他们的信心，但毕竟不是学习写作的主要典范。如果把作文的范本只限于此，势必降低学生的阅读品位与写作水平，因为无论是对人生的感悟，还是对世界的认识，中小学生的作文不管写得怎么好，也无法与优秀的文学作品相比。

张翼健先生断言，语文教育如果不是从"人"这一根本点出发，是不能获得成功的。

二、语文教育改革的根基——语文教育民族化

自五四新文化运动一百年来，语文教育历经变革，时至今日效果欠佳。出路何在？

张翼健先生认为语文教育改革的根本出路在于语文教育民族化。语文教育民族化这个命题，是张翼健先生与同仁在上个世纪80年代，经过多方探索、反复实践、认真研讨后得到的共识。1992年张翼健先生与同仁在《中学语文教学》第1期发表《中学语文教学民族化刍议》，首倡语文教育民族化。

（一）语文教育民族化提出的背景及其内涵

语文教育民族化是针对汉语文教育的异化倾向提出的。张翼健先生认为，长期以来语文教育效率低下，其根本原因，是走了一条照搬、模仿外国语文教学经验的道路。一百多年来，我国语文教育一直不断地学习西方和苏联，不仅在许多根本性的理念上，而且在许多具体的教学方法甚至试题样式上都亦步亦趋。正是在这样一个过程中，汉语文教学逐渐被异化，迷失了自我。在这样一个背景下，语文教学虽然百般挣扎，却始终跳不出教学效率低下这个泥沼。

语文教育民族化这个命题的实质内涵就是：完全遵照汉语言文字特点与汉语文学习规律，遵照现代先进教育思想来进行和改造语文教学，以尽快祛除语文教学效率低下的痼疾，加速提升青少年乃至整个中华民族的文化素质，实现中华民族文化复兴的目标。

（二）对违背汉语文特点及其教学规律的批判

从语文教育民族化的主张出发，张翼健先生对现行语文教育弊端进行了尖锐批判。其要害是严重忽视汉语言文字的特点与汉语文教育的规律。

在中小学教育阶段还解决不好母语及教育的问题，这在世界各国，各主要民族中，大概只有中国。重要原因之一，语文教育越来越漠视汉语文特点，违背汉语文教育规律，丢弃汉语文教育优秀传统，不加分析地照搬西方拼音文字教育的观念与方法。

1. 忽视汉语文特点。汉字是方块字，以整体性、灵活性、表意的丰富性与模糊性为特点，这与拼音文字有着根本不同。而目前由高考试题始作俑者而统治语文教坛的标准化考试（严格说来，并不是原来与完整意义的标准化考试，而只是其中的一个过程或命题方法），就是不符合汉语特点的。

汉语是以字为基础的，汉字中绝大多数本身就是词（而且可能是多个词，即表达多种含义），字与字的各种不同组合又产生大量的、丰富的词汇。这个特点，一方面可以使汉语随时顺应时代发展，及时产生表现丰富而合理的新词，却不必再去创造新字；另一方面只要掌握了足够的字，又可以基本理解没见过或新出现的词汇。因此学习汉语的根本是掌握汉字。这与拼音文字中以词为语言基本单位也是根本不同的，但目前中学语文教学却存在着忽视字而又片面强调词汇的现象。新课改之前的小学语文教学大纲规定识字量为 2500 个（现行义务教育语文课程标准规定认字 3000 个，其中 2500 个会写），是有史以来的最低要求。

语法教学存在大量问题。现行的汉语语法体系始于《马氏文通》，基本上借用拼音文字语法体系，而不是从对汉语本身特点研究总结出来的规律。从教学角度看，语言的掌握从来就不是以语法学习为主，而是靠语感训练的，有着充分语言环境的母语文学习更是如此。但在很长的一段历史时期内，中小学语法教学体系不仅遵循这一体系，而且有些知识搞得更加繁难。

流行的记叙文、说明文、议论文、应用文等文体分类的教材体系，既不符合语文特点，又不便于教学效率的提高。在我国浩如烟海的古籍中，从来就没有这样的文体分类，更有许多文章纳不进这几种文体。在写作实践中，人们要构思的，是怎样灵活而综合地运用记叙、描写、议论、抒情、说明等表达方式，在工作中，人们需要的不是什么纯粹的记叙文、议论文等等；而学生学习语文，也主要应是学习各种表达方式的掌握。

2. 忽视汉语文教育规律。汉语文教育，经过古代长期的研究与实践，形成了从汉语言文字特点出发的规律、特点与方法，有着丰富的传统，其中许多东西至今亦行之有效的。但是由于照搬西方与苏联的语文教育模式，这些传统大多被无端地扔掉了。

关于识字教学。所谓汉语文难学，主要是指汉字难记难写，而百年来由于盲目崇拜西方，我们在识字教学上一直没有找到有效的解决办法，因此效率不高。比较典型的是被广为宣传的拼音识字，即先学汉语拼音文字，大量阅读拼音读物，然后再逐渐地学汉字。哪里有学母语文之前先学一种代用符号的识字教育呢？其实，我国古代有着解决识字问题的成熟经验。以《百家姓》《千字文》等为代表的韵语读物，可以让孩子一年内即识一两千字。韵语识字，较好地体现了汉字的特点，又较好地把识字教学与对篇章的理解，与知识教育、思想教育、美育等结合起来，在提高识字教学效果的同时，起到一举多得的作用。虽然过去那些韵语读物由于内容陈旧而不宜再用，但这种识字教学的有效办法却是可以借鉴的。

关于语文训练。正因为汉语以字为基本单位，传统语文教育十分重视"炼字"。这和当前语文教学中大搞词语训练、大讲语法、修辞知识的做法大相径庭。词语训练是拼音文字语言训练中不可或缺的。"炼字"，当然也是一种修辞方式，但与当前教学中新讲的那些修辞格全然不同。修辞格其实为各种语言所共有，而"炼字"才为汉语训练所独具。它可以将语感训练、语法训练、思维训练、审美训练等等熔于一炉，具有多种效益，但在现在的语文教学中已几乎销声匿迹了。

关于阅读教学。传统语文教育非常重视"读"。这里有几个特点。一是强调多读，大量阅读经典，所谓"熟读唐诗三百首，不会吟诗也会吟""读书百遍，其义自见"；二是非常重视朗读与默读，默读重在静心领会，朗读不仅重在学习表达，而且可以从汉语言优美的句子形式中，从因四声而具有的铿锵音韵中，得到美的感受与理解；三是特别强调"悟"，这种"悟"不只是理解，而且还有直觉想象与灵性等等，总之是一种启迪心灵的全面思维活动。这些特点，都与汉语言特点密切相关。现在学生已没有多少时间读课外书了，朗读与默读少而又少。尤其不注意学生的"悟"，而是用大量的阅读训练，把课文搞得支离破碎，只重视语言形式而忽视感情、文脉等的词语训练等等，把学生搞得心力交瘁，而全无多大效益。

三、对语文教学"工具性"与"科学化"的质疑

张翼健先生从语文教育要以"人"为本，语文教育改革要立足民族化的理念出发，对长期以来有着广泛影响的语文教学"科学化"和语文教学"工具性"观点提出了质疑。也可以说，张翼健先生提出并始终坚持的语文教育以人为本、语文教育民族化理念是在质疑语文教育"工具性"与"科学化"的过程中逐渐明晰，相伴而生的。

（一）对语文教学"工具性"的质疑

张翼健先生曾尖锐地质问"工具性真的是我们的命根子吗?"语文学科的工具性是"文革"浩劫之后，对极"左"路线拨乱反正的一个重要成果，在当时历史背景下它使语文教学得到了健康发展。三十年来，工具性一直占有强势话语地位。21世纪伊始，基础教育课程改革，语文课程标准

又将"工具性与人文性的统一"确认为语文课程的基本特点。

张翼健先生认为，语言虽确有其工具作用，但语言不等同于语文，也不等同于语文教育，而且它毕竟也会具有与其他工具不同的特殊性。如果不揭示这种特殊性，就不会求得语文教学的真谛。不仅形音义一体的汉字绝不仅仅是一种符号，而且就语言本身而言，工具性也不是它的本质属性。关于这一点早已有许多哲学大师作过至为明确的阐述。海德格尔说："语言是存在的寓所。"萨特说得更加直截了当："语言是人存在本身，而不是一种交往工具。"他宣言："我就是语言。"并进一步解释说："这句话有两层意思：第一，我作为语言而存在着，我的语言所达之处就是我存在之所在；第二，我是我所说的话语，语言的内容就是我的本质。"

因为对这个关键性问题未做深入探究，就使得语文学科的性质问题一直在歧见中争论不休，从过去的语文教学大纲到现在的语文课程标准也都未能给出一个能停息这种争论的说法。

其实，语文课承担的就是母语教育的任务。母语是一个民族整体及其所有成员个体赖以生存与发展的基础，因此，语文课与外语课的本质区别在于，它的首要任务不是让学生掌握一种工具，或者说首先不是把语文作为一种工具教给学生，教学生学语文最根本最重要的是要使他们获得生存与发展的基础。

语文课不是工具课，而是基础课，这里所说的基础是做人的基础、生存的基础、人生的基础，远远不只是学习文化与其他学科知识及将来从事国家建设的基础。因此它与其他的基础课也有根本的不同。作为一个普通意义上的人，任何其他基础课都可以不学，唯独不能不学语文，不学语文是无法生存发展的。我们已经在语文科工具性的道路上走得太远了。

（二）对语文教学"科学化"的质疑

早在上个世纪 90 年代，关于语文教育现代化，有一个非常时髦的说法，即"语文教学科学化"，曾兴起一股以"控制论""信息论"与"系统论"指导语文教学的浪潮。

张翼健先生认为，语文教育科学化本应按照语文特点与语文教育规律办事。然而现实中某些所谓"科学化"的说法与现象，经不起推敲。即使大致弄明白这三种学说，也得有高等数学等理科学科基础常识。盲目套用"三论"指导语文教改的理论与经验缺乏科学性，语文教师们头脑里接下来的只有子系统、子子系统之类看似新颖实则毫无价值的概念与名词术语，把语文教学引向做表面文章，搞花架子的歪路上去。

再如，一些人提出将语文教学的评价"量化"，以此作为科学标准。

但在实际教学中，一是除了识字量以外语文教学的大部分内容是不能做到精确量化的，这已为几千年来中外教育经验所证明。二是语文教学中的许多内容是需要模糊的，因为语文教学从某种意义上说是人学，无论教师或学生在思想、感情、心理、灵性上的因素均占有很大比重，这些都无法量化。一堂好的语文课必须能做到师生感情交流、融为一体，互相理解、互相感染，这也无法打分。三是量化的评价办法容易在教学评价上将教师引向形式主义与懒惰的误区，而不是指导教师提高自己的教学艺术与水平。

又如，语文知识序列化口号，未能对语文教育内部规律做认真思考，有的则是犯了急于求成的毛病。这是因为，首先，语文是母语文，从婴儿开始学话就已经开始学习了，环境不同，老师不同，知识起点不同，这就很难有一个放之四海而皆准的知识序列。其次，语文教学内容的序列界定缺乏科学依据。再次，与其他学科不同的是，语文课中的人文因素最丰富、美学修养、感情熏陶、思想觉悟，分析能力、生活与知识积累、悟性灵感都直接关系到语文能力的提高，这些东西也不能排出一个科学的序列。

张翼健先生认为，从上述这些所谓"科学化"的做法与效果看，应该先在认真研究汉语及汉语文教育规律上下一番功夫，反复研讨、实践，初步摸到门径之后再提科学化，那样也许会离科学的本义更近一点儿。

四、对语文基础的追问

语文的基础是什么？这是张翼健先生一再追问的一个基本问题。而这种追问又是与质疑语文教学"科学化"密切相关的。

通常一说到语文无非是十二个字：字、词、句、篇、语、修、逻、文、听、说、读、写。还有不少人把它们串联起来，要搞"语文学科知识科学化序列"的尝试。张翼健先生认为，这十二个字除了缺少了"做人"这一重要基础之外，还有如下几个根本性问题没有得到正确明晰的认识：其一，这十二字包含的知识并非就是语文基础。其二，学习了这些知识不等于掌握了规律，不等于获得了能力。正如陆游告诫子女所言："汝果欲学诗，功夫在诗外。"其三，这十二个字，常常互相包容与交叉。要把这么多关系微妙复杂，内容广博艰深的学问抽筋扒骨，穿插排列，搞出一个"科学"的序列，再让中小学生去学习掌握，勉为其难。

张翼健先生认为，从一般语文学习规律看，语文基础主要应是如下三个方面：

其一，掌握4000以上常用汉字。识字量不够是提高汉语文水平的最大障碍。对字的掌握，量要够，要切实。这里所说的切实，又不是现在小学语文教学中所要求的"四会"——会读、会写、会讲、会用。因为汉字的识与写不一定非得同步，写字是要从容易的、笔画少的开始，而有些笔画越多的字，反而一看就记住了，会认了；讲也不必求得那么死，重要的是掌握工具书的使用，更何况读书可以常常"不求甚解"，有些字义会在语言环境里理解；用的情况更复杂，必须有较长时间的消化与实践，刚认一个字就让学生马上会用，实际上常常做不到。现在的关键问题是语文教学对识字量的要求过低。

其二，篇章、生活及思想感情的积累。打好语文基础在于这三方面的积累，而不是目前普遍盛行的训练，尤其是其中大量的语法、词语和不当的篇章分析训练。例如篇章的积累（实际上包含着语言知识积累的一部分和写作样式的积累），绝不是指目前讲读教学中那种篇章分析，而是要多读。现实中还有两个重要问题亟待澄清并解决。一是当前语文课本中文言文数量太少。学汉语而不多读汉语作品中的精华，这是令人不可理解的。我们当然不能再把《四书》《五经》作为必读教材，但先秦诸子、《史记》、唐诗、宋词、元曲、唐宋八大家的散文，明清四大小说中的主要作品是可以也应该让中小学生学习的。前些年，曾有一种忧虑，认为文言文学多了，会与现代化离得远了。现在已经可以明确地说，这是一种没有根据也没有必要的忧虑。相反不断有各界有识之士反复指出，我们的青少年甚至科学工作者、文艺工作者包括作家在内，国学根基太差，这种根基正应该从中小学开始打起。二是对文学素养重视远远不够。固然，基础教育不是要把学生都培养成文学家、作家，但作为下一世纪高素质公民的当代中小学生却必须具有比较丰富的、高品位的文学艺术素养，这种素养不是作家与文学家的专利，它对于陶冶学生情操、培养学生审美能力、想象能力、创造能力有着无法替代的作用，直接关系到人的素质的全面提高，而这种文学素养主要由语文学科来完成。不重视文学素养的语文课，是不能称其为语文课的。

其三，灵性的启迪与发展。这是语文基础的重要内容，语文教学必须敞开学生的心灵，放飞学生的思想，启迪学生的灵性，培养学生的个性。

张翼健先生的语文教育思想涉及语文教育的各个范畴，除上述外，还包括语文课堂教学规律、教学评价问题、语文教师自身素质等诸多问题。需要重申的是，语文教育以"人"为本，以及语文教育民族化理念在张翼健先生的语文教育思想中是一以贯之，始终坚持并倡导的，是理解其语文教育思想的关键，其批判锋芒所指均源于此。

附记：

张翼健先生于 1984 年 9 月调入吉林省教育学院，当月便到吉林市调研，那时我任吉林毓文中学语文教研组副组长，向张翼健先生汇报教研组工作。由此结识张翼健先生，当年我才 29 岁。从那时起，张翼健先生就视我为他的弟子，一直扶植呵护，顺境如此，逆境倍之，直至先生逝世。先生于我恩重如山，他的逝世给我带来的悲伤无以言表。先生的学品、人格令我景仰，先生逝世时，我曾撰写挽联："默识、沉思、兼听、独见，落落贤师风范；敏事、寡言、淡定、宽容，谦谦君子襟怀。"

上面这番话可作为本文引言的一个注脚，以志对恩师的缅怀。

（原载《语文教学研究》2009 年第 9 期）

师 者
长安

一

今年夏天真是热。东京像桑拿，布拉格又像烤箱，似乎无处遁逃。给远在北京的夏晓虹老师发信请安，老师回信说北京也热，"今年越发感觉到'环球同此凉热'"。

暑假里，领略了斯洛伐克塔特拉苍翠的山，也重温了希腊克里特碧蓝的海。带着一部日文书稿，走到哪儿修改到哪儿，入秋基本改毕。

改稿亦是与自己对话，思索来时路。在山上在海边，静下来时常会想到今年是张翼健老师（1941 — 2008）去世十周年。十年前曾在东京《留学生新闻》上发文缅怀那年九月十八日骤逝的恩师（《怀念张翼健老师》，简称《怀念》），今年亦想再度捡拾记忆的碎片，试着为承教六年的黄金岁月做个注脚。

有幸从张玉新先生处得赠《追思集—张翼健先生逝世五周年纪念》（简称《追思集》）以及张老师遗作《老子手抄》与《古文读抄》并借得张老师旧作《不惑集——张翼健语文教学论选》（简称《不惑集》），亦有幸从史湘洲先生处得到即将出版的、张老师长姊张翼伸先生（1920 — 2015）

的自传《拾遗——过去的故事》(简称《拾遗》)的文档，还有幸电话访问到张老师长兄张翼星先生以及外甥郑斯宁先生，又找出十年前张老师送我的《论语读抄》，翻出些零碎的中学习作，任由思绪回到从前。

二

一九七八年九月，东北师大附中以初中一年级四个班新生为对象开始了"初中语文读写能力基本过关实验"，计划三年学完中学五年的课程。张老师是发起人，教我们四班。清晰记得第一节课张老师说出"导言课"三个字时淡定的神情，模糊记得老师仿佛说过那些后来多次重复的话：不要迷信课本书报，要多问为什么，最好把老师问住，要争取超过老师。

实验班语文课本内容由老师取舍，有的详讲，有的略讲，有的不讲，余下时间学习老师自选自刻自印的补充教材。补充教材有《古文观止》中的名篇，亦有《读书》《随笔》上的佳作，文质兼美、页页珠玑。每周除了要背古诗，还要练大字、记日记、写阅读笔记，后者都由张老师亲自圈点、评点。老师课下沉默寡言，课上则抑扬顿挫、神采飞扬。"讲到中国文学史如数家珍，让我感到屈原李白孔夫子都那么亲切，苏东坡李清照都和我有关。当时只觉得上语文课很享受，没想太多；后来阅人阅师多了，照本宣科的平庸教书匠也见了不少，有所比较，才感到张老师不同寻常；再后来自己也为人师，尝到其中甘苦，方体会到张老师的好处可谓集知识、情怀、人文修养于一身。他倜傥不群，出现在那里像一个奇迹，有时觉得他就是忧愤深广的鲁迅或采菊东篱的陶潜。"(《怀念》)

老师重诵读、擅书法。慢慢搜寻记忆，老师音容宛在，料理着一场文字盛宴："环滁皆山也。""朝菌不知晦朔，蟪蛄不知春秋。""乃瞻衡宇，载欣载奔。僮仆欢迎，稚子候门。""中通外直，不蔓不枝，香远益清，亭亭净植。""瓤肉莹白如冰雪，浆液甘酸如醴酪。""句读之不知，惑之不解，或师焉，或不焉。小学而大遗，吾未见其明也。""乃誓疗之，纵之顺之。""贤哉回也。""从来如此，便对么？"汉语在老师口中、笔下是潺潺的、涛涛的、色香味俱佳的。

《不惑集》中的"教案篇"让我看到了张老师行云流水般的讲授背后周密的计划，然而教案里却读不出那些微妙的表情与细节，读不出回味与余香。《鸿门宴》一课，讲到"此沛公左司马曹无伤言之"时，"曹无伤"三字音量一字比一字高，镜片后老师眼神亦颇诡异；念到"沛公至军，立诛杀曹无伤"时，"立"字重读、"曹无伤"轻读，一抹微笑。讲《为了忘却的纪念》时，老师还讲到向秀的《思旧赋》以及竹林七贤，讲文人如何言不及义、韬晦曲折，老师落寞的神情就与《思旧赋》一起定格在了记忆中。一次课上老师仿佛不经意地说到刚看了一本杂志，感慨于作家们文字功夫差距之大，老作家韦君宜的语言功力就是明显高过其他几位作家。老师还曾以《藤野先生》修改稿为例向我们展示鲁迅如何字斟句酌、苦心推敲。于是我们也就慢慢悟出文字、文体、文笔之于文章何其要紧。

在收入《不惑集》的《对语文教学特点的几点认识》一文中，老师讲到要关注每个学生语文学习的个性，因势利导，又举我班几名同学为例，其中一段写到我："性格温柔沉默"，"写起文章来感情缠绵，语言深沉"。读来颇惊异。升到初三时正逢附中建校三十载，校庆前夕我班同学自己主办语文竞赛，自定题目、自筹奖金、自行评议。校内刊物《学步》刊载了入选作，里面有我一首《壮士歌》，开头四句居然是："李白抽刀欲断水，碧水东流至此回。宋玉长剑倚天外，银河耿耿寒光飞。"校庆纪念专刊上亦有我的一首《感怀》，结尾竟是："他日雏燕展翅时，再唱'大风'奏凯旋。"实在豪迈得可以。那时老师知我喜好《红楼梦》，常把《红楼梦学刊》借给我看，还鼓励我写一点关于《红楼梦》的文章。"我们的作文，好的先由老师亲自刻印、发给大家，后来又推荐给《作文通讯》等刊物。我的一些作文也曾这样发表在《作文通讯》上，收到了不少小读者的来信，也结交了几个小笔友，到收发室取信曾是最快乐的时光。"（《怀念》）查找下来，我发的作文里竟还有《新的起点》《应该怎样度过八十年代》这样颇为励志的篇目。那时收音机里也常会听到"再过二十年，我们来相会，伟大的祖国，该有多么美"，很有些清新刚健的气象。

三十年校庆晚会上还邀请了舞蹈家莽双英表演《春江花月夜》，临时让我致辞。记得当时似乎骈散并用、一气呵成，自觉有倚马挥就的味道，心下颇得意。莽双英舞毕竟袅袅婷婷走过来，问可否将发言稿送给她，我就将那张皱纸片儿递了过去。莽双英千禧年辞世，我的纸片儿也早归虚无了吧。

也在初三，一个下午，附中日式建筑长长的走廊上，偶有机会与张老师聊上几句。老师似乎针对我日记中的消极情绪告诫我要心胸开阔，又提到了另一位同学，说在文学上对我们比较期待。淡淡的阳光照进走廊，这一片刻于是也定格下来，后来漫长的异域生涯里，几经反刍、几经回味。

上高中后每周有一节语文课主要由学生讲授并组织讨论，题目有"荒诞派戏剧评介""胡适的《差不多先生传》""从王夫之的一段话看他的哲学思想""歌曲之王舒伯特"等等，五花八门。一次由朱美春同学讲课，讲毕她反问老师"九十年代的中学生会是什么样子的"，老师被问住，连夸她问得好。那时觉得九十年代好遥远，未来莫测而明亮。

初中语文过关实验成绩可嘉，《光明日报》曾有专文报道。高中张老师教的文科班成绩亦优异，近三分之一考入北大。张老师后来被调到省教育学院，离开附中，我们有幸赶上了张老师在中学任教的最后六年。这些年马齿徒增、无甚长进，年年岁岁人相似；中学的六年可是结结实实生活在母语母国中的，天天向上，岁岁年年人不同。如今隔着迢迢岁月，当年的"色香味尽去矣"，记忆中的"莹白"与"甘酸"则永远鲜活。

<h2 style="text-align:center">三</h2>

从前的"国语"或"国文"由叶圣陶统称"语文"，沿用至今。名正言才顺，而"语文"似嫌笼统，且不说"语"和"文"可以解释成口语与书面语，解释成语言与文字、文学、文化，单说它是谁的语谁的文呢？张老师认为学科名称由"国语"改为"语文"实在不太高明。窃以为倒不如就叫"汉语"或"汉文"，虽没有"国语"那么威风，但更为贴切。不知张老师可会同意。

张老师的语文教育思想一九九三年前主要见于《不惑集》，后来散见于《语文教学的问题到底出在哪儿？》《语文教育必须进行一场革命》《语文教育要走民族化的道路》《怎样认识语文学科中的繁难偏旧》《语文教学三问》等文章中，这些篇章连同同事门人的追念文字皆收入《追思集》。读着这些著述，回想着承教六年的点点滴滴，实在心有戚戚。

正本溯源，老师反对拼音识字，指出汉字经济简便、信息量大、文化内涵丰富，"识字教学过程本来就是全面提高学生素质的一个重要途径，而且兼有着开发人的右脑的重要功能。如果只是或者主要用拼音来进行识字教学，就是浪费了我们得天独厚的教育资源，变成了单纯地为了识字而识字。"一次报告中老师说："小学第一节课，我们不学'人口手、刀牛羊'，我们不念'人之初，性本善'，我们学'a、o、e'，现在回过头来责怪我们的学生为什么不爱母语，老师为什么教不好母语。因为入学第一天就没有学母语。"回想少时初学拼音，的确有违和感，不能不说拼音影响到了对母语的依恋与感悟。以古为鉴，张老师提倡"韵语识字"，认为《百家姓》《千字文》等韵语读物可较好地把识字教学与对篇章的理解以及知识教育、思想教育、美育等结合起来，一举多得。老师还认为对偶训练"可以集语法训练、语感训练、思维训练、审美训练、章法训练于一身"，乃汉语训练最佳途径。

《马氏文通》百余年来毁誉参半，作为汉语文教育者，张老师批评《马氏文通》构筑的"非驴非马的语法体系把汉语搞得不中不西，既扼杀了汉语言的灵性与活力，又严重损害了语文教育的健康发展"，痛陈"一百多年来我们的语文教育实际上是被西方的语文教育理论异化了"，指出"按目前语法教学体系去教学，教得越细，练得越多，对学生汉语水平的提高害处越大"，"以拼音文字语法体系为本的现代汉语语法体系不推倒重来，就不会很好地促进汉语言的发展与教学"。温和儒雅的张老师也会金刚怒目："再把问题粉饰下去，我们将成为民族的罪人。"回想起来，当年讲到语法修辞逻辑时，老师的讲解自是尽职尽责、明白晓畅；然而讲起《古文观止》唐诗宋词曹霑鲁迅，老师则是如鱼得水、声情并茂。

张老师推崇传统语文教育中的朗读、默读与"悟"，认为"朗读不仅是感受理解文章的需要，而且是一种美感与气质的熏陶"，而学文言文更要诵读、培养语感，不必拘泥"字字落实，对号入座"，不必把文言文当外语翻译；默读需要"宁静的心境"，"要去贴近、融进、思索、感悟"；"悟"中不但有理解，还有直觉、想象与灵性，"是一种启迪心灵的全面思维活动"，语文基础即在于"悟"，让学生自己去领悟文章。

张老师常说"取法乎上，始得其中；取法乎中，始得其下"，认为语文课应该引领学生学习古今中外文化精品，"把最好的东西给学生"。老师批评排斥文言文教学的做法"是一种彻头彻尾的短视、是一种民族虚无主义"，指出"读一遍或几遍就能完全理解的课文不是文质兼美的课文，是不应该进入教材的"。而"课程远远大于教材，课本上的篇章远不是语文学习的全部。"所谓"功夫在诗外"。讲到作文老师常引鲁迅的话："文章应该怎样写，我说不明白。那些素有定评的作品中，就说明着应该怎样写。"强调学生须阅读经典，不必把时间浪费在"作文大全"之类上。谈到不少学生作文语言贫乏且"缺少一种内在的'气'"，一些作家的作品也是"味如嚼蜡"，老师认为一个重要原因即在于"缺乏古典文学的修养"。

张老师反对面面俱到、蜻蜓点水、求全责备的教学八股，指出教师应该提高修养，"尽快把自己那桶水装满"，不必舍本求末地追求"最优教学法"。老师认为"对于一篇课文，应该允许老师有不讲的地方，也应允许学生有不学或不懂的地方"；"不同的教师讲同一篇课文应有不同的特点，同一个教师讲不同的课文应有不同的特点，甚至同一个教师在不同的时间、场合，面对不同的学生教同一篇课文也应有不同的特点，这才能够最终达到把教学称之为艺术的境界"；教师应注意起始课的艺术，"努力做到每次起始课要使学生动情，有了情才有学习的欲望与动力"；应让学生感悟那"一千个哈姆雷特"，而不是硬塞给学生"一个失去鲜活生命、失去个人感受的，概念化、标签式的哈姆雷特"。张老师还认为语文教师艺术上最好也有一定造诣，因为音乐、美术与语文之间有所谓"通感"。初中时曾有一次别开生面的课外活动，先念《史记》中的"垓下之围"，再欣赏琵琶曲《十面埋伏》，又读白居易《琵琶行》，饕餮文化套餐。高中时的课外活动还有贝多芬音乐欣赏、希腊罗马及意大利文艺复兴时期艺术讲座等。文科班同学更是集体演出了《欢乐颂》，由后来的吉林省高考状元张晓辉领唱。当时尽管面临高考，很多同学还是活出了自己。

《论语·述而篇》曰："不愤不启，不悱不发，举一隅不以三隅反，则不复也。"张老师一九七九年发于《人民教育》上的《启发小议》即由此出发谈如何启发："通过你的讲授使他认真地动脑去想了，他发现问题想要弄清楚了，他有要说的话却又觉得说不明白了，这时候，恰到好处地提出学生心中的问题，犹如水到渠成，或者让学生把话说出来，或者由教师替他说出来，这才是真正的启发。"又说："关键在于千方百计调动学生学习的积极性、主动性，有了这一点，教学就有了生命力。而这正是我们应该高于孔子的地方。"初二学习《小公务员之死》时，经启发后大家纷纷提问："作者为什么写小公务员四次道歉而不是三次道歉就死去，或者五次道歉才死去呢？""这么一件小事怎么就使一个人死去了呢？这能使读者相信吗？""这篇小说对现实的揭露好像没有《阿Q正传》那样深刻，是不是契诃夫的成就远比不上鲁迅？"老师欣喜地将这些火花写进了《若要"不惑"，莫辍探索》一文中。二十数年后出版的《论语读抄》中谈及"启发"处老师有两行批语："埋怨学生'启而不发'，是对孔子原意的根本歪曲，也是对自己无能的伪饰。没有不接受启发的学生，只有不会启发的教师。"若说今天我们身上多少还有些定力、底气类的东西在，多半就是当年启发出来的吧。

四

张翼伸先生在《拾遗》中对湖南平江张家旧事多有着墨。书上说张家祖屋乃甲山万亿堂，"祖屋是二层楼，淡黄色墙，瓦顶。房屋为半圆形依山建筑，朝南，很漂亮。"楼上的客房"也名学堂房，曾请过私塾在此房屋中授课"。祖父张壬秋"为人正派，家教严，受到族人的尊重。"父亲张赟周除在湖南盐务局工作，亦行医，"擅长内科、外科、妇科，是非常全面的中医师"，还擅长书画。张翼健老师幼时在故乡过得自由放任、无所顾忌，经常是玩儿得畅快，吃饭了也不回家。后来家道中落，十岁时告别山灵水秀的故乡，与母亲同去关外的长春投奔长姊，再回平江已是四十年后。在附中我们最初背诵的唐诗里就有《回乡偶书》。

张老师多次引用海德格尔所言"语言是存在的寓所"。漫长的教学、研究生涯中，张老师的核心理念应该是：语文教育是人的教育，语文课是人生的基础课，教育所及并非只是学生在校的几年，而是关乎他的一生。老师认为在人文精神匮乏的当下世界，"以诗词为源头、唐诗宋词为高峰的汉语言文学，在人文精神的熏陶方面有着无与伦比的作用"；"让学生从小学习背诵一些好作品正是对他们心理过程的尊重与爱护，做到这一点，他们就终生受用无穷"；语文教育应在"培养技能的同时培养学生的情操，熏陶学生的审美，培养学生的灵性与想象力、创造力，发展学生的个性"，应该"目中有人"。

张老师认为语文教学的"最佳境界"即是师生共同探索，"一个好的语文教师必须是充满激情、感情丰富而又深沉的人，一堂好的语文课必须是能做到师生感情交流、融为一体，互相理解、互相感染的"，"当学生焕发出创造性的智慧的火花时，那真是教师的莫大幸福。"六年里，课上课下几多火花？积土成山，积水成渊，积六年之光阴呢？《追思集》里，老师的得意弟子张晓辉写道："六年的学习生活，他把我们塑造成和他一样的人：善良，正直，不畏权威，独立思考，傲视强力。我们分享了他的智慧，也分有了他的刚直。我们和他一样享受命运的冲击，因为自己没有向命运低头而骄傲地大笑。于是，附中的84届（1978－1984），真正具有了传奇般的意义。"记得语文课上张老师曾深情朗读鲁迅杂文《中国人失掉自信力了吗》："我们自古以来，就有埋头苦干的人，有拼命硬干的人，有为民请命的人，有舍身求法的人，……虽是等于为帝王将相作家谱的所谓'正史'，也往往掩不住他们的光辉，这就是中国的脊梁。"张老师本人亦可谓"中国的脊梁"。

"他后来也不再写什么文章了，他知道写了也没有用；他退而求其次，转而倾心培养青年教师"（张玉新）。张老师晚年三抄《论语》，去世前一年出版《论语读抄》，前言中写道："我抄《论语》，进一步体会了中华民族灵魂的根基：仁与义。只是在少不更事时见过几面的外祖母，是我一生崇拜的仁的化身。而过了花甲之年以后，我才知道祖父一身正气。如果说，先生的'仁'在世界上具有普遍意义的话，'义'则为中华民族所独有，它的含义广博深邃，尤应为当今社会所珍贵。"让我想到张爱玲去世前一年出版《对照记》缅怀先人："一种沉默的无条件的支持，看似无用，无效，却是我最需要的。他们只静静地躺在我的血液里，等我死的时候再死一次。"冥冥之中张老师似也在认祖归宗。

五

"后来上了中文系。原本应是得其所哉，却反而多有徘徊，常会想起鲁迅所说的'看中国书时，总觉得就沉静下去，与实人生离开'。有时又对文字生涯颇多怀疑。"（《怀念》）燕园数载，徘徊彷徨多于豪迈刚健，常觉子曰诗云皆是重负，屈原杜甫都太想不开，亦曾设想若无这些文字牵挂，或许会活得轻松些。

我的语言过敏症亦与日俱增、与时俱进，见到行文动辄"众所周知"动辄"毋庸置疑"的、见到满纸鸡汤半纸鸡肋的便退避三舍，嗅出洋泾浜味儿、大字报味儿、福尔马林味儿、冬烘味儿便逃之夭夭。逃避到异域中、外文里反而自在，物我两隔、超然物外。躲进小楼成一统，懒洋洋一路读下去，一直读到博士后。好像学位越高题目越专关怀就越窄，连带心胸也在缩水，越发与生命相隔。后来又直面生命，奔波于粉笔黑板与奶瓶尿布之间，跌跌撞撞。

"一九九九年，张老师率吉林省教育代表团赴日访问，在日弟子们纷纷去看他，我也时隔十年与老师再会。"（《怀念》）那次言谈间约略觉出老师的隐忍无奈，不由想到竹林七贤。又隔九年，二〇〇八年五月回长春时打电话到教育学院，老师居然在。"和张老师也像和为数不多的几个朋友一样，多年不见仍能心有默契，总会谈笑如前。我还是谤僧毁道、口无遮拦。讲到中文系让原本颓废的人更加颓废，老师大笑。"（《怀念》）老师问我："写了多少了？"指的当然不只是那些规规矩矩的论文类。老师还送我那本《论语读抄》，又说到不久前参加了四班同学的聚会。一期一会，地久天长，我想好以后多回长春看看。回家看聚会光碟，有个同学发言说张老师当年讲的"不应有傲气，不可无傲骨"成了他的座右铭。张老师讲话说我们是"文革"后第一批考进附中的学生，"当时是铁了心要把你们带好。""铁了心"三个字让我震撼。四个月后，老师与我们天人永隔。

《追思集》里有人称我们当年的文科班为"梦之队"，让我想起许多旧日同窗，不知大家梦想实现了没。当年长白山宾馆正在施工，我们曾偷偷爬上顶楼看冬天灰蒙蒙的街景。故国神游时长春就像黑白照片，照片与底片互为表里。伪满、伪皇宫、伪八大部，从小习惯伪字当头。故乡由长春或曰宽城子变成新京又变回长春，亚洲最长、贯穿南北的主干道更由长春大街变为中央通、大同大街，后来变作斯大林大街，很快又变为中山大街和中正大街，又很快变回斯大林大街，最后变成现在的人民大街。二〇一〇年又回长春，走在人民大街上，没有了张老师的长春那样黯淡，像底片。尔来又八年，没再回去过。地球这么小，往哪儿去呢。环球同此凉热。凉的凉，热的热。这篇东西也算《思旧赋》？

六

暑假将尽。九月十八日，布拉格百年老楼的顶层。眺望着窗外十八个塔尖，默祷。如果真的能够穿越时空，我愿穿越到初中第一节语文课上，听一听那节"导言课"上张老师到底讲了些什么。

那是一九七八年，一切充满希望。张翼健老师三十七岁，铁了心要把我们教好。

2018 年 12 月东京

（原载《书城》杂志 2019 年 3 月号，略有修改）

后　记

　　2018 年 10 月的一天，长春市小学语文教研员约了个饭局，东北书局董事长吴迪先生也在其中。聊起共同认识的人，话题聚焦到张翼健先生。我告诉他，9 月 18 日是先生逝世十周年纪念日，刚刚搞了一个小型追思会。他因不知道消息，没能参加，深表遗憾。告诉我，先生生前与他颇多交往，他一直怀念，总想做点什么。

　　我提起在三周年的时候，影印出版了先生给我抄写的《老子》；五周年的时候，出版了他给朋友们抄写的古文名篇《古文读抄》和大家写的纪念文章《追思集》。1993 年出版的《不惑集》收录的文章限于 1990 年之前，之后的文章一直散着，没等结集就驾鹤西去了。吴迪先生当即表示，出版由他负责，并当即给出版社朋友打电话，第二天又到出版社去找样书。可惜年代久远，一本也没找到。恰好我手头有一本翼健先生签名的，便以此为底本，重新排版。

　　我搜集到翼健先生 1991 年至 2008 年间发表过的所有文章、大部分书序、根据录音整理的一些讲话，有 15 万字左右。本书仍以《不惑集》原体例为主，保留"思考篇""探索篇""实践篇"；删除"教案篇""学法篇"，将部分内容并入"实践篇""探索篇"；增加"讲话·序言篇"。新增的文章编入相关部分，根据出版要求，对原书、新选内容，在不违背作者原意的前提下做了必要的删改，改了原文一些错别字，将书定名为《张翼健语文教育论集》。

　　近两年时间，我工作室的很多青年教师在校对上付出了辛勤劳动，不少人自己打印书稿校对完寄给我，之后集结成册。东北书局的编辑同样付出了很多辛苦，吴迪董事长慷慨解囊，玉成其事。

　　在此对大家的付出深表感谢，也希望本书能给广大语文同仁以教益，同时告慰九泉之下的张翼健先生。

张玉新

2019 年 5 月于长春